Ouvrage initié par Thierry Carlier

EXERCICES ET CORRIGÉS SUR LA PAIE

Gilles MASSON et Aurélie LEMÉNAGER

SOMMAIRE

Sommaire

Sommaire

Calendrier 2023

Janvier	Février	Mars	Avril	Mai	Juin	Juillet	Août	Septembre	Octobre	Novembre	Décembre
D 1 Jour de l'an	M 1 Ella	M 1 Aubin	S 1 Hugues	L 1 Fête du Travail	J 1 Justin	S 1 Thierry	M 1 Alphonse	V 1 Gilles	D 1 Thérèse	M 1 Toussaint	V 1 Florence
L 2 Basile	J 2 Présent.	J 2 Charles le bon	D 2 Sandrine	M 2 Boris	V 2 Blandine	D 2 Martinien	M 2 Julien	S 2 Ingrid	L 2 Léger	J 2 Défunts	S 2 Viviane
M 3 Geneviève	V 3 Blaise	V 3 Guénolé	L 3 Richard	M 3 Jacques / Philippe	S 3 Kévin	L 3 Thomas	J 3 Lydie	D 3 Grégoire	M 3 Gérard	V 3 Hubert	D 3 François-Xavier
M 4 Odilon	S 4 Véronique	S 4 Casimir	M 4 Isidore	J 4 Sylvain	D 4 Clothilde	M 4 Florent	V 4 Jean-Marie	L 4 Rosalie	M 4 François d'Assise	S 4 Charles	L 4 Barbara
J 5 Edouard	D 5 Agathe	D 5 Olive	M 5 Irène	V 5 Judith	L 5 Igor	M 5 Antoine-Marie	S 5 Abel	M 5 Raïssa	J 5 Fleur	D 5 Sylvie	M 5 Gérald
V 6 Mélaine	L 6 Gaston	L 6 Colette	J 6 Marcellin	S 6 Prudence	M 6 Norbert	J 6 Marietta	D 6 transfiguration	M 6 Bertrand	V 6 Bruno	L 6 Léonard	M 6 Nicolas
S 7 Raymond	M 7 Eugénie	M 7 Félicité	V 7 J.B. de la Salle	D 7 Gisèle	M 7 Gilbert	V 7 Raoul	L 7 Gaétan	J 7 Reine	S 7 Serge	M 7 Carine	J 7 Ambroise
D 8 Lucien	M 8 Jacqueline	M 8 Jean de Dieu	S 8 Julie	L 8 Victoire 1945	J 8 Médard	S 8 Thibaut	M 8 Dominique	V 8 Nativité	D 8 Pélagie	M 8 Geoffroy	V 8 Imm. Concept.
L 9 Alix	J 9 Apolline	J 9 Françoise	D 9 Gautier	M 9 Pacôme	V 9 Diane	D 9 Amandine	M 9 Amour	S 9 Alain	L 9 Denis	J 9 Théodore	S 9 Pierre Fourier
M 10 Guillaume	V 10 Arnaud	V 10 Vivien	L 10 Fulbert / Pâques	M 10 Solange	S 10 Landry	L 10 Ulrich	J 10 Laurent	D 10 Inès	M 10 Ghislain	V 10 Léonard	D 10 Romaric
M 11 Paulin	S 11 N.D.de L.	S 11 Rosine	M 11 Stanislas	J 11 Estelle	D 11 Barnabé	M 11 Benoit	V 11 Claire	L 11 Adelphe	M 11 Firmin	S 11 Armistice 1918	L 11 Daniel
J 12 Baptiste	D 12 Félix	D 12 Justine	M 12 Jules	V 12 Achille	L 12 Guy	M 12 Olivier	S 12 Clarisse	M 12 Apollinaire	J 12 Wilfried	D 12 Christian	M 12 Chantal
V 13 Yvette	L 13 Béatrice	L 13 Rodrigue	J 13 Ida	S 13 Rolande	M 13 Antoine de Padoue	J 13 Henri / Joël	D 13 Hippolyte	M 13 Aimé	V 13 Géraud	L 13 Brice	M 13 Lucie
S 14 Nina	M 14 Valentin	M 14 Mathilde	V 14 Maxime	D 14 Matthias	M 14 Elisée	V 14 Fête Nationale	L 14 Evrard	J 14 Croix Glorieuse	S 14 Juste	M 14 Sidoine	J 14 Odile
D 15 Rémi	M 15 Claude	M 15 Louise	S 15 Paterne	L 15 Denise	J 15 Germaine	S 15 Donald	M 15 Marie / Assomption	V 15 Roland	D 15 Thérèse d'Av.	M 15 Albert	V 15 Ninon
L 16 Marcel	J 16 Julienne	J 16 Bénédicte	D 16 Benoit	M 16 Honoré	V 16 Régis	D 16 N.D.	M 16 Armel	S 16 Edith	L 16 Edwige	J 16 Marguerite	S 16 Alice
M 17 Roseline	V 17 Alexis	V 17 Patrick	L 17 Anicet	M 17 Pascal	S 17 Hervé	L 17 Charlotte / Caroline	J 17 Hyacinthe	D 17 Renaud	M 17 Baudoin	V 17 Elisabeth	D 17 Judicaël
M 18 Prisca	S 18 Bernadette	S 18 Cyrille	M 18 Parfait	J 18 Eric / Ascension	D 18 Léonce	M 18 Frédéric	V 18 Hélène	L 18 Nadège	M 18 Luc	S 18 Aude	L 18 Gatien
J 19 Marius	D 19 Gabin	D 19 Joseph	M 19 Emma	V 19 Yves	L 19 Romuald	M 19 Arsène	S 19 Jean-Eudes	M 19 Emilie	J 19 René	D 19 Tanguy	M 19 Urbain
V 20 Sébastien	L 20 Aimée	L 20 Herbert	J 20 Odette	S 20 Bernadin	M 20 Silvère	J 20 Marina	D 20 Bernard	M 20 Davy	V 20 Adeline	L 20 Edmond	M 20 Théophile
S 21 Agnès	M 21 Damien	M 21 Clémence	V 21 Anselme	D 21 Constantin	M 21 Rodolphe / Jean	V 21 Victor	L 21 Christophe	J 21 Matthieu	S 21 Céline	M 21 Présentation	J 21 Pierre Canisius
D 22 Vincent	M 22 Isabelle	M 22 Léa	S 22 Alexandre	L 22 Emile	J 22 Alban	S 22 Marie-Madeleine	M 22 Fabrice	V 22 Maurice	D 22 Salomé	M 22 Cécile	V 22 Françoise
L 23 Barnard	J 23 Lazare	J 23 Victorien	D 23 Georges	M 23 Didier	V 23 Audrey	D 23 Brigitte	M 23 Rose	S 23 Constant	L 23 Jean de C.	J 23 Christ-Roi	S 23 Armand
M 24 François Sales	V 24 Modeste	V 24 Cath de Suède	L 24 Fidèle	M 24 Donatien	S 24 Jean-Baptiste	L 24 Christine	J 24 Barthélemy	D 24 Thècle	M 24 Florentin	V 24 Flora	D 24 Adèle
M 25 Paul	S 25 Roméo	S 25 Annonciation	M 25 Marcel	J 25 Sophie	D 25 Prosper - Eléonore	M 25 Jacques	V 25 Louis	L 25 Hermann	M 25 Crépin	S 25 Catherine	L 25 Noël
J 26 Paule	D 26 Nestor	D 26 Larissa	M 26 Marc	V 26 Béranger	L 26 Anthelme	M 26 Anne / Joachim	S 26 Natacha	M 26 Côme / Damien	J 26 Dimitri	D 26 Delphine	M 26 Etienne
V 27 Angèle	L 27 Honorine	L 27 Habib	J 27 Zita	S 27 Augustin	M 27 Fernand	J 27 Nathalie	D 27 Monique	M 27 Vincent de Paul	V 27 Emeline	L 27 Séverin	M 27 Jean l'Apôtre
S 28 Thomas d'Aq.	M 28 Romain	M 28 Gontran	V 28 Valérie	D 28 Germain	M 28 Irénée	V 28 Samson	L 28 Augustin	J 28 Venceslas	S 28 Simon / Jude	M 28 Jacques de la M.	J 28 Sainte famille
D 29 Gildas		M 29 Gwladys	S 29 Cath. De S.	L 29 Aymar / Pentecôte	J 29 Pierre - Paul	S 29 Marthe	M 29 Sabine	V 29 Michel / Gabriel	D 29 Narcisse	M 29 Saturnin	V 29 David
L 30 Martine		J 30 Amédée	D 30 Robert	M 30 Ferdinand	V 30 Martial	D 30 Juliette	M 30 Fiacre	S 30 Jérôme	L 30 Bienvenue	J 30 André	S 30 Roger
M 31 Marcelle		V 31 Benjamin		M 31 Visitation		L 31 Ignace	J 31 Aristide		M 31 Quentin		S 31 Sylvestre

Calendrier 2024

Janvier	Février	Mars	Avril	Mai	Juin	Juillet	Août	Septembre	Octobre	Novembre	Décembre
L 1 Jour de l'an	J 1 Ella	V 1 Aubin	L 1 Lundi de Pâques	M 1 Fête du Travail	S 1 Justin	L 1 Thierry	J 1 Alphonse	D 1 Gilles	M 1 Thérèse	V 1 Toussaint	D 1 Florence
M 2 Basile	V 2 Présentation	S 2 Charles le bon	M 2 Sandrine	J 2 Boris	D 2 Blandine	M 2 Martinien	V 2 Julien Eymard	L 2 Ingrid	M 2 Léger	S 2 Défunts	L 2 Viviane
M 3 Geneviève	S 3 Blaise	D 3 Guénolé	M 3 Richard	V 3 Jacques / Philippe	L 3 Kévin	M 3 Thomas	S 3 Lydie	M 3 Grégoire	J 3 Gérard	D 3 Hubert	M 3 François-Xavier
J 4 Odilon	D 4 Véronique	L 4 Casimir	J 4 Isidore	S 4 Sylvain	M 4 Clotilde	J 4 Florent	D 4 Jean-Marie / Vianney	M 4 Rosalie	V 4 François d'Assise	L 4 Charles	M 4 Barbara
V 5 Edouard	L 5 Agathe	M 5 Olive	V 5 Irène	D 5 Judith	M 5 Igor	V 5 Antoine-Marie	L 5 Abel	J 5 Raïssa	S 5 Fleur	M 5 Sylvie	J 5 Gérald
S 6 Mélaine	M 6 Gaston	M 6 Colette	S 6 Marcellin	L 6 Prudence	J 6 Norbert	S 6 Mariette	M 6 Transfiguration	V 6 Bertrand	D 6 Bruno	M 6 Léonard / Bertille	V 6 Nicolas
D 7 Raymond	M 7 Eugénie	J 7 Félicité	D 7 J.B. de la Salle	M 7 Gisèle	V 7 Gilbert	D 7 Raoul	M 7 Gaétan	S 7 Reine	L 7 Serge	J 7 Carine	S 7 Ambroise
L 8 Lucien	J 8 Jacqueline	V 8 Jean de Dieu	L 8 Julie	M 8 Victoire 1945	S 8 Médard	L 8 Thibaut	J 8 Dominique	D 8 Nativité	M 8 Pélagie	V 8 Geoffroy	D 8 Imm. Conception
M 9 Alix	V 9 Apolline	S 9 Françoise	M 9 Gautier	J 9 Ascension	D 9 Diane	M 9 Amandine	V 9 Amour	L 9 Alain	M 9 Denis	S 9 Théodore	L 9 Pierre Fourier
M 10 Guillaume	S 10 Arnaud	D 10 Vivien	M 10 Fulbert	V 10 Solange	L 10 Landry	M 10 Ulrich	S 10 Laurent	M 10 Inès	J 10 Ghislain	D 10 Léon	M 10 Romaric
J 11 Pauline	D 11 N.D.de L.	L 11 Rosine	J 11 Stanislas	S 11 Estelle	M 11 Barnabé	J 11 Benoît	D 11 Claire	M 11 Adelphe	V 11 Firmin	L 11 Armistice 1918	M 11 Daniel
V 12 Tatiana	L 12 Félix	M 12 Justine	V 12 Jules	D 12 Achille	M 12 Guy	V 12 Olivier	L 12 Clarisse	J 12 Apollinaire	S 12 Wilfried	M 12 Christian	J 12 Corentin
S 13 Yvette	M 13 Béatrice	M 13 Rodrigue	S 13 Ida	L 13 Rolande	J 13 Antoine de P.	S 13 Henri / Joël	M 13 Hippolyte	V 13 Aimé	D 13 Géraud	M 13 Brice	V 13 Lucie
D 14 Nina	M 14 Valentin	J 14 Mathilde	D 14 Maxime	M 14 Matthias	V 14 Elisée	D 14 Fête Nationale	M 14 Evrard	S 14 Croix Glorieuse	L 14 Juste	J 14 Sidoine	S 14 Odile
L 15 Rémi	J 15 Claude	V 15 Louise	L 15 Paterne	M 15 Denise	S 15 Germaine	L 15 Donald	J 15 Assomption	D 15 Roland	M 15 Thérèse d'Avila	V 15 Albert	D 15 Ninon
M 16 Marcel	V 16 Julienne	S 16 Bénédicte	M 16 Benoît	J 16 Honoré	D 16 Fête des Pères	M 16 N.D. Mt Carmel	V 16 Armel	L 16 Edith	M 16 Edwige	S 16 Marguerite	L 16 Alice
M 17 Roseline	S 17 Alexis	D 17 Patrice	M 17 Anicet	V 17 Pascal	L 17 Hervé	M 17 Charlotte	S 17 Hyacinthe	M 17 Renaud	J 17 Baudoin	D 17 Elisabeth	M 17 Gaël
J 18 Prisca	D 18 Bernadette	L 18 Cyrille	J 18 Parfait	S 18 Eric	M 18 Léonce	J 18 Frédéric	D 18 Hélène	M 18 Nadège	V 18 Luc	L 18 Aude	M 18 Gatien
V 19 Marius	L 19 Gabin	M 19 Joseph	V 19 Emma	D 19 Yves / Pentecôte	M 19 Romuald	V 19 Arsène	L 19 Jean-Eudes	J 19 Emilie	S 19 René	M 19 Tanguy	J 19 Urbain
S 20 Sébastien	M 20 Aimée	M 20 Herbert	S 20 Odette	L 20 L. de Pentecôte	J 20 Silvère	S 20 Marina	M 20 Bernard	V 20 Davy	D 20 Adeline	M 20 Edmond	V 20 Théophile
D 21 Agnès	M 21 Damien	J 21 Clémence	D 21 Anselme	M 21 Constantin	V 21 Rodolphe / Jean	D 21 Victor	M 21 Christophe	S 21 Matthieu	L 21 Céline	J 21 Présentation Marie	S 21 Pierre Canisius
L 22 Vincent	J 22 Isabelle	V 22 Léa	L 22 Alexandre	M 22 Emile	S 22 Alban	L 22 Marie-Madeleine	J 22 Fabrice	D 22 Maurice	M 22 Elodie	V 22 Cécile	D 22 Françoise
M 23 Barnard	V 23 Lazare	S 23 Victorien	M 23 Georges	J 23 Didier	D 23 Audrey	M 23 Brigitte	V 23 Rose	L 23 Constant	M 23 Jean de Capistran	S 23 Clément	L 23 Armand
M 24 François Sales	S 24 Modeste	D 24 Cath de Suède	M 24 Fidèle	V 24 Donatien	L 24 Jean-Baptiste	M 24 Christine	S 24 Barthélemy	M 24 Thècle	J 24 Florentin	D 24 Flora	M 24 Adèle
J 25 Paul	D 25 Roméo	L 25 Annonciation	J 25 Marc	S 25 Sophie	M 25 Prosper	J 25 Jacques	D 25 Louis	M 25 Hermann	V 25 Crépin	L 25 Catherine	M 25 Noël
V 26 Paule	L 26 Nestor	M 26 Larissa	V 26 Alida	D 26 Fête des Mères	M 26 Anthelme	V 26 Anne / Joachim	L 26 Natacha	J 26 Côme / Damien	S 26 Dimitri	M 26 Delphine	J 26 Etienne
S 27 Angèle	M 27 Honorine	M 27 Habib	S 27 Zita	L 27 Augustin	J 27 Fernand	S 27 Nathalie	M 27 Monique	V 27 Vincent de Paul	D 27 Emeline	M 27 Sévrin	V 27 Jean
D 28 Thomas d'Aq.	M 28 Romain	J 28 Gontran	D 28 Valérie	M 28 Germain	V 28 Irénée	D 28 Samson	M 28 Augustin	S 28 Venceslas	L 28 Simon / Jude	J 28 Jacques de la M.	S 28 Innocents
L 29 Gildas	J 29 Auguste	V 29 Gwladys	L 29 Cath. De S.	M 29 Aymard	S 29 Pierre - Paul	L 29 Marthe	J 29 Sabine	D 29 Michel / Gabriel	M 29 Narcisse	V 29 Saturnin	D 29 David
M 30 Martine		S 30 Amédée	M 30 Robert	J 30 Ferdinand	D 30 Martial	M 30 Juliette	V 30 Fiacre	L 30 Jérôme	M 30 Bienvenue	S 30 André	L 30 Roger
M 31 Marcelle		D 31 Benjamin		V 31 Visitation		M 31 Ignace de L.	S 31 Aristide		J 31 Quentin		M 31 Sylvestre

ÉNONCÉS DES EXERCICES

PARTIE EXERCICES

Introduction

Avant d'entrer dans le vif du sujet, commençons par présenter le bulletin de paie de façon très schématique :

BULLETIN DE PAIE

Période du 1 Février 2023 au 28 Février 2023

Employeur		Salarié	
Raison Sociale :		Nom :	Prénom :
Adresse :		Adresse :	
N° SIRET :	Code NAF :	N° SS :	
Convention collective :		Emploi :	Coef. :
		Date d'ancienneté :	

Libellé des Rubriques	Base	Taux	Montant	Commentaires
Salaire	151,67		**3 380,00**	Février 2023
Prime d'ancienneté	3 380,00	10,000	**338,00**	Plafond du mois : 3666 €
Heures de nuit	7,00	26,557	**185,90**	
Avantage Nature Titres-Restaurant	10,00	0,500	**5,00**	
Absence Congés Payés	12,00	143,000	**-1 716,00**	
Paiement Congés Payés	12,00	143,000	**1 716,00**	
Total Brut			3 908,90	

Gros

\+

Cotisations	Base	Salariales		Patronales	
		Taux	Montant	Taux	Montant
Santé					
Sécurité Sociale (Mal, Mat, Inv, Décès)	3 908,90			7,00	273,62
Incapacité, Invalidité, Capital Décès (Prév. Décès)	3 666,00	1,00	-36,66	2,00	73,32
Complémentaire Santé (Prév. Frais de Santé)			-50,00		50,00
Accident du Travail - Maladie Prof.	3 908,90			2,50	97,72
Retraite					
Sécurité Sociale (Vieillesse Plafonnée)	3 666,00	6,90	-252,95	8,55	313,44
Sécurité Sociale (Vieillesse Déplafonnée)	3 908,90	0,40	-15,64	1,90	74,27
Complémentaire (AGIRC-ARRCO + CEG /T1)	3 666,00	4,01	-147,01	6,01	220,33
Complémentaire (AGIRC-ARRCO + CEG /T2)	242,90	9,72	-23,61	14,57	35,39
Contribution d'Equilibre Technique (CET T1+T2)	3 908,90	0,14	-5,47	0,21	8,21
Famille	3 908,90			3,45	134,86
Assurance Chômage					
Chômage (Chômage + AGS / TA+TB)	3 908,90			4,20	164,17
Autres Contributions dues par l'employeur	3 908,90				240,33
C.S.G. Non Imposable	3 963,81	6,80	-269,54		
Exos, écrêtements & allègements de cotisations					
Total des cotisations et contributions			-800,88		1 685,66
Net imposable du mois			3 158,02	Cumul An. :	6 120,04

Gros

\-

RETENUES ET REMBOURSEMENTS DIVERS	Base	Taux	Montant	Taux	Montant
C.S.G. & C.R.D.S. Imposables	3 963,81	2,90	-114,95		
Reprise Avantage Nature Titres-Restaurant	10,00	0,50	-5,00		
Retenue Titres-Restaurant	10,00	3,00	-30,00	6,50	65,00
Indemnités de Transport			42,05		42,05
Acompte			-1 000,00		
Total des Retenues et Remboursements			-1 107,90		107,05
Net à payer avant prélèvement à la source			2 000,12	Cumul An. :	3 846,24
dont évolution de la rémunération liée à la suppression des cotisations salariales chômage et maladie			*55,75*		
Prélèvement à la source	3 158,02	9,90%	-312,64	Cumul An. :	-525,28

Petit

Fourre-tout

Nombre d'heures travaillées du mois :	151,67	Net Payé 1 687,48 €	Date de paiement 28 février 2023
Cumul annuel des heures travaillées :	303,34		
Congés Payés du 6 au 19 Février 2023		Total versé par l'employeur 5 701,61 €	Allègement de cotisations 0,00 €

Dans votre intérêt, conservez ce bulletin de salaire sans limitation de durée, il peut vous aider à faire valoir vos droits.
Pour plus d'explications sur les différents termes utilisés, voir la rubrique dédiée au bulletin de paie sur le portail du service-public.

Cette présentation réalisée avec le simple tableur Excel a le mérite de faire apparaître distinctement trois parties :

1. **Gros +** : il comporte le salaire, les heures supplémentaires (ou complémentaires), les majorations diverses et toutes les primes ou indemnités soumises à cotisations.
   Dans ce « gros + », il peut y avoir aussi du moins, avec la retenue d'absence.
   Le total des sommes composant ce « gros + » est appelé « total brut ». Il doit être clairement apparent sur tous les bulletins (certains logiciels séparent cette ligne par une ligne blanche avant et une autre après, d'autres l'écrivent en gras ou en italique pour bien la faire ressortir).

2. **Gros -** : il est constitué principalement des cotisations salariales.
   Le total brut - le total des cotisations = le net fiscal, somme qui sert de base au calcul des impôts sur le revenu. Depuis la loi de finance du 30 décembre 2013, il faut ajouter à cette base le montant des cotisations patronales de prévoyances (incluant les Frais de Santé).

3. **Petit fourre-tout** : c'est une zone qui se rétrécit d'année en année, même s'il y a encore aujourd'hui la Prime PPV (la Prime de partage de la valeur) qui remplace la Prime Exceptionnelle de Pouvoir d'Achat (PEPA), anciennement appelée Prime Macron. Aujourd'hui, il n'y a plus beaucoup de primes ou d'indemnités qui ne soient pas soumises à cotisations. En positif, il nous reste encore les remboursements de frais, les Indemnités Journalières de Sécurité Sociale nettes (IJSS) et d'autres indemnités que nous verrons plus tard (dont celle de licenciement). En négatif, on peut trouver éventuellement la reprise des avantages en nature, les acomptes, les avances, les dettes du salarié ou encore la part salariale du titre-restaurant.

Pour la personne qui achèterait ce livre pour la première fois, nous tenons à préciser qu'il vient en complément de notre autre livre : « La Paie, ça s'apprend ». Celle qui a les deux livres est plus à même de comprendre la logique des exercices proposés.
Pour résumer simplement cette logique, nous « descendrons » tout simplement les lignes du bulletin de paie en nous attardant sur chacune d'elles en débutant toujours par des exercices « simples » pour les compliquer par la suite.

Nous débuterons donc par le « **Gros +** », qui constituera la première partie, en nous concentrant sur les lignes du brut soumis à cotisations (dans l'ordre, le salaire minimum, la prime d'ancienneté, les avantages en nature et frais professionnels, les absences en général, puis les congés payés). Pour mieux vous repérer, nous avons rajouté le mot « Brut » dans l'entête des pages concernant cette première partie.

Ensuite viendra le « **Gros -** » avec le plafond de Sécurité Sociale et sa régularisation annuelle progressive, pour arriver aux premiers bulletins avec le montant des cotisations. L'explication de l'ordre des cotisations et de leur libellé vous sera donnée quand nous aborderons les cotisations. Nous en profiterons pour expliquer la réduction générale des charges patronales et la reconstitution du brut à partir du net à payer. Cette deuxième partie aura en entête des pages le mot « Cotisations ».

Puis viendra le Petit fourre-tout avec les sommes non soumises à cotisations telles que les I.J.S.S. (moment où nous aborderons la maladie et le temps partiel thérapeutique), l'activité partielle et les retenues non déductibles du net fiscal (saisie-arrêt). Cette troisième et dernière partie aura en entête des pages le mot « Fourre-tout ».

Enfin, avant la conclusion de ces exercices sous la forme d'un « jeu des 7 erreurs », nous examinerons quelques cas de rupture de contrat.

Période de recueil des informations

Pour être précis, environ 50 % des logiciels éditant des bulletins de paie rajoutent un calendrier soit à droite du bulletin, soit quelque part là où nous avons écrit la date des congés payés.
Ce calendrier précise au salarié la date de ses incidents de présence selon la période de recueil de ces informations choisie par l'entreprise.

Il y a quatre possibilités pour cette période :

1. Soit le mois en cours (Exemple : Mois M, période du 01 du mois M au dernier jour calendaire du mois M).
   C'est la solution la plus simple, la plus logique et ce sera celle **que nous avons choisie pour effectuer nos exercices.**
   Les avantages sont nombreux (cohérence des informations - comptables, informatiques, visibilité sur un mois complet, etc.).
   L'inconvénient majeur est que le service paie doit être très réactif quant à la connaissance des incidents de présence et nécessite une bonne organisation ainsi qu'une anticipation des incidents prévisibles de fin de mois (congés, maternité, paternité, etc.).
   S'il veut éviter des rappels le mois suivant (en cas de maladie, grève…), il peut également décaler légèrement la date de paiement au début du mois suivant. Ce qui explique les trois autres possibilités ;
2. Soit le mois précédant (Exemple : Mois M, période du 01 du mois M-1 au dernier jour calendaire du mois M-1).
   Nous avons toujours un mois calendaire complet et il n'y aura aucun rappel. La date de paiement sera bien au plus tard le dernier jour calendaire du mois M.
   L'inconvénient est que cette différence d'un mois est préjudiciable pour toutes les entrées (premier mois sans incident) et tous les départs de l'entreprise (rajouter manuellement tous les évènements du dernier mois).
3. Soit du 16 au 15 (Exemple : Mois M, période du 16 du mois M-1 au 15 du mois M).
   Nous avons toujours une période d'un mois et les informations « collent » au plus près de la réalité.
   La date de paiement sera bien au plus tard le dernier jour calendaire du mois M.
   L'inconvénient est que nous n'avons plus les informations d'un mois calendaire et nous n'évitons pas les problèmes liés à une embauche ou à un départ après le 16 du mois.
4. Soit une période de 4 ou 5 semaines consécutives (Exemple : Mois M, période du lundi 12 du mois M-1 au dimanche 9 du mois M).
   Le seul et unique avantage de cette solution est le calcul des heures supplémentaires car pour le reste on cumule tous les autres inconvénients (plus de mois complet, décalage des informations, embauche ou départ en cours de mois, etc…).

Ces précisions étant apportées, il est temps de commencer par la première ligne du bulletin de paie :

1. Exercices sur le Smic

Le salaire de base

Par salaire de base, il faut entendre les éléments de rémunération pris en compte lors de chaque paiement du salaire et dont les modalités de calcul auront été fixées par le contrat de travail. C'est la rémunération prévue à l'embauche en contrepartie du travail fourni. Sous réserve de révision, le salaire de base est donc nettement défini par le contrat de travail et présente un caractère de fixité à chaque paie. Il se situe sur la première ligne du bulletin de paie, ce qui est évidemment déterminant pour toute la suite du bulletin. Il est décidé librement par l'employeur et le salarié, sous réserve de respecter :

1. le principe de la liberté contractuelle ;
2. le salaire minimum de croissance avec la garantie minimale de rémunération ;
3. le minimum conventionnel ou les recommandations patronales s'ils existent dans l'entreprise ;
4. les usages ou les engagements unilatéraux de l'employeur s'ils existent dans l'entreprise ;
5. les principes d'ordre public, tels que l'égalité de rémunération entre les hommes et les femmes et l'absence de discrimination (Cass. soc., 20 octobre 1998, n° 95-44.290).

Le principe de la liberté contractuelle signifie que les deux parties du contrat de travail sont libres de fixer la valeur du salaire. Généralement une des deux parties propose un salaire que l'autre partie accepte, refuse ou négocie. Quel que soit le montant du salaire négocié, il faut que la valeur du salaire minimum de croissance soit respectée.

Depuis le 1er janvier 2023, la valeur du SMIC est de 11,27 euros.

Si la valeur du SMIC est donnée par heure de travail, il faut néanmoins une valeur de référence pour un mois de travail. Le **SMIC mensuel brut** est ainsi porté à **1.709,28 euros** (calculé sur la base de 35 heures × 52 semaines / 12 mois et correspondant à la mensualisation de la durée légale hebdomadaire du travail de 35 heures). Même si en multipliant 11,27 euros par 151,67 heures on trouve un résultat différent (1 709,32 euros), c'est bien 1 709,28 € la référence mensuelle légale.

Le salaire brut

Des compléments de salaire viennent parfois s'ajouter au salaire de base et formeront ce qu'il est convenu d'appeler « le salaire brut » (c'est sur ce salaire brut que viendront se calculer les cotisations). Ces compléments sont par exemple : la prime d'ancienneté, les primes liées au travail, les heures supplémentaires et/ou complémentaires et les avantages en nature.
Ne pas oublier que ces compléments peuvent être aussi la partie des indemnités de transport, des frais professionnels ou des indemnités de panier qui est soumise à cotisations.

Eléments pris en compte pour la détermination du SMIC

Pour déterminer si le montant du SMIC est atteint, le Code du travail précise que le salaire à prendre en considération doit comprendre les éléments suivants :

- le salaire de base ;
- les pourboires ;
- les avantages en nature :
  - pour les avantages en nature nourriture, il faut prendre la valeur d'un minimum garanti pour un repas, soit **4,01 €** à partir du 1er janvier 2023 (il s'élevait à 3,94 € depuis le 1er août 2022) (C. du travail, Art. D. 3231-10) ;
  - pour les avantages en nature logement, il faut prendre une valeur égale à 0,02 € par jour ou à 0,60 € par mois quelle que soit la taille du logement (depuis 1951 !), à défaut de convention ou d'accord collectif (C. du travail, Art. D. 3231-11) ;
  - pour les avantages en nature, autres que la nourriture ou le logement, ils sont évalués d'après leur valeur réelle, au prix de revient pour l'employeur (C. du travail, Art. D. 3231-12) ;
- les majorations qui complètent le salaire habituellement (primes ou gratifications contractuelles) ;
- et les primes liées à la productivité.

En revanche, sont exclues :

- la prime d'ancienneté ;
- la prime d'assiduité ;
- les primes relatives à des conditions particulières de travail ;
- les primes qui rémunèrent le temps de pause (Cass. Soc. N° 09-42.890 à 892 du 13 juillet 2010) ;
- les primes qui constituent des libéralités (prime exceptionnelle) ;
- les primes à caractère aléatoire ou imprévisible (primes d'objectif) ;
- les primes sans rapport avec le travail fourni (prime de production attribuée collectivement) ;
- les primes de participation et d'intéressement ;
- les majorations pour heures supplémentaires ;
- les sommes versées à titre de remboursement de frais (ce qui comprend la prime de transport) ;
- la prime de vacances et la prime de fin d'année (sauf si elles sont versées par acomptes mensuels).

Salaire inférieur au SMIC

Si le salaire ainsi calculé est inférieur au SMIC ramené au temps de travail effectivement réalisé, les salariés concernés doivent recevoir un « complément calculé de façon à porter leur rémunération au montant du SMIC » (C. du travail, Art. D. 3321-5). Ce complément de rémunération s'appelle une « **indemnité différentielle** ».

Énoncés des exercices

Exercice 1 (Niveau 1)

1. Le gérant d'une épicerie, dépendant de la convention collective nationale du commerce de détail alimentaire non spécialisé (anciennement dénommée « Fruits et légumes, épicerie et produits laitiers (commerce de détail)) » du 15 avril 1988 (IDCC 1505), a embauché un vendeur (niveau E2) à l'horaire légal (mensualisé à 151,67 heures par mois) en décembre 2022. La grille des salaires minima 2022 résultant de l'accord du 11 avril 2022 étendu par l'arrêté du 11 août 2022 affichait pour ce vendeur un salaire mensuel de 1.685,05 € (soit un taux horaire brut de 11,11 €, montant supérieur au SMIC horaire brut de décembre 2022 : 11,07 €).
   Le SMIC ayant augmenté le 1er janvier 2023, **quel est le montant de l'indemnité différentielle** que ce gérant doit rajouter au salaire de base de son employé afin d'être conforme à la Loi ?

2. Un ouvrier serrurier (ouvrier d'exécution niveau 1, coefficient 150) travaillant dans une grande entreprise depuis plus de 6 ans perçoit chaque mois un salaire brut composé de son salaire de base de 1.500 €, assorti d'une prime d'ancienneté de 6 % (90 €) et d'une prime de rendement calculée sur le rendement global de son équipe d'un montant de 14 % (210 €) de son salaire de base.
   Le salaire brut de ce salarié est-il supérieur au SMIC mensuel ?
   Dans le cas d'une réponse négative, **quel serait le montant de l'indemnité différentielle ?**

3. Un convoyeur de fonds a été embauché pour 151,67 heures par mois le 1er février 2023.
   Son entreprise lui a proposé un salaire mensuel de 1.630 € assorti d'une gratification contractuelle de 2 % de ce salaire mensuel.
   De plus, la convention collective des transports de fonds et de valeurs (IDCC 16) lui octroie tous les mois une prime de risque de 245 €.
   Enfin, cette entreprise étant située en région parisienne, le salarié bénéficie d'un remboursement du pass Navigo pour une valeur de 42,05 €.
   Le salaire brut de ce salarié est-il supérieur au SMIC mensuel ?
   Dans le cas d'une réponse négative, **quel serait le montant de l'indemnité différentielle ?**

2. Exercices sur la prime d'ancienneté

La prime d'ancienneté

La prime la plus usitée dans les entreprises françaises est sans aucun doute la prime d'ancienneté (parfois appelée « prime d'expérience » ou « prime de durée d'expérience, PDE »). Sur le bulletin de paie, elle se trouve généralement juste en dessous de la ligne « Salaire de base ».
L'ancienneté du salarié commence généralement, sauf dispositions conventionnelles différentes, à partir du jour de la conclusion de son contrat de travail. Le tableau ci-après synthétise l'acquisition de l'ancienneté liée aux contrats de travail et aux principaux incidents affectant l'exécution de ces contrats.

Type de contrats et d'incident	Prise en compte dans l'ancienneté	Observations
Contrat à Durée Déterminée	**Oui**	C. Trav., art. L. 1243-11
Contrat à temps partiel	**Oui**	C. Trav., art. L. 3123-12
Congés payés	**Oui**	Exécution normale du contrat
Congés parental total	**Oui (pour la moitié de sa durée)**	C. Trav., art. L. 1225-54
Congé individuel de formation	**Oui**	C. Trav., art. L. 6322-13
Accident du travail	**Oui**	C. Trav., art. L. 1226-7
Maladie	**Oui**	Sauf précision conventionnelle
Maternité	**Oui**	C. Trav., art. L. 1225-16
Période militaire	**Non (suspension)**	C. Trav., art. L. 3142-71
Changement d'employeur (art. L. 1234-7)	**Oui**	Reprise de l'ancienneté déjà acquise

Deux particularités manquent dans ce tableau :

- lorsque l'entreprise utilisatrice embauche, après une mission, un salarié mis à sa disposition par une entreprise de travail temporaire, la durée des missions accomplies au sein de cette entreprise au cours des 3 mois précédant le recrutement est prise en compte pour le calcul de l'ancienneté du salarié. Cette durée est déduite de la période d'essai éventuellement prévue dans le nouveau contrat de travail (C. trav., art. L.1251-38) ;
- lorsque le salarié s'absente pour un congé sabbatique, de création d'entreprise ou sans solde, la période d'absence se déduit bien évidemment de son ancienneté.

Calcul de la prime d'ancienneté

Il existe quatre façons de calculer le montant de la prime d'ancienneté.
Celui-ci sera toujours composé d'une base et d'un taux.
La base peut être :

- le salaire réel du salarié ;
- le salaire minimum de la convention collective correspondant au coefficient du salarié ;
- le salaire minimum de la convention collective correspondant à la classification du salarié ;
- un montant correspondant au produit du coefficient par la valeur du point attribuée par la convention collective.

Quant au taux, il est généralement un pourcentage fixe ou variable qui s'applique soit chaque année, soit par périodicité d'année (exemple : tous les 3 ans).

Le montant de la prime d'ancienneté est le plus souvent plafonné à partir d'un certain nombre d'années (le plus souvent, 15 % après 15 ans).

En résumé, on peut écrire que :

Le montant de la prime d'ancienneté = une base × un pourcentage.

Quelques particularités

- Lorsque l'horaire de l'entreprise est abaissé en dessous de 35 heures, les primes d'ancienneté doivent être calculées sur la base du nouvel horaire (Cass. soc., 12 janvier 1989, n° 86-40.714).
- Lorsque la prime est calculée sur la base du salaire minimum conventionnel de la fonction, ce dernier est nécessairement proportionnel à l'horaire du salarié ; en cas de réduction d'horaire, la prime d'ancienneté diminue sans que le salarié puisse exiger son maintien (Cass. soc., 21 févr. 1979, n° 77-40.658 ; Cass. soc., 13 nov. 2003, n° 01-46.177) ; il faut en déduire que **si le salarié effectue des heures supplémentaires, la base de calcul de sa prime doit les prendre en compte**.
- La durée de l'ancienneté doit être décomptée pour les employés à temps partiel comme s'ils étaient à temps complet. Le montant de la prime est, par contre, calculé proportionnellement au temps de travail du salarié, suivant le principe de la proportionnalité des salaires des employés à temps partiel par rapport à ceux des employés à temps complet (Cass. soc., 18 février 1988, n° 86-41.980).

Exercice 2 (Niveau 1)

La convention collective des industries métallurgiques du Rhône du 21 mai 1976, identifiée sous IDCC 878, énonce dans son article 36 – Primes d'ancienneté :

- Les mensuels bénéficient d'une prime d'ancienneté calculée dans les conditions ci-après sur la rémunération minimale hiérarchique :
  - 5 % après 3 ans d'ancienneté,
  - 10 % après 6 ans d'ancienneté,
  - 11 % après 11 ans d'ancienneté,
  - 15 % après 12 ans d'ancienneté.
- Le montant de la prime d'ancienneté est adapté à l'horaire de travail et supporte, de ce fait, les majorations pour heures supplémentaires.
- La prime d'ancienneté doit figurer sur une ligne à part sur le bulletin de paie.

La définition de la rémunération minimale hiérarchique (RMH) vient de l'article 32 :

La définition de la rémunération minimale hiérarchique (RMH) vient de l'article 32 :
Les rémunérations minimales hiérarchiques feront l'objet de l'Annexe I à la présente convention.
Dans le champ d'application de la présente convention collective, les rémunérations minimales hiérarchiques correspondant aux coefficients de la classification découlant de l'accord national du 21 juillet 1975 modifié, feront l'objet d'au moins une négociation annuelle en vue de leur fixation par accord collectif territorial pour la durée légale mensuelle du travail en vigueur lors de la conclusion de cet accord.
Ces rémunérations minimales hiérarchiques, assorties des majorations de 5 % pour les ouvriers et de 7 % pour les agents de maîtrise d'atelier, serviront de base de calcul de la prime d'ancienneté prévue par l'article 36 de la convention collective.

L'annexe I (barème I) donne la rémunération minimale hiérarchique sous forme de tableau, dont la dernière version (accord du 11 mai 2022 non étendu) applicable à compter du 1er juin 2022 est reproduite ci-après :

Niveau	Echelon	Coefficient	RMH (en euros)
I	1	140	607,60
	2	145	609,00
	3	155	621,55
II	1	170	681,70
	2	180	721,80
	3	190	761,90
III	1	215	862,15
	2	225	902,25
	3	240	962,40
IV	1	255	1 022,55
	2	270	1 082,70
	3	285	1 142,85
V	1	305	1 223,05
	2	335	1 343,35
	3	365	1 463,65
		395	1 583,95

Calculer le brut d'un technicien dépendant de cette convention collective (sachant que son entreprise est adhérente à un syndicat patronal signataire du texte et qu'elle applique donc les accords sans attendre qu'ils soient étendus) dont la date d'entrée est le lundi 10 septembre 2012, le salaire de base est 2.000 € pour 151,67 heures, le coefficient est 285 et qui est présent tout ce mois de **décembre 2023.**

	Base	Taux	Montant
Salaire de base			
Prime d'ancienneté			
Salaire Brut			

Exercice 3 (Niveau 1)

Dans la même entreprise, il y a un autre salarié, qui a effectué **10 heures supplémentaires dont 8 à 125 % et 2 à 150 %.** Celui-ci est entré le lundi 26 janvier 2009. Son salaire est de **2.300 € pour 151,67 heures,** son **coefficient** est **305** et il a été présent tout le mois sans aucune absence. **Calculer son salaire brut de décembre 2023.**

	Base ou nombre	Taux	Montant
Salaire de base			
Prime d'ancienneté			
H.S. à 125 %			
H.S. à 150 %			
Salaire Brut			

Exercice 4 (Niveau 1)

Dans la même entreprise, il y a encore un autre salarié qui est **entré le lundi 2 janvier 2012 en tant qu'intérimaire.** L'entreprise l'a embauché en **CDI le 1er février 2013.** Son salaire actuel est de **1.900 € pour 151,67 heures,** son **coefficient** est **225** et il a été présent tout le mois sans aucune absence. **Calculer son salaire brut de décembre 2023.**

	Base	Taux	Montant
Salaire de base			
Prime d'ancienneté			
Salaire Brut			

3. Exercices sur les avantages en nature et les frais professionnels

Les avantages en nature

Les avantages en nature constituent un élément de la rémunération qui, au même titre que le salaire proprement dit, doit donner lieu à cotisations.
Conformément à l'article L.3241-1 du Code du travail, le salaire doit en principe être payé en argent, mais il est admis que le salarié puisse également être rémunéré en nature. Cette rémunération peut couvrir l'intégralité de l'activité du salarié, mais en général elle a le caractère d'accessoire du salaire et constitue un avantage en nature.
L'avantage en nature consiste donc dans la fourniture ou la mise à disposition d'un bien ou d'un service permettant au salarié de faire l'économie de frais qu'il aurait dû normalement supporter.
Les avantages en nature concernent le plus souvent la nourriture, un logement ou un véhicule. Mais ils peuvent aussi être constitués, en vertu d'usages maison, par la fourniture gratuite de produits fabriqués par l'entreprise, ou encore par la vente de produits fabriqués par l'entreprise avec un rabais supérieur à 30 %. Parfois, ils sont constitués de façon ponctuelle en liaison à un événement particulier, tel un cadeau ou un voyage. Leur montant est en général fixé soit par le contrat de travail, soit par la convention collective applicable.

Évaluation
L'arrêté du 10 décembre 2002 prévoit en ses articles 1, 2, 3 et 4 un système de forfaits qui est applicable pour les principaux avantages en nature : nourriture, logement, véhicule et outils issus des nouvelles technologies de l'information et de la communication.
Dans les autres cas, les avantages en nature sont déterminés par rapport à la valeur réelle conformément aux dispositions de l'article 6 dudit arrêté. Leur montant est arrondi à la dizaine de centimes d'euros la plus proche.
L'évaluation de l'avantage en nature d'après la valeur réelle est déterminée sur la base de l'économie réalisée par les salariés en bénéficiant.
Désormais, la référence au Minimum garanti et la distinction entre rémunération supérieure ou inférieure au plafond sont supprimées.

L'avantage en nature « Nourriture »

Lorsque l'employeur fournit la nourriture, cet avantage est évalué suivant un forfait par jour (10,40 € en 2023) et la moitié de ce montant pour un repas.
Mais, le forfait des Hôtels, Cafés ou Restaurants (HCR) a une autre valeur, calculée en fonction du Minimum Garanti (M.G.) qui est égal à 4,01 € depuis le 1er janvier 2023 (il s'élevait à 3,94 € depuis le 1er août 2022).
A noter que pour vérifier si le salaire est au moins égal au SMIC, l'avantage en nature nourriture est également pris en compte en fonction du Minimum Garanti (et non pas en fonction de sa valeur pour l'assiette des cotisations sociales).
Et enfin, ne pas confondre cet avantage en nature nourriture avec le remboursement de frais professionnels, lorsque le salarié est en déplacement professionnel et empêché de regagner sa résidence ou son lieu habituel de travail et qu'il est remboursé intégralement de son repas, ou que l'employeur paie le repas directement au restaurateur (voir plus loin les remboursements de frais professionnels).

Tableau de synthèse pour l'avantage en nature « Nourriture »
(C.Trav., art. D.3231-9 à D.3231-14).

Avantages en nature Nourriture	Pour le calcul du SMIC	Pour l'assiette des cotisations sociales	
En 2023		Hôtel, Cafés, Restaurant	Cas général
1 repas par jour	1 M.G. (4,01 €)	1 M.G. (4,01 €)	5,20 €
à la journée	2 M.G. (8,02 €)	2 M.G. (8,02 €)	10,40 €

Le titre-restaurant

Le titre-restaurant a été institué pour permettre aux salariés des entreprises ne disposant pas sur place d'un local de restauration de consommer un repas au restaurant à des conditions financières avantageuses, leur employeur prenant en charge une partie du prix de ces repas.
La part contributive de l'employeur est exonérée :

- des charges fiscales : taxe sur les salaires, participation à la construction, formation continue ;
- des charges sociales : cotisations de Sécurité sociale, d'assurance chômage et de retraite complémentaire, CSG et CRDS (C. Séc. soc., art. L.131-4).

Pour bénéficier de cette exonération, la participation de l'employeur au coût des titres-restaurants doit remplir deux conditions cumulatives :

- la participation patronale doit être comprise entre 50 et 60 % de la valeur libératoire du titre ;
- la participation patronale ne doit pas dépasser une limite d'exonération, fixée par arrêté.

Au 1er janvier 2023, la limite d'exonération de cette participation patronale est fixée à 6,50 euros par titre, ce qui porte la valeur du titre restaurant :

- à 10,83 euros, si la participation patronale est de 60 % ;
- à 13,00 euros, si la participation patronale est de 50 %.

Si la participation n'excède pas le pourcentage compris entre 50 et 60 % de la valeur du titre, mais dépasse la limite d'exonération (6,50 euros), la participation donne lieu à réintégration dans l'assiette des cotisations pour la fraction qui excède la limite d'exonération. Mais lorsque la participation excède 60 % de la valeur du titre-restaurant, c'est la totalité de cette contribution qui doit être réintégrée (Cass. soc., 23 octobre 1997).

L'avantage en nature « Logement »

Lorsque l'employeur fournit le logement, l'estimation de cet avantage est évaluée forfaitairement ou peut être calculée, sur option de l'employeur, d'après la valeur locative servant à l'établissement de la taxe d'habitation dans les conditions prévues aux articles 1496 et 1516 du Code général des impôts et d'après la valeur réelle pour les avantages accessoires.
La valorisation du forfait avantage logement est présentée sous la forme d'un barème de huit tranches. Les avantages accessoires (eau, gaz, électricité, chauffage ou encore garage) sont intégrés dans le forfait.
Attention : pour vérifier que le salaire est au moins égal au SMIC, l'avantage en nature logement est évalué à 0,02 € par jour et à 0,60 € par mois (0,02 € × 30 jours, quel que soit le mois considéré).

Tableau de synthèse pour l'avantage en nature « Logement »

Pour l'assiette des cotisations sociales en 2023				
Rémunération mensuelle (R)	Si le logement comporte une seule pièce principale		Si le logement comporte plusieurs pièces principales	
	Mois	Semaine	Mois	Semaine
R < 1 833,00 € (R < 0,5 Plafond SS)	75,40 €	18,90 €	40,40 € (par pièce principale)	1/4 de l'avantage mensuel (arrondi à la dizaine d'euro la plus proche)
1 833,00 € ≤ R < 2 199,59 € (0,5 PSS ≤ R < 0,6 PSS)	88,00 €	22,00 €	56,50 € (par pièce principale)	
2 199,60 € ≤ R < 2 566,19 € (0,6 PSS ≤ R < 0,7 PSS)	100,40 €	25,10 €	75,40 € (par pièce principale)	
2 566,20 € ≤ R < 3 299,39 € (0,7 PSS ≤ R < 0,9 PSS)	113,00 €	28,30 €	94,10 € (par pièce principale)	
3 299,40 € ≤ R < 4 032,59 € (0,9 PSS ≤ R < 1,1 PSS)	138,40 €	34,60 €	119,30 € (par pièce principale)	
4 032,60 € ≤ R < 4 765,79 € (1,1 PSS ≤ R < 1,3 PSS)	163,30 €	40,80 €	144,10 € (par pièce principale)	
4 765,80 € ≤ R < 5 498,99 € (1,3 PSS ≤ R < 1,5 PSS)	188,60 €	47,20 €	175,70 € (par pièce principale)	
5 499,00 € ≤ R (1,5 PSS ≤ R)	213,50 €	53,40 €	200,90 € (par pièce principale)	

L'avantage en nature « Véhicule »

Il faut distinguer deux types de véhicule : la voiture de service mise temporairement par l'entreprise à la disposition du salarié comme outil de travail, qui n'est pas un avantage en nature, et la voiture de fonction affectée au salarié, qui peut l'utiliser pour ses besoins personnels, les fins de semaine, voire pendant les vacances. L'utilisation par le salarié, à la fois pour ses besoins personnels et pour ses fonctions professionnelles, d'un véhicule d'entreprise dont celle-ci assure l'entretien constitue un avantage en nature qui s'apprécie en fonction de la valeur réelle qu'il représente pour son bénéficiaire. L'arrêté du 10 décembre 2002 a fixé de nouvelles règles d'évaluation de l'avantage en nature que constitue la mise à disposition permanente d'un véhicule pour un usage privé ou en partie privé pour le salarié. L'Administration considère qu'il y a mise à disposition permanente lorsque le salarié n'est pas tenu de restituer le véhicule en dehors de ses périodes de travail, notamment en fin de semaine (samedi et dimanche) ou pendant ses périodes de congés.
L'employeur a le choix entre une évaluation sur la base des dépenses réelles, évaluation dont les modalités sont précisées, et une évaluation sur la base d'un forfait annuel. Par ailleurs, l'évaluation des dépenses engagées par l'employeur diffère selon que celui-ci est propriétaire ou locataire du véhicule. L'évaluation s'entend toutes taxes comprises. Il n'est désormais plus possible de se référer au barème kilométrique établi par l'administration fiscale.
L'option entre l'évaluation réelle et l'évaluation forfaitaire est laissée à la seule diligence de l'employeur. Celui-ci a la faculté de réviser en fin d'exercice l'option prise en fonction de son choix, pour l'année entière écoulée. Ainsi, l'entreprise qui, au cours de l'année écoulée, a utilisé l'évaluation forfaitaire peut en fin d'année revoir cette option en fonction de la valeur réelle, salarié par salarié ; l'inverse est également possible. L'entreprise prend alors sa décision en fin d'année, lors de l'établissement du bulletin de décembre.

Avantage en nature Véhicule	Evaluation des dépenses sur une base forfaitaire			Evaluation des dépenses réellement engagées
Si le véhicule a été acheté par l'employeur	**Le forfait est un pourcentage du coût d'achat du véhicule. Ce pourcentage varie selon différentes situations.**			**L'évaluation des dépenses réelles comprend :** - l'amortissement de l'achat du véhicule sur 5 ans (soit 20% par an par rapport au coût d'achat) ; si le véhicule a plus de 5 ans, l'amortissement de l'achat du véhicule est de 10% - l'assurance ; - les frais d'entretien (révision, changements de pneus, vidanges, lavages...) ; - le cas échéant, les frais de carburant l'ensemble au prorata de l'usage privé
		Carburant NON payé par l'employeur	Carburant payé par l'employeur	
	Véhicule < 5 ans	9% du coût d'achat	9% du coût d'achat + dépenses réelles de carburant utilisé pour l'usage privé OU 12% du coût d'achat	
	Véhicule > 5 ans	6% du coût d'achat	6% du coût d'achat + dépenses réelles de carburant utilisé pour l'usage privé OU 9% du coût d'achat	
Si le véhicule est loué par l'employeur ou loué avec option d'achat	**Le forfait est un pourcentage du coût global annuel.**			**L'évaluation des dépenses réelles comprend :** - le coût annuel de la location ; - l'assurance ; - les frais d'entretien (révision, changements de pneus, vidanges, lavages...) ; - le cas échéant, les frais de carburant l'ensemble au prorata de l'usage privé
	Carburant NON payé par l'employeur	Carburant payé par l'employeur		
	30% du coût global (comprenant la location, l'assurance et l'entretien du véhicule)	30% du coût global (comprenant la location, l'assurance et l'entretien du véhicule) + dépenses réelles de carburant utilisé pour l'usage privé OU 40% du coût global (comprenant la location, l'assurance, l'entretien du véhicule ET le carburant utilisé à titre privé et professionnel)		

Les avantages issus des nouvelles technologies de l'information et de la communication

Il s'agit de la téléphonie mobile, du micro-ordinateur, portable ou non, de progiciels, de modem d'accès à un télécopieur, à l'ordinateur de l'entreprise, à Internet, etc.
L'avantage résultant de l'usage privé est évalué sur option de l'employeur, sur la base de dépenses réellement engagées ou sur la base d'un forfait en pourcentage du coût d'achat de ces outils ou, le cas échéant, de l'abonnement, toutes taxes comprises.

Lorsque l'employeur opte pour les dépenses réellement engagées, la présentation des justificatifs de facture justifiant le temps passé pour l'utilisation privée suffit (numéro de téléphone, accès Internet, etc.).

Lorsque l'employeur ne peut apporter la preuve des dépenses réellement engagées, l'avantage résultant de l'usage privé doit être effectué d'après les forfaits suivants :

- lorsque l'employeur achète ces outils pour les mettre à la disposition permanente du salarié, l'avantage en nature déterminé par l'usage privé de ces outils est calculé annuellement sur la **base forfaitaire de 10 % de son coût d'achat public**, toutes taxes comprises ;
- lorsque, dans le cadre de l'activité professionnelle du salarié, l'employeur met à la disposition permanente de ce dernier des outils issus des NTIC dont l'usage est en partie privé, et que l'évaluation de l'avantage est effectuée sur la base du forfait, la valeur de l'avantage en nature est déterminée en prenant en compte le rabais dont aurait bénéficié le salarié si l'entreprise lui avait vendu un de ces outils. Le montant de l'avantage en nature est alors calculé en déduisant le niveau du rabais consenti à ses salariés lorsqu'elle leur vend ces outils, dans la limite de 30 % du prix public TTC pratiqué par l'employeur, pour le même produit ou le même service, à un consommateur non salarié de l'entreprise ;
- en cas de mise à disposition en cours d'année, l'évaluation devra être proratisée en fonction du nombre de mois de mise à disposition. Dans le cas de mois incomplets, c'est le mois intégral qui est pris en compte.

Autres avantages en nature

Les fournitures de produits et services réalisés par l'entreprise à des conditions préférentielles **ne constituent pas des avantages en nature dès lors que leurs réductions tarifaires n'excèdent pas 30 % du prix de vente public normal**, toutes taxes comprises.
Lorsque la fourniture est gratuite ou lorsque la remise dépasse 30 % du prix de vente normal, il convient de réintégrer la totalité de l'avantage en nature dans l'assiette.

S'agissant des vêtements, lorsque les dépenses d'habillement des salariés se traduisent par un remboursement, elles sont considérées comme des avantages en espèces qui doivent donc être réintégrés dans l'assiette de cotisations. Cependant, la fourniture gratuite aux salariés des vêtements qui répondent aux critères obligatoires de protection individuelle, ainsi que leurs frais d'entretien relèvent des frais d'entreprise. Ces vêtements doivent demeurer la propriété de l'employeur.

Les avantages en nature sur le bulletin de paie

Les avantages en nature doivent figurer sur le bulletin de salaire. Le Code de la Sécurité sociale précise que les avantages en nature s'ajoutent à la rémunération en espèces des salariés et doivent être soumis à cotisations. Non seulement, ils sont sur le bulletin de paie, mais ils y figurent **deux fois** :

- une première fois dans le haut du bulletin pour entrer dans la base soumise à cotisations (donc en plus) ;
- une deuxième fois, après le calcul des cotisations salariales (et patronales) pour les déduire (donc en moins). En effet, si l'employeur donne déjà un avantage en nature quelconque, il ne faut pas rajouter à la rémunération du salarié sa valeur en euros !

Les frais professionnels

Dans de nombreuses professions, le salarié bénéficie de sommes allouées à titre de remboursement de frais professionnels. Ces sommes compensent les frais inhérents au travail lui-même ou aux conditions dans lesquelles il s'effectue (dépenses engagées par le salarié pour le compte de l'entreprise et qui lui sont remboursées par celle-ci au titre de ses charges normales d'exploitation). Elles n'ont pas le caractère de salaire dès lors qu'il s'agit réellement du remboursement de frais dont le salarié a fait l'avance ; le remboursement ne sera donc pris en compte ni pour l'application du SMIC, ni dans le salaire de base, ni dans l'assiette des cotisations.
En revanche, lorsque les remboursements sont effectués forfaitairement et qu'ils ne correspondent pas à des dépenses réellement faites par le salarié, ils constituent un complément de rémunération (Cass. soc., 15 octobre 1987, n° 85-41.535).

Remboursement de repas

L'employeur a deux possibilités pour prendre en charge les frais de repas de ses salariés en déplacement :

- remboursement des frais réels sur justificatifs. Ils sont exclus de l'assiette des cotisations dans la mesure où ils ne constituent pas un avantage en nature déguisé ;
- participation forfaitaire de l'employeur. Dans ce cas, l'exclusion de l'assiette de cotisations sociales et fiscales se fait à condition de ne pas dépasser les limites d'exonération sociales et fiscales.

Lorsque le salarié est en déplacement professionnel et empêché de regagner sa résidence, il peut percevoir une **indemnité de repas non soumise à cotisations dans la limite de 20,20 € (montant 2023, sans changement depuis le 1er septembre 2022) par repas** (pour les 3 premiers mois, puis dans la limite de 17,20 € du 4ème mois à 2 ans, puis à 14,10 € au-delà de 2 ans jusqu'à 6 ans).

Lorsque le salarié est contraint de prendre une restauration sur le lieu de travail en raison de conditions particulières d'organisation de travail, l'employeur est autorisé à compenser les dépenses supplémentaires de restauration dans une **limite de 7,10 € (depuis le 1er septembre 2022)** exonérés de cotisations. C'est le cas des **primes de panier**.

Lorsque le salarié est en déplacement hors des locaux de l'entreprise et lorsque les conditions de travail lui interdisent de regagner sa résidence ou son lieu de travail pour le repas, l'employeur peut compenser les dépenses supplémentaires de repas dans la limite de **9,90 € (depuis le 1er septembre 2022)** exonérés de cotisations. C'est le cas des primes de casse-croûte, ou des **primes de panier déplacement**.

Grand déplacement

Un salarié empêché de regagner chaque jour sa résidence du fait de ses conditions de travail peut percevoir des allocations forfaitaires destinées à compenser ses dépenses supplémentaires de logement et de nourriture. On considérera que le salarié est empêché de regagner sa résidence lorsqu'il n'a pas la possibilité de regagner chaque jour son domicile et que d'une part, la distance domicile-travail est au moins égale à 50 km, et d'autre part, les transports en commun ne lui permettent pas de regagner son domicile en moins de 1 h 30.
Ces allocations sont réputées être utilisées conformément à leur objet si :

- elles ne dépassent pas les limites fixées par arrêté ;
- l'employeur justifie que le salarié ne peut regagner chaque jour sa résidence et que de ce fait il engage des frais de double résidence.

Concernant les dépenses destinées à compenser les dépenses supplémentaires de logement et de petit-déjeuner, l'employeur est autorisé à déduire ces **indemnités dans la limite de 72,50 € (montant 2023) par jour pour le salarié en déplacement à Paris**, dans les Hauts-de-Seine, la Seine-Saint-Denis et le Val-de-Marne, et de **53,80 € (montant 2023) par jour dans les autres départements** métropolitains (montants descendus respectivement à 61,60 € et à 50,80 € du 4ème mois à 2 ans, puis à 45,70 € et 37,70 € au-delà de 2 ans jusqu'à 6 ans).

Précision capitale : Tant que nous n'aurons pas étudié les cotisations en détail, nous nous concentrerons sur la partie du bulletin de paie expliquée précédemment. Afin d'avoir un net à payer, nous utiliserons un bulletin de paie « ultra simplifié » avec un taux de cotisations salariales de 20 % (taux inférieur au réel, mais qui a le mérite de ne pas trop compliquer les calculs).

Ce qu'il faut retenir de la partie concernant le salaire et les primes

La partie haute du bulletin correspond au **brut** qui sera soumis à cotisations et au prélèvement à la source (PAS). Elle est constituée :

- du salaire (de base, mensuel, forfaitaire, horaire, etc…)
  - qui ne peut (sauf exceptions) être inférieur au **Smic : 11,27 €** brut de l'heure ;
- de la prime d'ancienneté ;
- des avantages en nature (fourniture ou mise à disposition d'un bien ou d'un service de la part de l'employeur ou du CSE permettant au salarié l'économie de frais qu'il aurait dû normalement supporter) :
  - **nourriture : 5,20 €** / repas (cas général) ;
  - logement : dont le montant est calculé par rapport au nombre de pièces et peut varier chaque mois en fonction de la rémunération brute ;
  - véhicule : dont le montant varie en fonction de son utilisation ;
  - autres (NTIC, fournitures de l'entreprise, etc…) ;
- de primes diverses (fixes ou variables) ;
- de la partie soumise des titres-restaurant :
  - L'exonération des titres-restaurant est totale seulement si le montant de la participation patronale :
    - est compris entre 50 et 60 % de la valeur du T.R.
    - et est d'un montant inférieur ou égal à **6,50 €** ;
- de la partie soumise des indemnités ou frais professionnels ;
  - Limite d'exonération des indemnités ou frais professionnels :
    - **Prime de panier : 7,10 €** / repas (salarié contraint de prendre ses repas sur son lieu de travail) ;
    - **Prime de panier déplacement : 9,90 €** / repas (salarié apportant son repas sur un chantier par exemple) ;
    - **Remboursement repas : 20,20 €** / repas (salarié en déplacement professionnel contraint de prendre ses repas au restaurant) ;
    - **Remboursement en grand déplacement** (hôtel + petit déjeuner) :
      - **72,50 €** par déplacement sur la **région parisienne** (départements 75, 92, 93 et 94) ;
      - **53,80 €** par déplacement dans les **autres départements.**
  - Limite d'exonération des indemnités de transport :
    - **50 % des transports en commun** (**50 % des transports publics** ; Tolérance au-delà de 50 % dans la limite des frais réellement engagés lorsque l'éloignement de la résidence habituelle ne résulte pas de convenances personnelles. En 2023, jusqu'à 75 % pour convenance personnelles) ;
    - **700 € / an** pour le forfait mobilité durable, si l'entreprise a signé un accord pour les salariés contraints d'utiliser un moyen de transport durable (vélo, covoiturage, service de mobilité partagée).

La partie basse du bulletin correspond aux sommes non soumises à cotisations et au PAS. Elle est appelée « **retenues et remboursements divers** ». On la trouve après le net fiscal.
Elle est constituée :

- de la reprise des avantages en nature (montant identique, sens inversé) qui étaient dans le brut ;
- de la participation salariale des titres-restaurant ;
- des indemnités ou frais professionnels pour la partie exonérée de cotisations et du PAS ;
- des indemnités de transport pour la partie exonérée de cotisations et du PAS.

Exercice 5 (Niveau 1)

Ce salarié travaille en tant que cuisinier dans un restaurant pour un **salaire de base de 1.950 €** brut pour 151,67 heures par mois. Chaque jour, avant le service, il déjeune sur place avec l'ensemble de l'équipe. Ce mois de juin 2023, il est présent du lundi au vendredi et n'a pas été absent du mois.

Calculer sa paie pour le mois de juin 2023 (22 jours ouvrés).

Libellés	Espace de calcul	Sommes en -	Sommes en +
Salaire de base			
Av. en Nature "Nourriture"			
Total du Brut			
Montant des cotisations (20%)			
Net fiscal			
Reprise Av. Nat. "Nourriture"			
Net à payer			

Exercice 6 (Niveau 1)

Ce salarié bucheron, travaille dans une petite scierie familiale perdue en pleine forêt pour un **salaire de base de 2.100 €** brut pour 151,67 heures par mois. Chaque lundi matin, il rejoint la scierie. Il retourne à la ville tous les vendredis à 16 h, le travail de la semaine terminé. La femme du patron prépare un **repas midi et soir**. Durant la semaine, il est **logé dans** un petit **F2**. Il travaille tous les jours ouvrés de mars 2023 comportant **4 week-ends**.

Calculer sa paie pour le mois de mars 2023 (23 jours ouvrés).

Libellés	Espace de calcul	Sommes en -	Sommes en +
Salaire de base			
Av. en Nature "Nourriture"			
Av. en Nature "Logement"			
Total du Brut			
Montant des cotisations (20%)			
Net fiscal			
Reprise Av. Nat. "Nourriture"			
Reprise Av. Nat. "Logement"			
Net à payer			

Exercice 7 (Niveau 1)

Ce salarié de la région Hauts-de-France, travaille à temps plein en équipe 2 × 8 (l'équipe du matin faisant 5 h-midi, l'équipe de l'après-midi ayant un horaire de midi à 19 h), dans une grande entreprise d'installation de panneaux solaires pour un **salaire de base de 2.200 €** brut pour 151,67 heures par mois. Il fait partie de l'équipe du matin. Sa convention collective octroie un **panier de 11 euros** par jour travaillé au personnel en équipe, qu'il soit ou pas en déplacement.
Ce mois de février 2023, dans la semaine du lundi 13 au dimanche 19, il effectue des allers-retours quotidiens avec la voiture de société (essence et péage payés par le chef d'équipe) entre Lille et Beauvais et déjeune sur place.

Calculer sa paie pour le mois de février 2023 (20 jours ouvrés).

Libellés	Espace de calcul	Sommes en -	Sommes en +
Salaire de base			
Paniers Soumis (Jour & Nuit)			
Paniers Soumis (Déplacement)			
Total du Brut			
Montant des cotisations (20%)			
Net fiscal			
Paniers Non Soumis (J & N)			
Paniers Non Soumis (Dépl,)			
Net à payer			

Exercice 8 (Niveau 2)

Ce salarié **provincial**, travaille à temps plein dans une grande entreprise pour un **salaire de base de 3.200 €** brut pour 151,67 heures par mois. L'entreprise lui donne des **titres restaurants (valeur faciale : 10,00 €, participation patronale : 6,00 €)** pour tous les jours travaillés au sein de son entreprise. Il est **logé dans** un grand **F4.** Ce mois d'octobre 2023, il a suivi trois jours de formation à Paris les lundi 16, mardi 17 et mercredi 18. **Ses billets de train** (216 €) **ainsi que ses tickets de métro** (2,10 € × 6 = 12,60 €) après sa remise des justificatifs correspondant **lui sont remboursés sur son bulletin de paie.** En revanche, pour ses 2 nuits d'hôtel, l'entreprise lui rembourse un **forfait de 80 € par nuitée** et pour ses repas au restaurant (3 à midi et 2 le soir) un **forfait de 25 € par repas.**

Calculer sa paie pour le mois d'octobre 2023 (22 jours ouvrés).

Libellés	Espace de calcul	Sommes en -	Sommes en +
Salaire de base			
Remboursement Repas			
Remboursement Hôtel			
Av. en Nature "Logement"			
Total du Brut			
Montant des cotisations (20%)			
Net fiscal			
Remboursement Repas			
Remboursement Hôtel			
Remboursement Frais de Dépl.			
Reprise Av. Nat. "Logement"			
Retenue Titres Restaurant			
Net à payer			

Exercice 9 (Niveau 1)

Cette salariée cadre, travaille à temps plein dans une petite entreprise pour un **salaire de base de 2.500 €** brut par mois.
L'entreprise lui a mis à disposition le 2 janvier 2023 et pour une durée indéterminée, **une voiture** (Peugeot 208 Allure Pack PureTech 100 S&S EAT8) louée 430 € par mois (entretien inclus).
L'entreprise ne prend pas en charge le carburant mais prend en charge l'assurance (670 € par an).
Au 31 décembre 2023, la salariée a parcouru 45.000 kms dont 12.000 à titre privé.

Calculer le montant de l'avantage en nature « véhicule » à l'euro près, selon les deux possibilités (au forfait et au réel) et quel sera le montant à passer dans la rubrique « Avantage en nature « Véhicule » » en décembre 2023 ?

Exercice 9 bis (Niveau 2)

Ce salarié cadre, travaille à temps plein dans une grande entreprise pour un **salaire de base de 4.200 €** brut par mois.
L'entreprise lui a mis à disposition le 2 janvier 2023 et pour une durée indéterminée, **une voiture** (Renault Mégane Estate E-Tech Plug in Hybride évolution 160, break) achetée 39.800 € (prix de la voiture neuve au 1er janvier 2023).
L'entreprise a pris également en charge l'assurance (2.650 €), tous les entretiens (5.450 €) et le carburant (7.500 €).
Au 31 décembre 2023, le salarié a parcouru 60.000 kms dont 15.000 à titre privé.

Calculer le montant de l'avantage en nature « véhicule » à l'euro près, selon les deux possibilités (au forfait et au réel) et quel sera le montant à passer dans la rubrique « Avantage en nature « Véhicule » » en décembre 2023 ?

Exercice 10 (Niveau 2)

Un ouvrier agricole vient d'être embauché ce mardi 1er février 2023 (20 jours ouvrés) à temps plein (35 h par semaine) dans une entreprise.
Cette entreprise lui propose contractuellement :

- de le loger dans un appartement de fonction (un F2), correspondant à un avantage en nature de 80,80 €,
- de le nourrir tous les jours ouvrés à midi,
- avec un salaire de base mensuel de 1.500 €,
- une prime mensuelle individuelle de production de 120 €,
- et une indemnité mensuelle de pénibilité de 75 €.

Pour vous, **la paie de ce salarié respecte-t-elle le SMIC ?** Si votre réponse est négative, **quel serait le montant de l'indemnité différentielle qui corrigerait cette anomalie ?**

Calculer sa paie pour le mois de février 2023 (20 jours ouvrés).

Libellés	Espace de calcul	Sommes en -	Sommes en +
Salaire de base			
Indemnité différentielle			
Prime de production			
Prime de pénibilité			
Av. en Nature "Nourriture"			
Av. en Nature "Logement"			
Total du Brut			
Montant des cotisations (20%)			
Net fiscal			
Reprise Av. Nat. "Nourriture"			
Reprise Av. Nat. "Logement"			
Net à payer			

Exercice 11 – 1ère partie (Niveau 3)

Ce salarié **parisien**, travaille à temps plein dans une grande entreprise pour un **salaire de base de 3.600 € brut** pour 151,67 heures **par mois**.
L'entreprise lui donne des **titres restaurants (valeur faciale : 12,50 €, participation patronale : 7,50 €)** pour tous les jours travaillés au sein de son entreprise. Elle indemnise les jours fériés sans les faire apparaître sur le bulletin.
Il est **logé dans** un grand **F3**.
Son entreprise lui fournit un **téléphone portable** (un iPhone 13 128Go dont le prix public est de **829 €** assorti d'un **forfait** 140 Go 5G pour **33 € par mois**) et un **ordinateur portable** (d'une valeur de **999 €**). La durée d'amortissement du téléphone est d'un an. Si l'entreprise lui vendait cet ordinateur, le salarié bénéficierait d'un rabais de 30 %.
Ce mois de juillet 2023, il est allé par quatre fois rencontrer ses clients en province, nécessitant à chaque fois une nuit d'hôtel et un repas à midi et un autre le soir. Pour se déplacer, il a utilisé un des véhicules de service appartenant à l'entreprise.
Pour ses nuits d'hôtel, l'entreprise lui rembourse un **forfait de 125 € par nuitée** et pour ses repas au restaurant un **forfait de 30 € par repas**.

Bulletin de paie (simplifié) pour le mois de juillet 2023 (21 jours ouvrés)

Libellés	Espace de calcul	Sommes en -	Sommes en +
Salaire de base			
Remboursement Repas			
Remboursement Déplacement			
Av. en Nature "Téléphone"			
Av. en Nature "Ordinateur"			
Av. en Nature "Titres Resto"			
Av. en Nature "Logement"			
Total du Brut			
Montant des cotisations (20%)			
Net fiscal			
Remboursement Repas			
Remboursement Déplacement			
Reprise Av. Nat. "Téléphone"			
Reprise Av. Nat. "Ordinateur"			
Reprise Av. Nat. "Titres Resto"			
Reprise Av. Nat. "Logement"			
Retenue Titres Restaurant			
Net à payer			

Exercice 11 – 2ème partie (Niveau 3)

Imaginons que le salarié de l'exercice précédent (exercice 11 - 1ère partie) ne soit plus parisien, mais **provincial** et qu'il « monte » à Paris pour rencontrer ses clients.
Imaginons aussi que son entreprise lui donne des **titres restaurants (valeur faciale : 12,50 €, participation patronale : 10 €**) pour tous les jours travaillés au sein de son entreprise.
Tout le reste de l'exercice 11 - 1ère partie est identique.

Calculer sa paie pour le mois de juillet 2023 (21 jours ouvrés).

Libellés	Espace de calcul	Sommes en -	Sommes en +
Salaire de base			
Remboursement Repas			
Remboursement Déplacement			
Av. en Nature "Téléphone"			
Av. en Nature "Ordinateur"			
Av. en Nature "Titres Resto"			
Av. en Nature "Logement"			
Total du Brut			
Montant des cotisations (20%)			
Net fiscal			
Remboursement Repas			
Remboursement Déplacement			
Reprise Av. Nat. "Téléphone"			
Reprise Av. Nat. "Ordinateur"			
Reprise Av. Nat. "Titres Resto"			
Reprise Av. Nat. "Logement"			
Retenue Titres Restaurant			
Net à payer			

Exercice 12 (Niveau 2)

Un ouvrier travaillant en équipe a été embauché pour 39 h par semaine le mercredi 1er mars 2023 dans une entreprise en sous-traitance pour l'industrie automobile.
L'entreprise lui propose contractuellement :

- un salaire mensuel de 1.560 €,
- une indemnité panier quotidienne de 7,10 €,
- une prime d'équipe de 5 € par jour ouvré travaillé,
- un treizième mois payé par douzième chaque mois (l'accord collectif qui a instauré cette prime prévoit un paiement fractionné mois par mois),
- et des heures supplémentaires mensuelles de 17,33 heures (4 H.S. par semaine × 4,33 semaines)

Pour vous, **la paie de ce salarié respecte-t-elle le SMIC ?** Si votre réponse est négative, **quel serait le montant de l'indemnité différentielle qui corrigerait cette anomalie ?**

Calculer sa paie pour le mois de mars 2023 (23 jours ouvrés).

Libellés	Espace de calcul	Sommes en -	Sommes en +
Salaire de base			
Prime 1/12ème de 13ème mois			
Indemnité différentielle			
Prime d'équipe			
Heures supplémentaires			
Total du Brut			
Montant des cotisations (20%)			
Net fiscal			
Paniers Non Soumis			
Net à payer			

Après cette première approche des heures supplémentaires, il est temps de passer justement au temps de travail et de voir en détail toutes les règles concernant les heures supplémentaires.

4. Exercices sur les heures supplémentaires

La durée légale du temps de travail

Depuis le 1er janvier 2000, la durée légale du travail est de 35 heures (loi n° 2000-37 du 19 janvier 2000).

Le temps de travail effectif

Le temps de travail effectif est défini de la façon suivante (C.. trav., art. L. 3121-1, modifié par la loi n° 2016-1088 du 8 août 2016) : « *La durée du travail effectif est le temps pendant lequel le salarié est à la disposition de l'employeur et se conforme à ses directives sans pouvoir vaquer librement à des occupations personnelles.* ».
Si de nombreuses dispositions du Code du travail assimilent certains temps non travaillés à du temps de travail effectif pour la détermination des droits à congés payés et/ou à l'ancienneté, seules quelques dispositions traitent de l'assimilation totale à du temps de travail effectif. Ces temps non travaillés assimilés à du temps de travail effectif sont :

- la visite d'information et de prévention (anciennement visite médicale d'embauche) et les examens médicaux obligatoires (C. trav., art. L. 4624-1 à L. 4624-10 et R. 4624-10 à R.4624-39) ;
- les heures de délégation des représentants du personnel (CSE) utilisées dans la limite des contingents (C. trav., art. L. 2311-1 à L. 2315-13) ;
- la contrepartie en repos obligatoire (C. trav., art. L. 3121-37 à L. 3121-38) ;
- les congés événements familiaux (C. trav., art. L. 3142-2, modifié par la loi n° 2016-1088 du 8 août 2016) ;
- les heures de formation professionnelle à l'initiative de l'employeur (C. trav., art. L. 6321-2, modifié par la loi n°2018-771 du 5 septembre 2018 - art. 8 (V)).

En ce qui concerne les jours fériés chômés, le chômage des jours fériés n'entraîne pas de réduction de la rémunération dès lors que le salarié totalise au moins trois mois d'ancienneté (voir les articles L. 3133-3 à L. 3133-6 du Code du travail) et est donc assimilé à du temps de travail effectif.
Le seul problème qui se pose vraiment est : « Qu'en est-il en matière d'heures supplémentaires ? »
La Cour de cassation, dans un arrêt unique (Cass. soc., 4 avril 2012, n° 10-10701), dit qu'en matière d'heures supplémentaires, les jours fériés chômés ne sont pas assimilés à du temps de travail effectif, en l'absence de dispositions légales ou conventionnelles contraires. Cependant, lorsque la durée du travail habituelle du salarié inclut des heures supplémentaires (exemple : 39 heures hebdomadaires, réparties à raison de 7,8 heures par jour), le chômage du jour férié ne doit entraîner aucune diminution de salaire. Le salarié ne doit donc pas perdre les majorations de salaire incluses dans sa rémunération habituelle, ce qui est assez contradictoire !
De plus, l'administration considère qu'il faut tenir compte des jours fériés chômés pour déterminer les droits à majoration pour heures supplémentaires (circ. DRT 2000-7 du 6 décembre 2000).
Donc, malgré l'arrêt unique de la Cour de cassation, il est préférable de tenir compte des jours fériés chômés dans l'appréciation des heures supplémentaires, surtout si l'entreprise souhaite que les salariés effectuent ces heures supplémentaires la semaine incluant un jour férié, sinon les salariés les effectueront la semaine suivante (afin de bénéficier des majorations).

Ce qui nous amène tranquillement à la définition des heures supplémentaires.

Définition des heures supplémentaires

Constituent des heures supplémentaires les heures effectuées par le salarié à la demande de l'entreprise au-delà de la durée légale hebdomadaire du travail (C. trav., art. L.3121-11 et s.), à l'exception des heures d'équivalence et des heures de récupération (C. trav., art. L.3121-25). Elles se décomptent toujours dans le cadre de la semaine civile (C. trav., art. L. 3121-20), sauf dans le cas d'horaires cycliques, modulés ou individualisés. Le cadre commun d'appréciation des heures supplémentaires est la semaine civile, qui débute le lundi à 0 heure et se termine le dimanche à 24 heures (C. trav., art. L.3121-35).

Selon l'article L.3121-22 du Code du travail, si une convention ou un accord de branche étendu ou une convention ou un accord d'entreprise ou d'établissement ne prévoit pas de taux de majoration différent (taux ne pouvant être inférieur à 10 %), **les heures supplémentaires** accomplies au-delà de la durée légale hebdomadaire ou de la durée considérée comme équivalente, **donnent lieu à une majoration de salaire de 25 % pour chacune des huit premières heures supplémentaires, les heures suivantes donnant lieu à une majoration de 50 %.**

Exercice 13 (Niveau 1)

Un salarié a effectué les heures suivantes au cours d'une semaine dans l'année 2023.
C'est un employé à temps complet mensualisé (151,67 h) effectuant normalement **7 heures par jour** du lundi au vendredi et travaillant dans une entreprise qui paie les heures supplémentaires une première fois au taux horaire normal du salarié et qui applique les majorations à 25 % et 50 % sur 2 lignes différentes.

Jour	***Heures Théoriques***	***Heures Travaillées***
Lundi	7,00	9,00
Mardi	7,00	8,00
Mercredi	7,00	9,00
Jeudi	7,00	8,00
Vendredi	7,00	9,00
Samedi		3,00
Dimanche		
Total	35,00	

➲ Vous devez trouver :

❶ Nb d'H.S. au taux normal	
❷ Nb d'H.S. majorées à 25%	
❸ Nb d'H.S. majorées à 50%	

Le ❶ correspond à l'article L.3121-11 du Code du travail pour compter les heures supplémentaires. Les ❷ et ❸ correspondent à l'article L.3121-22 du Code du travail pour appliquer les taux de majoration applicables au nombre d'heures supplémentaires trouvé au point ❶.

Exercice 14 (Niveau 1)

Un salarié a effectué les heures suivantes au cours d'une semaine dans l'année 2023.
C'est un employé à temps complet mensualisé (151,67 h) effectuant normalement **7 heures par jour** et travaillant dans une entreprise qui paie les heures supplémentaires une première fois au taux horaire normal du salarié et qui applique les majorations à 25 % et 50 % sur 2 lignes différentes. Ce mardi-là, il s'est rendu aux obsèques de sa belle-mère. Quel est l'impact de cette journée « **Evènement Familial** » sur ses heures supplémentaires ?

Jour	*Heures Théoriques*	*Heures Travaillées*	*Raison*
Lundi	7,00	9,00	
Mardi	7,00	0,00	Evenement Fam.
Mercredi	7,00	9,00	
Jeudi	7,00	7,00	
Vendredi	7,00	8,00	
Samedi			
Dimanche			
Total	35,00		

➲ Vous devez trouver :

❶ Nb d'H.S. au taux normal	
❷ Nb d'H.S. majorées à 25%	
❸ Nb d'H.S. majorées à 50%	

Exercice 15 (Niveau 2)

Un salarié a effectué les heures suivantes au cours d'une semaine dans l'année 2023.
C'est un employé à temps complet mensualisé (151,67 h) effectuant normalement **7 heures par jour** et travaillant dans une entreprise qui paie les heures supplémentaires une première fois au taux horaire normal du salarié et qui applique les majorations à 25 % et 50 % sur 2 lignes différentes. Le lundi et le mardi il était malade. Dès qu'il s'est senti mieux, il a presque rattrapé le retard qui s'était accumulé lors de son absence de l'entreprise. Quel est l'impact de ces 2 jours de « **Maladie** » sur ses heures supplémentaires ?

Jour	***Heures Théoriques***	***Heures Travaillées***	***Raison***
Lundi	7,00	0,00	Maladie
Mardi	7,00	0,00	Maladie
Mercredi	7,00	10,00	
Jeudi	7,00	10,00	
Vendredi	7,00	10,00	
Samedi		7,00	
Dimanche			
Total	35,00		

➲ Vous devez trouver :

❶ Nb d'H.S. au taux normal

❷ Nb d'H.S. majorées à 25%

❸ Nb d'H.S. majorées à 50%

Exercice 16 (Niveau 2)

Un salarié a effectué les heures suivantes au cours d'une semaine dans l'année 2023.
C'est un employé à temps complet mensualisé (151,67 h) effectuant normalement **7 heures par jour** et travaillant dans une entreprise qui paie les heures supplémentaires une première fois au taux horaire normal du salarié et qui applique les majorations à 25 % et 50 % sur 2 lignes différentes. C'était la semaine du lundi de Pâques. Quel est l'impact de ce « **Jour Férié** » sur ses heures supplémentaires ?

Jour	***Heures Théoriques***	***Heures Travaillées***	***Raison***
Lundi	7,00	0,00	Jour Férié
Mardi	7,00	10,00	
Mercredi	7,00	9,00	
Jeudi	7,00	10,00	
Vendredi	7,00	9,00	
Samedi			
Dimanche			
Total	35,00		

➲ Vous devez trouver :

❶ Nb d'H.S. au taux normal	
❷ Nb d'H.S. majorées à 25%	
❸ Nb d'H.S. majorées à 50%	

Exercice 16 bis (Niveau 2)

Un salarié a effectué les heures suivantes au cours d'une semaine dans l'année 2023.
C'est un employé à temps complet mensualisé (151,67 h) effectuant normalement **7 heures par jour** et travaillant dans une entreprise qui paie les heures supplémentaires une première fois au taux horaire normal du salarié et qui applique les majorations à 25 % et 50 % sur 2 lignes différentes.
C'était la semaine du lundi de Pâques et notre salarié a travaillé normalement (7 heures) ce lundi de Pâques. Quel est l'impact de ce « **Jour Férié** » sur ses heures supplémentaires ?

Jour	***Heures Théoriques***	***Heures Travaillées***	***Raison***
Lundi	7,00	7,00	Jour Férié
Mardi	7,00	10,00	
Mercredi	7,00	9,00	
Jeudi	7,00	10,00	
Vendredi	7,00	9,00	
Samedi			
Dimanche			
Total	35,00		

➲ Vous devez trouver :

❶ Nb d'H.S. au taux normal	
❷ Nb d'H.S. majorées à 25%	
❸ Nb d'H.S. majorées à 50%	

5. Exercices sur les horaires individualisés

La mensualisation des horaires

Avant le XXème siècle, les Français étaient payés à la journée (les « journaliers »). Juste après la Première Guerre mondiale les premières conventions collectives naissent en France. On se mit à payer à la semaine, comme dans tous les pays anglo-saxons. Après la Seconde Guerre mondiale, la paie passa tous les 15 jours.
Enfin, l'accord national interprofessionnel du 10 décembre 1977 généralisa la mensualisation, et la loi n° 78-49 du 19 janvier 1978 rendit obligatoire l'application de cet accord dans presque toutes les branches professionnelles (exception pour les travailleurs à domicile, temporaires, saisonniers et intermittents).
La mensualisation consiste :

- dans le paiement au mois des salariés, précédemment payés à l'heure, indépendamment du nombre de jours travaillés dans le mois, quelle que soit la répartition des jours ouvrables selon les mois ou les années (pour les salariés payés au mois, la mensualisation correspond dans les faits à une forfaitisation du salaire quel que soit l'horaire réel de chaque mois) ;
- dans l'attribution de divers avantages réservés jusqu'alors aux salariés « mensuels » (paiement des jours fériés, garanties en cas de maladie ou d'accident du travail, indemnités de rupture majorées, etc.).

En appliquant l'horaire légal moyen de 7 heures par jour ouvré (35 heures par semaine/5 jours), la durée du temps de travail à rémunérer oscille entre 133 heures et 161 heures (respectivement 7 heures × 19 jours et 7 heures × 23 jours). Par ailleurs, il faut tenir compte de l'incidence des jours fériés rémunérés ou non, selon que la convention collective ou un accord le prévoit ou pas.
Pour résoudre toutes ces questions, il a donc été décidé de mensualiser l'horaire en raisonnant sur l'année entière (12 mois, 52 semaines). C'est ainsi que dans la plupart des cas, lorsque l'horaire légal est appliqué, les salariés sont rémunérés sur la base de 151,67 heures, quelle que soit la durée du travail effectif de chaque mois. En moyenne mensuelle, nous obtenons donc :

$$\frac{52 \text{ semaines} \times 35 \text{ heures}}{12 \text{ mois}} = 151{,}67 \text{ heures}$$

Les horaires individualisés

L'horaire de travail est, en principe, collectif (C. trav., art. L.3121-10). Mais, l'entreprise peut déroger à la règle générale de l'horaire collectif en mettant en place des horaires individualisés, appelés généralement « horaires à la carte », « horaires flexibles », « horaires libres » ou encore « horaires variables » (C. trav., art. L.3122-23). Pour instituer des horaires individualisés, il faut que le personnel en ait fait la demande, que le CE ou à défaut les DP ne s'y soient pas opposés et que l'inspecteur du travail ait été préalablement informé (C. trav., art. L.3122-24 et R.3122-3).
L'entreprise qui pratique un système d'horaire variable met en place un temps de présence obligatoire dans le cadre de « plages fixes » et de « plages mobiles » durant lesquelles les salariés choisissent leurs horaires. Les horaires individualisés peuvent entraîner, dans la limite d'un nombre fixé par décret (C. trav., art. R.3122-2), des reports d'heures d'une semaine à une autre, sans que ces heures ainsi reportées aient d'effet sur le nombre et le paiement des heures supplémentaires, pourvu

qu'elles résultent d'un libre choix du salarié concerné. Le report ainsi prévu ne peut excéder 3 heures d'une semaine à une autre et le cumul des heures ainsi reportées ne peut être supérieur à 10 heures. Pour établir la paie en fonction de la durée du travail, il est souvent indispensable de calculer la durée de travail non pas en minutes mais en centièmes car c'est le seul mode de calcul reconnu par les logiciels.

Pour convertir des minutes en centièmes d'heure, il faut diviser les minutes par 0,6.
Exemple : 45 minutes / 0,6 = 75 centièmes d'heure

Pour convertir des centièmes d'heure en minutes, il faut multiplier les centièmes d'heure par 0,6.
Exemple : 80 centièmes d'heure × 0,6 = 48 minutes (les 7,80 h du temps des 39 heures font 7 heures et 48 minutes).

Exercice 17 (Niveau 2)

Sachant que dans l'entreprise où travaille ce salarié :

- l'horaire mobile a été institué avec 2 plages mobiles :
  - le matin de 7 h à 9 h
  - l'après-midi de 16 h 30 à 18 h 30
- le déjeuner est fixe de 12 h à 14 h,
- la durée hebdomadaire est de 35 h sur 5 jours,
- ce salarié a un crédit de 6 h au titre du mois précédent ;

Calculer le nombre d'heures travaillées par ce salarié en mars 2023 et le report d'heures sur le mois suivant à partir de sa feuille de présence.

Jour	Arrivée	(Déjeuner)		Départ
1	8h45	(12h00)	(14h00)	17h15
2	9h00	(12h00)	(14h00)	18h30
3	8h30	(12h00)	(14h00)	16h30
4	absence	pour	cause	de C.P.
5	absence	pour	cause	de C.P.
6	absence	pour	cause	de C.P.
7	absence	pour	cause	de C.P.
8	absence	pour	cause	de C.P.
9	9h00	(12h00)	(14h00)	17h30
10	8h00	(12h00)	(14h00)	16h30
11	7h00	(12h00)	(14h00)	18h00
12	8h15	(12h00)	(14h00)	18h15
13	7h15	(12h00)	(14h00)	17h15
14	9h00	(12h00)	(14h00)	17h00
15	8h45	(12h00)	(14h00)	18h00
16	8h15	(12h00)	(14h00)	17h45
17	9h00	(12h00)	(14h00)	17h15
18	8h00	(12h00)	(14h00)	18h15
19	8h30	(12h00)	(14h00)	17h30
20	7h15	(12h00)	(14h00)	17h45
21	7h30	(12h00)	(14h00)	16h45
22	9h00	(12h00)	(14h00)	16h30
23	8h15	(12h00)	(14h00)	17h00

Exercice 18 (Niveau 2)

Dans cette entreprise, la durée hebdomadaire est de 35 h sur 5 jours (7 heures théoriques par jour).
Il y a 3 plages mobiles :

- matin : 8 h 00 - 9 h 00
- midi : 12 h 00 - 14 h 00 (temps de repas mini : 1 h)
- soir : 17 h 00 - 18 h 00.

Sachant que :

- dans ce mois de février 2023, il y a 20 jours ouvrés,
- tout retard entraîne l'arrondi à l'heure suivante, tout départ anticipé entraîne l'arrondi à l'heure précédente,
- l'arrivée du salarié avant 8 h 00 est ramenée à 8 h 00 et le départ après 18 h 00 est ramené à 18 h 00,
- ce salarié a un crédit de 3 heures au titre du mois précédent,
- dès qu'un crédit de 7 heures est ouvert, le salarié a droit de prendre une journée de récupération (sous réserve d'acceptation de son supérieur hiérarchique),

Quel sera son nouveau report pour le mois suivant ?

Jour	Arrivée	Déjeuner		Départ	*Calculs*	
1	8h30	13h15	14h00	18h15		
2	8h15	12h15	13h00	17h30		
3	8h15	12h00	13h15	17h15		
4	absence	pour	cause	de récup.		
5	9h00	12h30	13h40	17h40		
6	8h15	12h45	13h35	17h30		
7	7h45	12h15	13h05	17h15		
8	7h50	12h20	13h20	16h05		
9	9h15	12h15	13h00	17h30		
10	7h55	12h15	13h45	17h00		
11	7h45	12h15	13h30	17h45		
12	8h30	12h30	13h45	17h00		
13	absence	pour	cause	de récup.		
14	8h15	12h10	13h50	17h25		
15	7h50	12h20	13h10	17h30		
16	8h15	12h00	13h15	17h30		
17	9h00	12h00	13h45	18h15		
18	8h25	12h10	13h20	17h20		
19	8h20	12h10	13h30	17h55		
20	8h00	12h10	13h50	17h40		

Ce qu'il faut retenir de la partie concernant le temps de travail

La durée légale du travail est de **35 heures** effectives / **semaine.**

- La durée de travail effectif est le temps pendant lequel le salarié est à la disposition de l'employeur et se conforme à ses directives sans pouvoir vaquer librement à des occupations personnelles.
- La durée de travail ne peut excéder **10 heures / jour** (sauf exceptions).
- La durée de travail ne peut excéder **48 heures / semaine** (sauf exceptions).
- La durée hebdomadaire de travail calculée sur une période quelconque de 12 semaines consécutives ne peut dépasser 44 heures (sauf exceptions).
- Aucun temps de travail quotidien ne peut atteindre 6 heures sans que le salarié bénéficie d'un temps de **pause d'une durée minimale de 20 minutes** (non assimilée à du temps de travail effectif).
- Tout salarié bénéficie d'un **repos quotidien** d'une durée minimale **de 11 heures consécutives** (sauf exceptions).
- Il est **interdit** de faire travailler un même salarié **plus de 6 jours par semaine.**
- Le repos hebdomadaire a une durée minimale de **24 heures consécutives.**

Sauf exceptions (accord de modulation, JRTT, cycles de travail sur plusieurs semaines, annualisation), toute heure accomplie au-delà de la durée légale hebdomadaire (ou de la durée considérée comme équivalente) est une heure supplémentaire.

- Les 8 premières heures supplémentaires sont majorées de 25 %, les suivantes sont majorées de 50 %.

Les heures supplémentaires sont accomplies dans la limite d'un **contingent fixé à 220 heures par an.** Les heures supplémentaires effectuées au-delà de ce contingent ouvrent droit à une contrepartie obligatoire sous forme de repos.

- Cette contrepartie est fixée à 50 % des heures supplémentaires accomplies au-delà de 220 heures pour les entreprises dont l'effectif est inférieur ou égal à 20 salariés ;
- Cette contrepartie est fixée à 100 % des heures supplémentaires accomplies au-delà de 220 heures pour les entreprises dont l'effectif est supérieur à 20 salariés.

L'horaire légal de 35 heures / semaines peut être forfaitisé au maximum à **1.607 heures / an.**
L'horaire légal de 35 heures / semaines peut être forfaitisé au maximum à **218 jours / an.**

D'une façon générale, **le travail de nuit** est celui effectué au cours d'une période d'au moins 9 heures consécutives comprenant l'**intervalle entre minuit et 5 heures.** Cette période commence au plus tôt à **21 heures** et s'achève au plus tard à **7 heures.**

- Le travailleur de nuit est celui qui accomplit :
  - au moins 2 fois / semaine, au moins 3 heures pendant la période nuit ;
  - un nombre minimal d'heures de nuit à définir par convention ou accord ;
  - 270 heures de nuit pendant une période de 12 mois consécutifs.
- La durée de travail de nuit ne peut excéder **8 heures / jour** (sauf exceptions).

Le temps de repos hebdomadaire est en principe donné le dimanche. Attention aux nombreuses dérogations à ce principe !

La **mensualisation** consiste à payer les salariés, indépendamment du nombre de jours réellement travaillés, selon une moyenne des heures par mois généralement calculée selon cette méthode :

35 heures × 52 semaines / 12 mois = **151,67 heures / mois.**

Un salarié à temps partiel est celui dont la durée de travail est inférieure à la durée légale du travail ou à la durée conventionnelle du travail lorsque celle-ci est inférieure à la durée légale.

- Durée minimale : 24 heures / semaine (sauf dérogations) ;
- Au-delà des heures prévues sur son contrat, le salarié peut effectuer des **heures complémentaires dans la limite de 10 % de ses heures contractuelles** obligatoirement **majorées à 10 %.**
- Si une convention ou un accord collectif le prévoit, le salarié peut effectuer des heures complémentaires dans la limite du tiers de ses heures contractuelles (l'ensemble restant inférieur à l'horaire légal). Les heures complémentaires comprises entre 10 % et le tiers de l'horaire contractuel sont obligatoirement majorées à 25 %.

6. Exercices sur les absences

Les 8 méthodes de décompte des absences

En principe, le salaire n'est pas dû lorsque le travail n'est pas fourni. Néanmoins, certaines périodes d'absence sont rémunérées, en application :

- soit de la loi : accidents du travail, congés payés, dispenses de préavis, maladie, congés pour événements familiaux, etc. ;
- soit des conventions collectives, qui peuvent prévoir des indemnisations non prévues par la loi ou une indemnisation plus importante que celle prévue par la loi.

Quelle que soit l'origine du paiement, le calcul de l'absence se fera forcément avec l'une des huit méthodes suivantes.

1. Méthode des jours calendaires réels

Cette méthode consiste à diviser le salaire mensuel par autant de jours calendaires que compte le mois en cours et de retenir autant de jours qu'il y a de jours calendaires d'absence. Les jours calendaires sont tous les jours du calendrier, soit : lundi, mardi, mercredi, jeudi, vendredi, samedi et dimanche (donc 7 jours calendaires par semaine). **Cette méthode est préconisée pour les absences maladie, maternité, paternité, accidents**, puisque le médecin établit son arrêt de travail en jours calendaires réels, la Sécurité Sociale indemnise l'absence en jours calendaires réels, la convention collective demande à l'employeur de maintenir le salaire un certain nombre de jours calendaires réels et la prévoyance prendra également le relai en complétant les IJSS en jours calendaires réels.

$$\text{Montant de l'absence} = \frac{\text{Salaire} \times \text{Nombre de jours } \textbf{calendaires} \text{ d'absence}}{\text{Nombre de jours } \textbf{calendaires réels} \text{ du mois en cours}}$$

Le « nombre de jours calendaires réels du mois en cours » peut donc être 28 (février normal), 29 (février bissextile), 30 (avril, juin, septembre, novembre) ou 31 (tous les autres mois).

2. Méthode des jours calendaires moyens (méthode dite « du trentième »)

Cette méthode consiste à diviser le salaire mensuel par 30 quel que soit le mois en cours et de retenir autant de trentièmes qu'il y a de jours calendaires d'absence. Nous appliquions cette méthode quand le calcul des IJSS était le salaire des 3 derniers mois divisé par 90 (30 × 3 mois). Depuis que la règle a remplacé 90 par 91,25, il convient d'appliquer la règle au réel (91,25 × 4 trimestres = 365 jours calendaires réels de l'année non bissextile).

$$\text{Montant de l'absence} = \frac{\text{Salaire} \times \text{Nombre de jours } \textbf{calendaires} \text{ d'absence}}{\textbf{30}}$$

3. Méthode des jours ouvrables réels

Cette méthode consiste à diviser le salaire mensuel par autant de jours ouvrables que compte le mois en cours et de retenir autant de jours qu'il y a de jours ouvrables d'absence. Les jours ouvrables sont tous les jours du calendrier sauf le dimanche, jour au cours duquel l'entreprise n'est pas censée être « ouverte », soit : lundi, mardi, mercredi, jeudi, vendredi et samedi (donc 6 jours ouvrables par semaine).

$$\text{Montant de l'absence} = \frac{\text{Salaire} \times \text{Nombre de jours } \textbf{ouvrables} \text{ d'absence}}{\text{Nombre de jours } \textbf{ouvrables réels} \text{ du mois en cours}}$$

Le « nombre de jours ouvrables réels du mois en cours » peut donc être : 24, 25, 26 ou 27 (selon les mois).

4. Méthode des jours ouvrables moyens (méthode dite « du vingt-sixième »)

Cette méthode consiste à diviser le salaire mensuel par 26 quel que soit le mois en cours et de retenir autant de vingt-sixièmes qu'il y a de jours ouvrables d'absence. Elle est **préconisée pour les absences de congés décomptées en jours ouvrables** :
26 = 52 semaines x 6 jours ouvrables / 12 mois.

$$\text{Montant de l'absence} = \frac{\text{Salaire} \times \text{Nombre de jours } \textbf{ouvrables} \text{ d'absence}}{\textbf{26}}$$

5. Méthode des jours ouvrés réels

Cette méthode consiste à diviser le salaire mensuel par autant de jours ouvrés que compte le mois en cours et de retenir autant de jours qu'il y a de jours ouvrés d'absence. Les jours ouvrés sont tous les jours du calendrier sauf le dimanche et le samedi (ou le lundi pour certains commerces), jours au cours desquels le salarié n'est pas censé aller travailler. Il y a donc 5 jours ouvrés par semaine : soit les lundi, mardi, mercredi, jeudi, vendredi pour la plupart des salariés, soit les mardi, mercredi, jeudi, vendredi, samedi pour certains commerces.

$$\text{Montant de l'absence} = \frac{\text{Salaire} \times \text{Nombre de jours } \textbf{ouvrés} \text{ d'absence}}{\text{Nombre de jours } \textbf{ouvrés réels} \text{ du mois en cours}}$$

Le « nombre de jours ouvrés réels du mois en cours » peut donc être 20, 21, 22 ou 23 (selon les mois).

6. Méthode des jours ouvrés moyens (méthode dite « du vingt et un soixante-septième »)

Cette méthode consiste à diviser le salaire mensuel par 21,67 quel que soit le mois et de retenir autant de vingt et un soixante-septième qu'il y a de jours ouvrés d'absence :
21,67 = 52 semaines x 5 jours ouvrés / 12 mois.
Attention, certaines entreprises ont « arrondi » 21,67 à 21,75, voire à 22. Bien évidemment, le calcul obtenu se révèle moins juste ! Cette méthode est **préconisée pour les absences décomptées en jours ouvrés (exemples : RTT, jours fériés, congés payés en jours ouvrés)**.

$$\text{Montant de l'absence} = \frac{\text{Salaire} \times \text{Nombre de jours } \textbf{ouvrés} \text{ d'absence}}{\textbf{21,67}}$$

7. Méthode des heures moyennes (151,67 heures)

Cette méthode consiste à diviser le salaire mensuel par le nombre moyen d'heures mensuelles de travail quel que soit le mois et de retenir les heures réelles d'absence :
151,67 = 52 semaines x 35 heures / 12 mois.
Elle fut longtemps préconisée par la Cour de cassation pour les absences non rémunérées. Aujourd'hui, le fait de diviser le salaire (plus la prime d'ancienneté éventuelle) par 151,67 est essentiellement **utilisé pour les absences en heures payées** (délégation, visite médicale obligatoire, DIF ou CPF, bilan de compétence, etc.) **ou pour calculer le taux horaire moyen** (heures supplémentaires, heures de nuit, etc.).

$$\text{Montant de l'absence} = \frac{\text{Salaire} \times \text{Nombre d'}\textbf{heures réelles} \text{ d'absence}}{\textbf{151,67}}$$

Le salaire mensuel (base 35 heures) étant obtenu par la formule : salaire horaire x 151,67, chaque heure est considérée valoir 1/151,67 de ce salaire mensuel. Cependant, un mois peut comporter plus ou moins de 151,67 heures de travail : ainsi, février (20 jours ouvrés) comporte 140 heures, et mars (23 jours ouvrés) comporte 161 heures.
Exemple : Si un salarié est absent tout le mois de mars (23 jours ouvrés, 161 heures théoriquement travaillées) et si on ne lui enlève que 151,67 heures, il sera payé 9,33 heures alors qu'il n'a pas travaillé de tout le mois. À l'inverse, s'il a été absent 140 heures en février, c'est-à-dire qu'il n'a pas travaillé de tout le mois, il sera payé 11,67 heures si on lui applique la même règle !

C'est pour éviter ces résultats aberrants qu'il était recommandé avant 1982 de ne faire jouer cette règle que sur la partie la plus courte (absence ou présence) du mois.

8. Méthode des heures réelles

Cette méthode consiste à diviser le salaire mensuel par autant d'heures réelles théoriquement travaillées que compte le mois en cours et de retenir autant d'heures qu'il y a d'heures d'absence.

$$\text{Montant de l'absence} = \frac{\text{Salaire} \times \text{Nombre d'}\textbf{heures réelles}\text{ d'absence}}{\text{Nombre d'}\textbf{heures réelles}\text{ du mois en cours}}$$

Le « nombre d'heures réelles du mois en cours » peut donc être 140 (si février non bissextile : 20 jours ouvrés x 7 heures), 147 (si 21 jours ouvrés x 7 heures), 154 (si 22 jours ouvrés x 7 heures) ou 161 (si 23 jours ouvrés x 7 heures).
Cette méthode est donc **préconisée pour toutes les absences non payées** : retenue entrée/sortie, congé sans solde, retard, maladie non indemnisée (si l'ancienneté du salarié est inférieure à un an ou si l'arrêt est supérieur à 3 ou 6 mois par exemple), etc.

La chambre sociale de la Cour de cassation considère que « *la retenue par heure d'absence d'un salarié payé au mois doit être en principe égale au quotient du salaire mensuel par le nombre d'heures de travail dans l'entreprise pour le mois considéré* ». Les retenues obtenues par application de cette méthode sont différentes pour une absence de même durée suivant le mois où s'est située l'absence. Ainsi, 3 jours d'absence donneront lieu à une réduction de salaire moins importante en mars qu'en février.

La chambre sociale de la Cour de cassation considère qu'il convient de retenir la méthode des heures réelles (Cass. soc., 11 février 1982, n° 80-40.359 ; Cass. soc., 4 février 1988, n° 84-45.300). Elle a notamment écarté la méthode du trentième en matière de retenue pour grève (Cass. soc., 27 juin 1989, n° 88-42.591) et surtout en matière d'embauche en cours de mois (Cass. soc., 24 juin 1992, n° 89-41.387). Malgré cette position jurisprudentielle, des entreprises continuent d'utiliser les méthodes du trentième et du vingt-sixième, en vertu de leur convention collective ou d'usage.

L'erreur fréquente à propos de la retenue entrée/sortie est de retenir par exemple deux trentièmes du salaire à un salarié qui entre dans une entreprise le lundi 3 alors que ce mois comporte un samedi 1er et un dimanche 2. Ces deux jours (le samedi et le dimanche) n'étant habituellement pas travaillés dans l'entreprise, il ne faut évidemment rien retenir au salarié et il doit percevoir son salaire entier, tel qu'il a été prévu dans le contrat de travail. Idem pour une sortie un vendredi 28 si le mois comporte 30 jours calendaires, ou un vendredi 29 si le mois comporte 31 jours calendaires.

Enfin, le comble de l'erreur est atteint quand des entreprises sont restées sur la règle d'avant 1982, c'est à dire quand il fallait comparer les valeurs en absences (selon ces 8 méthodes) et les valeurs en présence du salarié dans le mois considéré (toujours avec ces 8 méthodes) et qu'elles prenaient le plus favorable pour le salarié entre ces 16 résultats !

Exercice 19 (Niveau 1)

Un salarié d'une grande entreprise a une **absence maladie du 2 au 22 octobre 2023**. Son salaire étant de **3.100 €** par mois pour 151,67 heures (7 heures par jour, du lundi au vendredi), **calculer le montant de son absence**.

Exercice 20 (Niveau 1)

Un salarié a été **embauché** dans une grande entreprise **le lundi 10 juillet 2023**. Son salaire étant de **3.360 €** par mois pour 151,67 heures (7 heures par jour, du lundi au vendredi), **calculer le montant de sa retenue Entrée/Sortie**.

Exercice 21 (Niveau 1)

Un salarié et membre du CSE d'une grande entreprise a été en **délégation CSE 20 heures ce mois de novembre 2023**. Son salaire étant de **2.950 €** par mois pour 151,67 heures (7 heures par jour, du lundi au vendredi), **calculer la valeur de son absence délégation**.

Exercice 22 (Niveau 1)

Un salarié d'une grande entreprise a pris **3 jours de RTT ce mois de septembre 2023**. Son salaire étant de **2.102 €** par mois pour 151,67 heures (7 heures par jour, du lundi au vendredi), **calculer le montant de son absence RTT**.

Exercice 23 (Niveau 1)

Un salarié d'une grande entreprise, ayant 1 an d'ancienneté, a pris **une semaine de congés sans solde du 2 au 8 août 2023**. Son salaire étant de **2.760 €** par mois pour 151,67 heures (7 heures par jour, du lundi au vendredi), **calculer le montant de son absence congés sans solde**.

Exercice 24 (Niveau 1)

Un salarié d'une grande entreprise et dont les droits à congés payés sont de 30 jours ouvrables par an, part en **congés payés du 17 au 30 juillet 2023 inclus**. Son salaire étant de **3.250 €** par mois pour 151,67 heures (7 heures par jour), **calculer le montant de son absence congés payés**.

Parfaite introduction aux congés payés qui suivent page suivante.

7. Exercices sur l'acquisition des congés payés

Les congés payés

Tout salarié a droit chaque année à un congé payé à la charge de l'employeur (C. trav., art. L. 3141-1). La Loi du 22 mars 2012 a modifié l'article L.3141-3 du Code du travail en supprimant l'exigence d'une période minimale de travail effectif. Cet article est donc ainsi à présent libellé : « *Le salarié a droit à un congé de 2,5 jours ouvrables par mois de travail effectif chez le même employeur. La durée totale du congé exigible ne peut excéder 30 jours ouvrables.* ».

Selon l'article R.3141-4, « *A défaut d'accord prévu à l'article L. 3141-10, le point de départ de la période prise en compte pour le calcul du droit à congé est fixé au 1er juin de chaque année* ». On l'appelle aussi période d'acquisition des droits. Donc pour des congés payés pris en août 2023, l'année de référence va du 1er juin 2022 au 31 mai 2023. Cette notion d'année de référence joue un double rôle : pendant la première année de référence, le salarié acquiert des droits à congés et c'est pendant la seconde année de référence qu'il peut prendre ses droits à congés. Dans le cas d'embauche en cours d'année, il va de soi que le point de départ de l'année de référence est la date d'embauche et que le terme sera en principe le 31 mai. Dans le cas de rupture du contrat de travail, le terme est obligatoirement la date de rupture du contrat de travail.

Selon l'article L.3141-4 du Code du travail : « *Sont assimilés à un mois de travail effectif pour la détermination de la durée du congé les périodes équivalentes à quatre semaines ou vingt-quatre jours de travail.* ». L'article L.3141-4 assimile à un mois de travail les périodes équivalentes à 4 semaines ou 24 jours ouvrables si le travail hebdomadaire est réparti sur 6 jours. Ce nombre est ramené à 22 jours pour une semaine répartie sur 5,5 jours, et à 20 jours ouvrés pour une répartition sur 5 jours. Ces équivalences sont à appliquer lorsqu'un salarié n'a pas été occupé sur la totalité de l'année de référence, pour quelque raison que ce soit.

Selon l'article L.3141-5 du Code du travail : « *Sont considérées comme périodes de travail effectif pour la détermination de la durée du congé :*

1° les périodes de congé payé ;
2° les périodes de congé maternité, paternité et d'accueil de l'enfant et d'adoption ;
3° les contreparties obligatoires sous forme de repos prévues par les articles L.3121-30, L. 3121-33 et L. 3121-38 ;
4° les jours de repos accordés au titre de l'accord collectif conclu en application de l'article L. 3121-44 ;
5° les périodes, dans la limite d'une durée ininterrompue d'un an, pendant lesquelles l'exécution du contrat de travail est suspendue pour cause d'accident du travail ou de maladie professionnelle ;
6° les périodes pendant lesquelles un salarié se trouve maintenu ou rappelé au service national à un titre quelconque. ».

On ne peut pas compter comme période de travail effectif, celle où le contrat de travail est suspendu, sans pour autant être rompu. C'est le cas pour les absences pour convenance personnelle, maladie, grève, et de chômage total (mais non d'activité partielle, car dans ce cas il n'y a qu'une réduction d'horaire).

La durée des congés payés est déterminée à raison de 2,5 jours ouvrables par mois de travail, sans que la durée totale du congé puisse excéder 30 jours ouvrables (c'est-à-dire 5 semaines).
Lorsque le nombre de jours ouvrables obtenu n'est pas un nombre entier, la durée du congé est portée au nombre entier immédiatement supérieur (C. trav., art. L.3141-7). Cette règle de l'arrondi

se pratique donc sur le nombre de congés obtenu après la déduction proportionnelle aux absences (non assimilées à travail effectif). On peut bien sûr raisonner en jour ouvré et de nombreuses entreprises le font en appliquant la règle suivante : 5 jours ouvrés = 6 jours ouvrables. Le congé de 30 jours ouvrables devient dans ce cas de 25 jours ouvrés (chaque période de 4 semaines donnant droit à 2,08 jours [25 jours ouvrés / 12 mois]).

Cas d'un salarié à temps partiel : l'horaire de travail pratiqué chaque mois et sa répartition sur les différents jours de la semaine est sans incidence sur les droits du salarié en matière de congé annuel. En effet, comme les autres salariés, ceux à temps partiel ont droit à 2,5 jours ouvrables de congés payés par mois de travail effectif, et l'étendue de leurs droits ne doit pas être appréciée en équivalence d'heures de travail (Cass. soc., 10 mai 2001, n° 99-42.566 ; Cass. soc., 13 novembre 2008, n° 07-43.126).

Exercice 25 (Niveau 1)

À l'aide du calendrier 2022-2023 représentant la période légale d'acquisition des congés,

2022							2023				
Juin	Juillet	Août	Septembre	Octobre	Novembre	Décembre	Janvier	Février	Mars	Avril	Mai
1 M	1 V	1 L	1 J	1 S	1 M	1 J	1 D	1 M	1 M	1 S	1 L
2 J	2 S	2 M	2 V	2 D	2 M	2 V	2 L	2 J	2 J	2 D	2 M
3 V	3 D	3 M	3 S	3 L	3 J	3 S	3 M	3 V	3 V	3 L	3 M
4 S	4 L	4 J	4 D	4 M	4 V	4 D	4 M	4 S	4 S	4 M	4 J
5 D	5 M	5 V	5 L	5 M	5 S	5 L	5 J	5 D	5 D	5 M	5 V
6 L	6 M	6 S	6 M	6 J	6 D	6 M	6 V	6 L	6 L	6 J	6 S
7 M	7 J	7 D	7 M	7 V	7 L	7 M	7 S	7 M	7 M	7 V	7 D
8 M	8 V	8 L	8 J	8 S	8 M	8 J	8 D	8 M	8 M	8 S	8 L
9 J	9 S	9 M	9 V	9 D	9 M	9 V	9 L	9 J	9 J	9 D	9 M
10 V	10 D	10 M	10 S	10 L	10 J	10 S	10 M	10 V	10 V	10 L	10 M
11 S	11 L	11 J	11 D	11 M	11 V	11 D	11 M	11 S	11 S	11 M	11 J
12 D	12 M	12 V	12 L	12 M	12 S	12 L	12 J	12 D	12 D	12 M	12 V
13 L	13 M	13 S	13 M	13 J	13 D	13 M	13 V	13 L	13 L	13 J	13 S
14 M	14 J	14 D	14 M	14 V	14 L	14 M	14 S	14 M	14 M	14 V	14 D
15 M	15 V	15 L	15 J	15 S	15 M	15 J	15 D	15 M	15 M	15 S	15 L
16 J	16 S	16 M	16 V	16 D	16 M	16 V	16 L	16 J	16 J	16 D	16 M
17 V	17 D	17 M	17 S	17 L	17 J	17 S	17 M	17 V	17 V	17 L	17 M
18 S	18 L	18 J	18 D	18 M	18 V	18 D	18 M	18 S	18 S	18 M	18 J
19 D	19 M	19 V	19 L	19 M	19 S	19 L	19 J	19 D	19 D	19 M	19 V
20 L	20 M	20 S	20 M	20 J	20 D	20 M	20 V	20 L	20 L	20 J	20 S
21 M	21 J	21 D	21 M	21 V	21 L	21 M	21 S	21 M	21 M	21 V	21 D
22 M	22 V	22 L	22 J	22 S	22 M	22 J	22 D	22 M	22 M	22 S	22 L
23 J	23 S	23 M	23 V	23 D	23 M	23 V	23 L	23 J	23 J	23 D	23 M
24 V	24 D	24 M	24 S	24 L	24 J	24 S	24 M	24 V	24 V	24 L	24 M
25 S	25 L	25 J	25 D	25 M	25 V	25 D	25 M	25 S	25 S	25 M	25 J
26 D	26 M	26 V	26 L	26 M	26 S	26 L	26 J	26 D	26 D	26 M	26 V
27 L	27 M	27 S	27 M	27 J	27 D	27 M	27 V	27 L	27 L	27 J	27 S
28 M	28 J	28 D	28 M	28 V	28 L	28 M	28 S	28 M	28 M	28 V	28 D
29 M	29 V	29 L	29 J	29 S	29 M	29 J	29 D		28 M	29 S	29 L
30 J	30 S	30 M	30 V	30 D	30 M	30 V	30 L		29 J	30 D	30 M
	31 D	31 M		31 L		31 S	31 M		30 V		31 M

1. Trouver combien de **jours ouvrables** a acquis pour cette année de référence 2022-2023, un salarié au 31 mai 2023, s'il a été embauché dans l'entreprise le jeudi 30 juin 2022.

2. Trouver combien de **jours ouvrables** a acquis pour cette année de référence 2022-2023, un salarié présent depuis 10 ans dans l'entreprise, s'il la quitte le vendredi 24 mars 2023.

3. Trouver combien de **jours ouvrés** a acquis pour cette année de référence 2022-2023, un salarié au 31 mai 2023, s'il a été embauché dans l'entreprise le jeudi 1er décembre 2022.

4. Trouver combien de **jours ouvrés** a acquis pour cette année de référence 2022-2023, un salarié au 31 mai 2023, présent à l'effectif toute l'année mais malade du 26 décembre 2022 au 26 mars 2023 inclus.

5. Trouver combien de **jours ouvrés** a acquis pour cette année de référence 2022-2023, un salarié qui n'a travaillé que lundi 22 au vendredi 26 mai 2023 (rupture pendant la période d'essai).

6. Trouver combien de **jours ouvrés** a acquis pour cette année de référence 2022-2023, un salarié au 31 mai 2023, s'il ne travaille que les jeudis et qu'il a été embauché le jeudi 2 février 2023.

Période d'acquisition du 1er janvier au 31 décembre

Mais, peut-être que votre entreprise a une autre période de référence. En effet, depuis la Loi n° 2016-1088 du 8 août 2016, l'article L. 3141-10 a été modifié et dit aujourd'hui : « *Sous réserve de modalités particulières fixées en application de l'article L. 3141-32, un accord d'entreprise ou d'établissement ou, à défaut, une convention un accord de branche peut :*
*1° **Fixer le début de la période de référence pour l'acquisition des congés**;*
2° Majorer la durée du congé en raison de l'âge, de l'ancienneté ou du handicap. »

Cette disposition était déjà possible (depuis la Loi Aubry sur les 35 heures – 19 janvier 2000) pour harmonier les périodes d'acquisition de JRTT et de congés payés. La Loi El Khomri non seulement le confirme, mais souhaite visiblement que le Droit privé se rapproche du Droit public, voire de tous les autres pays du monde qui ont une période d'acquisition de congés sur une année calendaire. Ce qui nous incite à penser cela est confirmé par l'article L. 3141-12 : « ***Les congés peuvent être pris dès l'embauche**, sans préjudice des règles de détermination de la période de prise des congés et de l'ordre des départs et des règles de fractionnement du congé fixées dans les conditions prévues à la présente section.* ».
Encore une fois, comme le Droit public et tous les autres pays du monde !

C'est pourquoi, nous vous proposons l'exercice suivant sur l'acquisition de congés payés sur une année calendaire, en l'occurrence cette année 2023. Le calendrier se trouve page suivante.

Calendrier 2023

Janvier	Février	Mars	Avril	Mai	Juin
D 1 *Jour de l'an*	M 1 Ella	M 1 Aubin	S 1 Hugues	L 1 *Fête du Travail*	J 1 Justin
L 2 Basile	J 2 Présent.	J 2 Charles le bon	D 2 Sandrine	M 2 Boris	V 2 Blandine
M 3 Geneviève	V 3 Blaise	V 3 Guénolé	L 3 Richard	M 3 Jacques / Philippe	S 3 Kévin
M 4 Odilon	S 4 Véronique	S 4 Casimir	M 4 Isidore	J 4 Sylvain	D 4 Clothilde
J 5 Edouard	D 5 Agathe	D 5 Olive	M 5 Irène	V 5 Judith	L 5 Igor
V 6 Mélaine	L 6 Gaston	L 6 Colette	J 6 Marcellin	S 6 Prudence	M 6 Norbert
S 7 Raymond	M 7 Eugénie	M 7 Félicité	V 7 J.B. de la Salle	D 7 Gisèle	M 7 Gilbert
D 8 Lucien	M 8 Jacqueline	M 8 Jean de Dieu	S 8 Julie	L 8 *Victoire 1945*	J 8 Médard
L 9 Alix	J 9 Apolline	J 9 Françoise	D 9 Gautier	M 9 Pacôme	V 9 Diane
M 10 Guillaume	V 10 Arnaud	V 10 Vivien	L 10 *Fulbert / Pâques*	M 10 Solange	S 10 Landry
M 11 Paulin	S 11 N.D.de L.	S 11 Rosine	M 11 Stanislas	J 11 Estelle	D 11 Barnabé
J 12 Baptiste	D 12 Félix	D 12 Justine	M 12 Jules	V 12 Achille	L 12 Guy
V 13 Yvette	L 13 Béatrice	L 13 Rodrigue	J 13 Ida	S 13 Rolande	M 13 Antoine de Padoue
S 14 Nina	M 14 Valentin	M 14 Mathilde	V 14 Maxime	D 14 Matthias	M 14 Elisée
D 15 Rémi	M 15 Claude	M 15 Louise	S 15 Paterne	L 15 Denise	J 15 Germaine
L 16 Marcel	J 16 Julienne	J 16 Bénédicte	D 16 Benoît	M 16 Honoré	V 16 Régis
M 17 Roseline	V 17 Alexis	V 17 Patrick	L 17 Anicet	M 17 Pascal	S 17 Hervé
M 18 Prisca	S 18 Bernadette	S 18 Cyrille	M 18 Parfait	J 18 *Eric / Ascension*	D 18 Léonce
J 19 Marius	D 19 Gabin	D 19 Joseph	M 19 Emma	V 19 Yves	L 19 Romuald
V 20 Sébastien	L 20 Aimée	L 20 Herbert	J 20 Odette	S 20 Bernadin	M 20 Silvère
S 21 Agnès	M 21 Damien	M 21 Clémence	V 21 Anselme	D 21 Constantin	M 21 Rodolphe / Jean
D 22 Vincent	M 22 Isabelle	M 22 Léa	S 22 Alexandre	L 22 Emile	J 22 Alban
L 23 Barnard	J 23 Lazare	J 23 Victorien	D 23 Georges	M 23 Didier	V 23 Audrey
M 24 François Sales	V 24 Modeste	V 24 Cath de Suède	L 24 Fidèle	M 24 Donatien	S 24 Jean-Baptiste
M 25 Paul	S 25 Roméo	S 25 Annonciation	M 25 Marcel	J 25 Sophie	D 25 Prosper - Eléonore
J 26 Paule	D 26 Nestor	D 26 Larissa	M 26 Marc	V 26 Béranger	L 26 Anthelme
V 27 Angèle	L 27 Honorine	L 27 Habib	J 27 Zita	S 27 Augustin	M 27 Fernand
S 28 Thomas d'Aq.	M 28 Romain	M 28 Gontran	V 28 Valérie	D 28 Germain	M 28 Irénée
D 29 Gildas		M 29 Gwladys	S 29 Cath. De S.	L 29 *Aymar / Pentecôte*	J 29 Pierre - Paul
L 30 Martine		J 30 Amédée	D 30 Robert	M 30 Ferdinand	V 30 Martial
M 31 Marcelle		V 31 Benjamin		M 31 Visitation	

Juillet	Août	Septembre	Octobre	Novembre	Décembre
S 1 Thierry	M 1 Alphonse	V 1 Gilles	D 1 Thérèse	M 1 *Toussaint*	V 1 Florence
D 2 Martinien	M 2 Julien	S 2 Ingrid	L 2 Léger	J 2 Défunts	S 2 Viviane
L 3 Thomas	J 3 Lydie	D 3 Grégoire	M 3 Gérard	V 3 Hubert	D 3 François-Xavier
M 4 Florent	V 4 Jean-Marie	L 4 Rosalie	M 4 François d'Assise	S 4 Charles	L 4 Barbara
M 5 Antoine-Marie	S 5 Abel	M 5 Raïssa	J 5 Fleur	D 5 Sylvie	M 5 Gérald
J 6 Marietta	D 6 transfiguration	M 6 Bertrand	V 6 Bruno	L 6 Léonard	M 6 Nicolas
V 7 Raoul	L 7 Gaétan	J 7 Reine	S 7 Serge	M 7 Carine	J 7 Ambroise
S 8 Thibaut	M 8 Dominique	V 8 Nativité	D 8 Pélagie	M 8 Geoffroy	V 8 Imm. Concept.
D 9 Amandine	M 9 Amour	S 9 Alain	L 9 Denis	J 9 Théodore	S 9 Pierre Fourier
L 10 Ulrich	J 10 Laurent	D 10 Inès	M 10 Ghislain	V 10 Léonard	D 10 Romaric
M 11 Benoît	V 11 Claire	L 11 Adelphe	M 11 Firmin	S 11 *Armistice 1918*	L 11 Daniel
M 12 Olivier	S 12 Clarisse	M 12 Apollinaire	J 12 Wilfried	D 12 Christian	M 12 Chantal
J 13 Henri / Joël	D 13 Hippolyte	M 13 Aimé	V 13 Géraud	L 13 Brice	M 13 Lucie
V 14 *Fête Nationale*	L 14 Evrard	J 14 Croix Glorieuse	S 14 Juste	M 14 Sidoine	J 14 Odile
S 15 Donald	M 15 *Marie / Assomption*	V 15 Roland	D 15 Thérèse d'Av.	M 15 Albert	V 15 Ninon
D 16 N.D.	M 16 Armel	S 16 Edith	L 16 Edwige	J 16 Marguerite	S 16 Alice
L 17 Charlotte / Caroline	J 17 Hyacinthe	D 17 Renaud	M 17 Baudoin	V 17 Elisabeth	D 17 Judicaël
M 18 Frédéric	V 18 Hélène	L 18 Nadège	M 18 Luc	S 18 Aude	L 18 Gatien
M 19 Arsène	S 19 Jean-Eudes	M 19 Emilie	J 19 René	D 19 Tanguy	M 19 Urbain
J 20 Marina	D 20 Bernard	M 20 Davy	V 20 Adeline	L 20 Edmond	M 20 Théophile
V 21 Victor	L 21 Christophe	J 21 Matthieu	S 21 Céline	M 21 Présentation	J 21 Pierre Canisius
S 22 Marie-Madeleine	M 22 Fabrice	V 22 Maurice	D 22 Salomé	M 22 Cécile	V 22 Françoise
D 23 Brigitte	M 23 Rose	S 23 Constant	L 23 Jean de C.	J 23 Christ-Roi	S 23 Armand
L 24 Christine	J 24 Barthélemy	D 24 Thècle	M 24 Florentin	V 24 Flora	D 24 Adèle
M 25 Jacques	V 25 Louis	L 25 Hermann	M 25 Crépin	S 25 Catherine	L 25 *Noël*
M 26 Anne / Joachim	S 26 Natacha	M 26 Côme / Damien	J 26 Dimitri	D 26 Delphine	M 26 Etienne
J 27 Nathalie	D 27 Monique	M 27 Vincent de Paul	V 27 Emeline	L 27 Séverin	M 27 Jean l'Apôtre
V 28 Samson	L 28 Augustin	J 28 Venceslas	S 28 Simon / Jude	M 28 Jacques de la M.	J 28 Sainte famille
S 29 Marthe	M 29 Sabine	V 29 Michel / Gabriel	D 29 Narcisse	M 29 Saturnin	V 29 David
D 30 Juliette	M 30 Fiacre	S 30 Jérôme	L 30 Bienvenue	J 30 André	S 30 Roger
L 31 Ignace	J 31 Aristide		M 31 Quentin		S 31 Sylvestre

Énoncés des exercices

Exercice 26 (Niveau 1)

1. Trouver combien de **jours ouvrables** a acquis pour cette année de référence 2023, un salarié au 31 décembre 2023, s'il a été embauché le lundi 3 juillet 2023.

2. Trouver combien de **jours ouvrables** a acquis pour cette année de référence 2023, un salarié présent depuis longtemps dans l'entreprise mais qui démissionne le vendredi 30 juin 2023.

3. Trouver combien de **jours ouvrés** a acquis pour cette année de référence 2023, un salarié présent depuis longtemps dans l'entreprise mais qui a pris un congé sans solde du 5 juin au 5 novembre 2023 mais toujours présent au 31 décembre 2023.

4. Trouver combien de **jours ouvrés** a acquis pour cette année de référence 2023, un salarié, s'il a été embauché le 6 mars 2023, qui a été en absence maladie du 17 avril au 16 juillet, qui a fait grève du 4 au 8 septembre et qui démissionne le 1er décembre 2023 (sans effectuer de préavis).

5. Trouver combien de **jours ouvrables** a acquis pour cette année de référence 2023, un salarié au 31 décembre 2023, s'il a été embauché le lundi 2 octobre 2023 pour 24 heures par semaine (8 heures par 3 jours – lundi, mercredi et vendredi) dans une entreprise travaillant 35 heures par semaine.

8. Exercices sur le décompte des congés payés pris

Décompte des congés payés pris

En jours ouvrables

Lorsque la durée des congés à laquelle a droit le salarié est fixée en jours ouvrables, le décompte de nombre de jours pris s'effectue également en jours ouvrables.
Lorsque, dans une entreprise, l'horaire hebdomadaire est réparti sur 5 jours seulement, le lundi ou le samedi étant chômé, ce lundi ou ce samedi demeure un jour ouvrable, pris en compte pour le calcul de la durée des congés. Le premier jour de congé décompté est le premier jour où le salarié aurait dû normalement travailler. A contrario, le dernier jour ouvrable de la période de congés doit être pris en compte pour le calcul des jours ouvrables de congé même s'il correspond à une journée non travaillée dans l'entreprise.

Quelle est l'incidence d'un jour férié pendant le congé ? Si ce jour férié habituellement chômé dans l'entreprise coïncide avec un jour ouvrable, il ne sera pas décompté en jour de congé.

En jours ouvrés

Lorsque la durée des congés de chaque salarié est fixée en jours ouvrés, le décompte de nombre de jours pris s'effectue également en jours ouvrés. La notion de jours ouvrés doit être définie de la même manière pour la détermination de la durée des congés que pour le décompte des jours de congés pris. Le nombre de jours de congés pris par le salarié est égal au nombre de jours d'ouverture de l'entreprise couvrant sa période de congés. Lorsque l'horaire de travail est réparti sur 5 jours, une semaine de congés du lundi au dimanche comporte 5 jours ouvrés.

Quelle est l'incidence d'un jour férié pendant le congé ? Nous distinguons trois cas :

1. Le jour férié tombe un dimanche : aucune incidence ;
2. Le jour férié tombe un jour ouvrable ouvré (un lundi, mardi, mercredi, jeudi ou vendredi) :
   - si l'entreprise travaille le jour férié, celui-ci reste donc ouvrable ouvré et n'a pas d'incidence sur la durée du congé,
   - si l'entreprise ne travaille pas ce jour férié, celui-ci n'est donc pas ouvrable ni ouvré et n'est pas décompté dans la durée du congé ;
3. Le jour férié tombe un jour ouvrable non ouvré (le samedi, donc) :
   - si l'entreprise n'accorde pas à ses salariés des congés plus longs que ceux prévus par la loi, l'employeur doit prolonger le congé d'un jour, car le fait de décompter le congé en jours ouvrés ne doit pas être défavorable par rapport à un décompte en jours ouvrables (Cass. soc., 13 février 1991 n° 89-75423),
   - si l'entreprise accorde des congés plus longs que ceux prévus par la loi, le congé annuel n'a pas à être prolongé (Cass. soc., 27 octobre 2004, n° 02-44149).

Quelle est l'incidence d'un pont pendant le congé ?

Un « pont » concerne un jour ouvré coincé entre un week-end et un jour férié, ou entre un jour férié et un week-end. Par exemple, cette année 2023 il y a le pont de l'Ascension (jeudi 18 – jour habituellement férié dans la majorité des entreprises, vendredi 19, samedi 20 et dimanche 21 mai).

Pour que les salariés profitent de 4 jours de repos consécutifs, il faut que le vendredi 19 mai soit un pont. Cette pratique ne fait l'objet d'aucune réglementation. L'attribution d'un pont peut être prévue par des dispositions conventionnelles (convention collective, accord collectif, accord de branche, d'entreprise ou d'établissement) ou décidée par l'employeur.
Si pendant les congés d'un salarié, l'employeur accorde un jour de pont chômé dans l'entreprise, ce jour ne concerne que les salariés censés travailler ce jour-là. Autrement dit, ce pont reste un jour ouvré pour **le salarié en congé** et il **n'a droit à aucun jour supplémentaire**. Cette logique est applicable à toutes les éventuelles absences du salarié. Par exemple, un salarié malade reste en maladie ou un salarié en congé parental reste en congé parental.

Cas particulier du salarié à temps partiel

Quand un salarié à temps partiel prend ses congés, il faut raisonner différemment selon le nombre de jours travaillés. S'il ne travaille qu'un jour par semaine, ce jour représente pour lui toute sa semaine de travail et donc dans ce cas il faut lui décompter soit 5 jours ouvrés soit 6 jours ouvrables (1 jour de travail = 5 jours ouvrés de congés payés, ou = 6 jours ouvrables de congés payés).

Si un salarié travaille habituellement 2 jours par semaine et qu'il part une semaine en congés payés, lui seront décomptés soit 5 jours ouvrés (dans ce cas, 2 jours de travail = 5 jours ouvrés et donc chaque jour de travail = 5/2 soit 2,5 jours ouvrés), soit 6 jours ouvrables (dans ce cas, 2 jours de travail = 6 jours ouvrables et donc chaque jour de travail = 6/2 soit 3 jours ouvrables).
Ce principe d'égalité est bien évidemment à appliquer lorsque le salarié ne prend qu'une seule de ces 2 journées habituellement travaillées en congés payés. La pratique de certaines entreprises consistant à vouloir appliquer la règle de décompte des jours ouvrables pour un temps plein (décompter du premier jour de congés payés jusqu'à la veille du retour du salarié en entreprise) n'est pas de bon aloi dans notre cas présent et donne lieu à de sérieuses incohérences pour celles qui l'appliquent, car le décompte serait différent selon la répartition des jours de travail dans la semaine.
Exemple : un salarié qui travaillerait tous les lundis et mardis, s'il ne prenait que le lundi en congé payé on ne lui décompterait qu'un jour, alors que s'il ne prenait que le mardi on lui décompterait 4 jours ouvrés ou 5 jours ouvrables ! À votre avis, si le salarié n'a besoin que d'un seul jour de congé quel jour choisira-t-il ? Et s'il travaille tous les lundis et vendredis ? Un lundi pris en congés payés lui vaudrait-il à présent 4 jours (lundi, mardi, mercredi et jeudi) ?
Nous pensons à toutes ces stagiaires qui nous demandent lors de formations si c'est normal que, ne travaillant que les lundis, mardis, jeudis et vendredis, nous trouvons « normal » que leurs entreprises décomptent 3 jours ouvrés si elles ne prennent que les lundi et mardi d'une semaine, alors que si elles ne prennent que les jeudi et vendredi, leurs entreprises ne décomptent que 2 jours. Nous leur expliquons que dans leurs cas, 4 jours de travail = 5 jours ouvrés. Donc chaque jour de travail représente 4/5ème de jour de congé, soit 1,25 jour. Si elles ne prennent que les lundi et mardi, il ne faut décompter que 2,5 jours de congé (SANS ARRONDIR !). Nous trouverons bien sûr le même résultat si elles prennent les jeudi et vendredi.
Elles trouvent toutes cette méthode plus juste sous plusieurs angles : justice et égalité entre les salariés à temps plein et temps partiel, d'une logique absolue, mathématiquement inattaquable et par conséquent facile à mettre en œuvre informatiquement (alors qu'un lundi qui vaut parfois un, deux, trois ou quatre jours, comment faire, sinon « à la main » et forcer le logiciel ? – D'ailleurs, si les personnes du Service Paie forcent leur logiciel, c'est que ce qu'ils font n'est, la plupart du temps, pas « logique »).

Enfin, certains trouvent que décompter un nombre de jours NON ARRONDI peut décontenancer les salariés. Et quand on leur attribue 2,08 jours toutes les 4 semaines de travail effectif quel que soit leur temps de travail, ça les décontenance ou pas ?

Exercice 27 (Niveau 1 pour les 1., 2., 3. ; Niveau 2 pour les 4., 5., 6. ; Niveau 3 pour les 7., 8., 9.)

Extrait du calendrier 2023

Mai	Juin	Juillet	Août	Septembre	Octobre	Novembre
L 1 Fête du Travail	J 1	S 1	M 1	V 1	D 1	M 1 Toussaint
M 2	V 2	D 2	M 2	S 2	L 2	J 2
M 3	S 3	L 3	J 3	D 3	M 3	V 3
J 4	D 4	M 4	V 4	L 4	M 4	S 4
V 5	L 5	M 5	S 5	M 5	J 5	D 5
S 6	M 6	J 6	D 6	M 6	V 6	L 6
D 7	M 7	V 7	L 7	J 7	S 7	M 7
L 8 Victoire 1945	J 8	S 8	M 8	V 8	D 8	M 8
M 9	V 9	D 9	M 9	S 9	L 9	J 9
M 10	S 10	L 10	J 10	D 10	M 10	V 10
J 11	D 11	M 11	V 11	L 11	M 11	S 11 Armistice 1918
V 12	L 12	M 12	S 12	M 12	J 12	D 12
S 13	M 13	J 13	D 13	M 13	V 13	L 13
D 14	M 14	V 14 Fête Nationale	L 14	J 14	S 14	M 14
L 15	J 15	S 15	M 15 Assomption	V 15	D 15	M 15
M 16	V 16	D 16	M 16	S 16	L 16	J 16
M 17	S 17	L 17	J 17	D 17	M 17	V 17
J 18 Ascension	D 18	M 18	V 18	L 18	M 18	S 18
V 19	L 19	M 19	S 19	M 19	J 19	D 19
S 20	M 20	J 20	D 20	M 20	V 20	L 20
D 21	M 21	V 21	L 21	J 21	S 21	M 21
L 22	J 22	S 22	M 22	V 22	D 22	M 22
M 23	V 23	D 23	M 23	S 23	L 23	J 23
M 24	S 24	L 24	J 24	D 24	M 24	V 24
J 25	D 25	M 25	V 25	L 25	M 25	S 25
V 26	L 26	M 26	S 26	M 26	J 26	D 26
S 27	M 27	J 27	D 27	M 27	V 27	L 27
D 28	M 28	V 28	L 28	J 28	S 28	M 28
L 29 Pentecôte	J 29	S 29	M 29	V 29	D 29	M 29
M 30	V 30	D 30	M 30	S 30	L 30	J 30
M 31		L 31	J 31		M 31	

Énoncés des exercices

1. Ayant un droit à congé de **25 jours ouvrés**, ce salarié part en congés payés **du lundi 3 au dimanche 20 juillet 2023 inclus.** Combien de jours lui décomptez-vous ?

2. Ayant un droit à congé de **25 jours ouvrés**, ce salarié part en congés payés **du lundi 7 au dimanche 3 septembre 2023 inclus.** Combien de jours lui décomptez-vous ?

3. Ayant un droit à congé de **30 jours ouvrables**, ce salarié part en congés payés **du lundi 3 au lundi 31 juillet 2023 inclus.** Combien de jours lui décomptez-vous ?

4. Ayant un droit à congé de **30 jours ouvrables,** ce salarié part en congés payés **du lundi 8 mai au lundi 5 juin 2023 inclus.** Combien de jours lui décomptez-vous ?

5. Ayant un droit à congé de **25 jours ouvrés**, ce salarié (avec l'autorisation exceptionnelle de son supérieur de déroger à la prise minimum de 2 semaines pendant la période légale 1er mai – 31 octobre) part en congés payés **du lundi 6 au lundi 27 novembre 2023 inclus.** Combien de jours lui décomptez-vous ?

6. Ayant un droit à congé de **27 jours ouvrés**, ce salarié part en congés payés **du lundi 6 au lundi 27 novembre 2023.** Combien de jours lui décomptez-vous ?

7. Ayant un droit à congé de **10 jours ouvrés**, **l'entreprise** de ce salarié, arrivé en cours d'année d'acquisition, **fermera du mardi 1er au lundi 28 août 2023 inclus.** Comment lui passez-vous les jours non acquis sur la Paie ?

8. Ayant un droit à congé **de 25 jours ouvrés, ne travaillant que les lundis, mercredis et vendredis,** ce salarié est parti en congés payés **du lundi 7 au lundi 28 août 2023 inclus.** Combien de jours lui avez-vous décomptés ?

9. Question identique au 8) mais **s'il ne travaillait que les lundis et mardis** ?

Exercice 28 (Niveau 1 pour les 1., 2. ; Niveau 2 pour les 3., 4. ; Niveau 3 pour les 5., 6.)

Période de prise des congés payés pour 2024

Mai			Juin			Juillet			Août			Septembre			Octobre		
M	1	Fête du Travail	S	1		L	1		J	1		D	1		M	1	
J	2		D	2		M	2		V	2		L	2		M	2	
V	3		L	3		M	3		S	3		M	3		J	3	
S	4		M	4		J	4		D	4		M	4		V	4	
D	5		M	5		V	5		L	5		J	5		S	5	
L	6		J	6		S	6		M	6		V	6		D	6	
M	7		V	7		D	7		M	7		S	7		L	7	
M	8	Victoire 1945	S	8		L	8		J	8		D	8		M	8	
J	9	Ascension	D	9		M	9		V	9		L	9		M	9	
V	10		L	10		M	10		S	10		M	10		J	10	
S	11		M	11		J	11		D	11		M	11		V	11	
D	12		M	12		V	12		L	12		J	12		S	12	
L	13		J	13		S	13		M	13		V	13		D	13	
M	14		V	14		D	14	Fête Nationale	M	14		S	14		L	14	
M	15		S	15		L	15		J	15	Assomption	D	15		M	15	
J	16		D	16		M	16		V	16		L	16		M	16	
V	17		L	17		M	17		S	17		M	17		J	17	
S	18		M	18		J	18		D	18		M	18		V	18	
D	19		M	19		V	19		L	19		J	19		S	19	
L	20	L. de Pentecôte	J	20		S	20		M	20		V	20		D	20	
M	21		V	21		D	21		M	21		S	21		L	21	
M	22		S	22		L	22		J	22		D	22		M	22	
J	23		D	23		M	23		V	23		L	23		M	23	
V	24		L	24		M	24		S	24		M	24		J	24	
S	25		M	25		J	25		D	25		M	25		V	25	
D	26		M	26		V	26		L	26		J	26		S	26	
L	27		J	27		S	27		M	27		V	27		D	27	
M	28		V	28		D	28		M	28		S	28		L	28	
M	29		S	29		L	29		J	29		D	29		M	29	
J	30		D	30		M	30		V	30		L	30		M	30	
V	31					M	31		S	31					J	31	

Énoncés des exercices

1. Ayant un droit à congé de **25 jours ouvrés,** ce salarié partira en congés payés **du lundi 5 au lundi 26 août 2024 inclus.** Combien de jours lui décompterez-vous ?

2. Ayant un droit à congé de **30 jours ouvrables,** ce salarié partira en congés payés **du lundi 1er au dimanche 21 juillet 2024 inclus.** Combien de jours lui décompterez-vous ?

3. Ayant un droit à congé de **25 jours ouvrés,** ce salarié partira en congés payés **du jeudi 2 mai au dimanche 2 juin 2024 inclus.** Combien de jours lui décompterez-vous ?

4. Ayant un droit à congé de **30 jours ouvrables,** ce salarié partira en congés payés **du lundi 6 mai au dimanche 26 mai 2024 inclus.** Sachant que **l'entreprise donnera le vendredi 10 mai en jour de pont,** combien de jours lui décompterez-vous ?

5. Ayant un droit à congé de **25 jours ouvrés, ne travaillant pas les vendredis,** ce salarié partira en congés payés **du lundi 5 au dimanche 25 août 2024 inclus.** Combien de jours lui décompterez-vous ?

6. Ayant un droit à congé de **30 jours ouvrables, ne travaillant pas les jeudis et vendredis,** ce salarié partira en congés payés **du lundi 5 au dimanche 25 août 2024 inclus.** Combien de jours lui décompterez-vous ?

9. Exercices sur le fractionnement des congés payés

Le fractionnement des congés payés

Le fractionnement des 5 semaines de congés payés est obligatoire en deux périodes distinctes :

1° Du 1er mai au 31 octobre, le salarié doit prendre au moins 12 jours ouvrables en continu (C. trav., art. L. 3141-18) avec un maximum de 24 jours (sauf ceux qui justifient de contraintes géographiques particulières ou de la présence au sein du foyer d'un enfant ou d'un adulte handicapé ou d'une personne âgée en perte d'autonomie, C. trav., art. L. 3141-17) ;

2° Du 1er novembre au 30 avril, il doit au moins prendre sa cinquième semaine (6 jours ouvrables ou 5 jours ouvrés).

Normalement, un accord d'entreprise ou d'établissement ou, à défaut, une convention ou un accord de branche fixe la période pendant laquelle la fraction continue d'au moins douze jours ouvrables est attribuée ainsi que les règles de fractionnement du congé au-delà du douzième jour (C. trav., art. L. 3141-21).

Mais, à défaut de stipulation dans la convention ou l'accord conclu :

1° La fraction continue d'au moins 12 jours ouvrables est attribuée pendant la période du 1er mai au 31 octobre de chaque année ;

2° Le fractionnement des congés au-delà du douzième jour est effectué dans les conditions suivantes :

a) Les jours restant dus en application du second alinéa de l'article L. 3141-19 peuvent être accordés en une ou plusieurs fois en dehors de la période du 1er mai au 31 octobre de chaque année ;

b) Deux jours ouvrables de congés supplémentaires sont attribués lorsque le nombre de jours de congé pris en dehors de cette période est au moins égal à six et un seul lorsque ce nombre est compris entre trois et cinq jours. Les jours de congé principal dus au-delà de vingt-quatre jours ouvrables ne sont pas pris en compte pour l'ouverture du droit à ce supplément.

Il peut être dérogé au présent article après accord individuel du salarié (C. trav., art. L. 3141-23).

Les jours supplémentaires pour fractionnement

Autrement dit, l'article L. 3141-23 précise clairement que, sauf dispositions conventionnelles contraires ou renonciation expresse du salarié, les jours de congés payés qui n'ont pas été pris avec le congé principal et qui sont pris en dehors de la période légale (1er mai - 31 octobre) donnent droit à des jours de congé supplémentaires.

Si l'entreprise donne des congés payés en jours ouvrables, ce nombre de jours est :

- 1 jour supplémentaire si le reliquat pris hors période légale est compris entre 3 et 5 jours ;
- 2 jours supplémentaires si le reliquat pris hors période légale est au moins égal à 6 jours.

Si on convertit ces jours ouvrables en jours ouvrés, cela donne :

- 1 jour supplémentaire si le reliquat pris hors période légale est compris entre 2 et 4 jours ;
- 2 jours supplémentaires si le reliquat pris hors période légale est au moins égal à 5 jours.

Ces jours sont accordés également aux salariés entrés en cours d'année dès lors qu'ils prennent des congés en dehors de la période légale. La prise de jours de congé par anticipation, en dehors de la période légale, ouvre droit aussi aux jours supplémentaires de fractionnement (Cass. soc., 7 mars 1990, n° 87-40.629). Le fractionnement est dû non seulement quand l'employeur l'impose aux salariés mais aussi dans le cas où c'est le salarié qui demande à fractionner son reliquat de congé et où il obtient l'accord tacite de son employeur. Selon la Cour de cassation, le droit aux jours de congés supplémentaires naît du seul fait du fractionnement, que ce soit le salarié lui-même ou l'employeur qui en ait pris l'initiative (Cass. soc., 4 juillet 2001, n° 99-43.494).

Les dispositions sur le fractionnement n'ont pas un caractère impératif. Des dérogations peuvent y être apportées soit après accord individuel du salarié (renonciation individuelle, annuelle, et écrite), soit par convention collective (ou accord d'établissement). En aucun cas la renonciation résultant d'une note de service, unilatéralement établie par l'employeur, ne saurait être valable.

Exercice 29 (Niveau 1 pour les 1., 2., 3. ; Niveau 2 pour les 4., 5., 6. ; Niveau 3 pour les 7., 8., 9.)

Période légale de prise des congés payés pour 2023

Mai		Juin		Juillet		Août		Septembre		Octobre	
L 1	Fête du Travail	J 1		S 1		M 1		V 1		D 1	
M 2		V 2		D 2		M 2		S 2		L 2	
M 3		S 3		L 3		J 3		D 3		M 3	
J 4		D 4		M 4		V 4		L 4		M 4	
V 5		L 5		M 5		S 5		M 5		J 5	
S 6		M 6		J 6		D 6		M 6		V 6	
D 7		M 7		V 7		L 7		J 7		S 7	
L 8	Victoire 1945	J 8		S 8		M 8		V 8		D 8	
M 9		V 9		D 9		M 9		S 9		L 9	
M 10		S 10		L 10		J 10		D 10		M 10	
J 11		D 11		M 11		V 11		L 11		M 11	
V 12		L 12		M 12		S 12		M 12		J 12	
S 13		M 13		J 13		D 13		M 13		V 13	
D 14		M 14		V 14	Fête Nationale	L 14		J 14		S 14	
L 15		J 15		S 15		M 15	Assomption	V 15		D 15	
M 16		V 16		D 16		M 16		S 16		L 16	
M 17		S 17		L 17		J 17		D 17		M 17	
J 18	Ascension	D 18		M 18		V 18		L 18		M 18	
V 19		L 19		M 19		S 19		M 19		J 19	
S 20		M 20		J 20		D 20		M 20		V 20	
D 21		M 21		V 21		L 21		J 21		S 21	
L 22		J 22		S 22		M 22		V 22		D 22	
M 23		V 23		D 23		M 23		S 23		L 23	
M 24		S 24		L 24		J 24		D 24		M 24	
J 25		D 25		M 25		V 25		L 25		M 25	
V 26		L 26		M 26		S 26		M 26		J 26	
S 27		M 27		J 27		D 27		M 27		V 27	
D 28		M 28		V 28		L 28		J 28		S 28	
L 29	Pentecôte	J 29		S 29		M 29		V 29		D 29	
M 30		V 30		D 30		M 30		S 30		L 30	
M 31				L 31		J 31				M 31	

1. Ayant un droit à congé de **25 jours ouvrés**, ce salarié partira en **congés payés du 19 juin au 16 juillet 2023 inclus.** Combien de jours de fractionnement lui accorderez-vous au 31 octobre 2023 ?

2. Ayant un droit à congé de **30 jours ouvrables, l'entreprise** de ce salarié **fermera du 1er au 22 août 2023 inclus** et il ne prendra aucun autre congé pendant la période du 1er mai au 31 octobre 2023. Combien de jours de fractionnement lui accorderez-vous au 31 octobre 2023 ?

3. Ayant un droit à congé de **30 jours ouvrables**, ce salarié partira en congés payés du **5 au 11 juin 2023 inclus, puis du 3 au 17 juillet 2023 inclus.** Combien de jours de fractionnement lui accorderez-vous au 31 octobre 2023 ?

4. Ayant un droit à congé de **25 jours ouvrés**, ce salarié partira en **congés payés du 26 juin au 16 juillet 2023 inclus, puis les 31 août et 1er septembre 2023.** Combien de jours de fractionnement lui accorderez-vous au 31 octobre 2023 ?

5. Ayant un droit à congé de **25 jours ouvrés**, ce salarié partira en **congés payés du 2 au 8 mai 2023, puis du 17 au 31 juillet 2023 inclus.** Combien de jours de fractionnement lui accorderez-vous au 31 octobre 2023 ?

6. Ayant un droit à congé de **28 jours ouvrés**, ce salarié partira en **congés payés du 15 au 31 mai 2023 inclus, puis du 7 au 15 août 2023 inclus.** Combien de jours de fractionnement lui accorderez-vous au 31 octobre 2023 ?

7. Ayant un droit à congé de **15 jours ouvrés**, ce salarié partira en **congés payés du 14 au 28 août 2023 inclus.** Combien de jours de fractionnement lui accorderez-vous au 31 octobre 2023 ?

8. Ayant un droit à congé de **30 jours ouvrables**, ce salarié partira en **congés payés du 16 octobre au 31 octobre 2023 inclus.** Combien de jours de fractionnement lui accorderez-vous au 31 octobre 2023 ?

9. Ayant un droit à congé de **30 jours ouvrables**, ce salarié partira en **congés payés du 5 au 18 juillet et du 16 au 22 août 2023 inclus.** Combien de jours de fractionnement lui accorderez-vous au 31 octobre 2023 ?

10. Exercices sur l'indemnisation des congés payés

L'indemnisation des congés payés

Pour calculer l'indemnisation des congés payés, l'article L.3141-24 (modifié par la Loi n° 2016-1008 du 8 août 2016 et correspondant à l'ancien article L.3141-22) du Code du travail nous donne la règle :

« I – Le congé annuel prévu par l'article L.3141-3 ouvre droit à une indemnité égale au dixième de la rémunération brute totale perçue par le salarié au cours de la période de référence.

Pour la détermination de la rémunération brute totale, il est tenu compte :

1° de l'indemnité de congé de l'année précédente ;

2° des indemnités afférentes à la contrepartie obligatoire sous forme de repos prévues à l'article L.3121-30, L.3121-33 et L.3121-38 ;

3° des périodes assimilées à un temps de travail par les articles L.3141-4 et L.3141-5 qui sont considérées comme ayant donné lieu à rémunération en fonction de l'horaire de travail de l'établissement.

Lorsque la durée du congé est différente de celle prévue à l'article L.3141-3, l'indemnité est calculée selon les règles fixées au présent I et proportionnellement à la durée du congé effectivement dû.

II – Toutefois, l'indemnité prévue au I du présent article ne peut être inférieure au montant de la rémunération qui aurait été perçue pendant la période de congé si le salarié avait continué à travailler.

Cette rémunération, sous réserve du respect des dispositions légales, est calculée en fonction :

1° du salaire gagné dû pour la période précédant le congé ;

2° de la durée du travail effectif de l'établissement.

III – Un arrêté du ministre chargé du travail détermine les modalités d'application du présent article dans les professions mentionnées à l'article L.3141-32. ».

L'article L.3141-24 prévoit donc deux modes de calcul pour l'indemnité de congés payés :

- la règle du dixième (I) ;
- le maintien du salaire (II).

Ces dispositions sont d'ordre public. Aucun accord d'entreprise ne peut en conséquence contenir des stipulations moins favorables au salarié (Cass. soc., 11 février 1982, n° 80-40.163). Ce mode de calcul s'applique aux jours supplémentaires pour ancienneté prévus par les conventions collectives (Cass. soc., 26 mars 2002, n° 99-46.097).
Pour chaque salarié, il faut donc chercher la règle la plus favorable, celle du dixième ou celle du maintien de salaire.

Règle du dixième

Le premier mode de calcul consiste à déterminer l'indemnité de congé payé par rapport au salaire déterminé en fonction de la rémunération totale perçue par le salarié au cours de la période de référence (1er juin-31 mai). Ainsi, selon la règle du dixième, l'indemnité de congés payés est égale à un dixième de la rémunération totale brute perçue au cours de la période de référence. Le montant obtenu correspond à la totalité des congés acquis par le salarié (soit 30 jours ouvrables pour un salarié ayant travaillé pendant toute la période de référence).

Énoncés des exercices

Que comprend la rémunération totale ?

Il s'agit des sommes brutes (avant retenues pour cotisations), présentant un caractère soit réel, soit fictif. Ce sont précisément :

- le **salaire** de base ou forfaitaire et ses **majorations** pour heures supplémentaires (Cass. soc. 31 oct. 2012 n° 11-19.170), travail de nuit (Cass. soc. 25 janv. 1968 n° 66-40.557P), et éventuellement travail du dimanche ou du jour férié (Cass. soc. 11 fév. 1998 n° 93-44.887) ;
- **l'indemnité de congés payés** de l'année précédente (C. trav. Art. L. 3141-22) ;
- les **commissions.** Les primes et commissions liées à l'activité de l'entreprise ou à la production doivent être incluses, à condition toutefois que ces éléments de rémunération soient réellement liés à l'activité personnelle du salarié (Cass. soc. 3 juin 2009 n° 07-43.798). Attention toutefois : ces commissions sont exclues lorsqu'elles sont calculées sur l'année entière, y compris sur la période de congés payés du salarié ;
- les **primes et indemnités versées en fonction des résultats du salarié.** Selon la jurisprudence, ces primes doivent répondre aux critères suivants :
  - elles doivent être versées en contrepartie du travail du salarié (et non pas de son service ou de son entreprise), et revêtir un caractère de généralité, de fixité et de constance qui les rend obligatoires pour l'employeur,
  - elles ne doivent pas présenter le caractère de remboursements de frais, ni rémunérer un risque exceptionnel,
  - elles ne doivent pas déjà indemniser la période de congé.

Selon la Cour de cassation, répondent donc à ces critères :

  - les primes de rendement, production, ou productivité liées aux résultats personnels du salarié et non à l'activité globale de l'entreprise, lorsqu'elles sont attribuées de façon régulière depuis plusieurs années (Cass. soc. 20 janv. 2010 n° 08-43.310),
  - les primes d'objectifs attribuées en fonction de résultats personnels (Cass. soc. 30 avril 2003 n° 01-41.884),
  - les primes de performance récompensant l'activité déployée par les salariés personnellement et les objectifs réalisés par l'unité à laquelle appartient le salarié (Cass. soc. 10 oct. 2001 n° 99-44.300),
- les **primes liées à l'exécution du travail.** Ce sont :
  - les primes d'ancienneté (Cass. soc. 13 juin 2012 n° 10-30.590), sauf si elles sont versées toute l'année et ont déjà rémunéré une période de congé (Cass. soc. 24 mars 2004 n° 02-41.828),
  - les primes d'assiduité conventionnelles si elles sont versées en contrepartie du travail du salarié et non calculées sur l'année entière (Cass. soc. 26 mai 1999 n° 97-43.681),
- les **primes liées à l'organisation du travail.** Ce sont :
  - les primes paniers (Cass. soc. 15 janv. 1997 n° 95-43.996),
  - les indemnités de repas forfaitaire versées aux travailleurs de nuit (Cass. soc. 18 déc. 2012 n° 11-13.813),
  - les indemnités de déplacement versées, que le salarié soit ou pas en déplacement (Cass. soc. 12 nov. 2008 n° 07-41.348), une prime de transport indemnisant la sujétion liée à l'organisation spécifique de l'entreprise dont l'activité nécessite une exploitation en dehors des heures d'activité des transports en commun (Cass. soc. 7 déc. 2011 n° 10-23.686),
  - les primes d'équipe ne représentant ni un remboursement de frais ni une indemnité d'un risque exceptionnel,
- les **primes de sujétion** compensant des avantages accessoires **habituellement accordés** (C. trav. art. n° L. 3141-25). Si elles sont bien versées chaque mois, ce sont par exemple les primes d'insalubrité, de salissure, de hauteur, de froid, etc.

- les **primes liées à une servitude de l'emploi**. Ce sont :
  - les primes d'astreinte, versées toute l'année, compensant une servitude de l'emploi (Cass. soc. 4 juil. 1983 n° 81-40.819P),
  - les primes de soirée, versées forfaitairement à des visiteurs médicaux (Cass. soc. 16 oct. 2001 n° 99-44.464),
  - les primes pour heures de permanence (Cass. soc. 14 fév. 1996 n° 92-43.110),
- les **primes liées à l'éloignement du salarié**. Ce sont :
  - les primes d'expatriation ou de dépaysement qui constituent en tout ou partie un complément de rémunération destiné à compenser les désagréments de l'éloignement plus qu'un remboursement de frais inhérents au séjour à l'étranger (Cass. soc. 19 déc. 2007 n° 06-44.887),
  - les primes de mission versées aux salariés pendant leur affectation à l'étranger en vue de compenser les principales contraintes provenant du milieu géographique ou des conditions de travail en mer (Cass. soc. 4 fév. 1993 n° 89-42.464),
- les **pourboires** (sur la base des sommes soumises aux cotisations de Sécurité sociale) (C. trav., art. L. 3141-26),
- les **avantages en nature.** Il doit être tenu compte des avantages accessoires et des prestations en nature dont le salarié ne continuerait pas à jouir pendant la durée de son congé (C. trav., art. L. 3141-25), (Cass. soc. 27 sept. 1989 n° 86-43.169). A contrario, les avantages en nature dont le salarié continue à profiter pendant son congé ne sont pas pris en compte (Cass. soc. 7 mars 2007 n° 05-42.826),
- les **indemnités perçues en période d'absence de travail**. Sont également inclus les salaires fictifs des absences assimilées à du temps de travail pour le calcul des congés payés par la loi ou une convention collective. Sont concernés :
  - le congé maternité,
  - l'arrêt de travail pour accident de travail ou maladie professionnelle limité à une durée ininterrompue d'un an,
  - la période de maintien ou de rappel sous les drapeaux,
  - l'indemnité afférente à la contrepartie en repos pour heures supplémentaires (C. trav. art. L. 3121-11 et L. 3121-22) (Cass. soc. 23 oct. 2001 n° 99-40.879P),
  - le salaire des jours fériés chômés,
  - les indemnités compensant la précarité d'emploi pour les travailleurs temporaires et les CDD (C. trav. art. D. 3141-8).

Que faut-il exclure de la rémunération totale ?

- Les **primes** et **gratifications versées globalement couvrant l'ensemble de l'année**, période de travail et période de congés. Les inclure dans le calcul de l'indemnité de congés aboutirait à les faire payer partiellement une seconde fois. C'est notamment le cas pour :
  - les primes de vacances, de type treizième mois payées en une seule fois pour l'ensemble de l'année (Cass. soc. 2 avril 1997 n° 94-41.389), (Cass. soc. 8 juin 2011 n° 09-71.056P) ;
  - les primes de récompense ou gratification bénévole (prime exceptionnelle) (Cass. soc. 14 oct. 2009 n° 07-45.587P) ;
  - les pourcentages sur chiffre d'affaires de l'entreprise calculées globalement sur l'année et sans rapport nécessaire avec le travail du salarié (Cass. soc. 30 janv. 1985 n° 81-41.769),
- Les **primes de sujétion compensant un risque ou un inconvénient qui n'existe pas pendant les congés**, si le risque est exceptionnel et n'est pas lié à l'activité permanente du salarié (Cass. soc. 29 oct. 1980 n° 79-40.840P) ;

- Les **remboursements de frais professionnels**. Ceux-ci n'existent pas pendant la période de congés. Ce sont :
  - les primes de panier, subordonnées à des conditions d'octroi, remboursant les frais de repas supplémentaires (Cass. soc. 8 juin 1994 n° 90-43.014) ;
  - les primes de transport remboursant des frais professionnels forfaitaires (Cass. soc. 22 janv. 1992 n° 90-44.249P) ;
  - l'indemnité d'expatriation remboursant des frais inhérents au séjour à l'étranger (Cass. soc. 25 mars 1998 n° 96-40.754) ;
- Les **primes d'intéressement et de participation**, car elles ne constituent pas une rémunération (C. trav. art. L. 3312-4 et L. 3325-1).

Lorsque la durée du congé est différente de la durée légale l'indemnité est calculée proportionnellement à la durée du congé effectivement dû.

Formules pour le calcul du dixième

$$\frac{\text{Rémunération brute totale}}{10} = \text{Indemnité totale du congé payé}$$

Lorsque la durée du congé est différente de la durée légale l'indemnité est calculée proportionnellement à la durée du congé effectivement dû. Donc, si le salarié bénéficie d'un congé d'une durée supérieure à la durée légale, il y a lieu de corriger proportionnellement l'indemnité de cette façon :

$$\frac{\text{Rémunération brute totale}}{10} \times \frac{E}{L} = \text{Indemnité totale du congé payé}$$

Pour calculer l'indemnité à chaque prise de congés, on remplacera à chaque fois « **E** » par le nombre de jours de congés donnés par l'**E**ntreprise pour la période, et « **L** » par le nombre de jours de congés donnés par la **L**oi pour la même période.

Règle du maintien de salaire

Néanmoins, l'article L.3141-24 du Code du travail nous rappelle que l'indemnité de congés payés ne peut être inférieure au montant de la rémunération qui aurait été perçue pendant la période de congés payés si le salarié avait continué à travailler.

Le salaire maintenu est déterminé en fonction de la durée du travail effectif de l'établissement au cours de la période considérée ainsi que de l'horaire de travail du salarié. Ainsi, si un salarié travaille habituellement et alternativement 40 heures une semaine puis 30 heures la semaine suivante, l'indemnité de congés payés doit être calculée selon l'horaire qui aurait été pratiqué, sauf en cas de lissage de la rémunération.

Formules pour le calcul du maintien de salaire

Plusieurs méthodes de calcul peuvent s'appliquer. Ce sont :

- la méthode du **jour ouvrable moyen**. On retient un vingt-sixième du salaire mensuel par jour ouvrable de congé pris ;
- la méthode du **jour ouvré moyen**. On retient un vingt et un soixante-septième du salaire mensuel par jour ouvré de congé pris ;
- la méthode du **jour ouvrable réel**. On divise le salaire mensuel par le nombre de jours ouvrables du mois en cours et on multiplie le résultat par le nombre de jours ouvrables de congé pris ;
- la méthode du **jour ouvré réel**. On divise le salaire mensuel par le nombre de jours ouvrés du mois en cours et on multiplie le résultat par le nombre de jours ouvrés de congé pris.

La plupart des entreprises optent pour le calcul en jours ouvrables moyens (ou jours ouvrés moyens). C'est la solution la plus logique : pourquoi reviendrait-on en réels alors qu'on cherche à comparer ce montant avec une valeur moyenne calculée sur l'année de référence des congés payés ?

Exercice 30 (Niveau 1)

La rémunération de ce salarié pour la période 2022/2023 est la suivante :

Mois	Année	Salaire Brut	Brut pour Calcul du 10ème CP	Particularités
Juin	2022	2 000,00 €		
Juillet	2022	2 500,00 €		dont "prime de vacances" de 500 €
Août	2022	2 000,00 €		dont "congés payés" de 1000 €
Septembre	2022	2 400,00 €		dont "prime de rentrée scolaire" de 400 €
Octobre	2022	2 000,00 €		
Novembre	2022	2 000,00 €		dont "congés payés" de 400 €
Décembre	2022	4 000,00 €		Il y a un "13ème mois"
Janvier	2023	2 100,00 €		Le salarié est augmenté
Février	2023	2 300,00 €		dont "prime de froid" de 200 €
Mars	2023	2 800,00 €		dont "prime exceptionnelle" de 700 €
Avril	2023	2 100,00 €		
Mai	2023	2 100,00 €		dont "congés payés" de 650 €
Juin	2023	2 100,00 €		
Juillet	2023	2 600,00 €		dont "prime de vacances" de 500 €

Ce salarié part en **congés payés du lundi 7 au dimanche 27 août 2023 inclus.** La société dans laquelle il travaille raisonne en jours **ouvrables.**

1. Déterminez la **rémunération brute totale** (pour le calcul du 10ème) **2022/2023** :

2. Déterminez le **nombre de jours ouvrables d'absence congés payés** :

3. Calculez le **montant de l'absence de ces jours ouvrables de congés payés** :

4. Calculez le **montant du paiement de cette absence** :

   Avec la règle du dixième :

   Avec la règle du maintien de salaire :

5. Calculez son **brut du mois d'août 2023** : (salaire – abs CP + paiement CP = brut)

Exercice 31 (Niveau 1)

Ce salarié a quitté (**démission**) l'entreprise **le vendredi 7 avril 2023 au soir**. Les droits à C.P. dans cette entreprise sont la durée légale plus 1 jour ouvré (soit **26 jours ouvrés pour une année**). Il n'a pas de solde de congé de l'année écoulée.

La rémunération de ce salarié pour la période 2022/2023 est la suivante :

Mois	Année	Salaire Brut	Brut pour Calcul du 10ème CP	Particularités
Juin	2022	1 900,00 €		
Juillet	2022	2 300,00 €		dont "prime de vacances" de 400 €
Août	2022	2 050,00 €		dont "congés payés" de 1.750 € payés au 10è
Septembre	2022	1 900,00 €		
Octobre	2022	2 400,00 €		dont "heures supp." de 500 €
Novembre	2022	1 950,00 €		dont "congés payés" de 450 €
Décembre	2022	3 800,00 €		Il y a un "13ème mois"
Janvier	2023	2 000,00 €		Le salarié est augmenté
Février	2023	2 000,00 €		
Mars	2023	2 000,00 €		
Avril	2023			Le salarié part le vendredi 7 avril 2023
Total				

1. Déterminez la **rémunération brute totale** (pour le calcul du 10ème) **2022/2023** :

2. Déterminez le **nombre de jours ouvrés de droits à congés payés** :

3. Calculez le **montant de son indemnité compensatrice avec la règle du maintien de salaire** :

4. Calculez le **montant de son indemnité compensatrice avec la règle du dixième** :

5. Calculez son **brut du mois d'avril 2023** :

   Salaire

   I.C.C.P. ____________

   Total brut

Exercice 32 (Niveau 2)

Avec cet exercice, nous allons nous rapprocher un peu plus de la réalité en entreprise.

Voici le tableau récapitulatif de la rémunération 2022/2023 de cette salariée

Année	2022							2023				
Mois	**J**	**J**	**A**	**S**	**O**	**N**	**D**	**J**	**F**	**M**	**A**	**M**
Salaire de base	2 300,00	2 300,00	2 300,00	2 300,00	2 300,00	2 300,00	2 300,00	2 300,00	2 300,00	2 300,00	2 300,00	2 300,00
Pr. d'ancienneté	230,00	230,00	230,00	230,00	230,00	230,00	230,00	253,00	253,00	253,00	253,00	253,00
Pr. d'assiduité		126,50	126,50	126,50	126,50	126,50	126,50	127,65			127,65	127,65
Pr. d'équipe	32,00	40,00	4,00	44,00	42,00	40,00	44,00	44,00	28,00	18,00	30,00	38,00
Pr. de risque				100,00								
Pr. Exceptionnelle					1 000,00							
Pr. d'objectif		2 300,00										
Pr. de vacances		600,00										
Av. Nat. Nourriture	80,00	100,00	10,00	110,00	105,00					46,80	78,00	98,80
Abs. Congé Ss Solde	-575,00											
Abs. Maternité						-2 696,50	-2 700,50	-2 724,65	-1 843,57			
Abs. Maladie									-729,43	-1 647,10		
Paiem. Maladie									729,43	1 647,10		
Abs. Congés Payés			-2 335,38								-589,15	
Paiem. Congés Payés			2 335,38								855,85	
13ème mois							2 300,00					
Av. Nat. Logement	108,40	384,00	180,40	180,40	276,40	77,40	144,60	80,80	80,80	188,20	188,20	150,80
Ind. de transport	37,60	37,60		37,60	37,60						42,05	42,05

Explication des chiffres sur ce tableau récapitulatif :

- Son salaire de base est (malheureusement) constant : 2.300 €
- Sa prime d'ancienneté est de 10 % jusqu'en décembre. Elle prend 1 % supplémentaire à partir de janvier.
- Si la salariée est présente tout le mois, elle a droit à une prime d'assiduité de 5 % de son salaire de base + prime d'ancienneté. En cas d'absence non assimilée à du travail effectif, cette prime est supprimée.
- Sa prime d'équipe est de 2 € par jour ouvré travaillé (la maternité est assimilée à du temps travaillé).
- Elle a des avantages en nature nourriture (5,00 € en 2022, 5,20 € en 2023) par jour ouvré réellement travaillé, et comme elle est logée dans un F2 appartenant à l'entreprise elle a également des avantages en nature logement.
- Elle prend exceptionnellement la semaine du 20 au 26 juin 2022 en congé sans solde.
- En juillet, ses objectifs personnels ayant été atteints, elle a droit à sa prime d'objectif égale à son salaire de base. Elle a également droit à une prime de vacances d'un montant de 600 €.
- En août, elle part 4 semaines en congés payés (calculés en jours ouvrables et au maintien du salaire) du lundi 1er au lundi 29 août 2022 inclus.
- En septembre, sa prime de risque de 100 € récompense des circonstances particulières.
- En octobre, elle bénéficie d'une prime exceptionnelle de 1.000 €.
- Son congé maternité commence le mardi 1er novembre 2022 pour s'achever 16 semaines plus tard le lundi 20 février 2023. La maternité n'est pas indemnisée par l'entreprise mais par la Sécurité sociale.
- En décembre, elle bénéficie d'un treizième mois dont le montant est égal à son salaire de base.
- Son médecin lui accorde 4 semaines de congés pathologiques suite à sa maternité (les congés pathologiques post maternité sont assimilés à de la maladie qui, elle, est indemnisée à 100 % par l'entreprise pratiquant la subrogation).
- Elle solde ses congés payés (la 5ème semaine) du lundi 17 au dimanche 23 avril 2023. L'entreprise lui verse à cette occasion son complément dixième d'un montant de 266,70 €.
- Comme son F2 est à 8 stations de métro, l'entreprise lui indemnise son Pass Navigo mensuellement.

1. **Calculer sa rémunération brute totale** (pour le calcul du 10ème) **2022/2023**.

2. **Déterminer le nombre de jours ouvrables** auxquels elle aura droit pour la période **2023/2024**.

Exercice 33 (Niveau 2)

- Ce salarié est entré dans l'entreprise le 2 janvier 2010.
- Il quitte (démission) l'entreprise le vendredi 8 décembre 2023 au soir.
- Son salaire de base (151,67 h) (inchangé depuis le 1er juin 2022) est de 2.800 €.
- Sa prime d'ancienneté (inchangée depuis le 1er juin 2022) est de 308 €.
- Ses droits aux congés payés sont de 25 jours ouvrés.
- Ses droits aux congés d'ancienneté sont de 2 jours ouvrés.
- Avec la paie de juin, il a droit à une prime de vacances (au "prorata temporis") de 1.554 €.
- Avec la paie de décembre, il a aussi droit à un 13ème mois (calculé sur le salaire + prime d'ancienneté au "prorata temporis", un mois complet de présence = 30 trentièmes et un mois incomplet de présence = 0 trentième, l'année complète valant 360 trentièmes).
- Au moment de son départ, il lui reste 4 jours de congés (période 2022/2023).

Quel sera le montant total de ses indemnités de congés payés sur son solde de tout compte ?

1. a) Détermination de la rémunération brute totale (pour le calcul du 10ème) 2022/2023 :

   b) Détermination de l'indemnité compensatrice 2022/2023 :
   Avec la règle du dixième :

   Avec la règle du maintien de salaire :

2. a) Détermination de la rémunération brute totale (pour le calcul du 10ème) 2023/2024 :

   b) Détermination du nombre de jours de C.P. 2023/2024 acquis :

   c) Détermination de l'indemnité compensatrice 2023/2024 :
   Avec la règle du dixième :

   Avec la règle du maintien de salaire :

Conclusion

indemnités compensatrices C.P. 2022/2023 =

\+ indemnités compensatrices C.P. 2023/2024 =

Exercice 34 (Niveau 2)

- Ce salarié est entré dans l'entreprise le 3 juillet 2017 en tant que salarié à temps complet (151,67 h).
- Il passe à temps partiel (17,50 h/sem. 3,50 h tous les matins) le 1er juin 2023.
- Sachant :
  - qu'il a 27 jours ouvrés de droit à C.P.,
  - qu'il gagnait 2.925 € à temps complet,
  - qu'il part en congés du lundi 3 au lundi 24 juillet 2023 inclus,

Établir son **brut du mois de juillet**, en appliquant la règle la plus favorable.

1. Détermination de la rémunération brute totale (pour le calcul du 10ème) 2022/2023 :

2. Détermination du nombre de jours absence C.P. :

3. Détermination du montant de l'absence C.P. :

4. Détermination du montant de l'indemnité C.P. :

5. Brut du mois de juillet 2023 pour ce salarié :

+ Salaire =

– Absence C.P. =

+ Paiement C.P. =

Exercice 35 (Niveau 3)

- Ce salarié est entré dans l'entreprise le lundi 3 juillet 2006.
- Il passe à temps partiel (28 heures par semaine : L., M., J., V. 7 h/jour) le 1er juin 2022.
- Le 1er février 2023, il change d'horaire en passant à 17,50 h par semaine : du lundi au vendredi 3,50 h.
- Le 1er juin 2023, il change encore d'horaire en passant à 21 h par semaine : lundi, jeudi et vendredi, chaque jour 7 heures.
- Sachant :
  - qu'il a 27 jours ouvrés de droit à C.P. à temps plein,
  - qu'il gagnait 3.500 € à temps complet,
  - qu'il part en congés du lundi 10 au lundi 31 juillet 2023 inclus,

Établir son **brut du mois de juillet 2023**, en appliquant la règle la plus favorable.

1. Détermination de la rémunération brute totale (pour le calcul du 10ème) 2022/2023 :

2. Détermination du nombre de jours d'absence C.P. :

3. Détermination du montant de l'absence C.P. :

4. Détermination du montant de l'indemnité C.P. :

5. Brut de ce salarié en juillet 2023 :

+ Salaire =

– Absence C.P. =

+ Paiement C.P. =

Le complément congé (Régularisation du dixième)

Mais il n'y a aucune obligation à faire à chaque fois les deux calculs puisque la comparaison n'est à établir qu'à la fin de la prise des congés. **Dans la pratique, on se contentera de maintenir purement et simplement le salaire pendant les congés et à la fin de la période de référence**, on se livrera à la comparaison entre les calculs. **Si l'application de la règle du dixième est plus avantageuse, le salarié bénéficiera d'un complément congé, souvent appelé « régul. 10ème ».**

Exercice 36 (Niveau 3)

- Ce salarié est entré dans l'entreprise le jeudi 1er février 2018.
- L'entreprise indemnise les absences CP au maintien toute l'année et régularise, si nécessaire, au dixième sur la paie de mai.
- Son salaire de base (151,67 h) était de 3.900 € du 1er juin 2021 au 31 décembre 2022, puis est passé à 4.290 € le 1er janvier 2023.
- Ses droits conventionnels à congés payés sont de **33 jours ouvrables** au 1er juin 2022.
- Il est parti en congés payés du lundi 4 au lundi 25 juillet 2022 inclus, puis il est parti du lundi 26 décembre 2022 au lundi 2 janvier 2023 inclus, et enfin du mardi 11 au samedi 22 avril 2023 inclus.

Quel est le montant de la rubrique « Régul. 10ème » qui se déclenche sur la paie de mai 2023 ?

1. Détermination de la rémunération brute totale (pour le calcul du 10ème) 2022/2023 :

2. Détermination du montant des absences « congés payés » :
   Du 4 au 25 juillet 2022 :

   Du 26 décembre 2022 au 2 janvier 2023 :

   Du 11 au 22 avril 2023 :

   Montant total des absences « congés payés » :

3. Détermination de l'indemnité 10ème totale :

4. Détermination du montant de la régularisation 10ème :

Ce qu'il faut retenir de la partie concernant les absences et les congés payés

Il y a **8 méthodes pour valoriser une absence** (dont 3 rarement utilisées) !

- Si l'absence est indemnisée :
  - Prendre la méthode des jours calendaires réels pour toutes les absences indemnisées par la Sécurité sociale (maladie, maternité, paternité, accident) ;
  - Prendre la méthode des jours ouvrables moyens pour toutes les absences de congés payés (s'ils sont en ouvrables) ;
  - Prendre la méthode des jours ouvrés moyens pour toutes les absences de congés payés (s'ils sont en ouvrés), les JRTT, les jours fériés, les congés événements familiaux ;
  - Prendre la méthode des heures moyennes pour toutes les petites absences en heures (délégation, visite d'information et de prévention, formation) ;
- **Si l'absence n'est pas indemnisée** (ou seulement partiellement par l'employeur) ;
  - Prendre la **méthode du nombre des heures réelles** (retard, retenue entrée-sortie, grève, activité partielle, temps partiel thérapeutique, etc.).

Dès qu'un salarié travaille, il acquiert légalement un droit à congés payés :

- **2,5 jours ouvrables** (ou 2,08 jours ouvrés) **par mois de travail effectif.**
  - **Maximum 30 jours ouvrables / an** (ou 25 jours ouvrés / an) ;
  - **Un mois de travail effectif = 4 semaines** (ou 28 jours calendaires, ou 24 jours ouvrables, ou 20 jours ouvrés) ;
  - La notion de travail effectif est plus large que le temps réellement travaillé.
  - **La période d'acquisition des congés payés va du 1er juin d'une année au 31 mai de l'année suivante** (sauf si un accord prévoit une autre période telle que l'année civile, ou du 1er avril au 31 mars pour les employés du BTP par exemple) ;

La période de prise légale des congés payés est comprise entre le 1er mai et le 31 octobre :

- **Minimum : 12 jours ouvrables** (10 jours ouvrés) consécutifs ;
- **Maximum : 24 jours ouvrables** (20 jours ouvrés), sauf exceptions ;
- Un jour férié (hors dimanche) compris dans une période de prise de congés n'est pas décompté en tant que congé payé ;
  - Attention au samedi jour férié pour les salariés dont les congés payés sont en jours ouvrés (il peut leur permettre de décompter un jour de moins si ce samedi est compris dans une période où le salarié est en congés payés).

Si le salarié n'a pas pris les 4 semaines de congés payés (24 jours ouvrables ou 20 jours ouvrés) pendant la période de prise légale, les jours restants peuvent lui donner droit à :

- 2 jours supplémentaires, s'ils sont au moins égaux à 6 jours ouvrables (5 jours ouvrés) ;
- 1 jour supplémentaire, s'ils sont compris entre 3 et 5 jours ouvrables (2 et 4 jours ouvrés) ;
- Ces congés supplémentaires sont appelés : **les congés de fractionnement.**

Il y a 2 méthodes d'indemnisation des congés payés, et il faut prendre la méthode la plus avantageuse pour le salarié, soit :

- La **méthode du dixième** :
  - La valorisation d'un jour de congés payés pris = **rémunération totale brute perçue au cours de la période de référence / 10** / nombre de jours acquis total ;
    - La rémunération brute totale est la somme des salaires, des majorations (pour heures supplémentaires, travail de nuit, dimanche ou jours fériés), de l'indemnité de congés payés de l'année précédente, des commissions, des pourboires et des primes ou indemnités versées en fonction des résultats du salarié à condition qu'elles soient versées en contrepartie du travail du seul salarié, qu'elles ne présentent pas un caractère de remboursement de frais, ni rémunèrent un risque exceptionnel et qu'elles n'indemnisent pas déjà la période de congé.
  - S'il y a des jours supplémentaires, ne pas oublier de revaloriser la rémunération totale brute (x nombre de jours de l'entreprise / nombre de jours légaux) ;
- La **méthode du maintien** (paiement avec un montant identique à celui de l'absence) :
  - La valorisation d'un jour **ouvrable** de congés payés pris = **salaire / 26** ;
  - La valorisation d'un jour **ouvré** de congés payés pris = **salaire / 21,67.**

11. Exercices sur la régularisation mensuelle progressive

Hormis la maladie (qui se trouvera dans la troisième partie), nous avons vu les principales lignes composant le « Gros + ». Il est donc temps d'aborder la deuxième partie que constitue le « Gros - » : les cotisations.

D'une façon générale, les cotisations sont composées d'un libellé suivi d'une base, d'un taux et d'un montant (résultat de la multiplication de la base par le taux).

Commençons par nous intéresser à cette base appelée parfois l'assiette de cotisations.

L'assiette de cotisations

L'assiette peut être soit le gain total (on parlera de « salaire brut »), soit une partie du gain (on parlera alors de « tranche »).
On appelle « plancher » la limite inférieure d'une tranche. On appelle « plafond » la limite supérieure d'une tranche. Il est très important de bien faire la différence entre la notion de tranche et la notion de plafond : un plafond est une limite alors qu'une tranche est une partie du salaire délimitée par un plancher et un plafond. Ce plafond peut être celui de la Sécurité sociale, ou le salaire lui-même s'il est inférieur au plafond SS.

Les tranches

Ce sont des parties du salaire que l'on appelle communément tranche 1, tranche 2, tranche 3 (fictive). Nous allons maintenant définir chacune d'elles.

Le plancher de la tranche 1 est le premier euro, (voire même le premier centime). En pratique, nous prendrons zéro comme valeur. Le plafond de la tranche 1 correspond au plafond de la Sécurité sociale.
La valeur de la tranche 1 est donc au maximum égale au plafond de la Sécurité sociale moins le plancher qui est égal à zéro.

Le plancher de la tranche 2 correspond au plafond de la tranche 1 (+ 1 centime).
Le plafond de la tranche 2 est égal à huit fois le plafond de la tranche 1.
La tranche 2 a donc pour valeur maximale la différence entre ces deux limites : huit fois le plafond de la tranche 1 (ou le salaire brut s'il lui est inférieur) moins le plafond de la tranche 1, ce qui nous donne au maximum sept fois la valeur de la tranche 1.

La tranche 3 est fictive, car d'une part elle correspond à un niveau de salaire très élevé, et d'autre part il n'y a pas de cotisation assise spécifiquement sur cette tranche. Elle représente les sommes qui dépassent le montant maximum de la tranche 2 et qui échappent aux cotisations retraite.
Son plancher correspond au plafond de la tranche 2 (+ 1 centime). Il n'existe pas aujourd'hui de plafond à cette tranche. Sa valeur (fictive puisqu'il n'y a pas de cotisation assise sur sa base) serait donc la différence entre le niveau du salaire et le plafond de la tranche 2.

La valeur du plafond Sécurité sociale au 1er Janvier 2023 est de : 3.666 euros/mois.

La régularisation mensuelle progressive T1-T2

Comme les impôts qui se déterminent en fonction de ce qu'a perçu le contribuable durant l'année fiscale, même s'il a aujourd'hui le prélèvement à la source tous les mois, les droits à la retraite du régime général se calculent en fonction du salaire brut perçu chaque année par l'assuré social. Ces droits seront déterminés en fonction des « 25 meilleures années » de l'assuré social. Les « 25 meilleures années » seront les plus hauts bruts annuels limités par les plafonds annuels respectifs de la Sécurité sociale. Si nous utilisons le plafond mensuel (dans la plupart des cas) pour établir les paies chaque mois, le véritable plafond qui sera utilisé pour le calcul de la pension vieillesse est quant à lui annuel. Même si le calcul des retraites complémentaires et supplémentaires (système de points) ou de l'assurance chômage est aujourd'hui différent, la détermination des différentes tranches (1, A, 2, B) est néanmoins basée sur le même principe. Le gestionnaire de paie doit régulariser tous les mois et de façon progressive les tranches de cotisations afin d'avoir au 31 décembre les bases correctes des différentes cotisations.

C'est pourquoi **le principe de la régularisation mensuelle progressive des cotisations est de calculer les tranches**, non pas en fonction de ce que gagne le salarié chaque mois, mais **sur la masse des salaires gagnés depuis le début de l'année**. Son principe est de travailler sur les cumuls uniquement. Il ne faut donc plus comparer le brut du mois par rapport au plafond du mois mais comparer le brut cumulé par rapport au plafond cumulé.

Quand on pratique cette régularisation, on doit se poser chaque mois la question suivante : **est-ce que le brut cumulé est supérieur au plafond cumulé de la Sécurité sociale ?**

- Si la réponse est oui, alors la tranche 1 cumulée est égale au plafond cumulé, et la tranche 2 cumulée est égale à la différence entre le brut cumulé et le plafond cumulé.
- Si la réponse est non, alors la tranche 1 cumulée est égale au brut cumulé, et la tranche 2 cumulée est égale à zéro.

Ensuite seulement, on détermine la tranche 1 du mois qui est toujours égale à la différence entre la tranche 1 cumulée de ce mois et la tranche 1 cumulée du mois précédent.

De même, la tranche 2 du mois est toujours égale à la différence entre la tranche 2 cumulée de ce mois et la tranche 2 cumulée du mois précédent. C'est ainsi que parfois la tranche 2 du mois peut être négative. En effet, si le mois précédent le salarié avait une tranche 2 cumulée élevée et que ce mois ayant moins gagné il a une tranche 2 cumulée moins élevé, il faut bien lui rembourser ce qu'il a cotisé en trop.

Exercice 37 (Niveau 1)

Remplir le tableau de Régularisation Mensuelle Progressive avec les bruts mensuels indiqués.

Plafond 2023 : **3 666**

Le brut cumulé est-il > ou < au plafond cumulé ?

Mois	Brut du mois	Brut cumulé	Tranche 1 cumulée	Tranche 1 du mois	>/<	Plafond SS cumulé	Tranche 2 cumulée	Tranche 2 du mois
Janvier	**3 600**							
Février	**3 600**							
Mars	**3 600**							
Avril	**3 600**							
Mai	**3 600**							
Juin	**3 600**							
Juillet	**4 000**							
Août	**3 600**							
Septembre	**3 600**							
Octobre	**3 600**							
Novembre	**3 600**							
Décembre	**4 000**							

Le brut cumulé doit sur chaque ligne être égal à la somme Tranche 1 cumulée + Tranche 2 cumulée

Le brut du mois doit sur chaque ligne être égal à la somme Tranche 1 du mois + Tranche 2 du mois

Exercice 38 (Niveau 1)

Remplir le tableau de Régularisation Mensuelle Progressive avec les bruts mensuels indiqués.

Plafond 2023 : 3 666

Le brut cumulé est-il > ou < au plafond cumulé ?

Mois	Brut du mois	Brut cumulé	Tranche 1 cumulée	Tranche 1 du mois	>/<	Plafond SS cumulé	Tranche 2 cumulée	Tranche 2 du mois
Janvier	**3 700**	**3 700**	**3 666**	3 666	>	**3 666**	**34**	34
Février	**3 700**	**7 400**	**7 332**	3 666	>	**7 332**	**68**	34
Mars	**3 700**	**11 100**	**10 998**	3 666	>	**10 998**	**102**	34
Avril	**3 600**	**14 700**	**14 664**	3 666	>	**14 664**	**36**	**-66**
Mai	**3 600**	**18 300**	**18 300**	3 636	<	**18 330**		**-36**
Juin	**3 600**	**21 900**	**21 900**	3 600	<	**21 996**		0
Juillet	**3 600**	**25 500**	**25 500**	3 600	<	**25 662**		0
Août	**3 700**	**29 200**	**29 200**	3 700	<	**29 328**		0
Septembre	**3 700**	**32 900**	**32 900**	3 700	<	**32 994**		0
Octobre	**3 700**	**36 600**	**36 600**	3 700	<	**36 660**		0
Novembre	**3 700**	**40 300**	**40 300**	3 700	<	**40 326**		0
Décembre	**3 700**	**44 000**	**43 992**	3 692	>	**43 992**	**8**	8

Le brut cumulé doit sur chaque ligne être égal à la somme Tranche 1 cumulée + Tranche 2 cumulée

Le brut du mois doit sur chaque ligne être égal à la somme Tranche 1 du mois + Tranche 2 du mois

Exercice 39 (Niveau 1)

Remplir le tableau de Régularisation Mensuelle Progressive avec les bruts mensuels indiqués.

Plafond 2023 : **3 666**

Le brut cumulé est-il > ou < au plafond cumulé ?

Mois	Brut du mois	Brut cumulé	Tranche 1 cumulée	Tranche 1 du mois	>/<	Plafond SS cumulé	Tranche 2 cumulée	Tranche 2 du mois
Janvier	3 712							
Février	3 606							
Mars	3 502							
Avril	3 806							
Mai	3 746							
Juin	3 698							
Juillet	3 604							
Août	3 660							
Septembre	3 700							
Octobre	3 650							
Novembre	3 656							
Décembre	4 000							

Le brut cumulé doit sur chaque ligne être égal à la somme Tranche 1 cumulée + Tranche 2 cumulée

Le brut du mois doit sur chaque ligne être égal à la somme Tranche 1 du mois + Tranche 2 du mois

Les cas de réductions du plafond SS

Il existe **six** cas de **réductions de plafond SS**, mais les règles ont changé depuis le 1er janvier 2018 (décret n° 2017-858 du 9 mai 2017, paru au J.O. le 10 mai 2017, textes 37 et 45). L'AGIRC et l'ARRCO se sont alignés sur les mêmes principes par la circulaire n° 2017-9 DRJ du 27 octobre 2017.

1) Cas des absences non rémunérées qui ne donne pas lieu à maintien, en tout ou partie, du salaire par l'employeur ou par un tiers

a) Avant le 1er janvier 2018

Les absences non rémunérées ne donnaient lieu à réduction du plafond mensuel SS que dans la mesure où elles couvraient une période comprise entre deux échéances habituelles de paie.

Si le salarié était payé au mois et qu'il bénéficiait d'un congé sans solde d'un mois compris entre deux échéances de paie, le plafond annuel était réduit du plafond mensuel correspondant. Toutes les autres absences non rémunérées, plus courtes que la période de paie qui couvraient donc une période de travail rémunérée et plusieurs périodes d'absences non rémunérées, ne donnaient pas lieu à réduction de plafond.

Par exemple, le salarié qui s'absentait 35 jours, du lundi 11 septembre au dimanche 15 octobre 2017, n'avait aucune réduction de plafond ! En revanche, le salarié qui s'absentait également 35 jours, mais du lundi 31 juillet au dimanche 3 septembre 2017 n'avait pas de plafond en août !

b) Depuis le 1er janvier 2018

Les absences non rémunérées donnent à présent lieu à réduction de plafond sans exiger que ces absences couvrent l'intégralité de la période de paie.
Le plafond du mois comprenant une absence non payée est donc égal à :

$$\frac{\text{Plafond S.S.} \times (\text{nombre de jours calendaires du mois} - \text{nombre de jours calendaires d'absence})}{\text{Nombre de jours calendaires du mois}}$$

Par exemple, pour un salarié ayant 2 jours de congés sans solde en janvier 2023, son plafond SS est de : 3.666 € *(le plafond de la Sécurité Sociale en 2023)* × 29 *(31 jours calendaires de janvier – 2 jours d'absences non rémunérées)* / 31 *(les 31 jours calendaires de janvier)* = 3.429,48 €.

2) Cas des entrées et sorties en cours de mois

a) Avant le 1er janvier 2018

Pour la Sécurité sociale, et par souci de simplification, tous les mois avaient 30 jours calendaires (principe du trentième de plafond). Il y avait donc deux principes fondamentaux pour le calcul du plafond mensuel :

- en cas de présence du salarié dans l'entreprise l'intégralité du mois, le plafond était entier (30 trentièmes), quel que soit le mois ;
- en cas de mois incomplet, le plafond avait autant de trentièmes que de jours calendaires de présence du salarié dans l'entreprise dans le mois considéré (dans la limite maximale de 30 selon le principe du 30ème).

Exemple : Si un salarié était embauché le lundi 27 mars 2017 et que son contrat se terminait le vendredi 19 mai 2017, le plafond à prendre en compte se calculait de la manière suivante :

- du 27 au 31 mars : 5 trentièmes de 3.269 euros (le 27 = 1, le 28 = 1, le 29 = 1, le 30 = 1, le 31 = 1) ;
- au mois d'avril : 30 trentièmes de 3.269 euros ;
- du 1er au 19 mai : 19 trentièmes de 3.269 euros.

Total : 54 trentièmes de 3.269 euros, soit : 5.884,20 euros.

b) Depuis le 1er janvier 2018

Il faut maintenant appliquer le même principe que pour les absences non rémunérées, le plafond d'un salarié qui entre ou sort de l'entreprise au cours d'un mois est donc égal à :

$$\frac{\text{Plafond S.S.} \times (\text{nombre de jours calendaires du mois} - \text{nombre de jours calendaires d'absence})}{\text{Nombre de jours calendaires du mois}}$$

Exemple : Si un salarié est embauché le lundi 27 mars 2023 et que son contrat se termine le vendredi 26 mai 2023, le plafond à prendre en compte se calcule désormais de la manière suivante :

- du 27 au 31 mars : 5 / 31èmes de 3.666 euros (le 27 = 1, le 28 = 1, le 29 = 1, le 30 = 1, le 31 = 1) ;
- au mois d'avril : 30 / 30èmes de 3.666 euros ;
- du 1er au 26 mai : 26 / 31èmes de 3.666 euros.

Total : (3.666 × 5 / 31) + 3.666 + (3.666 × 26 / 31) = 591,29 + 3.666,00 + 3.074,71 = 7.332,00 €.

3) Cas des salariés à temps partiel

Cette réduction de plafond ne se pratique que pour les salariés à temps partiel qui ont déjà été définis précédemment, uniquement dans la mesure où leur salaire calculé à temps plein est supérieur au plafond de la Sécurité sociale non seulement sur un mois donné mais également sur l'année entière.

a) Avant le 1er janvier 2018

La formule appliquée était la suivante :

$$\text{Plafond réduit} = \frac{\text{Salaire à temps partiel} \times \text{Plafond S.S}}{\text{Salaire à temps plein reconstitué}}$$

Le salaire à temps plein reconstitué était le salaire que le salarié à temps partiel aurait perçu s'il avait travaillé à temps plein [Salaire à temps plein = salaire à temps partiel × durée du travail à temps plein / nombre d'heures rémunérées (C. Séc. Soc. Art. R. 242-7 en vigueur jusqu'au 31/12/2017)].

Exemple : Un salarié à temps plein gagnait 5 250 euros pour 35 heures en 2017.
S'il passait à temps partiel à 3 600 euros pour 24 heures.
Le calcul de son plafond réduit était :

$$\frac{3.600\,€ \times 3.269\,€}{5.250\,€} = 2.241{,}60\,€$$

b) Depuis le 1er janvier 2018

La formule à appliquer dorénavant est la suivante :

$$\text{Plafond réduit} = \frac{\text{Plafond SS} \times (\text{Nombre d'heures contractuelles} + \text{Nombre d'heures complémentaires})}{\text{Horaire légal (ou conventionnel)}}$$

Attention : l'application de cette formule ne peut pas conduire à ce que le plafond réduit soit supérieur au plafond mensuel en vigueur (3.666 € en 2023) (C. Séc. Soc. Art. R. 242-2 modifié, II. §1). De plus, **cet abattement ne peut pas être utilisé pour un salarié en convention de forfait jours sur l'année !** Depuis le 1er janvier 2022, pour les salariés en forfait jours, il y a un nouvel abattement prévu (voir le point 6 suivant).

Exemple : Un salarié à temps plein gagne 5.250 euros pour 35 heures en 2023.
S'il passe à temps partiel à 3.600 euros pour 24 heures, soit 104 heures mensuellement (24 × 52 / 12).
Le calcul de son plafond réduit est :

$$\frac{3.666\text{ €} \times 104\text{ h}}{151{,}67\text{ h}} = 2.513{,}77\text{ €}$$

3bis) Cas des salariés à employeurs multiples

Selon le Code de la Sécurité sociale, les salariés à employeurs multiples sont des salariés qui travaillent régulièrement et simultanément pour plusieurs employeurs. La part incombant à chaque employeur est déterminée au prorata des rémunérations que chacun a versé dans la limite du plafond.

Exemple : Si un salarié est employé dans trois entreprises : A, B et C. et que ses rémunérations sont respectivement :

- Pour A : 1.000 euros
- Pour B : 1.200 euros
- Pour C : 1.800 euros

Total : 4.000 euros

Son gain est donc très nettement supérieur au plafond Sécurité sociale. Pour les cotisations dont l'assiette est limitée à ce plafond, si chaque employeur le fait cotiser sur les sommes réellement perçues, il cotiserait au total sur 4.000 euros et non pas sur la valeur du plafond actuel, ce qui n'est intéressant ni pour les employeurs, ni pour le salarié.

1ère option : Calcul du plafond réduit chez chaque employeur

$$\text{Employeur A : } \frac{1.000 \times 3.666}{4.000} = 916{,}50 \text{ euros}$$

$$\text{Employeur B : } \frac{1.200 \times 3.666}{4.000} = 1.099{,}80 \text{ euros}$$

$$\text{Employeur C : } \frac{1.800 \times 3.666}{4.000} = 1.649{,}70 \text{ euros}$$

916,50 + 1.099,80 + 1.649,70 = 3.666 euros (ce qui est bien la valeur du plafond mensuel de la Sécurité sociale du 1er janvier 2023 au 31 décembre 2023).

2ème option : Calcul du plafond comme si le salarié à employeurs multiples était un salarié à temps partiel

Cette option évite au salarié de communiquer les rémunérations versées par les autres employeurs et on revient à la formule de réduction de plafond applicable pour les salariés à temps partiel.

4) *Cas des périodes d'activité partielle indemnisée (anciennement « chômage partiel indemnisé »), réduction d'activité en cas d'intempérie*

a) Avant le 1er janvier 2018

Ce cas n'existait pas. En effet, les périodes de chômage partiel étaient généralement indemnisées (pour partie par l'Etat et pour partie par l'employeur) et n'entrainaient donc logiquement pas de réduction de plafond.

b) Depuis le 1er janvier 2018

Il faut maintenant appliquer le même principe que pour les absences non rémunérées, le plafond d'un salarié en activité partielle au cours d'un mois est donc égal à :

$$\frac{\text{Plafond S.S.} \times (\text{nombre de jours calendaires du mois} - \text{nombre de jours d'activité partielle})}{\text{Nombre de jours calendaires du mois}}$$

Exemple : Si un salarié est en activité partielle du 18 janvier 2023 à midi jusqu'au 31 janvier, le plafond SS sera : 3.666 € × (31 – 13) / 31 = 2.128,65 €.

Attention : les absences inférieures à la journée (demi-journée d'activité partielle) ne donnent pas lieu à réduction de plafond.

5) *Cas des congés payés dont le paiement est assuré par une caisse de compensation*

Raisonnement identique au cas des entrées-sorties. On raisonnait avant le 1er janvier 2018 en trentièmes de plafond, il faut maintenant appliquer le principe des jours calendaires réels.

6) *Cas des forfaits annuels en jours*

a) Avant le 1er janvier 2022

Ce cas n'existait pas. En effet, en cas de forfait annuel en jours inférieur à 218 jours, il n'y avait pas de réduction de plafond. Ce qui posait problème pour des salariés en forfait annuel jours prenant par exemple un congé parental d'éducation à temps partiel ; soit ces salariés n'avaient pas de réduction de plafond, soit l'entreprise changeait temporairement leurs forfaits en les passant mensuels « classiques » ou forfaits mensuels en heures afin de leur faire bénéficier de la réduction de plafond (quitte à rechanger leurs forfaits à la fin du congé parental d'éducation).

b) Depuis le 1er janvier 2022

Le paragraphe 830 du Bulletin Officiel de la Sécurité Sociale (BOSS) indique que depuis le 1er janvier 2022, le plafond des salariés en forfait jours « réduits » (inférieur à 218 jours) peut être proratisé comme pour les salariés à temps partiels. La formule applicable est alors la suivante :

$$\frac{\text{Plafond S.S.} \times (\text{Durée du forfait en jours})}{\text{218 jours}}$$

Exemple : Si un salarié a un forfait annuel fixé à 210 jours, le plafond SS sera : 3.666 € × 210 / 218 = 3.531,47 €.

Exercice 40 (Niveau 2)

1. Un CDI, 35 heures par semaine, devant percevoir 2.300 € de salaire mensuel, entre dans une entreprise le lundi 6 mars 2023. Quels sont son brut et son plafond SS de ce mois de mars 2023 ?

Calcul du brut	**Calcul du plafond**

2. Un CDI, 35 h/semaine, percevant 3.600 € de salaire quitte l'entreprise le 17 février 2023. Quels sont son brut et son plafond SS pour février 2023 si les 6, 7, et 8 février 2023 sont en absence non rémunérée ?

Calcul du brut	**Calcul du plafond**

3. Un CDD, temps partiel à 25 h/semaine (5 h/jour), entre dans une entreprise le 6 mars 2023 pour un salaire de 2.070 €. Quels sont son brut et son plafond SS de ce mois de mars 2023, s'il a effectué 2 heures complémentaires lors de sa première semaine et 1 heure complémentaire lors de sa seconde semaine ?

Calcul du brut	Calcul du plafond

4. Un CDI, employeurs multiples, entre dans une entreprise le lundi 3 juillet 2023. Il perçoit 1.000 € pour 12 heures hebdomadaires. Ses autres emplois lui rapportent 2.000 € pour 23 heures hebdomadaires. Quels sont son brut et son plafond SS de ce mois de juillet 2023 dans cette entreprise ?

Calcul du brut	Calcul du plafond

Exercice 41 (Niveau 2)

Nous reprenons l'énoncé de l'exercice 33 dans lequel un salarié, suite à sa démission, quittait l'entreprise le vendredi 8 décembre 2023 au soir.
Son salaire de base (pour 151,67 h, 7 heures du lundi au vendredi, constant toute l'année 2023) était de 2.800 €.
Sa prime d'ancienneté (de 11 %, inchangée depuis le 1er juin 2022) était de 308 €.
Avec la paie de juin, il a eu droit à une prime de vacances (au « prorata temporis ») de 1.554 €.
Avec la paie de décembre, il a aussi eu droit à un 13ème mois (calculé sur le salaire + prime d'ancienneté au « prorata temporis », un mois complet de présence = 30 trentièmes et un mois incomplet de présence = 0 trentième, l'année complète valant 360 trentièmes).
Les résultats de l'exercice 33 pour les indemnités compensatrices de Congés Payés étaient d'un montant global de 2.748,10 €.
Maintenant que nous avons vu la proratisation du salaire et du plafond avec l'exercice précédent, il est temps de vérifier si ce salarié était ou pas en tranche 2 au moment de son départ.

Voici le tableau à remplir pour déterminer l'éventuelle tranche 2 de décembre :

Le brut cumulé est-il <ou> au plafond cumulé ?
⇩

Mois	Brut du mois	Brut Cumulé	>/<	Plafond Cumulé	Tranche 1 Cumulée	Tranche 1 du mois	Tranche 2 Cumulée	Tranche2 du mois
Janvier								
Février								
Mars								
Avril								
Mai								
Juin								
Juillet								
Août								
Septembre								
Octobre								
Novembre								
Décembre								

Le Brut Cumulé doit sur chaque ligne être égal à la somme Tranche 1 Cumulée + Tranche 2 Cumulée

Le Brut du mois doit sur chaque ligne être égal à la somme : Tranche 1 du mois + Tranche 2 du mois

Exercice 42 (Niveau 3)

Ce salarié non cadre perçoit **3.500,00 €** un salaire pour 151,67 heures par mois.
Nous sommes en l'année **2023** où le plafond du 1er Janvier au 31 Décembre est de **3.666 €**
Déterminer en régularisation progressive sa tranche 1 et sa tranche 2.

Le brut cumulé est-il <ou> au plafond cumulé ? ⇩

Mois	Brut du mois	**Brut Cumulé**	**>/ <**	**Plafond Cumulé**	**Tranche 1 Cumulée**	Tranche 1 du mois	**Tranche 2 Cumulée**	Tranche2 du mois
Janvier **: Temps plein**	3 500,00							
Février **: Il prend des congés sans solde à partir du 6**								
Mars **: Toujours en congés sans solde**								
Avril **: Il revient le 3 et demande un temps partiel**								
Mai **: Le temps partiel est accepté à 60%**	2 100,00							
Juin **: Prime vacances = 1000 € (même montant tous salariés)**								
Juillet **: Congés Payés de 3 semaines (au maintien)**								
Août : 10 heures complémentaires (10%)								
Septembre **: Prime de rentrée (1000 € pour un temps plein)**								
Octobre **: Il prend 1 semaine de convenance personnelle**								
Novembre **: Il effectue 6 H.C. et pose démission pour le 8 Déc.**								
Décembre **: + 1200 € ind. CP et + 800 € 13è mois**								

Le Brut Cumulé doit sur chaque ligne être égal à la somme Tr. 1 Cumulée + Tr. 2 Cumulée

Le Brut du mois doit sur chaque ligne être égal à la somme : Tr. 1 du mois + Tr. 2 du mois

Quelques précisions : Les congés sans solde sont une absence autorisée non payée.
Quand le salarié revient le lundi 3 avril, il fait une demande de temps partiel (60 %, mais 5 jours travaillés), qui sera acceptée au 1er mai.
En juin, l'entreprise donne une prime de vacances de 1.000 € (dont le montant est identique à tout le personnel, même à temps partiel).
En juillet, les congés payés sont au maintien de salaire.
En août, le salarié effectue 10 heures complémentaires (majorées à 10 %).
En septembre, la prime de rentrée scolaire est proratisée en fonction du temps de travail.
La convenance personnelle d'une semaine (5 jours ouvrés) est également une absence autorisée non payée mais généralement plus courte que les congés sans solde.
Enfin en novembre, notre salarié pose sa démission pour le vendredi 8 décembre et effectue 6 heures complémentaires.
En décembre, sur son solde de tout compte, le salarié recevra en plus de son salaire proratisé pour cause de départ en cours de mois, d'une part une indemnité compensatrice congés payés d'un montant de 1.200 € et d'autre part un treizième mois d'un montant de 800 € (tous deux déjà calculés au prorata).

Autres régularisations mensuelles progressives

Depuis le 1er janvier 2019

Afin de procéder à une régularisation mensuelle progressive complète, il nous faut prendre en compte des notions supplémentaires par rapport aux régularisations précédentes.
Depuis le 1er janvier 2019, les caisses de retraite AGIRC et ARRCO ont fusionné. De ce fait, il n'existe plus comme auparavant de plafond C, ni de tranche C [qui était égale à la différence entre le plafond B (égal à 4 fois le plafond SS) et le plafond C (égal à 8 fois le plafond SS)].

Pour faire la régularisation mensuelle progressive complète, il faut donc se poser une question supplémentaire (et initiale par rapport à celle que nous avons vue plus haut et qui était : « Est-ce que le brut cumulé est supérieur au plafond cumulé de la Sécurité sociale ? »). Cette question est : « Est-ce que le brut cumulé est supérieur au plafond 2 cumulé de la caisse de retraite unifiée ? »

1. Si la réponse est oui, alors la tranche 1 cumulée est égale au plafond 1 cumulé, la tranche 2 cumulée est égale à la différence entre le plafond 2 cumulé et le plafond 1 cumulé, et il y a donc maintenant une tranche non soumise à cotisations de retraite complémentaire qui, cumulée, est égale à la différence entre le brut cumulé et le plafond 2 cumulé.
2. Si la réponse est non, alors la tranche non soumise cumulée est égale à zéro et on se repose la question précédente (est-ce que le brut cumulé est supérieur au plafond cumulé de la Sécurité sociale ?) pour connaître les valeurs des tranches 1 et 2 cumulées.

Comme vu précédemment, on détermine seulement après la tranche non soumise du mois qui est toujours égale à la différence entre la tranche non soumise cumulée de ce mois et la tranche non soumise cumulée du mois précédent. La tranche non soumise du mois peut, elle aussi, être négative dans le cas où le salarié avait gagné beaucoup jusqu'à présent et qu'il gagne moins ce mois.

Exercice 43 (Niveau 2)

Remplir le tableau de Régularisation Mensuelle Progressive complète avec les bruts mensuels indiqués.

Plafond 2023 : 3 666

Le brut cumulé est-il > ou < au plafond cumulé ?

Le brut cumulé est-il > ou < au plafond 2 cumulé ?

Mois	Brut du mois	Brut cumulé	Tranche 1 cumulée	Tranche 1 du mois	>/<	Plafond SS cumulé	Tranche 2 cumulée	Tranche 2 du mois	>/<	Plafond SS x 8 cumulé	Tranche Non Soum. cumulée	Tranche Non Soumise du mois
Janvier	29 000											
Février	29 000											
Mars	29 000											
Avril	30 000											
Mai	30 000											
Juin	31 000											
Juillet	29 000											
Août	29 000											
Septembre	29 000											
Octobre	28 000											
Novembre	30 000											
Décembre	30 000											

Le brut cumulé doit sur chaque ligne être égal à la somme Tranche 1 cumulée + Tranche 2 cumulée + Tranche Non Soumise cumulée

Le brut du mois doit sur chaque ligne être égal à la somme Tranche 1 du mois + Tranche 2 du mois + Tranche Non Soumise du mois

Régularisations mensuelles progressives en fonction du taux de cotisations

Les taux de cotisations variables selon la rémunération du salarié pour l'Assurance Maladie, Maternité, Invalidité, Décès (depuis le 1er janvier 2019) et pour les Allocations Familiales (depuis le 1er janvier 2015) impliquent de réaliser également une sorte de régularisation mensuelle progressive d'un nouveau genre.

1ère solution

L'assurance Maladie

Pour les cotisations Assurance Maladie, si la rémunération brute est inférieure à 2,5 SMIC, la cotisation a un taux de 7 %. Mais si elle est supérieure à 2,5 SMIC, le taux passe à 13 %. La rémunération en question est bien sûr la rémunération brute annuelle ! Ce qui signifie, par exemple, que si en janvier la rémunération brute était inférieure à 2,5 SMIC (taux de 7 %) mais qu'en cumulée, elle passe en février au-dessus de 2,5 SMIC, le taux à appliquer devient 13 % sur la rémunération cumulée janvier + février et qu'il faut rembourser les cotisations de janvier appliquées sur la rémunération brute au taux de 7 %.
À l'inverse, si la rémunération brute de janvier était supérieure à 2,5 SMIC, le taux était de 13 %. Mais si la rémunération brute cumulée (janvier + février) descend en février au-dessous de 2,5 SMIC, le taux à appliquer devient 7 % sur la base des rémunérations cumulées de janvier + février et qu'il faut rembourser les cotisations de janvier appliquées sur la rémunération brute au taux de 13 %.

Les Allocations Familiales

Pour les cotisations Allocations Familiales, si la rémunération brute est inférieure à 3,5 SMIC, la cotisation a un taux de 3,45 %. Mais si elle est supérieure à 3,5 SMIC le taux passe à 5,25 %. La rémunération à prendre en considération est, comme pour l'Assurance Maladie, **la rémunération brute annuelle** ! Ce qui signifie, par exemple, que si en janvier la rémunération était inférieure à 3,5 SMIC (taux de 3,45 %) mais qu'en cumulée, elle passe en février au-dessus de 3,5 SMIC, le taux à appliquer devient 5,25 % sur la rémunération cumulée janvier + février et qu'il faut rembourser les cotisations de janvier appliquées sur la rémunération brute au taux de 3,45 %.
À l'inverse, si la rémunération brute de janvier était supérieure à 3,5 SMIC, le taux était de 5,25 %. Mais si la rémunération brute cumulée (janvier + février) descend en février au-dessous de 3,5 SMIC, le taux à appliquer devient 3,45 % sur la base des rémunérations cumulées de janvier + février et qu'il faut rembourser les cotisations de janvier appliquées sur la rémunération brute au taux de 5,25 %.

2ème solution

L'assurance Maladie

Pour les cotisations Assurance Maladie, il faut déclencher une première ligne « fixe » au taux de 7 % quelle que soit la rémunération brute annuelle du salarié. Cette première ligne est suivie éventuellement d'une deuxième ligne au taux de 6 % qui, soit complètera la première si la rémunération brute annuelle du salarié est supérieure à 2,5 SMIC, soit régularisera la première si la rémunération brute annuelle du salarié est inférieure à 2,5 SMIC.

Les Allocations Familiales

Pour les cotisations Allocations Familiales, il faut déclencher une première ligne « fixe » au taux de 3,45 % quelle que soit la rémunération brute annuelle du salarié. Cette première ligne est suivie éventuellement d'une deuxième ligne au taux de 1,8 % qui, soit complètera la première si la rémunération brute annuelle du salarié est supérieure à 3,5 SMIC, soit régularisera la première si la rémunération brute annuelle du salarié est inférieure à 3,5 SMIC.

Les deux solutions se valent et les entreprises appliquent indifféremment soit la méthode des deux taux (7 % et 13 % pour l'Assurance Maladie, ainsi que 3,45 % et 5,25 % pour les Allocations Familiales) soit la méthode de la ligne « fixe » à 7 % pour l'AM et 3,45 % pour les AF que complète (ou pas) la ligne à 6 % pour l'AM et 1,8 % pour les AF.

Exercice 44 (Niveau 2)

Avec la 1ère solution remplir le tableau de Régul. Ass. Maladie et Alloc. Fam. avec les bruts mensuels indiqués.

SMIC 2023 : 1 709,28 €

Le brut cumulé est-il < ou > à 3,5 SMIC cumulé ?

Le brut cumulé est-il < ou > à 2,5 SMIC cumulé ?

Mois	Brut du mois	Brut Cumulé	Maladie 7% Cumulée	Maladie 7% du mois	>/<	Maladie 13% Cumulée	Maladie 13% du mois	Montant 2,5 SMIC Cumulé	A.F. 3,45% Cumulée	A.F. 3,45% du mois	>/<	A.F. 5,25% Cumulée	A.F. 5,25% du mois	Montant 3,5 SMIC Cumulé
Janvier	4 000 €	4 000 €						4 273,20 €						5 982,48 €
Février	8 000 €	12 000 €						8 546,40 €						11 964,96 €
Mars	3 000 €	15 000 €						12 819,60 €						17 947,44 €
Avril	3 000 €	18 000 €						17 092,80 €						23 929,92 €
Mai	3 000 €	21 000 €						21 366,00 €						29 912,40 €
Juin	3 000 €	24 000 €						25 639,20 €						35 894,88 €
Juillet	3 000 €	27 000 €						29 912,40 €						41 877,36 €
Août	3 000 €	30 000 €						34 185,60 €						47 859,84 €
Septembre	24 000 €	54 000 €						38 458,80 €						53 842,32 €
Octobre	3 000 €	57 000 €						42 732,00 €						59 824,80 €
Novembre	3 000 €	60 000 €						47 005,20 €						65 807,28 €
Décembre	3 000 €	63 000 €						51 278,40 €						71 789,76 €

Exercice 44 bis (Niveau 2)

Avec la 2ème solution remplir le tableau de Régul. Ass. Maladie et Alloc. Fam. avec les bruts mensuels indiqués.

SMIC 2023 : 1 709,28 €

			Le brut cumulé est-il < ou > à 3,5 SMIC cumulé ?											
			Le brut cumulé est-il < ou > à 2,5 SMIC cumulé ?											
Mois	Brut du mois	Brut Cumulé	Maladie 7% Cumulée	Maladie 7% du mois	>/<	Maladie 6% Cumulée	Maladie 6% du mois	Montant 2,5 SMIC Cumulé	A.F. 3,45% Cumulée	A.F. 3,45% du mois	>/<	A.F. 1,8% Cumulée	A.F. 1,8% du mois	Montant 3,5 SMIC Cumulé
Janvier	4 000 €	4 000 €						4 273,20 €						5 982,48 €
Février	8 000 €	12 000 €						8 546,40 €						11 964,96 €
Mars	3 000 €	15 000 €						12 819,60 €						17 947,44 €
Avril	3 000 €	18 000 €						17 092,80 €						23 929,92 €
Mai	3 000 €	21 000 €						21 366,00 €						29 912,40 €
Juin	3 000 €	24 000 €						25 639,20 €						35 894,88 €
Juillet	3 000 €	27 000 €						29 912,40 €						41 877,36 €
Août	3 000 €	30 000 €						34 185,60 €						47 859,84 €
Septembre	24 000 €	54 000 €						38 458,80 €						53 842,32 €
Octobre	3 000 €	57 000 €						42 732,00 €						59 824,80 €
Novembre	3 000 €	60 000 €						47 005,20 €						65 807,28 €
Décembre	3 000 €	63 000 €						51 278,40 €						71 789,76 €

Tableau des charges sociales sur les salaires pour 2023

Pour l'historique, les détails, les raisons d'être, les contreparties des charges, voir le livre « La Paie, ça s'apprend ».

Charges sociales sur salaires — Année 2023		Précisions	Taux (en %) Salarié	Employeur	Total	Assiette mensuelle Tranche	En Euros
Sécurité Sociale	Mal., Mat., Inv., Déc. (Hors Alsace-Mos.)		0	7,00	7,00	Brut	
		Rémunération > 2,5 SMIC	0	6,00	6,00	Brut	
	Mal., Mat., Inv., Déc. (Alsace-Moselle)		*1,50*	*7,00*	*8,50*	*Brut*	
		Rémunération > 2,5 SMIC	*1,50*	*6,00*	*7,50*	*Brut*	
	Contribution Solidarité Autonomie		0	0,30	0,30	Brut	
	Accidents du travail		0	variable	variable	Brut	
	Allocations familiales		0	3,45	3,45	Brut	
		Rémunération > 3,5 SMIC	0	1,80	1,80	Brut	
	Vieillesse	Plafonnée	6,90	8,55	15,45	A	De 0 à 3 666 €
		Déplafonnée	0,40	1,90	2,30	Brut	
	Fonds National d'Aide au Logement	Effectif < 50 salariés	0	0,10	0,10	A	De 0 à 3 666 €
		Effectif ≥ 50 salariés	0	0,50	0,50	Brut	
	Forfait Social	Effectif ≥ 11 salariés	0	8,00	8,00	Mt des cotis. patr. des Prévoyances	
	Contribution au Dialogue Social		0	0,016	0,016	Brut	
	Versement Mobilité	Effectif ≥ 11 salariés	0	variable	variable	Brut	
	Taxe d'apprentissage	Tous départements sauf	0	0,68	0,68	Brut	
		Alsace-Moselle	*0*	*0,44*	*0,44*	*Brut*	
	Participation à la Formation	Effectif < 11 salariés	0	0,55	0,55	Brut	
		Effectif ≥ 11 salariés	0	1,00	1,00	Brut	
		Supplément si C.D.D.	0	1,00	1,00	Brut CDD	
	Contribution Sociale Généralisée	Déductible du Net Fiscal	6,80	0	6,80	(Brut x 98,25% dans la limite de 14 664 € + brut x 100% au-delà de 14 664 €) + montants des cotisations patronales des prévoyances	
	Contribution Sociale Généralisée	Non déductible du Net Fiscal	2,40	0	2,40		
	Contrib. au Remb. de la Dette Sociale	Non déductible du Net Fiscal	0,50	0	0,50		
Chômage	Régime Assurance Chômage		0	4,05	4,05	A+B	De 0 à 14 664 €
	Association Garantie des Salaires		0	0,15	0,15	A+B	De 0 à 14 664 €
Retraite Complémentaire	**Retraite complémentaire unifiée** — Retraite Complémentaire	Tranche 1	3,15	4,72	7,87	1	De 0 à 3 666 €
		Tranche 2	8,64	12,95	21,59	2	De 3 666 à 29 328 €
	Contribution d'Equilibre Général (CEG)	Tranche 1	0,86	1,29	2,15	1	De 0 à 3 666 €
		Tranche 2	1,08	1,62	2,70	2	De 3 666 à 29 328 €
	Contribution d'Equilibre Technique (CET)	Rémunération < plaf. SS	0,00	0,00	0,00		
		Rémunération ≥ plaf. SS	0,14	0,21	0,35	1 + 2	De 0 à 29 328 €
	Association Pour l'Emploi des Cadres	(si salarié cadre)	0,024	0,036	0,060	A+B	De 0 à 14 664 €
	Prévoyance décès des cadres	(Minimum obligatoire)	0	1,50	1,50	A	De 0 à 3 666 €
Taxes Diverses	Participation à la construction	Effectif ≥ 50 salariés	0	0,45	0,45	Brut	
						Assiette annuelle	
	Taxe sur les salaires pour les employeurs non assujettis à la T.V.A.		0	4,25	4,25	De 0 à 8 572 €	
			0	8,50	8,50	De 8 572 à 17 113 €	
			0	13,60	13,60	Au-delà de 17 113 €	
	Prévoyance Frais de Santé	Obligatoire depuis 01/2016	variable	variable	variable	Dépend de l'accord	

		Salarié	Employeur	Total
Total des charges sociales	Total / Tranche 1	20,840%	39,506%	60,346%
	Total / Tranche 2	19,814%	47,262%	67,076%

12. Forme des bulletins de paie

Depuis le 1er janvier 2017, dans une entreprise dont l'effectif est supérieur à 300 salariés, il faut appliquer le nouvel article R. 3241-1, soit une nouvelle forme de bulletin de paie, appelé « Bulletin de paie simplifié » ou encore « Bulletin de paie clarifié ». Depuis le 1er janvier 2018, ce bulletin de paie « simplifié » est applicable également dans les entreprises de moins de 300 salariés. Autrement dit, il est applicable dans toutes les entreprises. Il a été modifié le 25 mars 2020 pour tenir compte de l'activité partielle (voir le 16e point). Voici le texte de cet article :

Article R.3243-1 (Modifié par Décret n° 2020-325 du 25 mars 2020 - art. 1).
Le bulletin de paie prévu à l'article L. 3243-2 comporte :

1. Le nom et l'adresse de l'employeur ainsi que, le cas échéant, la désignation de l'établissement dont dépend le salarié ;

2. Le numéro de la nomenclature d'activité mentionnée au 1 de l'article R. 123-223 du code de commerce caractérisant l'activité de l'établissement d'emploi (*dénommé « code de l'activité principale exercée », code APE avant le 1er janvier 1993 et nommé « code des nomenclatures des activités françaises », code NAF depuis cette date*), ainsi que, pour les employeurs inscrits au répertoire national des entreprises et des établissements, le numéro d'inscription de l'employeur au répertoire national mentionné à l'article R. 123-220 du même code ;

3. S'il y a lieu, l'intitulé de la convention collective de branche applicable au salarié ou, à défaut, la référence au code du travail pour les dispositions relatives à la durée des congés payés du salarié et à la durée des délais de préavis en cas de cessation de la relation de travail ;

4. Le nom et l'emploi du salarié ainsi que sa position dans la classification conventionnelle qui lui est applicable. La position du salarié est notamment définie par le niveau ou le coefficient hiérarchique qui lui est attribué ;

5. La période et le nombre d'heures de travail auxquels se rapporte le salaire en distinguant, s'il y a lieu, les heures payées au taux normal et celles qui comportent une majoration pour heures supplémentaires ou pour toute autre cause et en mentionnant le ou les taux appliqués aux heures correspondantes :
   - a) La nature et le volume du forfait auquel se rapporte le salaire des salariés dont la rémunération est déterminée sur la base d'un forfait hebdomadaire ou mensuel en heures, d'un forfait annuel en heures ou en jours ;
   - b) L'indication de la nature de la base de calcul du salaire lorsque, par exception, cette base de calcul n'est pas la durée du travail ;

6. La nature et le montant des accessoires de salaire soumis aux cotisations salariales et patronales ;

7. Le montant de la rémunération brute du salarié ;

8. a) Le montant et l'assiette des cotisations et contributions d'origine légale et conventionnelle à la charge de l'employeur et du salarié avant déduction des exonérations et exemptions mentionnées au 12° ainsi que, pour les cotisations et contributions d'origine légale et conventionnelle à la charge du salarié, leurs taux ;
   - b) La nature et le montant des versements et retenues autres que celles mentionnées au a effectués sur la période, notamment au titre de la prise en charge des frais de transport public ou de frais de transports personnels ;

9. L'assiette, le taux et le montant de la retenue à la source prévue au 1° du 2 de l'article 204 A du code général des impôts ainsi que la somme qui aurait été versée au salarié en l'absence de retenue à la source ;

10. Le montant de la somme effectivement reçue par le salarié ;

11. La date de paiement de cette somme ;

12. Les dates de congé et le montant de l'indemnité correspondante, lorsqu'une période de congé annuel est comprise dans la période de paie considérée ;

13. Le montant total des exonérations et exemptions de cotisations et contributions sociales qui figurent dans l'annexe mentionnée au 5° du III de l'article LO 111-4 du code de la sécurité sociale, appliquées à la rémunération mentionnée au 7° ;
14. Le montant total versé par l'employeur, c'est-à-dire la somme de la rémunération mentionnée au 7° et des cotisations et contributions à la charge de l'employeur mentionnées au a du 8°, déduction faite des exonérations et exemptions des mêmes cotisations et contributions mentionnées au 13° ;
15. La mention de la rubrique dédiée au bulletin de paie sur le portail www. service-public.fr ;
16. En cas d'activité partielle :
a. Le nombre d'heures indemnisées ;
b. Le taux appliqué pour le calcul de l'indemnité mentionnée à l'article R. 5122-18 ;
c. Les sommes versées au salarié au titre de la période considérée.

NOTA : Conformément à l'article 2 du décret n° 2020-325 du 25 mars 2020 :
I. - Les dispositions du présent décret s'appliquent aux demandes d'indemnisation adressées ou renouvelées à l'Agence de services et de paiement en application de l'article R. 5122-5 du code du travail à compter de la date d'entrée en vigueur du présent décret, au titre du placement en position d'activité partielle de salariés depuis le 1er mars 2020.
II. - Par dérogation au I, pendant une période de douze mois à compter de l'entrée en vigueur du présent décret, les employeurs peuvent continuer d'appliquer les dispositions de l'article R. 5122-17 du même code, dans leur réaction antérieure au présent décret, en lieu et place des dispositions du 16° de l'article R. 3243-1 du même code.
III. - Jusqu'au 31 décembre 2020, le délai mentionné aux premier et troisième alinéas de l'article R. 5122-4 du code du travail au terme duquel le silence vaut acceptation implicite de la demande préalable d'autorisation d'activité partielle est ramené à deux jours.

L'**article R. 3243-2** (créé par décret n° 2008-244 du 7 mars 2008 – art. V et Modifié par décret n° 2017-858 du 9 mai 2017 - art. 10) précise les modalités de regroupement des cotisations :
Les informations mentionnées aux a) du 8°, 9°, 13° et 14° de l'article R. 3243-1 sont libellées et ordonnées ainsi que, pour les éléments à la charge de l'employeur, regroupées conformément à un modèle défini par arrêté des ministres chargés de la sécurité sociale et du travail.
La contribution mentionnée à l'article L. 136-3 du code de la sécurité sociale et la contribution prévue à l'article 14 de l'ordonnance n° 96-50 du 24 janvier 1996 relative au remboursement de la dette sociale sont agrégées. Les contributions autres que les contributions sociales mentionnées au a) du 8° sont également agrégées dans une seule rubrique, qui donne le montant total de cette contribution.

Puis, nous avons eu l'arrêté du 25 février 2016 qui donnait un modèle de regroupement des cotisations et contributions sans distinction de tranches et sans mention d'aucun taux ni salarial, ni patronal ! Le 13 mai 2018, retour en arrière toute : les bases et les taux de cotisations refaisaient leurs apparitions !
Bref, depuis le 1er janvier 2019, les cotisations sociales doivent désormais apparaître ainsi :

SANTE
- Sécurité Sociale (cotisation patronale maladie, maternité, invalidité, décès)
- Incapacité, Invalidité, Capital Décès (toutes les lignes concernant la prévoyance décès)
- Complément santé (toutes les lignes concernant la prévoyance frais de santé)

ACCIDENT DU TRAVAIL, MALADIE PROFESSIONNELLE (la cotisation patronale acc. trav.)

RETRAITE
- Sécurité Sociale (Vieillesse Plafonnée sur la tranche A)
- Sécurité Sociale (Vieillesse Déplafonnée sur le brut)
- Complémentaire (AGIRC-ARRCO et CEG sur la tranche 1)
- Complémentaire (AGIRC-ARRCO et CEG sur la tranche 2)
- Contribution d'Equilibre Technique (sur la tranche 1 + 2)
- Supplémentaire (éventuelles cotisations de retraite supplémentaire)

FAMILLE (Allocations Familiales)

CHÔMAGE
- Chômage (cotisation du régime Assurance Chômage + l'AGS)
- APEC (si le salarié est cadre (sur la tranche A + B))

AUTRES CONTRIBUTIONS DUES PAR L'EMPLOYEUR
Cette rubrique agrège les contributions dues uniquement par l'employeur, notamment le versement mobilité, le F.N.A.L., la contribution solidarité autonomie, la taxe d'apprentissage, la participation à la construction, la participation à la Formation, la contribution patronale au Dialogue Social et le forfait social.

CSG NON IMPOSABLE (la CSG à 6,80 % reste seule sur cette ligne)

CSG et CRDS IMPOSABLES (regrouper la CSG à 2,40 % et la CRDS à 0,50 %)

REDUCTION GENERALE DES CHARGES PATRONALES (il est possible de cumuler la réduction générale des cotisations patronales (que de nombreuses personnes persistent à appeler toujours Allègement Fillon) avec les divers allègements possibles : allocations familiales, ZRR, zone franche, etc...)

EXONERATION COTISATIONS SALARIALES sur les Heures Supplémentaires

Depuis le 1er janvier 2019, le bulletin de paie doit également mentionner de nouvelles informations :

a – Art. R.3243-1 9) du Code du travail modifié : « *L'assiette, le taux et le montant de la retenue à la source prévue au 1° du 2 de l'article 204 A du code général des impôts ainsi que la somme qui aurait été versée au salarié en l'absence de retenue à la source.* ».
« *Pour la composition de la mention "Net à payer avant impôt sur le revenu" et de la valeur correspondant à cette mention, il est utilisé un corps de caractère dont le nombre de points est au moins égal à une fois et demi le nombre de points du corps de caractère utilisé pour la composition des intitulés des autres lignes.* ».

Il est à noter que malgré ce dernier paragraphe, la plupart des logiciels de paie utilisent la même police de caractère pour le *Net à payer avant impôt* que pour les autres lignes. Sans doute, soit parce que c'est matériellement impossible ou soit parce que ce serait faire croire au salarié qu'il perçoit cette somme alors que la somme réelle serait imprimée en plus petit.

b – L'arrêté du 9 mai 2018 fixe une « nouvelle » mention obligatoire : « *dont évolution de la rémunération liée à la suppression des cotisations chômage et maladie* » dont le montant est égal à la différence entre les réductions de cotisations salariales et l'augmentation de CSG, soit la différence entre :
1. d'une part, la somme des montants correspondant aux exonérations de cotisations salariales en vigueur depuis le 1er janvier 2018, soit :

- la part de la contribution salariale d'assurance chômage prise en charge par l'Acoss. On rappelle que, pour l'année 2018, cette prise en charge s'élève à 1,45 % au titre des périodes courant entre le 1er janvier et le 30 septembre et 2,40 % au titre des périodes courant à compter du 1er octobre ;
- et la cotisation d'assurance maladie, maternité, invalidité et décès (0,75 %) qui aurait été mise à la charge du salarié, calculée en application des règles et taux applicables au 31 décembre 2017.

2. d'autre part, le montant correspondant à l'augmentation de la CSG appliquée depuis la même date, égal à l'application d'un taux de 1,7 % à l'assiette de cette contribution.

Exemple : Si un salarié perçoit aujourd'hui une rémunération mensuelle égale à 2.500 €.
Et si l'assiette de la CSG s'élève à 2.506,25 €, soit (2.500 × 98,25 %) + 50 € (exemple de montant de la contribution patronale de prévoyance frais de santé). L'augmentation de la CSG depuis le 1er janvier 2018 s'élève donc à (2.506,25 × 1,7 %) **42,61 €.**
Cette augmentation est alors compensée par la baisse des cotisations maladie (2.500 × 0,75 % = 18,75 €) et chômage (2.500 × 2,40 % = 60 €), soit **78,75 €.**
La valeur inscrite sur le bulletin doit donc être (78,75 € – 42,61 €) **36,14 €.**

Il est à noter que dans l'augmentation des cotisations, il n'est nullement tenu compte des augmentations des cotisations retraite (3,10 % devenu 3,15 % sur T1, 8,10 % devenu 8,84 % sur T2), ni de l'ancienne AGFF rebaptisée CEG (passant de 0,80 % à 0,86 % sur T1 et de 0,90 % à 1,08 % sur T2), ni de la nouvelle CET (pour les salaires supérieurs au plafond, 0,14 %), ni des augmentations des cotisations prévoyances Frais de Santé et Invalidité Décès que la suppression de la cotisation maladie, maternité, invalidité et décès a entrainé, ce qui fausse raisonnablement la valeur obtenue.

Enfin, l'arrêté du 23 décembre 2021 (publié sous le n° 0303 au Journal Officiel le 30 décembre 2021) modifie l'arrêté du 25 février 2016 lié à la présentation « simplifié du bulletin de paie. Il crée de nouvelles mentions obligatoires sur le bulletin de salaire et adapte en conséquence sa présentation, la rendant plus complète mais sans doute moins simple.

La principale nouveauté est l'obligation de mentionner sur le bulletin de paye le **salaire net imposable du mois** mais également, **son cumul annuel** (montant final reporté sur la déclaration d'impôt sur le revenu). En pratique, cela ne change rien car ces mentions sont en général déjà présentes sur les bulletins de salaire ne serait-ce que pour permettre le calcul de la retenue à la source, bien que l'assiette de calcul de cette retenue ne corresponde pas toujours au salaire net imposable.

Une autre mention apparait : « **le montant net (imposable) des heures complémentaires / supplémentaires exonérées** » d'impôt sur le revenu (5 000 € net imposable maximum). Là aussi, cette mention existe déjà souvent sur les bulletins et permet de calculer la rémunération nette imposable.

Au titre de la **retenue à la source**, doit désormais être mentionnée, outre la retenue du mois, son **cumul annuel.**

D'autres mentions sont quelque peu modifiées sur la forme : « **net à payer avant l'impôt sur le revenu** » et « **net à payer** », ces informations n'étant plus soumises à une taille de police obligatoire mais devant apparaître de façon lisible.

Enfin, une dernière ligne éclot : les « **exonérations écrêtements et allégements de cotisations** » qui se substitue à la ligne « exonérations de cotisations employeur ». Cette ligne comprend comme avant une part patronale mais, et c'est surtout là la nouveauté, désormais une **part salariale**. Cependant aucune précision n'a été donnée à ce jour pour ce que recouvrera cette ligne dans les faits.

Le prélèvement à la source

Il n'a échappé à personne que la grande nouveauté du 1er janvier 2019 était le prélèvement à la source.
En effet, jusqu'au 31 décembre 2018, l'impôt sur le revenu était calculé sur les revenus de l'année précédente et payé par les assujettis à leur centre des impôts l'année suivante.
Le principe du prélèvement à la source (PAS) est que l'impôt est prélevé directement par l'employeur au moment où le revenu est perçu. Ainsi, le décalage d'une année dans la perception de l'impôt est supprimé.
Pour que cette perception se fasse au plus juste, le taux de prélèvement a été communiqué aux contribuables et à leurs employeurs dans le courant du mois de septembre précédant l'année du PAS. Ce taux a été calculé à partir de la déclaration de revenus (établie au printemps de l'année précédente). Ce taux est appliqué à vos revenus de janvier à août et est révisé à partir de septembre en fonction de la nouvelle déclaration du printemps de l'année en cours.
Ce taux ne tient pas compte des éventuels crédits d'impôt ou réductions diverses. Ce n'est que lors des régularisations de septembre qu'il en est tenu compte. Par exception, les crédits d'impôt pour frais de garde des jeunes enfants, emploi à domicile, frais d'hébergement en Ephad, dons aux œuvres, cotisations syndicales et investissement locatif seront remboursés par anticipation dès janvier à hauteur de 60 % et le solde en juillet.

Le taux de prélèvement

Le taux de prélèvement varie de 0 % pour un revenu mensuel ne dépassant pas 1.518 € (2023) et 43 % pour un revenu mensuel supérieur à 51.6117 € (2023). Mais, dans le détail, il y en a trois de prévus :

1. Le taux de prélèvement personnalisé non individualisé.

C'est le taux du couple (marié ou pacsé) établi en fonction des revenus déclarés en commun lors de la déclaration printanière.

2. Le taux de prélèvement personnalisé individualisé.

Le couple (marié ou pacsé) peut opter pour l'application d'un taux individualisé sur leurs revenus personnels. Le conjoint moins fortuné profitera alors d'une baisse du taux applicable sur ses revenus quand le plus fortuné subira à l'inverse une hausse du prélèvement sur les siens. Au 31 décembre, le couple aura payé le même montant d'impôt que s'il avait choisi le taux non individualisé mais chacun aura contribué en fonction de ses revenus personnels. Le choix de cette option auprès de l'administration fiscale est possible à tout instant de l'année mais elle ne pourra être effective dans un délai allant jusqu'à 3 mois suivant la demande.

3. Le taux de prélèvement « neutre » (ou « par défaut » ou non personnalisé)

Si le salarié ne souhaite pas que son employeur connaisse son taux de prélèvement réel, il peut opter pour un taux « neutre ». Celui-ci sera déterminé pour chaque conjoint d'après son seul salaire et sans tenir compte des autres revenus du foyer ou de son quotient familial, comme un célibataire ayant le même salaire.

Tableau du taux neutre pour le Prélèvement à la Source

Base mensuelle de prélèvement	Taux
< 1 518 €	0%
De 1 518 € à 1 577 €	0,5%
De 1 577 € à 1 678 €	1,3%
De 1 678 € à 1 791 €	2,1%
De 1 791 € à 1 914 €	2,9%
De 1 914 € à 2 016 €	3,5%
De 2 016 € à 2 150 €	4,1%
De 2 150 € à 2 544 €	5,3%
De 2 544 € à 2 912 €	7,5%
De 2 912 € à 3 317 €	9,9%
De 3 317 € à 3 734 €	11,9%
De 3 734 € à 4 357 €	13,8%
De 4 357 € à 5 224 €	15,8%
De 5 224 € à 6 537 €	17,9%
De 6 537 € à 8 165 €	20,0%
De 8 165 € à 11 333 €	24,0%
De 11 333 € à 15 349 €	28,0%
De 15 349 € à 24 094 €	33,0%
De 24 094 € à 51 611 €	38,0%
> 51 611 €	43,0%

L'intérêt de ce choix est limité car il ne tient pas compte des charges déductibles, crédits ou réductions d'impôt. Le salarié risque de faire une avance de trésorerie à l'administration fiscale. De plus, s'il a d'autres sources de revenus que son salaire, il devra payer directement chaque mois le complément d'impôt.

Cas particuliers

1. Entrée ou sortie en cours de mois

Les limites mensuelles des tranches ne sont **pas proratisées**, même si la période rémunérée est inférieure à un mois.

2. Les contrats courts

CGI art. 204H III, 1, d, al. 2 : Pour les CDD et contrats d'intérim conclus pour une durée inférieure ou égale à deux mois (ou CDD et contrats d'intérim à terme imprécis mais assortis d'une durée minimale inférieure ou égale à deux mois) et lorsque l'employeur est contraint d'appliquer un taux neutre (absence de taux de PAS en cours de validité pour le salarié concerné), il doit appliquer à l'assiette du PAS un **abattement égal à 50 % du montant net imposable du SMIC** (624 € en 2019, 631 € en 2020, 637 € en 2021, 657 € en 2022 et **701 € en 2023**).

3. Les apprentis et stagiaires

Les apprentis et stagiaires ont leurs salaires et indemnités de stage **exonérés d'impôt sur le revenu dans la limite du SMIC annuel brut** (18.254,64 € en 2019, 18.473 € en 2020, 18.760 € en 2021, 19.237 € en 2022 et **20.511 € en 2023).**

4. Les IJSS subrogées

En cas de subrogation dans le paiement des IJSS (c'est-à-dire lorsque l'employeur verse lui-même les indemnités journalières pour le compte des organismes de sécurité sociale ou de la mutualité sociale agricole, et dès lors que l'employeur ignore si les indemnités journalières maladie qu'il verse sont liées à une affection de longue durée ou à une maladie ordinaire), l'employeur doit soumettre au PAS :

- le montant imposable des **IJSS maladie non professionnelle** (montant brut – 3,8 % de CSG déductible), **dans la limite d'une durée de** 2 mois (**60 jours**) à compter du 1er jour de l'arrêt de travail ;
- le montant imposable des **IJSS maternité/paternité/adoption** (montant brut – 3,8 % de CSG déductible), **sans limitation de durée** ;
- le montant imposable des **IJSS accident du travail/maladie professionnelle** (50 % du montant brut – 3,8 % de CSG déductible), **sans limitation de durée.**

En revanche, la part de la rémunération correspondant au maintien du salaire, qui ne bénéficie d'aucune exonération d'impôt sur le revenu, est soumise en totalité à la retenue à la source et ce y compris au-delà du délai de deux mois.

5. Arrêt pour maladie non professionnelle pendant les congés payés

Si l'entreprise n'applique pas la décision de la Cour de Justice de l'Union Européenne en cas de maladie non professionnelle pendant les congés (à savoir que la maladie interrompt la période de congés payés, puisque selon la CJUE les congés payés sont un droit inaliénable) en laissant le salarié percevoir lui-même les IJSS versées à l'occasion de sa maladie (pas de possibilité de subrogation faute de maintien de salaire, puisque l'employeur verse déjà l'indemnité de congés payés), **la durée de 2 mois se décompte néanmoins dès le premier jour d'arrêt de travail, bien que ces IJSS ne soient pas subrogées.**

Exemple : un salarié est en congés payés du 17 juillet au 14 août 2023 et a un arrêt de travail pour maladie non professionnelle le 24 juillet 2023. La période de 2 mois (60 jours après le 1er jour d'arrêt de travail) prendra fin le 21 septembre 2023 et les IJSS subrogées versées après cette date ne seront plus soumises au PAS.

13. Exercices sur la réduction générale des charges

Maintenant qu'on sait sur quelles bases et à quels taux les cotisations, contributions et taxes sont calculées, il nous reste à voir un des différents dispositifs d'exonérations, de réductions ou encore d'allègements des charges patronales.
« Mais pourquoi y a-t-il des réductions de charges ? » vous demandez-vous. Comme vous l'avez constaté sur le tableau des cotisations, les employeurs paient au moins 40 % de charges patronales directes. Si on ajoute une mutuelle par-ci et une prévoyance par-là, les charges atteignent facilement 50 %. Autrement dit, pour qu'un salarié ait 1.500 € nets dans sa poche, il faut un brut de 2.000 € et ça coûte 3.000 € à l'entreprise. À peu d'euros près, le double du net à payer ! Pour les gouvernements successifs depuis le début des années quatre-vingt-dix, le poids des charges est un frein à l'embauche. Donc, pour que les entreprises engagent de nouveaux salariés, plusieurs systèmes de réduction de charges patronales ont été créés selon les différentes visions politiques. Après les réductions « Bérégovoy » (1992), « Balladur » (1994), « Juppé 1 » (1995), « De Robien » (1996), « Juppé 2 » (1997), « Aubry 1 » (1998), et « Aubry 2 » (2000), il ne subsiste plus que la réduction « Fillon » (2003) devenue la Réduction Générale des Charges Patronales depuis le 1er janvier 2018.

La réduction générale des charges patronales (Ex « Allègement Fillon »)

Ne bénéficient de cette réduction que les salariés qui gagnent moins de 1,6 fois le SMIC annuel. Pourquoi 1,6 SMIC ? Parce que cette somme correspond plus ou moins au salaire brut médian en France (environ 32.800 € annuels) et que le Premier ministre de l'époque souhaitait en faire bénéficier un salarié sur deux. Donc si le salarié perçoit plus que 1,6 SMIC, il n'y a pas de réduction des charges. Si, en revanche, il est payé au SMIC, la réduction est de 552,27 € par mois (en 2023). Entre ces deux extrêmes, la formule que nous allons détailler ci-après vous permettra de calculer le montant exact de la réduction.

Le montant de la réduction générale des charges patronales est calculé pour chaque salarié. Il peut être cumulé, le cas échéant, avec d'autres mesures d'exonération, dans la limite du montant des cotisations patronales de Sécurité sociale dues pour l'emploi du salarié.

Le montant de la réduction est obtenu en multipliant la rémunération annuelle brute du salarié par un coefficient déterminé par une formule de calcul. Celle-ci intègre la rémunération annuelle brute (heures supplémentaires ou complémentaires incluses) et le nombre annuel d'heures travaillées (1.820 + les HS ou HC) × SMIC horaire. Le coefficient est décroissant en fonction de la rémunération. La formule de calcul du coefficient est la suivante :

$$\text{Coefficient} = \left(\frac{T}{0,6}\right) \times \left[\left(1,6 \times \frac{\text{Nombre annuel d'heures travaillées x SMIC horaire}}{\text{Rémunération annuelle brute}}\right) - 1\right]$$

Depuis le 1er janvier 2019, « T » est égal au taux « réel » des cotisations patronales dues à l'URSSAF et aux cotisations de retraite, et depuis le 1er octobre 2019 à l'assurance chômage.
Au 1er janvier 2023, T est égal au cumul des taux : **7,00 %** (assurance maladie) + **10,45 %** (assurance vieillesse plafonnée et déplafonnée) + **3,45 %** (allocations familiales) + **0,10 % ou 0,50 %** (FNAL en fonction de la taille de l'entreprise) + **0,30 %** (contribution solidarité autonomie) + **0,55 %** (accident du travail) + **6,01 %** (4,72 % de retraite + 1,29 % de CEG) + **4,05 %** (assurance chômage).
Donc, T = 0,3191 pour les entreprises de moins 50 salariés et **T = 0,3231 pour les entreprises de 50 salariés et plus.**

Le coefficient est arrondi à quatre décimales, au millième le plus proche. Si le résultat obtenu est supérieur à 0,3231 (ou 0,3191 pour les entreprises de moins de 50 salariés), il est pris en compte pour une valeur égale à 0,3231 (ou 0,3191). S'il est égal ou inférieur à zéro, la rémunération brute annuelle n'ouvre pas droit à réduction. Le montant annuel de réduction obtenu est arrondi au centime d'euros le plus proche.

Enfin, cette réduction générale des charges est depuis le 1er janvier 2019 comptablement divisée en deux réductions générales : en 2023, cela donne une réduction pour l'URSSAF et le Pôle Emploi (avec un taux de 0,2630) et une réduction pour la Retraite Complémentaire (avec un taux de 0,0601).

La référence au SMIC

Le montant annuel du SMIC à prendre en compte est le SMIC calculé sur la base de la durée légale du travail, soit 1.820 fois le SMIC horaire (151,667 × 12). Ce montant est corrigé dans différentes situations (temps partiel, absence non rémunérée ou partiellement rémunérée…). Pour déterminer le SMIC annuel à prendre en compte, il faut donc, dans tous les cas, commencer par établir le SMIC base 1.820 heures. Ensuite, selon la situation du salarié, on utilisera ce montant entier ou proratisé.

Pour l'année 2023, le SMIC annuel pourrait être de : 11,27 € × 1.820 heures = 20.511,40 €.

Nous écrivons « pourrait » car il est probable que le SMIC soit revalorisé en cours de cette année 2023 en raison d''une inflation supérieure à 2 % en cours d'année. Dans ces cas, le SMIC annuel serait :
[SMIC (11,27 €) × 151,667 × Nombre de mois avant changement de valeur] +
[SMIC (nouvelle valeur) × 151,667 × Nombre de mois avec cette nouvelle valeur]

Situations dans lesquelles le SMIC base 1.820 heures est proratisé

- Contrat de travail à temps partiel :
  SMIC annuel à prendre en compte : SMIC 1.820 heures × durée contractuelle / durée légale

- Durée collective du travail inférieure à la durée légale
  SMIC annuel à prendre en compte : SMIC 1.820 heures × durée collective / durée légale

- Embauche ou départ en cours d'année
  SMIC annuel à prendre en compte : SMIC 1.820 heures × nombre d'heures payées / 1.820

- Absence non rémunérée
  SMIC annuel à prendre en compte : SMIC 1.820 heures × nombre d'heures payées / 1.820

- Absence partiellement rémunérée
  SMIC annuel à prendre en compte : SMIC 1.820 heures × rém. brute annuelle / rém. brute théorique

La rémunération à prendre en compte est la **rémunération annuelle brute soumise à cotisations de Sécurité sociale** et versée au salarié au cours de l'année civile considérée. Selon les règles de l'article L.242-1 du Code de la Sécurité sociale, la rémunération annuelle brute est l'ensemble des éléments de rémunération, en espèces ou en nature, attribués en contrepartie ou à l'occasion du travail, quelle que soit sa dénomination (salaire, prime, gratification, indemnités, notamment de congés payés ou en cas de maladie…).

En cas d'abattement supplémentaire pour frais professionnels, c'est la rémunération après abattement qui est retenue pour le calcul de la réduction. Mais les sommes représentant les frais professionnels au sens de l'arrêté du 20 décembre 2002, c'est-à-dire les sommes versées aux salariés pour couvrir des charges de caractère spécial inhérentes à la fonction à l'emploi, ne sont pas prises en compte dans la rémunération.
Les allocations versées aux salariés poursuivant une activité à temps plein dans le cadre de conventions d'allocations temporaires dégressives ou à temps partiel dans le cadre de conventions de préretraite progressive, d'aide au passage à temps partiel, ou en cas d'activité partielle, ne sont pas prises en compte dans le calcul de la réduction.
Depuis le 1er janvier 2012, **les heures supplémentaires et complémentaires sont réintroduites dans le brut** servant au diviseur de la formule, **et le mode de calcul du SMIC annuel tient maintenant compte du nombre d'heures supplémentaires et complémentaires réellement effectuées.**

Les salariés relevant du bâtiment, travaux publics (BTP) avant 2021

Comme nous venons de le voir plus haut, la réduction générale des charges se calcule sur la base d'une formule mathématique appliquée sur la rémunération brute annuelle de chaque employé.

Or, dans le BTP, cette rémunération ne comprend pas les indemnités de congés payés (ICP), versées par les caisses de congés dans la grande majorité des cas. Pour corriger ce problème et mettre les entreprises du BTP dans une situation identique à celle des autres branches professionnelles, il y avait jusqu'au 31 décembre 2014 une majoration de 10 % du montant de la réduction Fillon calculé sur la base de la rémunération brute annuelle, hors ICP.

Puis, depuis le 1er janvier 2015, cette majoration a été annulée. La spécificité des entreprises du BTP était prise en compte par l'application en leur faveur d'une formule de calcul spéciale pour cette réduction générale des charges patronales qui devenait égale à la rémunération annuelle brute soumise à cotisations du salarié multipliée par un coefficient. Ce coefficient était obtenu grâce à la formule mathématique suivante :
C = (T / 0,6) × [(1,6 × Smic annuel / rémunération annuelle brute) -1] × 100 / 90 (résultat arrondi à quatre décimales, comme pour les autres entreprises).

Exemple : un salarié perçoit 2.800 € brut par mois avec une déduction spécifique de 10 %
Selon le calcul vu précédemment et les chiffres et taux 2023, la réduction générale des charges aurait dû être de : (2.800 – 10 %) × (0.3231 / 0,6) × [{(1.709,28 × 1,6) / 2.520} – 1] × 100 / 90 = 127,68 €

Les salariés relevant du bâtiment, travaux publics (BTP) depuis le 1er janvier 2021

La nouveauté 2021 concernant la réduction générale des charges étant qu'elle ne se calcule plus sur le brut abattu (10 % pour le BTP) mais sur le salaire réel, pour notre exemple précédent, il n'y a plus de réduction générale des charges car son brut mensuel (2.800 €) dépasse 1,6 SMIC mensuel (2.734,85 € en 2023).

Enfin, pour le montant de la **Réduction générale des charges** il faut contrôler que le montant calculé en tenant compte de la déduction forfaitaire spécifique est bien plafonné à 130 % du montant calculé si l'entreprise n'applique pas la déduction forfaitaire spécifique.

En résumé, nous vous proposons le modèle de bulletin paie suivant pour réaliser les exercices :

Libellé des Rubriques	Base	Taux	Montant	Commentaires	
Salaire					
Total Brut					
Cotisations	Base	Salariales		Patronales	
		Taux	Montant	Taux	Montant
Santé					
Sécurité Sociale (Mal, Mat, Inv, Déc.)					
Sécurité Sociale (Mal, Mat, Inv, Déc.) (>2,5 SMIC)					
Incapacité, Invalidité, Capital Décès (Prév. Décès)					
Complémentaire Santé (Prév. Frais de Santé)					
Accident du Travail - Maladie Prof.					
Retraite					
Sécurité Sociale (Vieillesse Plafonnée / TA)					
Sécurité Sociale (Vieillesse Déplafonnée / Brut)					
Complémentaire (AGIRC-ARRCO + CEG /T1)					
Complémentaire (AGIRC-ARRCO + CEG /T2)					
Contribution d'Equilibre Technique (CET T1+T2)					
Famille					
Famille (> 3,5 SMIC)					
Assurance Chômage					
Chômage (Chômage + AGS / TA+TB)					
APEC (Salarié Cadre TA+TB)					
Autres Contributions dues par l'employeur					
C.S.G. Non Imposable					
Exos, écrêtements & allègements de cotisations					
Exonération cotisations salariales / Heures Sup.					
Total des cotisations et contributions					
Net imposable du mois				Cumul An.	
RETENUES ET REMBOURSEMENTS DIVERS					
C.S.G. & C.R.D.S. Imposables					
Total des Retenues et Remboursements					
Net à payer avant prélèvement à la source du mois				Cumul An.	
dont évolution de la rémunération liée à la suppression des cotisations salariales chômage et maladie					
Prélèvement à la source du mois				Cumul An.	
			Net A Payer	Date de paiement	
			Total versé par l'employeur	Allègement de cotisations	

Ce que nous avons rajouté entre parenthèses dans les libellés est pour vous aider à la réalisation des exercices mais est rarement indiqué sur un « vrai » bulletin. Nous avons séparé volontairement la CSG Non imposable de la CSG Imposable afin que le Net fiscal soit plus facilement calculé (quoique, mais nous verrons plus tard). Pour les mêmes raisons, nous avons séparé la T1 et la T2 du cumul retraite + CEG, alors que vos logiciels les agrègent peut-être. Il y a bien sûr d'autres lignes sur un « vrai » bulletin : le mode de paiement, le cumul des heures travaillées, le nombre de jours de droit à congés payés, le nombre de jours pris, le nombre de jours restant (parfois même des 2 périodes, en cours et écoulée), le nombre de jours de RTT, le nombre d'heures de Contrepartie en Repos, et bien sûr en bas de bulletin, la mention incitative à conserver le bulletin sans limitation de durée et la nouvelle mention « *Pour la définition des termes employés, se reporter au site internet www.service-public.fr rubrique cotisations sociales* ».

Exercice 45 (Niveau 1)

Quel est le montant de la réduction générale des charges patronales du mois de février 2023 pour un salarié embauché **le mercredi 1er février 2023 en C.D.I. à temps complet** (151,67 heures) dans une entreprise de 100 salariés, toujours présent en fin de mois et qui a un **brut de 2.000 € ?**

Exercice 46 (Niveau 2)

Exercice sur 3 mois consécutifs.

Un salarié est embauché le 2 janvier 2023 dans une entreprise de 100 salariés pour un **salaire de base de 2.200 €** à temps plein (151,67 heures). Il n'a ni absence (le 1er janvier lui est « offert »), ni heures supplémentaires.

1. **Quel est le montant de la réduction générale des charges patronales de janvier 2023 ?**

2. **Quel est le montant de la réduction générale des charges patronales de février 2023 alors qu'il a 8 H.S. majorées à 25 % et 4 H.S. majorées à 50 % ?**

3. **Quel est le montant de la réduction générale des charges patronales de mars 2023, alors qu'il a une prime trimestrielle d'assiduité de 200 € et une prime sur objectif de 400 € ?**

14. Exercices sur bulletins simples

Exercice 47 (Niveau 1)

Ce salarié non cadre est employé en CDI depuis le 1er janvier 2022 à temps plein dans une grande entreprise parisienne (effectif de 150 salariés, **taux de versement mobilité parisien de 2,95 %**) pour un **salaire de base de 2.500 €** brut pour 151,67 heures par mois. Sa rémunération n'a pas varié depuis son entrée. **Le taux d'accident du travail** pour cette entreprise est de **2,50 %. Le montant des cotisations prévoyance « Frais de santé » est** de **100 €** (50 % pour le **salarié** et 50 % pour **l'employeur**). L'entreprise bénéficie d'une couverture **prévoyance incapacité, invalidité, décès** dont les taux sont de **1 %** pour le **salarié** et de **2 %** pour l'**employeur** sur la **tranche A**. Son taux de prélèvement à la source est le taux neutre.

Établir son bulletin de paie d'avril 2023 à l'aide des taux de cotisations du tableau des charges.

Libellé des Rubriques	Base	Taux	Montant	Commentaires	
Salaire					
Total Brut					
Cotisations	Base	Salariales		Patronales	
		Taux	Montant	Taux	Montant
Santé					
Sécurité Sociale (Mal, Mat, Inv, Décès)					
Sécurité Sociale (Mal, Mat, Inv, Décès) (>2,5 Smic)					
Incapacité, Invalidité, Capital Décès (Prév. Décès)					
Complémentaire Santé (Prév. Frais de Santé)					
Accident du Travail - Maladie Prof.					
Retraite					
Sécurité Sociale (Vieillesse Plafonnée)					
Sécurité Sociale (Vieillesse Déplafonnée)					
Complémentaire (AGIRC-ARRCO + CEG /T1)					
Complémentaire (AGIRC-ARRCO + CEG /T2)					
Contribution d'Equilibre Technique (CET T1+T2)					
Famille					
Famille (>3,5 Smic)					
Assurance Chômage					
Chômage (Chômage + AGS / TA+TB)					
APEC (Salarié Cadre TA+TB)					
Autres Contributions dues par l'employeur					
C.S.G. Non Imposable					
Exos, écrêtements & allègements de cotisations					
Total des cotisations et contributions					
Net imposable du mois				Cumul An. :	
RETENUES ET REMBOURSEMENTS DIVERS					
C.S.G. & C.R.D.S. Imposables					
Total des Retenues et Remboursements					
Net à payer avant prélèvement à la source				Cumul An. :	
dont évolution de la rémunération liée à la suppression des cotisations salariales chômage et maladie					
Prélèvement à la source du mois				Cumul An. :	
		Net A Payer		Date de paiement	
		Total versé par l'employeur		Allègement de cotisations	

Exercice 48 (Niveau 1)

Ce salarié, CDI, est **cadre** depuis le 5 octobre 2015 à temps plein dans une grande entreprise parisienne (effectif de 150 salariés, toujours le même **taux de versement mobilité parisien de 2,95 %**) pour un **salaire forfaitaire de 5.900 €** brut pour 151,67 heures par mois. Sa rémunération n'a pas varié depuis le 1er janvier 2023 (5.900 € brut chaque mois). **Le taux d'accident du travail** pour cette entreprise est de **2,50 %. Le montant des cotisations prévoyance « Frais de santé » est** de **100 €** (50 % pour le **salarié** et 50 % pour **l'employeur)**. L'entreprise n'applique que le **minimum de la prévoyance « Décès » obligatoire** pour les cadres. Son taux de prélèvement à la source est le taux neutre.

Établir son bulletin de paie en mai 2023 à l'aide du tableau des charges.

Libellé des Rubriques	Base	Taux	Montant	Commentaires
Salaire				
Total Brut				

Cotisations	Base	Salariales		Patronales	
		Taux	Montant	Taux	Montant
Santé					
Sécurité Sociale (Mal, Mat, Inv, Décès)					
Sécurité Sociale (Mal, Mat, Inv, Décès) (>2,5 Smic)					
Incapacité, Invalidité, Capital Décès (Prév. Décès)					
Complémentaire Santé (Prév. Frais de Santé)					
Accident du Travail - Maladie Prof.					
Retraite					
Sécurité Sociale (Vieillesse Plafonnée)					
Sécurité Sociale (Vieillesse Déplafonnée)					
Complémentaire (AGIRC-ARRCO + CEG /T1)					
Complémentaire (AGIRC-ARRCO + CEG /T2)					
Contribution d'Equilibre Technique (CET T1+T2)					
Famille					
Famille (>3,5 Smic)					
Assurance Chômage					
Chômage (Chômage + AGS / TA+TB)					
APEC (Salarié Cadre TA+TB)					
Autres Contributions dues par l'employeur					
C.S.G. Non Imposable					
Exos, écrêtements & allègements de cotisations					
Total des cotisations et contributions					
Net imposable du mois				Cumul An. :	
RETENUES ET REMBOURSEMENTS DIVERS					
C.S.G. & C.R.D.S. Imposables					
Total des Retenues et Remboursements					
Net à payer avant prélèvement à la source				Cumul An. :	
dont évolution de la rémunération liée à la suppression des cotisations salariales chômage et maladie					
Prélèvement à la source du mois				Cumul An. :	
		Net A Payer		Date de paiement	
		Total versé par l'employeur		Allègement de cotisations	

Exercice 49 (Niveau 2)

Dans la même entreprise, le salarié de l'exercice précédent a un collègue qui est entré en CDI le même jour que lui, mais ce collègue est **cadre supérieur** pour un **salaire forfaitaire de 30.000 €** brut pour 151,67 heures par mois. Sa rémunération n'a pas varié non plus depuis le 1er janvier 2023 (30.000 € brut chaque mois). **Le taux d'accident du travail** pour cette entreprise **est** toujours de **2,50 %. Le montant des cotisations prévoyance « Frais de santé » est** encore de **100 €** (50 % pour le **salarié** et 50 % pour **l'employeur**). L'entreprise n'applique que le **minimum de la prévoyance « Décès » obligatoire** pour les cadres. Son taux de prélèvement à la source est le taux neutre.

Établir son bulletin de paie en juin 2023 à l'aide du tableau des charges.

Libellé des Rubriques	Base	Taux	Montant	Commentaires
Salaire				
Total Brut				

Cotisations	Base	Salariales		Patronales	
		Taux	Montant	Taux	Montant
Santé					
Sécurité Sociale (Mal, Mat, Inv, Décès)					
Sécurité Sociale (Mal, Mat, Inv, Décès) (>2,5 Smic)					
Incapacité, Invalidité, Capital Décès (Prév. Décès)					
Complémentaire Santé (Prév. Frais de Santé)					
Accident du Travail - Maladie Prof.					
Retraite					
Sécurité Sociale (Vieillesse Plafonnée)					
Sécurité Sociale (Vieillesse Déplafonnée)					
Complémentaire (AGIRC-ARRCO + CEG /T1)					
Complémentaire (AGIRC-ARRCO + CEG /T2)					
Contribution d'Equilibre Technique (CET T1+T2)					
Famille					
Famille (>3,5 Smic)					
Assurance Chômage					
Chômage (Chômage + AGS / TA+TB)					
APEC (Salarié Cadre TA+TB)					
Autres Contributions dues par l'employeur					
C.S.G. Non Imposable					
Exos, écrêtements & allègements de cotisations					
Total des cotisations et contributions					
Net imposable du mois				Cumul An. :	
RETENUES ET REMBOURSEMENTS DIVERS					
C.S.G. & C.R.D.S. Imposables					
Total des Retenues et Remboursements					
Net à payer avant prélèvement à la source				Cumul An. :	
dont évolution de la rémunération liée à la suppression des cotisations salariales chômage et maladie					
Prélèvement à la source du mois				Cumul An. :	
		Net A Payer		Date de paiement	
		Total versé par l'employeur		Allègement de cotisations	

15. Exercices sur 3 mois consécutifs

Exercice 50 (Niveau 2)

Un salarié (C.D.I. **technicien**) entre le **mardi 4 avril 2023** pour un salaire mensuel de **3.600 €** dans une entreprise parisienne ayant 150 salariés (151,67 h/mois, 7 h/jour du lundi au vendredi).
Sachant que :

- Le salarié rompt son contrat le **vendredi 16 juin 2023** au soir avant la fin de sa période d'essai ;
- L'entreprise lui donnera une **prime exceptionnelle de 500 €** au moment de son départ ;
- L'entreprise paye les jours fériés quelle que soit l'ancienneté du salarié ;
- Elle donne **27 jours ouvrés par an de congés payés** ;
- **Le taux d'accident du travail** pour cette entreprise **est** de **2,50 %** ;
- **Le taux Versement Mobilité est** de **2,95 %** ;
- **Le montant des cotisations prévoyance « Frais de santé » est** de **100 €** (50 % pour le **salarié** et 50 % pour **l'employeur**) ;
- L'entreprise a institué une **prévoyance « Décès » obligatoire** dont le taux est de 1 % pour le salarié et de 2 % pour l'employeur à appliquer sur la tranche A ;
- Son taux de prélèvement à la source est le taux neutre.

Pour vous aider, nous ajoutons plusieurs documents :

Un mini calendrier 2023 (avril, mai & juin)

Avril			Mai			Juin		
S	1	Hugues	L	1	*Fête du Travail*	J	1	Justin
D	2	Sandrine	M	2	Boris	V	2	Blandine
L	3	Richard	M	3	Jacques / Philippe	S	3	Kévin
M	4	Isidore	J	4	Sylvain	D	4	Clothilde
M	5	Irène	V	5	Judith	L	5	Igor
J	6	Marcellin	S	6	Prudence	M	6	Norbert
V	7	J.B. de la Salle	D	7	Gisèle	M	7	Gilbert
S	8	Julie	L	8	*Victoire 1945*	J	8	Médard
D	9	Gautier	M	9	Pacôme	V	9	Diane
L	10	*Fulbert / Pâques*	M	10	Solange	S	10	Landry
M	11	Stanislas	J	11	Estelle	D	11	Barnabé
M	12	Jules	V	12	Achille	L	12	Guy
J	13	Ida	S	13	Rolande	M	13	Antoine de Padoue
V	14	Maxime	D	14	Matthias	M	14	Elisée
S	15	Paterne	L	15	Denise	J	15	Germaine
D	16	Benoît	M	16	Honoré	V	16	Régis
L	17	Anicet	M	17	Pascal	S	17	Hervé
M	18	Parfait	J	18	*Eric / Ascension*	D	18	Léonce
M	19	Emma	V	19	Yves	L	19	Romuald
J	20	Odette	S	20	Bernadin	M	20	Silvère
V	21	Anselme	D	21	Constantin	M	21	Rodolphe / Jean
S	22	Alexandre	L	22	Emile	J	22	Alban
D	23	Georges	M	23	Didier	V	23	Audrey
L	24	Fidèle	M	24	Donatien	S	24	Jean-Baptiste
M	25	Marcel	J	25	Sophie	D	25	Prosper - Eléonore
M	26	Marc	V	26	Béranger	L	26	Anthelme
J	27	Zita	S	27	Augustin	M	27	Fernand
V	28	Valérie	D	28	Germain	M	28	Irénée
S	29	Cath. De S.	L	29	*Aymar / Pentecôte*	J	29	Pierre - Paul
D	30	Robert	M	30	Ferdinand	V	30	Martial
			M	31	Visitation			

Et deux tableaux :
régularisation « Maladie - Allocations Familiales » et régularisation « Tr1 – Tr2 ».

		Le brut cumulé est-il < ou > à 3,5 SMIC cumulé ?												
		Le brut cumulé est-il < ou > à 2,5 SMIC cumulé ?												
Mois	**Brut du mois**	**Brut Cumulé**	**Maladie 7% Cumulée**	**Maladie 7% du mois**	**>/<**	**Maladie 6% Cumulée**	**Maladie 6% du mois**	**Montant 2,5 SMIC Cumulé**	**A.F. 3,45% Cumulée**	**A.F. 3,45% du mois**	**>/<**	**A.F.1,8% Cumulée**	**A.F. 1,8% du mois**	**Montant 3,5 SMIC Cumulé**
Avril														
Mai														
Juin														

		Le brut cumulé est-il <ou> au plafond cumulé ?						
Mois	Brut du mois	**Brut Cumulé**	**>/<**	**Plafond Cumulé**	**Tranche 1 Cumulée**	Tranche 1 du mois	**Tranche 2 Cumulée**	Tranche 2 du mois
Avril								
Mai								
Juin								

Établir les bulletins de ces 3 mois en n'oubliant pas de faire la régularisation mensuelle progressive.

Mois d'avril 2023

Libellé des Rubriques	Base	Taux	Montant	Commentaires
Salaire				
Total Brut				

Cotisations	Base	Salariales		Patronales	
		Taux	Montant	Taux	Montant
Santé					
Sécurité Sociale (Mal, Mat, Inv, Décès)					
Sécurité Sociale (Mal, Mat, Inv, Déc.) (>2,5 SMIC)					
Incapacité, Invalidité, Capital Décès (Prév. Décès)					
Complémentaire Santé (Prév. Frais de Santé)					
Accident du Travail - Maladie Prof.					
Retraite					
Sécurité Sociale (Vieillesse Plafonnée)					
Sécurité Sociale (Vieillesse Déplafonnée)					
Complémentaire (AGIRC-ARRCO + CEG /T1)					
Complémentaire (AGIRC-ARRCO + CEG /T2)					
Contribution d'Equilibre Technique (CET T1+T2)					
Famille					
Famille (> 3,5 SMIC)					
Assurance Chômage					
Chômage (Chômage + AGS / TA+TB)					
Autres Contributions dues par l'employeur					
C.S.G. Non Imposable					
Total des cotisations et contributions					
Net imposable du mois				Cumul An. :	
RETENUES ET REMBOURSEMENTS DIVERS					
C.S.G. & C.R.D.S. Imposables					
Total des Retenues et Remboursements					
Net à payer avant prélèvement à la source				Cumul An. :	
dont évolution de la rémunération liée à la suppression des cotisations salariales chômage et maladie					
Prélèvement à la source du mois				Cumul An. :	

	Net A Payer	Date de paiement 30 avril 2023
	Total versé par l'employeur	Allègement de cotisations

Mois de mai 2023

Libellé des Rubriques	Base	Taux	Montant	Commentaires	
Salaire					
Total Brut					
Cotisations	Base	Salariales		Patronales	
		Taux	Montant	Taux	Montant
Santé					
Sécurité Sociale (Mal, Mat, Inv, Décès)					
Sécurité Sociale (Mal, Mat, Inv, Déc.) (>2,5 SMIC)					
Incapacité, Invalidité, Capital Décès (Prév. Décès)					
Complémentaire Santé (Prév. Frais de Santé)					
Accident du Travail - Maladie Prof.					
Retraite					
Sécurité Sociale (Vieillesse Plafonnée)					
Sécurité Sociale (Vieillesse Déplafonnée)					
Complémentaire (AGIRC-ARRCO + CEG /T1)					
Complémentaire (AGIRC-ARRCO + CEG /T2)					
Contribution d'Equilibre Technique (CET T1+T2)					
Famille					
Famille (> 3,5 SMIC)					
Assurance Chômage					
Chômage (Chômage + AGS / TA+TB)					
Autres Contributions dues par l'employeur					
C.S.G. Non Imposable					
Total des cotisations et contributions					
Net imposable du mois				Cumul An. :	
RETENUES ET REMBOURSEMENTS DIVERS					
C.S.G. & C.R.D.S. Imposables					
Total des Retenues et Remboursements					
Net à payer avant prélèvement à la source				Cumul An. :	
dont évolution de la rémunération liée à la suppression des cotisations salariales chômage et maladie					
Prélèvement à la source du mois				Cumul An. :	
			Net A Payer	**Date de paiement** 31 mai 2023	
			Total versé par l'employeur	Allègement de cotisations	

Mois de juin 2023

Libellé des Rubriques	Base	Taux	Montant	Commentaires
Salaire				
Total Brut				

Cotisations	Base	Salariales		Patronales	
		Taux	Montant	Taux	Montant
Santé					
Sécurité Sociale (Mal, Mat, Inv, Décès)					
Sécurité Sociale (Mal, Mat, Inv, Déc.) (>2,5 SMIC)					
Incapacité, Invalidité, Capital Décès (Prév. Décès)					
Complémentaire Santé (Prév. Frais de Santé)					
Accident du Travail - Maladie Prof.					
Retraite					
Sécurité Sociale (Vieillesse Plafonnée)					
Sécurité Sociale (Vieillesse Déplafonnée)					
Complémentaire (AGIRC-ARRCO + CEG /T1)					
Complémentaire (AGIRC-ARRCO + CEG /T2)					
Contribution d'Equilibre Technique (CET T1+T2)					
Famille					
Famille (> 3,5 SMIC)					
Assurance Chômage					
Chômage (Chômage + AGS / TA+TB)					
Autres Contributions dues par l'employeur					
C.S.G. Non Imposable					
Total des cotisations et contributions					
Net imposable du mois				Cumul An. :	
RETENUES ET REMBOURSEMENTS DIVERS					
C.S.G. & C.R.D.S. Imposables					
Total des Retenues et Remboursements					
Net à payer avant prélèvement à la source				Cumul An. :	
dont évolution de la rémunération liée à la suppression des cotisations salariales chômage et maladie					
Prélèvement à la source du mois				Cumul An. :	

	Net A Payer	Date de paiement 16 juin 2023
	Total versé par l'employeur	Allègement de cotisations

Puisque nous en sommes à faire des exercices sur trois mois consécutifs, il nous semble que le moment est venu de vous en proposer un autre pour un contrat qu'on n'a pas encore abordé : celui d'un contrat à durée déterminée et qui, en plus, va offrir plusieurs particularités ; celle de mettre en application le plafond à temps partiel et de calculer enfin une indemnité en fin de contrat.

L'indemnité de précarité (CDD seulement)

À l'issue de son contrat à durée déterminée, le salarié a droit à une indemnité « destinée à compenser la précarité de son contrat » appelée « indemnité de précarité » ou encore « indemnité de fin de contrat » (bien que cette dernière dénomination nous semble plus appropriée pour l'indemnité (appelée le plus souvent « indemnité de fin de mission ») versée aux salariés intérimaires).

Nota Bene : *Puisqu'on est dans la définition de cette somme allouée au CDD lorsqu'il quitte l'entreprise, sa dénomination « Prime de précarité » employée par certaines entreprises nous semble inappropriée. En effet, une « prime » est une somme versée à un salarié en plus de son salaire à titre de gratification ou d'encouragement (prime d'ancienneté, prime d'assiduité, prime exceptionnelle, etc.). Une « indemnité » est une somme d'argent destinée à dédommager quelqu'un d'un préjudice subi (définition du petit Larousse). Dans le cas du départ d'un CDD de l'entreprise, la somme versée à cette occasion n'est pas une gratification ou un encouragement, mais vise à dédommager ou compenser le fait que l'entreprise ait proposé au salarié un CDD qui est un emploi précaire.*

Toutefois, cette indemnité n'a pas à être versée en cas :
- de rupture anticipée due à l'initiative du salarié, à un licenciement pour sa faute grave ou à un cas de force majeure ;
- de proposition d'embauche au salarié en CDI (qu'il l'accepte ou qu'il la refuse) ;
- de rupture pendant la période d'essai.

Par ailleurs, ne donnent pas droit à cette indemnité les CDD d'usage ou conclus :
- pour pourvoir des emplois de caractère saisonnier ;
- dans les secteurs où il est d'usage de ne pas recourir au CDI pour les emplois temporaires ;
- dans le cadre des dispositions législatives ou réglementaires destinées à favoriser l'embauche ;
- pour lesquels l'employeur s'est engagé à assurer au salarié un complément de formation professionnelle ;
- avec des jeunes pendant leurs vacances scolaires ou universitaires.

Pour tous les contrats conclus (ou renouvelés) depuis le 20 janvier 2002, cette indemnité doit être égale à 10 % de la rémunération totale brute (au lieu de 6 % sous le régime antérieur – mais attention, un taux limité à 6 % peut s'appliquer si une convention ou un accord collectif de branche étendu applicable à l'entreprise ou une convention ou un accord d'entreprise ou d'établissement le prévoit, dès lors que des contreparties telles qu'un accès privilégié à la formation professionnelle des salariés en CDD (actions de développement des compétences, bilan de compétences à suivre en dehors du temps de travail…) sont prévues ; une proposition individuelle d'accès à la formation doit avoir été effectivement faite au salarié, par l'employeur. Enfin, un taux plus élevé peut être imposé par la convention ou l'accord collectif applicable à l'entreprise). Le taux de l'indemnité s'applique à la totalité de la rémunération brute y compris les majorations, indemnités et primes diverses, telles que primes de vacances, primes de fin d'année, primes de treizième mois perçues par le salarié titulaire d'un CDD (circ. DRT n° 92-14, 29 août 1992).

Elle est donc soumise à toutes les règles concernant les salaires. En particulier, **elle doit être incluse dans l'assiette de calcul de l'indemnité compensatrice de congés payés**. En revanche, l'indemnité de précarité ne doit pas être prise en compte lorsqu'il s'agit de vérifier que la rémunération des salariés sous contrat à durée déterminée est la même, pour le même emploi, que celle des salariés sous contrat à durée indéterminée. Elle est aussi soumise à l'impôt sur le revenu, aux cotisations de Sécurité sociale, à la CSG et à la CRDS (C. Séc. soc., art. L.242-1).

L'indemnité de précarité doit être versée « à l'issue » du contrat en même temps que le dernier salaire et doit figurer sur le bulletin de salaire correspondant (C. trav., art. L.1243-8).

Exercice 51 (Niveau 2)

Un salarié **non cadre** est embauché en C.D.D. pour 2 mois pour surcroit temporaire d'activité dans une entreprise parisienne (ayant 150 salariés, dont l'horaire collectif est de 151,67 heures par mois et qui compte les congés payés en jours ouvrables) le **lundi 9 octobre 2023** pour **24,00 heures par semaine** (le salarié travaille 8 heures tous les lundis, mercredis et vendredis).
Sachant que :

- Le salaire mensuel correspondant à un temps plein est de **3.033,40 €** ;
- La date de fin de contrat est le **vendredi 8 décembre 2023** au soir ;
- L'entreprise paye les jours fériés quelle que soit l'ancienneté du salarié ;
- La convention collective octroie une Prime de Fin d'Année à chaque salarié calculée sur la base d'un mois et demi de salaire au prorata du temps travaillé avec le bulletin de décembre ;
- **Le taux d'accident du travail** pour cette entreprise **est** de **2,50 %** ;
- **Le taux Versement Mobilité est** de **2,95 %** ;
- **Le montant des cotisations prévoyance « Frais de santé » est** de **100 €** (50 % pour le **salarié** et 50 % pour **l'employeur)** ;
- L'entreprise a institué une **prévoyance « Décès » obligatoire** dont le taux est **de 1 % pour le salarié** et **de 2 % pour l'employeur** à appliquer **sur la tranche A** ;
- Son taux de prélèvement à la source est le taux neutre.

Établir les bulletins de salaire de ces 3 mois (octobre, novembre et décembre) en n'oubliant pas de faire la régularisation mensuelle progressive.

Pour vous aider, nous ajoutons plusieurs documents :

Un mini calendrier 2023 (octobre, novembre, décembre)

Octobre			Novembre			Décembre		
D	1	Thérèse	M	1	Toussaint	V	1	Florence
L	2	Léger	J	2	Défunts	S	2	Viviane
M	3	Gérard	V	3	Hubert	D	3	François-Xavier
M	4	François d'Assise	S	4	Charles	L	4	Barbara
J	5	Fleur	D	5	Sylvie	M	5	Gérald
V	6	Bruno	L	6	Léonard	M	6	Nicolas
S	7	Serge	M	7	Carine	J	7	Ambroise
D	8	Pélagie	M	8	Geoffroy	V	8	Imm. Concept.
L	9	Denis	J	9	Théodore	S	9	Pierre Fourier
M	10	Ghislain	V	10	Léonard	D	10	Romaric
M	11	Firmin	S	11	Armistice 1918	L	11	Daniel
J	12	Wilfried	D	12	Christian	M	12	Chantal
V	13	Géraud	L	13	Brice	M	13	Lucie
S	14	Juste	M	14	Sidoine	J	14	Odile
D	15	Thérèse d'Av.	M	15	Albert	V	15	Ninon
L	16	Edwige	J	16	Marguerite	S	16	Alice
M	17	Baudoin	V	17	Elisabeth	D	17	Judicaël
M	18	Luc	S	18	Aude	L	18	Gatien
J	19	René	D	19	Tanguy	M	19	Urbain
V	20	Adeline	L	20	Edmond	M	20	Théophile
S	21	Céline	M	21	Présentation	J	21	Pierre Canisius
D	22	Salomé	M	22	Cécile	V	22	Françoise
L	23	Jean de C.	J	23	Christ-Roi	S	23	Armand
M	24	Florentin	V	24	Flora	D	24	Adèle
M	25	Crépin	S	25	Catherine	L	25	Noël
J	26	Dimitri	D	26	Delphine	M	26	Etienne
V	27	Emeline	L	27	Séverin	M	27	Jean l'Apôtre
S	28	Simon / Jude	M	28	Jacques de la M.	J	28	Sainte famille
D	29	Narcisse	M	29	Saturnin	V	29	David
L	30	Bienvenue	J	30	André	S	30	Roger
M	31	Quentin				S	31	Sylvestre

Et deux tableaux :
régularisation « Maladie - Allocations Familiales » et régularisation « Tr1 – Tr2 ».

SMIC 2023 : 11,27 €

Le brut cumulé est-il < ou > à 3,5 SMIC cumulé ?

Le brut cumulé est-il < ou > à 2,5 SMIC cumulé ?

Mois	Brut du mois	Brut Cumulé	Maladie 7% Cumulée	Maladie 7% du mois	>/<	Maladie 6% Cumulée	Maladie 6% du mois	Montant 2,5 SMIC Cumulé	A.F. 3,45% Cumulée	A.F. 3,45% du mois	>/<	A.F. 1,8% Cumulée	A.F. 1,8% du mois	Montant 3,5 SMIC Cumulé
Octobre														
Novembre														
Décembre														

Le brut cumulé est-il <ou> au plafond cumulé ?

Mois	Brut du mois	Brut Cumulé	>/<	Plafond Cumulé	Tranche 1 Cumulée	Tranche 1 du mois	Tranche 2 Cumulée	Tranche 2 du mois
Octobre								
Novembre								
Décembre								

Mois d'octobre 2023

Libellé des Rubriques	Base	Taux	Montant	Commentaires
Salaire	151,67		**3 033,40**	Plafond du mois :
Réduction Temps partiel				Salarié à temps partiel
Retenue Entrée-Sortie *(en heures réelles)*				Date d'entrée : 09/10/2023
Total Brut				

Cotisations	Base	Salariales		Patronales	
		Taux	Montant	Taux	Montant
Santé					
Sécurité Sociale (Mal, Mat, Inv, Déc.)					
Incapacité, Invalidité, Capital Décès (Prév. Décès)					
Complémentaire Santé (Prév. Frais de Santé)					
Accident du Travail - Maladie Prof.					
Retraite					
Sécurité Sociale (Vieillesse Plafonnée)					
Sécurité Sociale (Vieillesse Déplafonnée)					
Complémentaire (AGIRC-ARRCO + CEG /T1)					
Complémentaire (AGIRC-ARRCO + CEG /T2)					
Contribution d'Equilibre Technique (CET T1+T2)					
Famille					
Assurance Chômage					
Chômage (Chômage + AGS / TA+TB)					
Autres Contributions dues par l'employeur					
C.S.G. Non Imposable					
Exos, écrêtements & allègements de cotisations					
Total des cotisations et contributions					
Net imposable du mois				Cumul An.	
RETENUES ET REMBOURSEMENTS DIVERS					
C.S.G. & C.R.D.S. Imposables					
Total des Retenues et Remboursements					
Net à payer avant prélèvement à la source				Cumul An.	
dont évolution de la rémunération liée à la suppression des cotisations salariales chômage et maladie					
Prélèvement à la source				Cumul An.	

Nombre d'heures travaillées :	Nat A Payer	Date de paiement 31 octobre 2023
	Total versé par l'employeur	Allègement de cotisations

Mois de novembre 2023

Libellé des Rubriques	Base	Taux	Montant	Commentaires	
Salaire	151,67		**3 033,40**	Plafond du mois :	
Réduction Temps partiel				Salarié à temps partiel	
Absence Jour Férié *(en jours ouvrés moyens)*					
Paiement Jour Férié *(en jours ouvrés moyens)*					
Total Brut					
Cotisations	**Base**	**Salariales**		**Patronales**	
		Taux	Montant	Taux	Montant
Santé					
Sécurité Sociale (Mal, Mat, Inv, Déc.)					
Incapacité, Invalidité, Capital Décès (Prév. Décès)					
Complémentaire Santé (Prév. Frais de Santé)					
Accident du Travail - Maladie Prof.					
Retraite					
Sécurité Sociale (Vieillesse Plafonnée)					
Sécurité Sociale (Vieillesse Déplafonnée)					
Complémentaire (AGIRC-ARRCO + CEG /T1)					
Famille					
Assurance Chômage					
Chômage (Chômage + AGS / TA+TB)					
Autres Contributions dues par l'employeur					
C.S.G. Non Imposable					
Exos, écrêtements & allègements de cotisations					
Total des cotisations et contributions					
Net imposable du mois				Cumul An.	
RETENUES ET REMBOURSEMENTS DIVERS					
C.S.G. & C.R.D.S. Imposables					
Total des Retenues et Remboursements					
Net à payer avant prélèvement à la source				Cumul An.	
dont évolution de la rémunération liée à la suppression des cotisations salariales chômage et maladie					
Prélèvement à la source				Cumul An.	
Nombre d'heures travaillées :		**Net A Payer**		**Date de paiement** 30 novembre 2023	
Cumul heures travaillées :		**Total versé par l'employeur**		**Allègement de cotisations**	

Mois de décembre 2023

Libellé des Rubriques	Base	Taux	Montant	Commentaires
Salaire	151,67		**3 033,40**	Plafond du mois :
Réduction Temps partiel				Salarié à temps partiel
Retenue Entrée-Sortie *(en heures réelles)*				Date de sortie : 08/12/2023
Prime de Fin d'Année				
Indemnité de Précarité				
Indemnité Compensatrice Congés Payés				
Total Brut				

Cotisations	Base	Salariales		Patronales	
		Taux	Montant	Taux	Montant
Santé					
Sécurité Sociale (Mal, Mat, Inv, Déc.)					
Sécurité Sociale (Mal, Mat, Inv, Déc.) (>2,5 SMIC)					
Incapacité, Invalidité, Capital Décès (Prév. Décès)					
Complémentaire Santé (Prév. Frais de Santé)					
Accident du Travail - Maladie Prof.					
Retraite					
Sécurité Sociale (Vieillesse Plafonnée)					
Sécurité Sociale (Vieillesse Déplafonnée)					
Complémentaire (AGIRC-ARRCO + CEG /T1)					
Complémentaire (AGIRC-ARRCO + CEG /T2)					
Contribution d'Equilibre Technique (CET T1+T2)					
Famille					
Assurance Chômage					
Chômage (Chômage + AGS / TA+TB)					
Autres Contributions dues par l'employeur					
C.S.G. Non Imposable					
Exos, écrêtements & allègements de cotisations					
Total des cotisations et contributions					
Net imposable du mois				Cumul An.	
RETENUES ET REMBOURSEMENTS DIVERS					
C.S.G. & C.R.D.S. Imposables					
Total des Retenues et Remboursements					
Net à payer avant prélèvement à la source				Cumul An.	
dont évolution de la rémunération liée à la suppression des cotisations salariales chômage et maladie					
Prélèvement à la source				Cumul An.	

Nombre d'heures travaillées : **Cumul heures travaillées :**	**Net A Payer**	**Date de paiement** **8 décembre 2023**
	Total versé par l'employeur	**Allègement de cotisations**

Parfois, lors de l'embauche, un salarié souhaite recevoir « x » euros en net à payer, d'une part parce que les salariés ne s'intéressent qu'à ce montant, et d'autre part parce qu'il veut concrétiser son changement d'entreprise. Voici donc la formule qui vous permettra de passer du net avant le prélèvement à la source au brut. Une précision toutefois : on ne peut utiliser ici que les taux communs à toutes les entreprises, c'est-à-dire sans tenir compte des éventuelles mutuelles et autres prévoyances que vous pourriez avoir dans votre entreprise, qu'il faudrait prendre en considération.

16. Exercices sur la reconstitution du brut à partir du net

Reconstitution du salaire brut à partir du salaire net avant P.A.S.

Par convention et pour simplifier la formule, nous écrirons que :

- Taux1 = Somme des taux assis sur le brut, la tranche 1, la tranche A et les CSG & CRDS à 98,25 %
- Taux2 = Somme des taux assis sur le brut, la tranche 2, la tranche B et les CSG & CRDS à 98,25 %

Démonstration de la formule pour un salarié dont le net avant prélèvement à la source est largement supérieur au plafond S.S.

Nous savons maintenant que :

Salaire net (avant prélèvement à la source) = salaire brut – les cotisations

Salaire brut = tranche 1 + tranche 2

Les cotisations = (tr. 1 × Taux1) + (tr. 2 × Taux2) + Montant Fixe des Prévoyances Salariales + (Montant des Prévoyances Patronales × 9,7 %)

Les 9,7 % à appliquer aux montants des cotisations patronales de prévoyance résultent de l'addition des CSG et de la CRDS (6,80 % + 2,40 % + 0,50 %)

Salaire net (avant PAS) = tr. 1 + tr. 2 – (tr. 1 x Taux1) – (tr. 2 x Taux2) – Montant Fixe des Prévoyances Salariales Frais de Santé – (Montant des Prévoyances Patronales Frais de Santé × 9,7 %)

Après cette décomposition de tous les paramètres :

Salaire net (avant PAS) = tr. 1 (1 – Taux1) + tr. 2 (1 – Taux2) – Montant Fixe des Prévoyances Salariales Frais de Santé – (Montant des Prévoyances Patronales Frais de Santé × 9,7 %)

Puisque nous connaissons Taux1, Taux2, la tranche 1 (qui est égale au plafond SS), les montants des prévoyances Frais de Santé salariales et patronales, ainsi que le salaire net (avant PAS et à partir duquel nous partons pour reconstituer le salaire brut), il suffit d'extraire la tranche 2, soit :

$$\text{Tr. 2} = \frac{(\text{Salaire net} + \text{Mt des Prév. Sal. Fr. S} + [\text{Mt des Prév. Pat. Fr. S} \times 9{,}7\,\%]) - \text{tr. 1}\,(1 - \text{Taux1})}{(1 - \text{Taux2})}$$

Donc, nous pouvons à présent connaître le Salaire Brut en cumulant le plafond SS et la tranche 2 en remplaçant « Tr. 2 » par sa formule. Ainsi, on peut reconstituer le salaire brut d'un salarié à partir de son net avant le prélèvement à la source.

Exercice 52 (Niveau 3)

Reconstituer, pour ce mois de juin 2023, le salaire brut d'un salarié **cadre** ayant un **salaire net avant PAS de 7.000 €** pour 151,67 heures, avec un montant de **Prévoyance « Frais de Santé » de 50 € pour le salarié et l'employeur, ainsi qu'une Prévoyance « Décès » de 2 % sur la tranche A pour le salarié et de 3 % sur la tranche A pour l'employeur**.

Exercice 53 (Niveau 3)

Reconstituer, pour ce mois de juin 2023, le salaire brut d'un salarié **non cadre** ayant un **salaire net avant PAS de 2.000 €** pour 151,67 heures, avec un montant de **prévoyance « Frais de Santé » de 50 €** pour le salarié et l'employeur et une **prévoyance « Décès » de 1 % sur la tranche A** pour le salarié et l'employeur.

Avant de réaliser quelques bulletins de paye particuliers, voyons d'abord l'autre cas d'exonération de charges patronales et de cotisations salariales.

17. Exercices sur l'exonération des heures supplémentaires et complémentaires

Exonération de cotisations salariales des heures supplémentaires et complémentaires

Le décret n° 2019-40 du 24 janvier 2019 (paru au J.O. le 25 janvier 2019) précise les modalités relatives à cette exonération en modifiant le code de la sécurité sociale :

- Art. D. 241-21. - Le taux de la réduction de cotisations salariales prévue à l'article L. 241-17 est égal à la somme des taux de chacune des cotisations d'assurance vieillesse d'origine légale et conventionnelle rendue obligatoire par la loi effectivement à la charge du salarié, dans la limite de 11,31 %.
- Art. D. 241-22. - En cas d'application d'une exonération totale ou partielle de cotisations salariales de sécurité sociale, de taux réduits, d'assiettes ou de montants forfaitaires de cotisations, la réduction s'applique dans la limite des cotisations effectivement à la charge du salarié.
- Art. D. 711-11. - Les salariés relevant de régimes spéciaux de sécurité sociale mentionnés aux articles R. 711-1 et R. 711-24 bénéficient de la réduction de cotisations prévue à l'article L. 241-17 dans les conditions fixées aux articles D. 241-21 et D. 241-22.

Le présent décret s'applique pour les rémunérations dues pour les périodes courant à compter du 1er janvier 2019. Il est applicable à Mayotte et à Saint-Pierre-et-Miquelon, dans la limite des taux de cotisations en vigueur dans ces territoires.

La réduction de cotisations salariales sur les heures supplémentaires concerne :

- les heures réalisées au-delà de 35 heures par semaine ;
- les heures complémentaires des salariés à temps partiel ;
- les heures supplémentaires incluses dans une convention de forfait ;
- les heures supplémentaires des salariés qui travaillent à temps réduit pour raison personnelle ;
- les heures supplémentaires réalisées dans le cadre d'un dispositif d'aménagement du temps de travail ;
- les jours de travail effectués au-delà de 218 jours dans le cadre d'une convention de forfait annuel en jours.

Le taux maximum de **11,31 %** s'explique en additionnant les taux de **6,90 %** (Vieillesse Plafonnée), **0,40 %** (Vieillesse Déplafonnée), **3,15 %** (Retraite Complémentaire T1) et **0,86 %** (CEG T1).
En revanche, ni la retraite complémentaire tranche 2, ni la CET, ni l'APEC, ni les CSG et la CRDS, ni les cotisations salariales de prévoyance ou de mutuelle ne sont impactées par le taux de l'exonération.

Le salarié imposable ne paiera pas d'impôt sur le revenu sur ces heures supplémentaires « **désocialisées** » et désormais « **défiscalisées** » **jusqu'à 5.000 € net par an** (CGI art. 81 quater) ou 5.358 € brut [5.000 / (1 – 0,9825 × 0,068)].

La déduction forfaitaire patronale qui s'applique depuis 2008 (mise en place par la loi TEPA de 2007), subsiste **dans les entreprises de moins de 20 salariés** et n'est pas impactée par cette nouvelle exonération. Les entreprises de moins de 20 salariés continuent donc à déduire la somme de **1,50 € par heure supplémentaire réalisée.**

Avec l'exonération des heures supplémentaires pour les seuls salariés, le bulletin de paie se complexifie un peu. Si les heures supplémentaires apparaissent toujours dans le brut, du fait de leur soumission aux cotisations patronales, deux autres rubriques doivent être renseignées :

- la première pour faire apparaître ce gain pour le salarié ;
- la seconde pour les CSG/CRDS imposables dont la base est le montant des heures supplémentaires (ou complémentaires) à 98,25 % et dont le taux est le taux global des CGS et de la CRDS, soit : 6,8 % + 2,4 % + 0,5 % : 9,7 %.

Exercice 54 (Niveau 2)

Sachant que :

- Un salarié non cadre a un salaire de base contractuel de **2.426,75 € ;**
- Son horaire théorique de travail est de 7 h/jour du lundi au vendredi, 35 h/semaine ;
- Dans la semaine du lundi 2 au dimanche 8 janvier, il a réalisé 36 heures ;
- Dan3 la semaine du lundi 9 au dimanche 15 janvier, il a réalisé 39 heures ;
- Dans la semaine du lundi 16 au dimanche 22 janvier, il a réalisé 46 heures ;
- Dans la semaine du lundi 23 au dimanche 28 janvier, il a réalisé 45 heures ;
- Le salarié a travaillé 7 heures le lundi 30 et le mardi 31 janvier.
- Son entreprise parisienne (150 salariés) a un **taux Versement Mobilité** de **2,95 %** ;
- **Le taux d'accident du travail est** de **2,50 %** ;
- **Le montant des cotisations prévoyance « Frais de santé » est** de **100 €** (50 % pour le **salarié** et 50 % pour **l'employeur)** ;
- Son taux de prélèvement à la source est le taux neutre.

Établir le bulletin de janvier 2023.

Libellé des Rubriques	Base	Taux	Montant	Commentaires
Salaire de base				Bulletin Heures Suppl.
Heures supplémentaires				
Heures supplémentaires majorées à 25%				
Heures supplémentaires majorées à 50%				
Absence Jour Férié				
Paiement Jour Férié				
Total Brut				

Cotisations	Base	Salariales		Patronales	
		Taux	Montant	Taux	Montant
Santé					
Sécurité Sociale (Mal, Mat, Inv, Déc.)					
Incapacité, Invalidité, Capital Décès (Prév. Décès)					
Complémentaire Santé (Prév. Frais de Santé)					
Accident du Travail - Maladie Prof.					
Retraite					
Sécurité Sociale (Vieillesse Plafonnée / TA)					
Sécurité Sociale (Vieillesse Déplafonnée / Brut)					
Complémentaire (AGIRC-ARRCO + CEG /T1)					
Famille					
Assurance Chômage					
Chômage (Chômage + AGS / TA+TB)					
Autres Contributions dues par l'employeur					
C.S.G. Non Imposable					
Exos, écrêtements & allègements de cotisations					
Exonération cotisations salariales / Heures Sup.					
Total des cotisations et contributions					
Net imposable du mois				Cumul An.	
RETENUES ET REMBOURSEMENTS DIVERS					
C.S.G. & C.R.D.S. Imposables					
C.S.G. & C.R.D.S. Imposables sur les H.S.					
Total des Retenues et Remboursements					
Net à payer avant prélèvement à la source				Cumul An.	
dont évolution de la rémunération liée à la suppression des cotisations salariales chômage et maladie					
Prélèvement à la source du mois				Cumul An.	
		Net A Payer		Date de paiement	
		Total versé par l'employeur		Allègement de cotisations	

Avant d'étudier les absences indemnisées par la Sécurité sociale et souvent complétées par l'entreprise, il est temps d'établir les bulletins de paie particuliers, tels ceux pour les contrats de professionnalisation, les stagiaires, les apprentis, les intermittents du spectacle et les salariés appartenant à la convention collective des BTP.

18. Exercices sur bulletins de paies particulières

Définition du contrat de professionnalisation

La loi du 5 septembre 2018 pour la liberté de choisir son avenir professionnel a aménagé le contrat de professionnalisation depuis le 1er janvier 2019.
Le contrat de professionnalisation est un contrat ayant désormais pour objectif l'insertion ou le retour à l'emploi de jeunes ou d'adultes par l'acquisition d'une qualification professionnelle reconnue par l'Etat et/ou la branche professionnelle. Peuvent être embauchés en contrat de professionnalisation :

- Les jeunes de 16 à 25 ans révolus pour compléter leur formation initiale ;
- Les demandeurs d'emplois d'au moins 26 ans ;
- Les bénéficiaires du RSA ;
- Les bénéficiaires de l'allocation de solidarité spécifique (ASS) ;
- Les bénéficiaires de l'allocation aux adultes handicapés (AAH) ;
- Les personnes ayant bénéficié d'un contrat unique d'insertion (CUI).

Le contrat de professionnalisation peut être un CDD d'au moins 6 mois ou un CDI.
L'action de professionnalisation est d'une durée minimale comprise entre 6 et 12 mois, portée à 36 mois depuis le 1er janvier 2019 (contre 24 mois auparavant) pour certains bénéficiaires :

- Les jeunes de 16 à 25 ans qui n'ont pas validé un 2ème cycle de l'enseignement secondaire et qui n'ont pas obtenu de diplôme de l'enseignement technologique ou professionnel ;
- Les demandeurs d'emploi inscrits depuis plus d'un an ;
- Les bénéficiaires de minima sociaux ;
- Les personnes ayant bénéficié d'un CUI.

L'expérimentation qui permet un parcours de formation « sur-mesure » (pas nécessairement qualifiant ou certifiant) est prolongé jusqu'au 23 décembre 2023.

Paie des salariés en contrat de professionnalisation

Tableau de la rémunération minimale due aux contrats de professionnalisation en 2023

Âge du bénéficiaire	Rém. mini si qualif < bac pro		Rém. mini si qualif ≥ bac pro	
	En % du SMIC	Par mois (151,67 h)	En % du SMIC	Par mois (151,67 h)
âge < 21 ans	55%	940,11 €	65%	1 111,04 €
21 ans ≤ âge < 26 ans	70%	1 196,50 €	80%	1 367,43 €
âge ≥ 26 ans	100%	1 709,28 €	100%	1 709,28 €

Les demandeurs d'emploi âgés de 26 ans et plus perçoivent, sauf dispositions conventionnelles plus favorables, une rémunération qui ne peut être inférieure au SMIC mensuel ni à 85 % du salaire minimum conventionnel.

Cotisations des contrats de professionnalisation

La protection sociale du travailleur salarié est financée par des cotisations et contributions qui sont calculées à partir du salaire brut.

Les cotisations et contributions (salariales et patronales) sont les mêmes que pour un contrat « classique » (CDI ou CDD).

Enfin, l'exonération spécifique applicable aux contrats de professionnalisation conclus avec les demandeurs d'emploi âgés de 45 ans et plus ou entre un groupement d'employeurs et un jeune âgé de 16 à 25 ans a été supprimée le 31 décembre 2018. En échange, **depuis le 1er janvier 2019, les rémunérations des salariés en contrat de professionnalisation bénéficient désormais de la réduction générale de charges**.

Exercice 55 (Niveau 2)

Sachant que :

- Un salarié est **entré le 1er février 2023 en contrat de professionnalisation (CDD de 6 mois)** ;
- **Né le 14 juin 1992**, il prépare, après son Bac Pro, un **examen supérieur** ;
- Son entreprise parisienne (100 salariés) a un taux de **Versement Mobilité** de **2,95 %** ;
- Le **taux accident du travail** est de **1,30 %** ;
- Le montant de la **prévoyance « Frais de Santé »** est de **47,66 €** (50 % pour le salarié et 50 % pour l'employeur) ;
- La **prévoyance « Décès »** est sur **tranche A** avec un taux de **0,95 % pour l'employeur**.
- **Le minimum conventionnel applicable dans cette entreprise est de 2.235,29 €.**

Établir le bulletin de février 2023 pour ce contrat de professionnalisation :

Libellé des Rubriques	Base	Taux	Montant	Commentaires
Salaire	151,67			Bulletin Contrat Pro
Total Brut				

Cotisations	Base	Salariales		Patronales	
		Taux	Montant	Taux	Montant
Santé					
Sécurité Sociale (Mal, Mat, Inv, Déc.)				7,00	
Incapacité, Invalidité, Capital Décès (Prév. Décès)				0,95	
Complémentaire Santé (Prév. Frais de Santé)		50,00		50,00	
Accident du Travail - Maladie Prof.				1,01	
Retraite					
Sécurité Sociale (Vieillesse Plafonnée)		6,90		8,55	
Sécurité Sociale (Vieillesse Déplafonnée)		0,40		1,90	
Complémentaire (AGIRC-ARRCO + CEG /T1)		4,01		6,01	
Famille				3,45	
Assurance Chômage					
Chômage (Chômage + AGS / TA+TB)				4,20	
Autres Contributions dues par l'employeur					
C.S.G. Non Imposable		6,80			
Exos, écrêtements & allègements de cotisations					
Total des cotisations et contributions					
Net imposable du mois				Cumul An. :	
RETENUES ET REMBOURSEMENTS DIVERS					
C.S.G. & C.R.D.S. Imposables		2,90			
Total des Retenues et Remboursements					
Net à payer avant prélèvement à la source				Cumul An. :	
dont évolution de la rémunération liée à la suppression des cotisations salariales chômage et maladie					
Prélèvement à la source				Cumul An. :	
Nombre d'heures travaillées :	151,67	Net A Payer		Date de paiement 28 février 2023	
		Total versé par l'employeur		Allègement de cotisations	

Paie des stagiaires

Un stage correspond à une période temporaire de mise en situation en milieu professionnel au cours de laquelle l'étudiant acquiert des compétences professionnelles qui mettent en œuvre les acquis de sa formation en vue de l'obtention d'un diplôme ou d'une certification.
Le stagiaire se voit confier une ou des missions conformes au projet pédagogique défini par son établissement d'enseignement et approuvées par l'organisme d'accueil.
Un stage dans un même organisme d'accueil de plus de 2 mois consécutifs, ou non consécutifs au cours de la même année scolaire ou universitaire, doit être obligatoirement rémunéré chaque mois, dès le premier jour du stage. Pour calculer cette durée de deux mois, il faut prendre en compte le temps de présence effective du stagiaire. Un jour correspond à 7 h de présence effective, et un mois correspond à 22 jours. Le salarié dépasse donc la durée minimum de 2 mois dès lors qu'il est présent plus de 44 jours (2 × 22 jours) ou plus de 308 heures (7 × 22 × 2). Cette obligation s'applique aux entreprises, aux administrations publiques, aux associations ou tout autre organisme d'accueil. À contrario, la gratification est facultative pour l'employeur si le stage dure moins de 2 mois.
Bien qu'elle soit versée mensuellement, **cette gratification n'a pas le caractère de salaire**. Elle est donc soumise à un régime juridique distinct tant en matière de montant minimum que sur le plan fiscal ou social.

Gratification minimale

Le montant de la gratification de stage est librement fixé par les parties, mais cette indemnité ne peut être inférieure à un montant fixé par la convention de branche ou un accord professionnel, ou à défaut, par la loi. Dans ce dernier cas, le montant d'une gratification de stage ne peut pas être inférieur à un seuil minimal calculé non pas en fonction du Smic, mais à partir d'un pourcentage du plafond horaire de la sécurité sociale. Le montant minimum de la gratification de stage 2023 est fixé à 15 % du plafond horaire de la sécurité sociale (27 € en 2023) multiplié par le nombre d'heures de présence effective du stagiaire dans le mois. Le montant minimum 2023 est donc égal à (27 € × 15 % × 154 heures) **623,70 € jusqu'au 31 décembre 2023**. A noter que le mois comportant en moyenne 22 jours ouvrés, pour un horaire théorique de 7 heures par jour, le nombre d'heures mensuelles est de 154 et non pas 151,67.
A cette somme peuvent également s'ajouter d'éventuels avantages, comme les titres restaurant dont le stagiaire peut désormais bénéficier. Cette gratification doit être indiquée dans la convention de stage signée par l'entreprise, le stagiaire et l'établissement de formation, ainsi que sur l'attestation de stage obligatoirement remise au stagiaire à l'issue de son stage.

Cotisations et charges sociales

Pour bénéficier de l'exonération de cotisations sur la gratification, le stagiaire doit être élève ou étudiant des établissements privés ou publics d'enseignement technique, secondaire, spécialisé ou supérieur. **N'entre pas dans la base de calcul des cotisations, la fraction de la gratification**, en espèces ou en nature, versée aux stagiaires **qui n'excède pas**, au titre d'un mois civil, **le nombre d'heures de stage effectuées au cours du mois considéré multiplié par 15 % du plafond horaire de la Sécurité sociale.** Si le seuil de la franchise de cotisation est dépassé, seule la fraction excédentaire est assujettie aux cotisations de Sécurité sociale, à la CSG et à la CRDS, à la contribution solidarité autonomie, au FNAL et au Versement Mobilité. Le stagiaire n'ayant pas le statut de salarié, même dans le cas où la gratification versée dépasse le seuil de franchise, les contributions d'assurance chômage et organisation syndicale ne sont pas dues.

Attention : Le taux de la cotisation patronale Santé SS est de 13 % et non pas de 7 % comme il serait logique (sa rémunération étant inférieure à 2,5 SMIC). Le stagiaire n'étant pas un salarié, l'employeur ne bénéficiait pas du CICE et la baisse de 13 % à 7 % ne concerne que les salariés en bénéficiant auparavant. Idem avec le taux de la cotisation Famille : le taux est donc de 5,25 %.
Les indemnités de stage sont désormais (depuis la loi n° 2014-788 du 10 juillet 2014) exonérées d'impôt sur le revenu à hauteur d'un Smic annuel. De ce fait, elles ne sont pas prises en compte dans le calcul des APL dans la limite de leur part imposable. Seule la partie supérieure au Smic annuel est donc prise en compte.
Nota bene : De très nombreuses entreprises n'établissent pas de bulletin de paie pour les stagiaires tant que ceux-ci sont rémunérés avec la gratification minimale. En effet, n'ayant aucune charge ni salariale, ni patronale, le bulletin de paie est inutile. En revanche, dès que la rémunération du stagiaire dépasse cette gratification minimale, un bulletin de paie devient obligatoire.

Exercice 56 (Niveau 2)

Sachant que :

- **Un stagiaire ingénieur** commence son stage de 6 mois le **mercredi 8 mars 2023 ;**
- **Son indemnité de stage est de 2.208,00 € par mois (de 23 jours travaillés)** ;
- Son entreprise parisienne a plus de 100 salariés et un **taux Versement Mobilité** de **2,95 %** ;
- Le **taux accident du travail** est de **2,50 %** ;
- Il y a une **prévoyance « Frais de Santé » de 50 €** (en part salariale et en part patronale) ;
- Il y a aussi une **prévoyance « Décès » de 1 %** (salarié) **et de 2 %** (employeur) sur la **tranche A.**

Établir le bulletin de mars 2023 pour ce stagiaire :

Libellé des Rubriques	Base	Taux	Montant	Commentaires	
Indemnité de Stage				Bulletin STAGIAIRE	
Total Brut					
Cotisations	Base	Salariales		Patronales	
		Taux	Montant	Taux	Montant
Santé					
Sécurité Sociale (Mal, Mat, Inv, Déc.)					
Incapacité, Invalidité, Capital Décès (Prév. Décès)					
Complémentaire Santé (Prév. Frais de Santé)					
Accident du Travail - Maladie Prof.					
Retraite					
Sécurité Sociale (Vieillesse Plafonnée / TA)					
Sécurité Sociale (Vieillesse Déplafonnée / Brut)					
Complémentaire (AGIRC-ARRCO + CEG /T1)					
Famille					
Assurance Chômage					
Chômage (Chômage + AGS / TA+TB)					
Autres Contributions dues par l'employeur					
C.S.G. Non Imposable					
Exos, écrêtements & allègements de cotisations					
Total des cotisations et contributions					
Net imposable du mois				Cumul An. :	
RETENUES ET REMBOURSEMENTS DIVERS					
C.S.G. & C.R.D.S. Imposables					
Total des Retenues et Remboursements					
Net à payer avant prélèvement à la source				Cumul An. :	
dont évolution de la rémunération liée à la suppression des cotisations salariales chômage et maladie					
Prélèvement à la source				Cumul An. :	
			Net A Payer	Date de paiement	
			Total versé par l'employeur	Allègement de cotisations	

Paie des apprentis

Les apprentis perçoivent un salaire qui ne peut pas être inférieur à un montant déterminé en pourcentage du SMIC. Ce pourcentage tient compte de l'âge dès le mois suivant l'anniversaire et de la valeur du SMIC en cours de contrat. Pour les apprentis âgés de 21 ans ou plus, le pourcentage s'entend en pourcentage du SMIC ou du salaire minimum conventionnel correspondant à l'emploi occupé, s'il est plus favorable.
Attention, ces pourcentages ont été modifiés pour les apprentis âgés de 16 à 20 ans ayant signé leur contrat d'apprentissage **depuis le 1er janvier 2019.**

Pour les **contrats signés <u>depuis</u> le 1er janvier 2019**, voici le **tableau de la rémunération minimale due aux apprentis en 2023.**

Année de contrat	Âge de l'apprenti											
	16 - 17 ans			18 - 20 ans			21 - 25 ans			26 ans et plus		
	En %	Par heure	Par mois	En %	Par heure	Par mois	En %	Par heure	Par mois	En %	Par heure	Par mois
1ère année	27%	3,04 €	461,51 €	43%	4,85 €	734,99 €	53%	5,97 €	905,92 €	100%	11,27 €	1 709,28 €
2ème année	39%	4,40 €	666,62 €	51%	5,75 €	871,73 €	61%	6,87 €	1 042,66 €	100%	11,27 €	1 709,28 €
3ème année	55%	6,20 €	940,11 €	67%	7,55 €	1 145,22 €	78%	8,79 €	1 333,24 €	100%	11,27 €	1 709,28 €

Pour les 21-25 ans, prendre respectivement 53 %, ou 61 %, ou 78 % du mini conventionnel s'il est plus élevé.
Pour les 26 ans et plus, prendre 100 % du minimum conventionnel s'il est plus élevé.
Pour les contrats conclus à partir du 1er avril 2020, les apprentis préparant une licence professionnelle en 1 an bénéficie d'une rémunération correspondant à une 2e année de contrat.

Cotisations des apprentis

Les apprentis sont exonérés de cotisations salariales pour toute la partie des cotisations URSSAF (vieillesse plafonnée et déplafonnée).
Avant le 1er janvier 2021, l'exonération de la cotisation retraite AGIRC-ARRCO ne pouvait porter que sur la part salariale correspondant au taux obligatoire et si la retraite complémentaire était appelée à un taux supérieur au taux minimum, l'apprenti cotisait sur la différence entre ces deux taux.
Depuis le 1er janvier 2021 (circ. AGIRC-ARRCO 2021-5 DRJ du 21 juillet 2021, fiche 2, § II.2), **l'exonération des cotisations salariales retraite porte sur :**

- **l'intégralité du taux de cotisation retraite** (taux obligatoire ou taux supérieur au taux obligatoire), y compris si la part salariale est supérieure à 40 % ;
- **la contribution d'équilibre général** (CEG) et, le cas échéant, **la contribution d'équilibre technique** (CET).

En revanche, si l'apprenti est cadre, la cotisation APEC ne bénéficie pas de l'exonération.

La loi de financement de la Sécurité sociale 2019 a prévu que **cette exonération s'applique sur la part de la rémunération de l'apprenti inférieure ou égale à 79 % du SMIC (soit 1.350,33 € en 2023).**
Cette règle s'applique aux cotisations dues au titre des périodes courant depuis le 1er janvier 2019.

Enfin, **les apprentis sont** également **exonérés de la Contribution Sociale Généralisée et de la Contribution au Remboursement de la Dette Sociale** (loi n° 90-1168 du 29 décembre 1990, art. 128 et ord. n° 96-50 du 24 janvier 1996).

Complémentaire Santé

Principe Général : la mutuelle d'entreprise est obligatoire pour tous les salariés de l'entreprise qu'ils soient en CDI, en CDD ou en temps partiel. En effet, depuis la loi ANI de 2016, les employeurs du secteur privé sont obligés de proposer une mutuelle collective à leurs salariés. Les apprentis alternant entre une période de formation et la vie de l'entreprise sont, à ce titre, intégrés dans l'effectif salarial et sont considérés comme des salariés à part entière, à l'inverse des stagiaires pour qui la mutuelle n'est pas obligatoire. Les apprentis bénéficient alors, de la mutuelle d'entreprise et sont également concernés par l'obligation d'affiliation. L'employeur doit donc, comme pour les autres salariés, contribuer au financement de la mutuelle à hauteur de 50 % minimum.

Les cas de dispense spécifiques aux apprentis : Les règles diffèrent selon que le montant de ces cotisations dépassent ou non la rémunération brute de 10 %.

1. La cotisation est inférieure à 10 % de la rémunération brute de l'apprenti :

- Si son contrat de travail est inférieur à 1 an, il peut demander une dispense d'adhésion. Cependant, il faut que l'acte instituant la mutuelle d'entreprise prévoie cette possibilité. Cet acte peut être un accord de branche, un accord d'entreprise ou la DUE.
- Si son contrat de travail est supérieur à 1 an, il peut également demander une dispense dans les mêmes conditions. Cependant, il doit en plus, prouver qu'il adhère à une autre mutuelle.

2. La cotisation est supérieure ou égale à 10 % de la rémunération brute de l'apprenti :

Il peut demander une dispense d'adhésion à son employeur. Là encore, il faudra que l'acte instituant la mutuelle prévoie cette possibilité.

Les cas de dispense ordinaires : Les apprentis bénéficient également des cas de dispense « classiques » s'appliquant à tout salarié :

- Les bénéficiaires de la Complémentaire Santé Solidaire (CSS) peuvent demander une dispense de mutuelle collective ;
- Si l'apprenti est déjà titulaire d'un contrat individuel, il peut continuer à en bénéficier jusqu'à son échéance ;
- Si l'apprenti est à temps partiel et que la cotisation représente plus de 10 % de son salaire brut, il peut également demander une dispense.

Exonération des cotisations salariales sur les heures supplémentaires

Si des heures supplémentaires sont réalisées, l'exonération au titre de ces heures s'applique uniquement sur la part de rémunération supérieure à 79 % du SMIC, à proportion de la part de la rémunération au titre de ces heures supplémentaires dans le total de la rémunération.

Exemple : pour un apprenti rémunéré à 67 % du SMIC, soit 1.145,22 € sur un mois, ayant réalisé au cours du mois 157,67 heures, dont 6 heures supplémentaires majorées de 25 %, et bénéficiant d'une prime exceptionnelle de 200 €.
La rémunération des heures supplémentaires représente (6 × 1,25) / (151,67 + (6 × 1,25)) = 7,50 / 159,17 = 4,71 % de la rémunération totale.
Les 6 H.S. valent : 6 H.S. × 11,27 € × 67 % × 1,25 = 56,63 €.
Sa rémunération excède le plafond de 79 % du SMIC au titre de ce mois de (1.145,22 + 200,00 + 56,63 – 1.350,33) 51,52 €.
Dans ce cas, l'exonération au titre des heures supplémentaires ne s'appliquera que sur 4,71 % de la rémunération excédant 79 % du SMIC, soit 51,52 × 4,71 % = 2,43 €.

Quant aux **cotisations patronales**, depuis le 1er janvier 2019, désormais elles **se calculent sur le brut réel de l'apprenti** (et non plus sur une assiette forfaitaire calculée sur la base de 151,67 fois le SMIC connu au 1er janvier de l'année × le pourcentage d'application en fonction de son âge et de son ancienneté diminué de 11 points, comme jusqu'au 31 décembre 2018).
La contrepartie est que **les employeurs bénéficient** désormais du régime **de réduction générale de cotisations patronales**.

Exercice 57 – 1ère partie (Niveau 1)

Sachant que :

- Un **apprenti,** né le 22 février 2002, a été embauché le 1er septembre 2020 ;
- Il terminera sa **troisième année** d'apprentissage le 31 août 2023 ;
- Il bénéficie déjà d'une Complémentaire Santé Solidaire ;
- Son entreprise parisienne a 100 salariés et un **taux de Versement Mobilité de 2,95 %** ;
- Le **taux Accident du travail est de 2,50 %.**

Établir le bulletin de janvier 2023 pour cet apprenti :

Libellé des Rubriques	Base	Taux	Montant	Commentaires
Salaire				Bulletin APPRENTI
Total Brut				

Cotisations	Base	Salariales		Patronales	
		Taux	Montant	Taux	Montant
Santé					
Sécurité Sociale (Mal, Mat, Inv, Déc.) (<2,5 SMIC)					
Incapacité, Invalidité, Capital Décès (Prév. Décès)					
Complémentaire Santé (Prév. Frais de Santé)					
Accident du Travail - Maladie Prof.					
Retraite					
Sécurité Sociale (Vieillesse Plafonnée / TA)					
Sécurité Sociale (Vieillesse Déplafonnée / Brut)					
Complémentaire (AGIRC-ARRCO + CEG /T1)					
Famille					
Assurance Chômage					
Chômage (Chômage + AGS / TA+TB)					
Autres Contributions dues par l'employeur					
C.S.G. Non Imposable					
Exos, écrêtements & allègements de cotisations					
Total des cotisations et contributions					
Net imposable du mois				Cumul An. :	
RETENUES ET REMBOURSEMENTS DIVERS					
C.S.G. & C.R.D.S. Imposables					
Total des Retenues et Remboursements					
Net à payer avant prélèvement à la source				Cumul An. :	
dont évolution de la rémunération liée à la suppression des cotisations salariales chômage et maladie					
Prélèvement à la source				Cumul An. :	

	Net A Payer	Date de paiement
	Total versé par l'employeur	Allègement de cotisations

Exercice 57 – 2ème partie (Niveau 2)

Supposons que l'**apprenti** de la 1ère partie, né le 22 février 2002 et **embauché le 1er septembre 2020** ait réalisé **9 heures supplémentaires majorées à 25 %** au mois de mars 2023.

Établir le bulletin de paie en mars 2023 pour cet apprenti :

Libellé des Rubriques	Base	Taux	Montant	Commentaires
Salaire	151,67			Bulletin APPRENTI
Heues Supplémentaires (125%)				
Total Brut				

Cotisations	Base	Salariales – Taux	Salariales – Montant	Patronales – Taux	Patronales – Montant
Santé					
Sécurité Sociale (Mal, Mat, Inv, Décès)				7,00	
Incapacité, Invalidité, Capital Décès (Prév. Décès)					
Complémentaire Santé (Prév. Frais de Santé)					
Accident du Travail - Maladie Prof.				2,50	
Retraite					
Sécurité Sociale (Vieillesse Plafonnée)		6,90			
Sécurité Sociale (Vieillesse Plafonnée)				8,55	
Sécurité Sociale (Vieillesse Déplafonnée)		0,40			
Sécurité Sociale (Vieillesse Déplafonnée)				1,90	
Complémentaire (AGIRC-ARRCO + CEG /T1)		4,01			
Complémentaire (AGIRC-ARRCO + CEG /T1)				6,01	
Famille				3,45	
Assurance Chômage					
Chômage (Chômage + AGS / TA+TB)				4,20	
Autres Contributions dues par l'employeur					
C.S.G. Non Imposable					
Exos, écrêtements & allègements de cotisations					
Exonération sur les Heures Supplémentaires					
Total des cotisations et contributions					
Net imposable du mois				Cumul An. :	
RETENUES ET REMBOURSEMENTS DIVERS					
C.S.G. & C.R.D.S. Imposables					
Total des Retenues et Remboursements					
Net à payer avant prélèvement à la source				Cumul An. :	
dont évolution de la rémunération liée à la suppression des cotisations salariales chômage et maladie					
Prélèvement à la source				Cumul An. :	

	Net A Payer	Date de paiement 31 mars 2023
	Total versé par l'employeur	Allègement de cotisations

Après avoir étudié ces catégories de travailleurs (les contrats de professionnalisation, les stagiaires, les apprentis) il est temps d'aborder deux types de salariés : les intermittents du spectacle et ceux qui appartiennent à la convention collective du BTP.

Les intermittents du spectacle

On appelle « intermittents du spectacle » les artistes et techniciens qui exercent par nature une activité temporaire et relèvent des annexes VIII et X de l'assurance chômage. Les intermittents du spectacle sont généralement embauchés par de multiples employeurs dont certains les paient au contrat, d'autres à la semaine ou au mois. Leur contrat de travail est à durée déterminée dit d'« usage » (CDDU ou CDD d'usage) puisqu'il est d'usage de ne pas recourir au CDI pour ces postes précaires. En effet, l'emploi d'intermittents se pratique pour des événements de courte durée dont les périodes de travail ne sont pas régulières. Quand certains mois seront proches de 200 heures de travail, d'autres seront entièrement chômés. C'est pour cette raison que leur régime d'assurance chômage est bien plus avantageux que celui du cas général. Les intermittents ont un an pour travailler 507 heures et réactualiser leurs droits afin d'être indemnisé par Pôle Emploi pour les jours non travaillés de l'année suivante.

Le cachet

Les artistes sont payés au **cachet**, correspondant à **12 heures** pour l'activation des droits à l'assurance chômage et pour le plafond (12 h × 27 € = **324 € de plafond pour un cachet**). Un cachet ne correspond pas forcément à 12 heures de travail effectif, mais il rémunère d'une part les temps de recherches et d'entraînements personnels qui ne sont pratiquement jamais rémunérés, et d'autre part les temps d'attente qui peuvent être longs ; par exemple, pour un musicien qui patiente parce que l'enchaînement n'est pas toujours très fluide entre son arrivée, l'installation, la répétition ou la balance, la représentation, le repas (appelé « catering »), la désinstallation et enfin son départ.

Avant la mise en place de l'accord professionnel du 1er août 2016, Pôle Emploi faisait une distinction entre les périodes de travail dont la durée était située entre un et cinq jours – rémunérées par des cachets isolés – et celles d'une durée supérieure – les cachets sont alors appelés groupés. Un cachet isolé leur permettait de cotiser sur 12 heures, tandis qu'un cachet groupé correspondait à 8 heures de cotisation pour l'assurance chômage. Cette distinction n'existe plus pour Pôle Emploi, tous les cachets valent maintenant 12 heures, cependant l'URSSAF, sans parler de cachets groupés ou isolés, fait toujours une distinction. En effet, dans le cadre d'un engagement continu inférieur à 5 jours, elle demande d'appliquer 12 plafonds horaires par jour de travail. En revanche, pour une embauche supérieure à 5 jours, le plafond peut être déterminé en 30èmes de plafond mensuel si la rémunération est journalière, ou en 151,67^{èmes} de plafond mensuel si elle est exprimée en heure. La plupart des logiciels parlent donc toujours de cachets isolés ou cachets groupés, même si ce terme n'est plus utilisé par Pôle Emploi et ne l'a jamais été par l'URSSAF.

Lorsque l'on effectue la paie d'intermittents techniciens, il faut bien connaître les majorations applicables (heures supplémentaires à 125 % ou à 150 %, heures de nuit) et savoir jongler avec les limites légales puisqu'elles sont souvent frôlées et régulièrement dépassées (13 heures journalières, 11 heures de repos entre deux jours de travail 48 heures hebdomadaires et 46 heures hebdomadaires de moyenne sur 12 semaines,).

La caisse des Congés Spectacles

Comme pour les salariés du bâtiment et des travaux publics, les congés payés ne sont pas gérés par l'employeur mais par une caisse spécifique appelée ici la « **caisse des Congés Spectacles** ». Compte tenu de la pluralité d'employeurs des artistes et techniciens intermittents, le paiement des indemnités de congés payés ne peut retomber sur un seul d'entre eux. Pour permettre à la caisse des Congés Spectacle de fonctionner et de régler ces indemnités, les employeurs d'intermittents ont une **contribution supplémentaire entièrement à leurs charges, assise sur le salaire brut avant abattement pour frais professionnels et avec un taux de 15,40 %**.

La période de référence des intermittents pour les congés payés va du 1er avril de l'année A jusqu'au 31 mars de l'année A+1 ; La période débutant au 1er avril 2023 se terminera ainsi le 31 mars 2024.

Puisque les contrats sont avec des employeurs multiples, les intermittents n'ont pas à leurs déclarer de période de congés mais ils les déclarent directement à la caisse des Congés Spectacle (l'AFDAS) pour qu'elle puisse verser l'indemnité due et à Pôle Emploi pour qu'ils n'indemnisent pas cette période.

Les employeurs doivent également s'acquitter de la cotisation du FNAL et de la taxe d'apprentissage dues sur ces indemnités de congés payés. L'affiliation à une de ces caisses les contraint à majorer l'assiette de cotisations au FNAL et à la taxe d'apprentissage de 11,5 % afin d'intégrer ce paiement dans l'ensemble des autres rémunérations. En conséquence, la contribution FNAL peut être « simplement » assise sur une assiette déduite pour frais professionnels mais majorée pour intégrer les indemnités de congés payés et calculée sur un taux réduit !

Des charges sociales spécifiques

Les cotisations étant différentes selon le statut des intermittents (artiste, technicien, cadre, non cadre) nous verrons le détail dans un tableau récapitulatif incluant l'ensemble des cotisations et contributions applicables aux intermittents.

- **Chômage :**
  Compte tenu de ces prérogatives, ils cotisent pour le chômage sur des taux bien supérieurs aux autres salariés du cas général : **2,40 % part salariale et 9,70 % part employeur** (dont 0,50 % de majoration pour CDD d'usage et 0,15 % d'AGS) contre 0,00 % aujourd'hui part salariale et 4,20 % part patronale (comptant toujours les 0,15 % d'AGS) pour les autres salariés.
  Au passage, le fait que les intermittents aient toujours la part salariale à un taux de 2,40 % du brut ne permet pas de compenser la hausse de la CSG de 2018, ce qui contraint souvent les logiciels de paie à supprimer la mention « dont évolution de la rémunération liée à la suppression des cotisations chômage et maladie ».
  Quant à la base de cette cotisation, c'est le brut sans abattement (depuis le 1er juillet 2017), même si le salarié bénéficie d'un abattement pour frais professionnel ou d'une déduction forfaitaire spécifique (DFS).

- **FNAL et taxe d'apprentissage :**
  Les contributions patronales du FNAL et de la taxe d'apprentissage sont **majorées de 11,50 %** du fait de l'existence de la caisse de congés spectacles.

- **Accident du travail :**
  Le taux de la contribution patronale pour accident du travail est le taux de l'entreprise après **abattement de 30 %.**

- **Médecine du travail :**
  La médecine du travail dédiée aux intermittents du spectacle est nationale : le Centre Médical de la Bourse (CMB) dont l'établissement originel est située Place de la Bourse à Paris, d'où son nom. Afin de participer au fonctionnement de cette structure, tous les employeurs d'intermittents s'acquittent d'une **contribution** à leur charge **assise sur le salaire brut abattu** et dont le **taux est de 0,32 %.**

- **Plafond de la Sécurité sociale :**
  Dans les particularités de la paie de ces salariés, nous devons bien évidemment citer le plafond de la Sécurité sociale qui peut être sur la base du **plafond horaire (27 € en 2023)**, mais il peut également être sur la base du **plafond journalier (202 € en 2023)**, notamment pour la retraite complémentaire, la prévoyance et la mutuelle des cadres, toutes trois recouvrées par la caisse Audiens.
  Pour les non cadres, c'est également le plafond journalier pour les cotisations de prévoyance et de mutuelle, mais c'est le **plafond annuel** qui est retenu (**43.992 € en 2023)** pour la retraite complémentaire.
  Il convient donc d'avoir l'ensemble des rémunérations de l'année afin de pouvoir l'appliquer, puisque toutes les rémunérations en dessous du plafond annuel doivent cotiser sur le taux 1. Cette logique est valable pour la Contribution d'Equilibre Technique de l'ensemble des intermittents, cadres et non cadres, où la contribution n'est due qu'en cas de dépassement du plafond annuel.
  Quant à la prévoyance des intermittents du spectacle, cadre et non cadre, elle se calcule à partir du plafond journalier de la Sécurité sociale.

- **Autres contributions dues :**
  Dans la ligne « Autres contributions dues par l'employeur » du bulletin de salaire simplifié, cette contribution s'ajoute à la taxe d'apprentissage, à la participation à la formation, à la participation à la construction, au FNAL, au versement mobilité, à la Contribution au Dialogue Social, à la Contribution Solidarité Autonomie, ainsi qu'au forfait social. Un point de vigilance est à porter aux effectifs minimums de déclenchement de la participation à la construction (effectif ≥ 50 salariés), du taux FNAL à 0,50 % (effectif ≥ 50 salariés), du versement mobilité (effectif ≥ 11 salariés) et du forfait social (effectif ≥ 11 salariés). Les salariés titulaires d'un contrat de travail intermittent étant pris en compte dans l'effectif de l'entreprise à due proportion de leur temps de présence au cours des douze mois précédents, il faut embaucher au minimum 365 intermittents d'une journée pour augmenter l'effectif de l'entreprise de 1.

- **Prévoyances invalidité, décès et « Frais de santé » :**
  En ce qui concerne les prévoyances invalidité, décès et « frais de santé », les 5 Fédérations Syndicales du Spectacle (CFDT, FO, CGT, CFTC et CGC) ont signé avec la FESAC (Fédération des Entreprises du Spectacle vivant, de la musique, de l'Audiovisuel et du Cinéma) un avenant à l'accord collectif national interbranches le 16 juin 2008. Cet avenant instaure, à compter du 1er janvier 2009, des garanties collectives qui assurent tous les intermittents, artistes, techniciens, cadres et non cadres, pendant ou en dehors de leurs périodes de travail.
  Pour les prévoyances incapacité, invalidité et décès, l'avenant précise qu'il faut justifier de « 24 jours de travail ou cachets effectifs dans les 12 mois civils précédant celui au cours duquel

est survenu le sinistre» ou «48 jours de travail ou cachets effectifs au cours des 24 derniers mois civils». Il semblerait qu'AUDIENS ait assoupli cette règle au niveau de la prévoyance décès puisqu'ils précisent qu'« Un dossier Capital décès peut être étudié par notre service prestations prévoyance dès lors que vous avez effectué au moins un cachet au cours des 24 derniers mois civils».
La partie invalidité les indemnise lors d'un arrêt de travail (avant le congé légal de grossesse, en cas d'Incapacité Temporaire de Travail ou d'Invalidité Permanente et Totale) dans les conditions prévues par l'avenant. Cette cotisation est **assise sur la tranche A limitée au plafond journalier et au taux minimum de 0,76 % pour les cadres et 0,22 % pour les non cadres, réglés en totalité par l'employeur**.
Pour les non cadres, la première augmentation de taux est imputée à la part salariale à concurrence du niveau de contribution de l'employeur pour ensuite être répartie à parts égales (50 % employeur 50 % salarié).
Au sujet de la mutuelle (**prévoyance «frais de santé»**), l'ensemble des entreprises entrant dans le champ d'application de l'accord ont l'obligation de s'acquitter d'une cotisation pour alimenter le «fonds collectif du spectacle pour la santé». Cette fondation collective permet aux intermittents du spectacle d'accéder à une mutuelle avantageuse s'ils ont cotisé au minimum sur la base de 24 cachets ou jours de travail pour 34,98 € par mois puis pour **11,80 € par mois à partir de 507 heures de travail.** Cette participation représente, dans la plupart des cas, toute la **part salariale** de la cotisation.
La **part patronale** étant, pour l'ensemble des rémunérations d'intermittent, **assise sur la tranche A limitée au plafond journalier avec un taux minimum de 0,74 % pour les cadres et 0,20 % pour les non cadres.** Cette part patronale «Frais de Santé» servant à financer le «fonds collectif du spectacle pour la santé», donc pas forcément une «mutuelle» du salarié, n'est pas intégrée au salaire net fiscal alors que, étrangement, elle est tout de même réintégrée à la base des CSG/CRDS.

- **Prélèvement à la source:**
  Comme vu au chapitre sur le prélèvement à la source, les contrats courts de moins de 2 mois ont droit à une **réduction de 701 € sur leur net imposable du mois**, pratiquement tous les intermittents y ont donc droit.
  Si l'administration fiscale leur a calculé un taux personnalisé, qu'ils acceptent de le transmettre à leurs employeurs et que ces derniers l'aient récupéré (dernier contrat chez cet employeur il y a moins de deux mois avant celui-ci), ils auront sur leur bulletin de salaire un taux personnalisé et un montant de prélèvement à la source si leur net imposable du mois est supérieur à ces 701 € d'abattement pour contrat court.
  Si le taux neutre de prélèvement à la source s'applique, c'est avec un net imposable au moins égal à **2.219 €** que le montant du prélèvement à la source sera positif. Le taux neutre de prélèvement à la source minimum étant calculé sur un net imposable du mois **de 1.518 €**, avec l'abattement de **701 €** pour contrat court, il faut bien additionner ces deux montants [1.518 + 701 = 2.219 €] pour atteindre le net imposable minimum d'un contrat court avec une part de ses impôts prélevée sur son bulletin de paie.

- **Réduction des taux de cotisations:**
  Une autre particularité est la **réduction des taux de cotisations pour l'emploi d'artistes** et de certains techniciens dont l'activité revêt un caractère artistique. Cette réduction **de 30 %**, qui doit donner un taux **arrondi à 2 chiffres après la virgule**, est à appliquer sur les taux de cotisations:

- De maladie ;
- De vieillesse ;
- D'accident du travail ;
- D'allocations familiales ;
- D'aide au logement (FNAL).

La plupart des entreprises appliquent cette réduction de 30 % sur le brut ce qui a l'avantage de garder les mêmes taux de cotisations que pour les autres salariés « classiques » et qui mathématiquement donne le même résultat. Compte tenu de cette réduction de cotisations qui s'applique également sur les taux patronaux, **la réduction générale des charges patronales n'est pas applicable aux artistes du spectacle**.

Certains artistes, ayant des frais professionnels élevés, ont droit à une **déduction forfaitaire spécifique**, qui consiste en un **allègement du brut soumis à cotisations**, à leur demande et **en fonction de l'emploi**, qui **peut varier entre 20 % et 25 %**.
L'intérêt pour eux de refuser cet allègement de cotisations est d'augmenter leurs cotisations pour que les droits ainsi débloqués soient plus élevés (en cas de maladie par exemple).
Cette déduction forfaitaire, limitée à 7.600 € annuels, s'applique sur l'ensemble des cotisations et contributions, en dehors de l'assurance chômage, des CSG/CRDS et de la contribution aux Congés Spectacles, caisse de congés payés abordées au paragraphe suivant. Pour donner un exemple à la limite de 7.600 € annuels, si un artiste est payé 1.000 € par cachet avec 20 % de déduction spécifique (200 €), il verra son brut réduit sur 38 cachets (38 × 200 = 7.600 €) et n'en bénéficiera plus à compter du 39ème (sous condition que ses employeurs en soient informés).
Ils ne sont pas les seuls à bénéficier de cette déduction forfaitaire spécifique pour frais professionnels, puisque nous allons étudier dans le point suivant les ouvriers du bâtiment et des travaux publics. L'ensemble des professions concernées sont consultables sur le site de l'URSSAF, section « Taux et barèmes » dans les « Frais professionnels ».

Le GUSO

La dernière spécificité que nous allons appréhender est la possibilité de passer par le **G**uichet **U**nique du **S**pectacle **O**ccasionnel (GUSO), qui est un service gratuit de simplification administrative proposé par les organismes sociaux du spectacle et géré par pôle emploi afin de remplir en une seule fois l'ensemble des obligations légales liées à l'embauche et à l'emploi d'intermittents du spectacle :

- L'AFDAS pour la formation professionnelle ;
- Pôle emploi pour l'assurance chômage ;
- Audiens pour la retraite complémentaire ;
- Les congés spectacles pour les congés payés ;
- Le centre médical de la bourse (CMB) pour le service de santé au travail ;
- L'URSSAF pour la sécurité sociale.

Avec un seul formulaire du GUSO, sont directement effectués tous les documents et déclarations pris en charge en principe par l'éditeur d'un logiciel dédié :

- La Déclaration Préalable à l'Embauche ;
- Le contrat de travail ;
- La déclaration de l'ensemble des cotisations et contributions ;
- La déclaration annuelle des données sociales ;
- L'attestation employeur destinée à Pôle Emploi ;
- Le certificat d'emploi destiné aux congés spectacles ;

Il est très compliqué pour une entreprise qui n'a pas l'habitude d'embaucher des intermittents d'accomplir toutes ces formalités, c'est donc une réelle aubaine de pouvoir organiser exceptionnellement un événement sans avoir à se préoccuper de l'ensemble de ces démarches. Par exemple, lorsqu'un grand magasin décide de mettre en place un spectacle afin de faire la promotion de son dernier produit, il peut faire appel à des intermittents pour monter la scène, le décor, préparer les costumes, sans oublier les musiciens qui divertissent les convives, en se déchargeant de toute la partie administrative, grâce au GUSO.

Compte tenu des particularités liées aux charges sociales des intermittents, nous vous proposons un tableau spécifique, récapitulatif de ces cotisations, sachant que toute la partie « sécurité sociale » ainsi que la taxe d'apprentissage et la participation à la construction ne sont pas différentes des autres salariés.

Tableau de cotisations pour les intermittents du spectacle

	Charges sociales sur salaires		Taux (en %)			Assiette mensuelle	
	Année 2023	Précisions	Salarié	Employeur	Total	Tranche	En Euros
Sécurité sociale	Mal., Mat., Inv., Déc. (Hors Alsace-Mos.)	Tous les salaires	0,00	7,00	7,00	Brut abattu	
	Complément maladie (Hors Alsace-Mos.)	Rémunération ≥ 2,5 SMIC	0,00	6,00	6,00	Brut abattu	
	Mal., Mat., Inv., Déc. (Alsace-Moselle)	Tous les salaires	1,50	7,00	8,50	Brut abattu	
	Complément maladie (Alsace-Moselle)	Rémunération ≥ 2,5 SMIC	1,50	6,00	7,50	Brut abattu	
	Contribution Solidarité Autonomie		0,00	0,30	0,30	Brut abattu	
	Accidents du travail		0,00	variable	variable	Brut abattu	
	Allocations familiales		0,00	3,45	3,45	Brut abattu	
	Complément allocations familiales	Rémunération ≥ 3,5 SMIC	0,00	1,80	1,80	Brut abattu	
	Vieillesse	Plafonnée	6,90	8,55	15,45	Tranche A sur brut abbatu	De 0 à 27 € horaire ou De 0 à 3 666 € mensuel
		Déplafonnée	0,40	1,90	2,30	Brut abattu	
	Fonds National d'Aide au Logement	Effectif < 50 salariés	0,00	0,10	0,10	A (brut abat.) x 111,5%	De 0 à 30,11 € hor. ou De 0 à 4 087,59 € mens.
		Effectif ≥ 50 salariés	0,00	0,50	0,50	B ab. x 111,5%	
	Forfait Social	Effectif ≥ 11 salariés	0,00	8,00	8,00	Mt des Cotis. Patr. Des Prévoyances	
	Contribution au Dialogue Social		0,00	0,016	0,016	Brut abattu	
	Versement transport	Effectif ≥ 11	0,00	variable	variable	Brut abattu	
	Contribution Sociale Généralisée	Déductible du net fiscal	6,80	0,00	6,80	Brut limité à 4 plafonds x 98,25% + brut x 100% au-delà de 4 plafonds + montant des parts patronales des cotisations prévoyance	
	Contribution Sociale Généralisée	Non déductible du net fiscal	2,40	0,00	2,40		
	Contrib. Au Remb. de la Dette Sociale	Non déductible du net fiscal	0,50	0,00	0,50		
Chômage	Régime Assurance Chômage	Plafonds horaires	2,40	9,05	11,45	A + B	De 0 à 115 €
	Association Garantie des Salaires	Plafonds horaires	0,00	0,15	0,15	A + B	De 0 à 115 €
	Majoration CDDU	Plafonds horaires	0,00	0,50	0,50	A + B	De 0 à 115 €
AUDIENS	**Artistes intermittents non cadres**						
	Retraite complémentaire	Tranche 1 annuelle	4,44	4,45	8,89	1	De 0 à 43 992 €
		Tranche 2 annuelle	10,79	10,80	21,59	2	De 43 992 à 351 936 €
	Contribution d'Equilibre Général (CEG)	Tranche 1 annuelle	0,86	1,29	2,15	1	De 0 à 43 992 €
		Tranche 2 annuelle	1,08	1,62	2,70	2	De 43 992 à 351 936 €
	Contribution d'Equilibre Technique (CET)	Si rém. annuelle ≥ PASS	0,14	0,21	0,35	1 + 2	De 0 à 351 936 €
	Techniciens intermittents non cadres						
	Retraite complémentaire	Tranche 1 annuelle	3,15	4,72	7,87	1	De 0 à 43 992 €
		Tranche 2 annuelle	8,64	12,95	21,59	2	De 43 992 à 351 936 €
	Contribution d'Equilibre Général (CEG)	Tranche 1 annuelle	0,86	1,29	2,15	1	De 0 à 43 992 €
		Tranche 2 annuelle	1,08	1,62	2,70	2	De 43 992 à 351 936 €
	Contribution d'Equilibre Technique (CET)	Si rém. annuelle ≥ PASS	0,14	0,21	0,35	1 + 2	De 0 à 351 936 €
	Artistes & techniciens intermittents cadres						
	Retraite complémentaire	Tranche 1 journalière	3,15	4,72	7,87	1	De 0 à 202 €
		Tranche 2 journalière	8,64	12,95	21,59	2	De 202 à 1 616 €
	Contribution d'Equilibre Général (CEG)	Tranche 1 journalière	0,86	1,29	2,15	1	De 0 à 202 €
		Tranche 2 journalière	1,08	1,62	2,70	2	De 202 à 1 616 €
	Contribution d'Equilibre Technique (CET)	Si brut ≥ plaf. SS	0,14	0,21	0,35	1 + 2	De 0 à 29 328 €
	Association Pour l'Emploi des Cadres		0,024	0,036	0,06	A + B	De 0 à 808 €
	Ensemble des intermittents						
	Congés Spectacles		0,00	15,40	15,40	Brut	
	Prévoyance incapacité, invalidité, décès minimum obligatoire depuis 01/2009	Cadres	0,00	0,76	0,76	1	De 0 à 202 € journalier
		Non cadres	0,00	0,22	0,22	1	
	Prévoyance frais de santé minimum obligatoire depuis 01/2009	Cadres	0,00	0,74	0,74	1	
		Non cadres	0,00	0,20	0,20	1	
Taxes Diverses	Taxe d'apprentissage	Hors Alsace-Moselle	0,00	0,68	0,68	Brut abattu x 111,5%	
		Alsace-Moselle	0,00	0,44	0,44		
	Participation à la construction	Effectif ≥ 50 salariés	0,00	0,45	0,45	Brut abattu	
	Participation à la formation	Quel que soit l'effectif	0,00	2,10	2,10	Brut abattu	
	Médecine du travail (CMB)		0,00	0,32	0,32	Brut abattu	

Total minimum des charges sociales	T1 technicien NC < plafond	23,24025%	55,726%	78,96625%
	T2 artiste cadre ≥ 3,5 SMIC	22,21425%	63,582%	85,79625%

Il est temps à présent, avec ce nouvel exercice en 2 parties, de rentrer dans le vif du sujet

Exercice 58 – 1ère partie (Niveau 2)

Un figurant, artiste non cadre, a été mis en scène par une petite société de production (moins de 10 salariés) afin de soutenir le show d'un comédien lors d'une émission de télévision ce samedi 25 février 2023.

Sachant que :

- C'est la seule prestation qu'il a réalisée avec cet employeur ce mois-ci pour un **cachet de 200 € ;**
- Sa profession ne donne **pas droit à déduction pour frais professionnels** ;
- Le taux d'accident du travail est de 1,2 % dans cette société de production ;
- le taux de prévoyance incapacité/invalidité/décès est le taux minimum ;
- la **prévoyance « frais de santé » est au taux de 0,45 % sur le brut** pour les non cadres ;
- Son taux de prélèvement à la source est le taux neutre.

Établir le bulletin du mois en février 2023 pour ce figurant.

Libellé des Rubriques	Base	Taux	Montant	Commentaires
Cachet				
Total Brut				
Total Brut Abattu				

Cotisations	Base	Salariales		Patronales	
		Taux	Montant	Taux	Montant
Santé					
Sécurité Sociale (Mal, Mat, Inv, Déc.)					
Incapacité, Invalidité, Capital Décès (Prév. Décès)					
Complémentaire Santé (Prév. Frais de Santé)					
Accident du Travail - Maladie Prof.					
Retraite					
Sécurité Sociale (Vieillesse Plafonnée / TA)					
Sécurité Sociale (Vieillesse Déplafonnée / Brut)					
Complémentaire (AGIRC-ARRCO + CEG /T1)					
Complémentaire (AGIRC-ARRCO + CEG /T2)					
Contribution d'Equilibre Technique (CET T1+T2)					
Famille (Tous salaires)					
Assurance Chômage					
Chômage (Chômage + AGS / TA+TB)					
Majoration pour CDD d'usage					
APEC (Salarié Cadre TA+TB)					
Congés Spectacles					
Autres Contributions dues par l'employeur					
C.S.G. Non Imposable					
Total des cotisations et contributions					
Net imposable du mois				Cumul An. :	
RETENUES ET REMBOURSEMENTS DIVERS					
C.S.G. & C.R.D.S. Imposables					
Total des Retenues et Remboursements					
Net à payer avant prélèvement à la source				Cumul An. :	
dont évolution de la rémunération liée à la suppression des cotisations salariales chômage et maladie					
Prélèvement à la source				Cumul An. :	

	Net A Payer	Date de paiement
	Total versé par l'employeur	Allègement de cotisations

Exercice 58 – 2ème partie (Niveau 2)

Établir maintenant, à l'aide du bulletin vierge ci-dessous (le même qu'à la page précédente), **le bulletin de salaire du comédien** de la 1ère partie, artiste non cadre également dont la profession le conduit à avoir une **déduction professionnelle de 25 %** et rémunéré par un unique **cachet de 1.000 € ce mois de février 2023**. Ses taux sont les mêmes que pour son confrère figurant.

Libellé des Rubriques	Base	Taux	Montant	Commentaires
Cachet du 25 février 2023			**1 000,00**	Comédien
Total Brut			1 000,00	
Total Brut Abattu			750,00	

Cotisations	Base	Salariales		Patronales	
		Taux	Montant	Taux	Montant
Santé					
Sécurité Sociale (Mal, Mat, Inv, Déc.)					
Sécurité Sociale (Mal, Mat, Inv, Déc. >2,5 SMIC)					
Incapacité, Invalidité, Capital Décès (Prév. Décès)					
Complémentaire Santé (Prév. Frais de Santé)					
Accident du Travail - Maladie Prof.					
Retraite					
Sécurité Sociale (Vieillesse Plafonnée / TA)					
Sécurité Sociale (Vieillesse Déplafonnée / Brut)					
Complémentaire (AGIRC-ARRCO + CEG /T1)					
Complémentaire (AGIRC-ARRCO + CEG /T2)					
Contribution d'Equilibre Technique (CET T1+T2)					
Famille (Tous salaires)					
Famille (> 3,5 SMIC)					
Assurance Chômage					
Chômage (Chômage + AGS / TA+TB)					
Majoration pour CDD d'usage					
APEC (Salarié Cadre TA+TB)					
Congés Spectacles					
Autres Contributions dues par l'employeur					
C.S.G. Non Imposable					
Total des cotisations et contributions					
Net imposable du mois				Cumul An. :	
RETENUES ET REMBOURSEMENTS DIVERS					
C.S.G. & C.R.D.S. Imposables					
Total des Retenues et Remboursements			0,00		
Net à payer avant prélèvement à la source				Cumul An. :	
dont évolution de la rémunération liée à la suppression des cotisations salariales chômage et maladie					
Prélèvement à la source				Cumul An. :	

	Net A Payer	**Date de paiement** **28 février 2023**
	Total versé par l'employeur	Allègement de cotisations

Énoncés des exercices

Les salariés du BTP

Le salarié dans le Bâtiment et les Travaux Publics est rattaché à la Convention Collective Nationale et Régionale (précision de la région de la CCN sur le bulletin de paie).
Les paies des travailleurs du BTP sont soumises à des spécificités assez complexes.

Les congés payés

La loi du 20 juin 1936 a rendu obligatoire en France l'attribution aux salariés des professions industrielles, commerciales et libérales d'un congé annuel payé. Cette même loi prévoyait la constitution de caisses de compensation entre les employeurs dans certaines professions désignées par décret. Les bases du régime spécial des congés payés, dans le secteur du bâtiment et des travaux publics, sont fixées par le décret du 18 janvier 1937 et l'arrêté du 8 mars 1937. Les caisses du réseau national et la caisse de surcompensation sont créées entre 1937 et 1947.

L'absence des congés payés doit se calculer de la même façon que les absences non payées puisque l'entreprise ne les indemnise pas, c'est-à-dire avec la méthode des heures réelles. Ces absences seront payées par la Caisse des Congés Payés, appelée CIBTP (Congés, Intempéries dans le BTP). Pour que cette indemnisation soit juste, il faut que l'entreprise déclare à la caisse les éléments constitutifs des périodes d'emploi de ses salariés nécessaires à la valorisation des droits à congés. Cette transmission s'effectuait chaque année via la Déclaration Nominative Annuelle (DNA) avant le 30 avril de chaque année. Depuis le 1er janvier 2022, la CIBTP est également passé à la DSN (Déclaration Nominative Sociale mensuelle). La déclaration nominative annuelle reste exigible en 2023 pour les entreprises pour lesquelles la caisse CIBTP ne dispose pas de toutes les DSN mensuelles requises pour procéder à la consolidation annuelle et établir les droits des salariés.

Après contrôle des éléments déclarés, la caisse adresse à l'entreprise le certificat de congés prévu à l'article D.3141-34 du Code du Travail qu'elle devra remettre au salarié pour lui permettre de vérifier les éléments communiqués à la caisse et, le cas échéant, justifier de ses droits.
Les salariés doivent s'assurer de la validité de leur RIB. En cas de changement ils doivent communiquer à leur agence CONGES BTP le nouveau RIB et leurs coordonnées téléphoniques.

L'indemnité de congés est calculée d'après :

- Le salaire total brut acquis au cours de la période de référence (1er avril - 31 mars),
- Le taux horaire ou le salaire mensuel de la dernière paye et normale.
- Le temps de travail effectif et les temps assimilés totalisés au cours de la période de référence (1er avril - 31 mars).

La Caisse procède au calcul de deux assiettes :

- Régime général (article L3141-22 du Code du travail) : Salaire total brut / 10.
- Régime Bâtiment (article D 3141-32 et 33 du Code du travail) : Dernier taux (*) × Temps de travail total / 10. (* Dernier taux = taux horaire ou salaire mensuel).

C'est l'assiette la plus avantageuse pour le salarié qui est retenue.

L'indemnité ainsi déterminée correspond à l'indemnité brute et globale de congé. Son montant est divisé par le nombre de jours de congés acquis pour déterminer la valeur journalière de l'indemnité de congé.
A l'indemnité de base s'ajoutent la prime de vacances et les jours supplémentaires auxquels le salarié a, éventuellement, droit :

- La prime de vacances est généralement de 30 % des quatre cinquièmes de l'indemnité de congés (autrement dit, calculée sur 24 jours ouvrables sur 30, car elle fut instituée le 16 mai 1969 lors de l'institution des quatre semaines de CP, mais non modifiée lors de l'instauration de la cinquième semaine en 1982). Pour en bénéficier, le salarié doit avoir travaillé un certain nombre d'heures entre le 1er avril de l'année A-1 et le 31 mars de l'année A. Ce nombre d'heures fluctue selon la région (par exemple, entre 150 heures pour les ouvriers de Martinique, 1.400 heures pour les ouvriers de Guadeloupe, 1.050 heures pour les ouvriers de Guyane et 6 mois de présence pour les ETAM et les cadres de ces trois départements).
- Quant aux jours supplémentaires, ce sont les jours de fractionnement et des jours liés à l'ancienneté du salarié (maximum 6 jours pour les ouvriers et 4 pour les ETAM, à vérifier selon la convention collective applicable).

La cotisation à la Caisse des CP est d'environ 20 % mais varie d'une caisse à l'autre et évolue en général au 1er avril de chaque année.
Par exemple, en janvier 2023, la CIBTP Île-De-France a annoncé qu'elle allait baisser le taux d'appel de 19,80 % à 19,70 % à compter du 1er avril 2023.
Ce taux s'applique sur le salaire brut mensuel non abattu, hors indemnités de déplacement majoré de 13,14 %.

OPPBTP

L'Organisme Professionnel de Prévention du Bâtiment et des Travaux Publics (OPPBTP) est un organisme français administré paritairement par des représentants des salariés et des employeurs. Il a pour mission de sensibiliser les professionnels du bâtiment et des travaux publics pour prévenir les accidents du travail et les maladies à caractère professionnel, et améliorer les conditions de travail. Dans le cadre de sa mission, l'OPPBTP met en œuvre des actions de conseil, de formation et d'information à destination des professionnels du BTP. La formation professionnelle continue s'adresse aussi bien aux chefs d'entreprise, au personnel encadrant, aux chefs d'équipe et aux opérationnels.

Cette cotisation doit être versée à la Caisse de Congés Payés par le biais des déclarations de salaires. La Caisse de congés payés se chargeant ensuite du versement de la cotisation à l'OPPBTP.

L'assiette de la cotisation OPPBTP correspond à la masse salariale brute déclarée pour le calcul de la cotisation congés payés, augmentée forfaitairement d'un coefficient de majoration de 1,1314. Les salaires bruts se définissent comme l'ensemble des éléments de rémunération du salarié acquis en contrepartie ou à l'occasion de son travail, aucune déduction à titre de précompte ou de frais professionnels (abattement de 10 %) ne pouvant être effectuée.

Pour l'année 2023, le taux de cotisation OPPBTP reste encore une fois fixé à 0,11 % du montant des salaires versés, y compris le montant des indemnités de congés payés pour lesquelles une cotisation est perçue par les caisses de congés payés instituées dans la branche.

Pour les intérimaires, une contribution spécifique est due. Cette dernière est calculée sur une assiette correspondant alors au nombre d'heures de travail multiplié par un salaire horaire forfaitaire de référence.
Pour 2023, le salaire horaire de référence est porté à 13,77 € (au lieu de 13,13 € en 2021 et de 13,36 € en 2022), ce montant comprenant l'indemnité compensatrice de congés payés. Autrement dit, pour les intérimaires, l'assiette = nombre d'heures de travail × 13,77 €.

L'abattement du brut

Dans le secteur du BTP, les indemnités versées aux ouvriers en remboursement des frais professionnels qu'ils engagent, peuvent faire l'objet d'une **déduction forfaitaire pour frais professionnels de 10 %.**
Pour pouvoir appliquer l'abattement de 10 %, il y a plusieurs conditions :

- l'entreprise doit appartenir au secteur du Bâtiment et des Travaux Publics ;
- le salarié doit effectuer des déplacements et recevoir en contrepartie des indemnités : en effet, seuls les ouvriers exerçant une activité non-sédentaire peuvent bénéficier de l'abattement de 10 %. Par exemple, un menuisier qui travaille en chantier pourra en bénéficier contrairement à celui qui travaille en atelier ;
- le salaire brut abattu doit être supérieur ou égal au SMIC : un salarié en déplacement, mais dont le salaire serait égal au SMIC ne pourra pas bénéficier de l'abattement de 10 %. Néanmoins, un abattement partiel est possible tant que le salaire brut abattu n'est pas inférieur au SMIC.

D'autre part, si le salarié est absent tout le mois et que son salaire est maintenu par une clause de la convention collective, il ne peut pas prétendre à l'abattement.

Le bénéfice de la déduction de 10 % n'est pas strictement réservé aux salariés ayant la qualification d'ouvrier. Ainsi doivent être assimilés à des ouvriers du Bâtiment pour l'ouverture du droit à abattement « *tous les salariés travaillant sur des chantiers, sans se préoccuper de la catégorie professionnelle à laquelle ils appartiennent* ». Ainsi, un salarié ETAM dont l'activité essentielle s'exerce en quasi-permanence sur les chantiers a donc droit, au même titre que l'ouvrier du Bâtiment proprement dit, à l'abattement de 10 %.
A l'inverse, un salarié ouvrier du Bâtiment exerçant des fonctions d'administration au siège social et n'effectuant sur les chantiers que des tournées plus ou moins occasionnelles ne peut pas se prévaloir de la déduction forfaitaire.

Pour appliquer l'abattement de 10 %, l'entreprise doit demander au salarié son avis et la procédure varie en fonction de la taille de votre entreprise et de la présence ou non de représentants du personnel.
Si l'entreprise a l'accord du C.S.E. (accord collectif figurant soit dans le contrat de travail, soit dans un avenant) elle peut alors opter pour cet abattement.
Si un tel accord ne peut être mis en place dans votre entreprise, il appartient à chaque salarié d'accepter (par écrit) ou pas cette option.

Le principal intérêt de cet abattement du brut de 10 % est de minorer les cotisations salariales et patronales. Le salarié aura ainsi un salaire net plus important.
Mais il y a plusieurs inconvénients :

- en cas de maladie ou d'accident du travail, les indemnités journalières sont calculées sur son salaire brut abattu et sont, de fait, moins importantes ;
- en cas de prise en charge par Pôle Emploi, les indemnités de chômage sont également plus faibles, puisque calculées sur 90 % de son salaire brut ;
- enfin, pour le calcul de la retraite, ses années de versement sont validées avec le salaire brut abattu générant ainsi une pension moins importante.

Attention : Cet abattement est limité à 7.600 € par an et par salarié.

Si le salarié bénéficie d'une **indemnité pour ses repas**, celle-ci sera **intégrée au brut**, seule la part habituellement exonérée de cotisations le sera pour les CSG/CRDS.

Les charges sociales

URSSAF.

Maladie, maternité, invalidité, décès + Vieillesse + Allocations familiales + Forfait social + Contribution au dialogue social + Contribution Solidarité Autonomie : les taux (et les éventuelles conditions liées au Smic) de ces cotisations sont **identiques** à celles d'un salarié non BTP.

FNAL + Versement mobilité : si leur taux de départ est bien identique à celui d'un salarié non BTP, il est néanmoins majoré de 11,5 % au titre des congés payés.

Explication de cette majoration de 11,5 % : Dans son avis du 30 octobre 2009, le Conseil d'Etat estimait que la base servant au calcul de la taxe d'apprentissage devait être majorée du montant des indemnités de congés payés dues par l'employeur en application des dispositions légales et conventionnelles du BTP. Toutefois, ce principe constituait une importante difficulté d'application pour les entreprises du BTP, ces dernières ne pouvant toujours connaître le montant exact des congés payés versés aux salariés par les Caisses de congés. C'est pourquoi les entreprises du BTP pratiquaient traditionnellement une majoration de l'assiette servant au calcul de la taxe d'apprentissage et de la participation à l'effort de construction de 13,14 %. Dans l'arrêt du 20 novembre 2013, le Conseil d'Etat considère que l'assiette servant au calcul de la taxe d'apprentissage et de la participation à l'effort de construction doit être majorée de façon forfaitaire. De même, il précise que cette majoration doit être fixée à 11,5 % pour les cotisations FNAL, versement mobilité, taxe d'apprentissage et participation à l'effort de construction.

Accident du travail / Maladie professionnelle : il y a plusieurs taux à appliquer sur le salaire brut en fonction de l'entreprise ou du salarié concerné. Pour trouver le taux qui correspond à votre attente, vous pouvez consulter l'arrêté du 26 décembre 2022 relatif à la tarification des risques d'accidents du travail et de maladies professionnelles pour l'année 2023 (https://www.legifrance.gouv.fr/jorf/id/JORFTEXT000046821482). Ainsi par exemple :

- 5,2 % pour les entreprises d'entretien, réparation, location et montage de matériels pour le BTP ;
- 4,5 % pour les entreprises d'ouvrages d'art, autres travaux d'infrastructures spécialisés (forages, sondage, fondations spéciales, travaux souterrains, de voies ferrées, maritimes et fluviaux), de terrassement courants et travaux préparatoires spécialisés (y compris travaux paysagers sauf horticulture) ;
- 0,9 % pour les salariés occupant des fonctions supports de nature administrative dans les entreprises du BTP (personnel des sièges sociaux et bureaux en application de l'art. 4 de l'arrêté du 15 fév. 2017).

Assurance chômage et l'AGS : Taux et bases identiques à ceux d'un salarié non BTP.

CSG & CRDS : Les trois taux sont identiques à ceux d'un salarié non BTP (6,80 %, 2,40 % et 0,50 %). Nous retrouvons au départ la même base (brut × 98,25 % dans la limite de 4 plafonds + brut au-delà) + le montant de la part patronale de prévoyance Décès. Mais sur la prévoyance Frais de Santé ne sont retenus pour les ouvriers que 1 % du 1,72 % du taux conventionnel.

APEC : Les taux et les bases sont identiques à celles d'un salarié non BTP, mais sont versés à BTP-Prévoyance.

Retraite complémentaire : Les taux et les bases de la retraite complémentaire, de la CEG et de la CET sont identiques à celles d'un salarié non BTP, mais sont versés à Alliance Professionnelle la PRO BTP Retraite Agirc Arrco.
A noter une répartition différente des taux pour les ETAM : 3,40 % (au lieu de 3,15 %) pour le salarié et 4,47 % (au lieu de 4,72 %) pour l'employeur sur la tranche1 et 8,89 % (au lieu de 8,64 %) pour le salarié et 12,70 % (au lieu de 12,95 %) pour l'employeur sur la tranche 2.

Chômage-intempéries (du 1er avril 2022 au 31 mars 2023).

Un régime de chômage-intempéries vise à financer par mutualisation le maintien de salaire réalisé par l'employeur au profit des salariés dont le contrat de travail est suspendu suite à intempéries. Seules les entreprises exerçant certaines activités doivent cotiser auprès du régime de chômage-intempéries.

Cette cotisation doit apparaître dans le bulletin de paie dans la famille de regroupement « Cotisations statutaires ou prévues par la convention collective ». Elle apparaît sur une ligne avec les autres cotisations ayant la même assiette.
La cotisation intempéries est recouvrée par la caisse de congés payés à laquelle l'entreprise est rattachée.
Chaque caisse de congés payés détermine ses propres règles pour le paiement des cotisations dont elle assume la collecte.
Dans les caisses auxquelles sont rattachées les entreprises du Bâtiment hors SCOP, les cotisations doivent être payées trimestriellement pour les entreprises de moins de 10 salariés. Pour les entreprises d'au moins 10 salariés, les cotisations sont à payer chaque mois.

Le taux de 0,68 % (identique à la campagne 2021-2022 contre 0,74 % pour les campagnes 2019-2020 et 2020-2021) est pour les entreprises de Gros OEuvre, tandis que celui de 0,13 % (identique à la campagne 2021-2022 contre 0,15 % pour les campagnes 2019-2020 et 2020-2021) est pour celles de Second Œuvre. La base de la cotisation est particulière : c'est la masse salariale cumulée au-delà de l'abattement de 84.564 € (1er avril 2022 – 31 mars 2023). Sous réserve de la publication de l'arrêté le confirmant, cet abattement est fixé à 90.168 € pour la prochaine campagne 2023-2024.

La masse salariale cumulée est celle déclarée à la rubrique « base plafonnée sécurité sociale ». L'abattement annuel applicable pour la période comprise entre le 1er avril 2022 et le 31 mars 2023 est de 84.560 € (8.000 fois le SMIC horaire du 1er avril 2022 : 10, 57 € × 8.000 = 84.560 €). À titre d'exemple, si en janvier 2023, la masse salariale cumulée de l'entreprise est de 86.000 €, ayant dépassé la limite d'abattement, le taux de cotisation « chômage-intempéries » de janvier 2023 s'appliquera sur une assiette égale à 1.436 € (86.000 – 84.564). Pour les mois suivants, le taux de cotisations s'appliquera sur la totalité du salaire dans la mesure où l'abattement a été dépassé.

Prévoyance

L'entreprise peut opter pour la PRO BTP-Prévoyance ou un autre opérateur.

Si elle choisit la PRO BTP-Prévoyance, nous aurons alors le tableau suivant :

Prévoyance	Taux (en %)			Assiette
	Salarié	Employeur	Total	(mensuelle)
Ouvriers				
Base	0,75	1,54	2,29	Brut jusqu'à 10 998 €
Surbase (obligatoire)	0,12	0,18	0,30	Brut jusqu'à 10 998 €
ETAM	0,60	1,25	1,85	Brut jusqu'à 10 998 €
Cadres				
Tranche A	0,00	1,50	1,50	Brut jusqu'à 3 666 €
Tranche B	A répartir		2,40	de 3 666 € à 14 664 €
Option Tranche C	A répartir		3,60	de 14 664 € à 29 328 €

Dans le cas de l'ouvrier, la prévoyance de base + la surbase obligatoire = 0,87 % pour le salarié et 1,72 % pour l'employeur. Sur ces 1,72 % de **part patronale, seul 1 % est soumis aux CSG/CRDS.**

L'employeur peut également cotiser sur une **Prévoyance Garantie Arrêt de Travail à un taux de 2,10 % en 2023 contre 2,05 % en 2022 (hors option) sur le brut abattu.**
Le maintien de salaire pendant les 90 premiers jours d'arrêt étant une obligation conventionnelle BTP, cette garantie permet à la société la prise en charge par la PRO BTP à la place de l'entreprise.

Taxe d'apprentissage

Le taux dépend de l'effectif de l'entreprise et s'applique sur le brut majoré de 11,5 % au titre des congés payés.

Voici le tableau récapitulatif :

Apprentissage	Taux (en %)			Assiette
	Salarié	Employeur	Total	
Entreprise < 11 salariés				
Taxe d'apprentissage	-	0,68	0,68	Brut majoré de 11,5% au titre des congés payés
Pour l'Alsace-Moselle	-	0,44	0,44	
Cotisation CCCA-BTP (Bâtiment)	-	0,30	0,30	
Cotisation CCCA-BTP (Travaux Publics)	-	0,22	0,22	
Entreprise ≥ 11 salariés				
Contribution légale	-	0,78	0,78	Brut majoré de 11,5% au titre des congés payés
Taxe d'apprentissage	-	0,68	0,68	
Pour l'Alsace-Moselle	-	0,44	0,44	
Cotisation CCCA-BTP	-	0,22	0,22	
Entreprise ≥ 250 salariés				
Contribution Supplémentaire Apprentissage	-	Taux variable (taille, % alternants, implantation géographique)		Masse salariale de l'année, majorée de 11,5%

Modalité de versement de la taxe d'apprentissage

Depuis 2022, c'est l'URSSAF et non plus les Opérateurs de compétences (OPCO) qui est chargée de recouvrir les contributions légales (contributions assises sur la masse salariale 2022).
Les contributions sont déclarées et prélevées via la DSN, mensuellement ou annuellement, selon la contribution légale recouvrée, avec l'ensemble des cotisations sociales. Les contributions conventionnelles et les versements volontaires ne sont pas concernés par ce transfert à l'URSSAF.

Il y a 4 contributions :

- La contribution unique (Formation Professionnelle + Taxe d'Apprentissage Part Principale et Solde) ;
- La contribution CPF CDD (uniquement pour des entreprises employant des CDD) ;
- La contribution supplémentaire à l'apprentissage (CSA) pour les entreprises de 250 salariés et plus ;
- La contribution conventionnelle (CC) pour les entreprises du BTP de 1 à 10 salariés et pour les entreprises du Bâtiment de 11 à 299 salariés.

Sur la masse salariale 2022, la FP, la CPF CDD et la part principale de la TA ont été versées mensuellement à l'URSSAF via la DSN. La CSA et le solde de la TA sont prélevés annuellement par l'URSSAF. Quant à la CC, elle sera versée mensuellement via la DSN à PRO BTP.

En résumé, en 2023 :

- Le 5 ou 15 février 2023 : Versement mensuel via la DSN de la CC (base 2023) à PRO BTP ;
- Le 5 ou 15 février 2023 : Versements mensuels via la DSN de la FP, CPF CDD et de la part principale de la TA (toutes en base 2023) à l'URSSAF ;
- Le 5 avril 2023 : Pour les entreprises de 250 salariés et plus, versement annuel via la DSN de la CSA (base 2022) à l'URSSAF ;
- Le 5 ou 15 mai 2023 : Versement du solde de la TA via la DSN (base 2022) à l'URSSAF.

La loi « Avenir Professionnel » du 5 septembre 2018 avait redéfini la taxe d'apprentissage dont le taux général est fixé à 0,68 % de la masse salariale annuelle brute.
En 2022, la part principale (0,59 %) est reversée mensuellement en DSN à l'URSSAF et le solde (0,09 %) via la DSN du mois d'avril (le 5 ou le 15 mai 2023).
La plateforme de répartition du solde de la taxe d'apprentissage, SOLTéA, sera mise à disposition à compter de la fin du premier semestre 2023 pour permettre aux employeurs de choisir les établissements bénéficiaires ou les formations auxquels les employeurs souhaitent affecter leur solde de la taxe d'apprentissage.

L'assiette de la taxe d'apprentissage est définie par référence à l'assiette des cotisations de la Sécurité sociale.
Celle-ci est divisée en deux parts correspondant à un montant de :

- 87 % destiné au financement de l'apprentissage ;
- 13 % destiné à des dépenses libératoires.

La contribution supplémentaire à la taxe d'apprentissage

La contribution supplémentaire à la taxe d'apprentissage est **due en 2023 par les employeurs de 250 salariés et plus** n'ayant pas employé, au cours de l'année 2022, de salariés en contrat d'apprentissage ou de professionnalisation, de jeunes en Volontariat International en Entreprise (VIE) ou de

jeunes bénéficiant d'une Convention Industrielle de Formation par la REcherche (CIFRE), à hauteur d'un minimum de 5 % de l'effectif annuel moyen (Article 1609 quinvicies du CGI).
Lorsqu'un employeur atteint ou franchit le seuil de 250 salariés, le franchissement n'est pris en compte que si ce seuil est atteint ou franchi pendant 5 années civiles consécutives (article L.130-1 II du Code SS).
Par ailleurs, les employeurs, dont le nombre annuel moyen de salariés employés au titre des seuls contrats d'apprentissage et de professionnalisation est supérieur ou égal à 3 % de l'effectif annuel moyen, sont exonérés de la contribution supplémentaire si l'une des conditions suivantes est remplie :

- l'employeur justifie d'une hausse de l'effectif annuel moyen de salariés en contrats d'apprentissage et de professionnalisation d'au moins 10 % par rapport à l'année précédente (2021) ;
- lorsque l'entreprise relève d'une branche couverte par un accord prévoyant au titre de l'année une progression d'au moins 10 % du nombre de salariés en contrats d'apprentissage et de professionnalisation dans les entreprises de 250 salariés et plus, l'employeur doit justifier par rapport à l'année précédente (2021) que la progression est atteinte dans les proportions prévues par l'accord au titre de l'année considérée (il n'existe pas d'accord de branche de ce type dans notre secteur d'activité).

Le taux de la contribution supplémentaire est modulé selon la proportion d'alternants que l'employeur a eue à l'effectif sur l'année 2022. Il s'agit de la même assiette que celle de la taxe d'apprentissage.

- Si l'entreprise a eu moins de 1 % d'alternants :
  - Entreprises jusqu'à 2 000 salariés : **0,40 %** (0,208 % Alsace-Moselle) ;
  - Entreprises de plus de 2 000 salariés : **0,60 %** (0,312 % Alsace-Moselle) ;
- Si l'entreprise a eu de 1 % à moins de 2 % : **0,20 %** (0,104 % Alsace-Moselle) ;
- Si l'entreprise a eu de 2 % à moins de 3 % : **0,10 %** (0,052 % Alsace-Moselle) ;
- Si l'entreprise a eu de 3 % à moins de 5 % : **0,05 %** (0,026 % Alsace-Moselle).

Les employeurs ayant 3 % d'apprentis et de contrats de professionnalisation peuvent, sous condition de progression du nombre de ces salariés, échapper à la contribution.

Participation à la Formation Professionnelle Continue

Les entreprises du BTP cotisent à la formation professionnelle continue par l'intermédiaire de PRO BTP.
Les modalités de prise en charge des actions de formation dépendent de l'organisme de formation dédié. Les organismes dédiés au BTP sont :

- **CONSTRUCTYS**
  Géré par les partenaires sociaux, Constructys assure, pour chacune des deux sections professionnelles, les responsabilités politiques et financières qui lui sont confiées par les textes relatifs à la formation professionnelle :
  - mettre en œuvre les accords et les orientations définies par les partenaires sociaux ;
  - déterminer des budgets affectés chaque année au financement des actions de formation et au fonctionnement du dispositif ;
  - évaluer et contrôler les actions engagées et les fonds utilisés.

Chaque entreprise du BTP adhère à une section professionnelle de Constructys, selon son activité.

- **L'APNAB (pour les entreprises employant moins de 11 salariés)**
  L'APNAB (Association Paritaire Nationale pour le financement de la Négociation collective dans l'Artisanat du Bâtiment) assure le financement du droit à la négociation collective :
  - participation à l'information des négociateurs paritaires ;
  - remboursement de leurs frais de déplacements et indemnités de perte de revenus.

L'APNAB a délégué à PRO BTP la mission de collecte auprès des entreprises du Bâtiment de moins de 11 salariés.

- **Le CCCA-BTP**
  Le CCCA-BTP (Comité de Concertation et de Coordination de l'Apprentissage du Bâtiment et des Travaux Publics) est un organisme professionnel et paritaire. Le CCCA-BTP est chargé de concourir au développement de la formation professionnelle initiale, notamment l'apprentissage, dans les métiers du BTP.

Les taux différents en fonction de l'effectif de l'entreprise s'appliquent sur le brut majoré de 11,5 % au titre des congés payés, sauf pour la Contribution Conventionnelle des entreprises ayant moins de 11 salariés.

Voici le tableau récapitulatif :

Formation	Taux (en %)			Assiette
	Salarié	Employeur	Total	
Entreprise < 11 salariés				
Contribution Légale	-	0,55	0,55	Brut majoré de 11,5% au titre des congés payés
Contribution Conventionnelle	-	0,35	0,35	Brut
APNAB	-	0,15	0,15	Brut
Cotisation CCCA-BTP (Bâtiment)	-	0,30	0,30	Brut majoré de 11,5% au titre des congés payés
Cotisation CCCA-BTP (Travaux Publics)	-	0,22	0,22	
Entreprise ≥ 11 salariés				
Contribution légale	-	1,00	1,00	Brut majoré de 11,5% au titre des congés payés
Entreprise ≥ 11 et < 300 salariés				
Contribution Conventionnelle Supplémentaire	-	0,20	0,20	Masse salariale de l'année, majorée de 11,5%

Le taux de la contribution légale (ainsi que celui de la contribution conventionnelle pour les entreprises dont l'effectif est inférieur à 11 salariés) s'entend « Hors Taxe », c'est-à-dire qu'il va y avoir en plus une majoration de 20 % sur ces taux au titre de la TVA.
Par exemple, pour l'entreprise < 11 salariés, les taux de TVA appliqués seront de 0,11 % et de 0,07 %.

Participation à l'effort Construction

Uniquement pour les entreprises de 50 salariés et plus, avec le même taux que les entreprises non BTP, mais sur le brut majoré de 11,5 % au titre des congés payés et versée à l'Action Logement Service.

Exercice 59 (Niveau 2)

Une entreprise de travaux de menuiserie métallique et serrurerie (Bâtiment) de 9 salariés située dans les Yvelines (région parisienne) vous demande d'établir un bulletin de paie en janvier 2023 pour son salarié, ouvrier professionnel (Niveau 1, Position 1, Coefficient 150). Ce salarié travaille 35 heures par semaine du lundi au vendredi, il se déplace tous les jours sur des chantiers et n'est pas imposable. Son **taux horaire de base s'élève à 12,00 €.**

Pour le calcul des cotisations des ouvriers, l'entreprise applique une déduction forfaitaire spécifique.

Le salarié se déplace tous le mois sur un chantier situé en zone II (10 à 20 km).
Le montant de l'indemnité trajet (qui compense le temps de trajet) **est de 2,74 € par jour.**
Le montant de l'indemnité transport (qui compense les frais engagés dans le cadre des déplacements domicile/chantier) **est de 2,67 € par jour.**

Le taux de cotisations prévoyance PRO BTP (invalidité, incapacité décès) appliqué dans cette entreprise pour les ouvriers **est de 2,59 %** (0,87 % pour le salarié et 1,72 % pour l'employeur).

Le contrat de prévoyance « Frais de santé » est de 120 € par mois (50 % pour le salarié et 50 % pour l'employeur).

Le taux accident du travail de l'entreprise est de 6,70 %

La CIBTP Ile de France applique en 2023 les taux de cotisations suivants :

- **Congés payés : 19,80 % sur** les salaires **bruts** (s'entend hors indemnité repas et trajets éventuels) ;
- **OPPBTP : 0,11 % sur** les salaires **bruts** affectés du coefficient 1,1314 (donc majoré de 13,14 %).

L'indemnité de repas s'élève à 11 € par jour.

Établir le bulletin de janvier 2023 pour ce salarié à l'aide du bulletin vierge suivant :

BTP - Bulletin de l'ouvrier professionnel de janvier 2023

Libellé des Rubriques	Base	Taux	Montant	Commentaires
Salaire				
Indemnité trajet Zone II				
Indemnité transport Zone II non soumis				
Indemnités repas hors locaux (chantier) soumises				
Indemnités repas hors locaux (chantier) non soumises				
Total Brut				
Total Brut Abattu				

Cotisations	Base	Salariales		Patronales	
		Taux	Montant	Taux	Montant
Santé					
Sécurité Sociale (Mal, Mat, Inv, Décès)				7,00	
Incapacité, Invalidité, Capital Décès (Prév. Décès)		0,87		1,72	
Frais de santé					
Accident du Travail - Maladie Prof.				3,15	
Retraite					
Sécurité Sociale (Vieillesse Plafonnée)		6,90		8,55	
Sécurité Sociale (Vieillesse Déplafonnée)		0,40		1,90	
Complémentaire (AGIRC-ARRCO + CEG /T1)		4,01		6,01	
Famille				3,45	
Assurance Chômage					
Chômage (Chômage + AGS / TA+TB)				4,20	
BTP - Caisse de Congés Payés				19,55	
BTP - OPPBTP				0,11	
Autres Contributions dues par l'employeur					
C.S.G. Non Imposable		6,80			
Exos, écrêtements & allègements de cotisations					
Total des cotisations et contributions					
Net imposable du mois				Cumul An.	
RETENUES ET REMBOURSEMENTS DIVERS					
C.S.G. & C.R.D.S. Imposables		2,90			
Total des Retenues et Remboursements					
Net à payer avant prélèvement à la source				Cumul An.	
dont évolution de la rémunération liée à la suppression des cotisations salariales chômage et maladie					
Prélèvement à la source				Cumul An.	

Nombre d'heures travaillées du mois : Cumul annuel des heures travaillées :	Net A Payer	Date de paiement 31 janvier 2023
	Total versé par l'employeur	Allègement de cotisations

Ce qu'il faut retenir des Cotisations et Contributions

Les cotisations sont des assurances sociales obligatoires. Elles sont regroupées sur le bulletin de paie par type (Santé, Accident du travail, Retraite, Famille, Chômage).

Les contributions sont des taxes ou impôts qui permettent à notre système social de fonctionner.

Les contributions de l'employeur sont : la Contribution Solidarité Autonomie, la Contribution au Dialogue Social, la Contribution d'Equilibre Générale (CEG), la Contribution d'Equilibre Technique (CET), le Forfait Social, le Versement Mobilité, le Fonds National d'Aide au Logement, la Taxe d'apprentissage et la Participation à la Formation.

Les contributions du salarié sont : la CEG, la CET, la Contribution Sociale Généralisée (CSG) (attention, il y a une partie déductible des impôts et une partie non déductible des impôts) et la Contribution au Remboursement de la Dette Sociale (CRDS – non déductible).

Le montant de chaque cotisation et de chaque contribution est composé d'une base multipliée par un taux (sauf pour la Prévoyance Frais de Santé qui est la plupart du temps un montant forfaitaire).
La base est déterminée d'après :

- Soit le brut ;
- Soit un pourcentage du brut (98,25 % dans le cas des CSG/CRDS, base augmentée du montant des cotisations patronales des Prévoyances Décès et Frais de Santé) ;
- Soit une tranche déterminée d'après le **plafond de Sécurité sociale** (montant mensuel valable pour toute une année : **3.666 € en 2023**).
  - Les tranches sont appelées
    - 1 (SS, Retraites complémentaires) : du 1er centime jusqu'au plafond SS ;
    - A (Chômage, APEC, Prévoyance Décès) : du 1er centime jusqu'au plafond SS ;
    - 2 (Retraites Complémentaires) : du plafond jusqu'à 8 fois le plafond SS ;
    - B (Chômage, APEC, Prévoyance Décès) : du plafond jusqu'à 4 fois le plafond SS.

Mais, en réalité, le « vrai » plafond qui servira à calculer les droits du salarié aux retraites et au chômage est annuel : c'est le plafond mensuel × 12 mois, soit 43.992 € en 2023.
C'est pourquoi, tous les mois, il faut pratiquer la régularisation mensuelle progressive des tranches de cotisations. En pratique, chaque mois, il faut se poser la question suivante :
« Est-ce que le brut cumulé est supérieur au plafond cumulé de la Sécurité sociale ? ».

- Si la réponse est oui, alors la tranche 1 cumulée est égale au plafond cumulé, et la tranche 2 cumulée est égale à la différence entre le brut cumulé et le plafond cumulé.
- Si la réponse est non, alors la tranche 1 cumulée est égale au brut cumulé, et la tranche 2 cumulée est égale à zéro.

La tranche 1 du mois est toujours égale à la différence entre la tranche 1 cumulée de ce mois et la tranche 1 cumulée du mois précédent.
De même, la tranche 2 du mois est toujours égale à la différence entre la tranche 2 cumulée de ce mois et la tranche 2 cumulée du mois précédent.

Attention : Le plafond de Sécurité Sociale peut être réduit dans 6 cas :

- Absences non rémunérées ;
- Entrées et sorties en cours de mois ;
- Activité partielle ;
- Congés payés dont le paiement est assuré par une caisse de compensation ;
  Dans ces 4 premiers cas, le plafond réduit =

$$\frac{\text{Plafond SS du mois} \times (\text{Nb de jrs calendaires du mois} - \text{Nb de jrs calendaires d'absence})}{\text{Nombre de jours calendaires du mois}}$$

- Salarié à temps partiel. Dans ce cas, le plafond réduit =

$$\frac{\text{Plafond SS du mois} \times (\text{nombre d'heures contractuelles} + \text{nombre d'heures complémentaires})}{\text{Horaire légal ou conventionnel}}$$

- Salarié forfait annuel en jours à temps partiel. Dans ce cas, le plafond réduit =
  Plafond SS du mois × nombre de jours contractuels / 218

Après le « Gros + » et le « Gros - », nous allons voir de quoi est composée la troisième partie du bulletin appelée « Fourre-tout ».

Avant la mise en place du bulletin « simplifié » ou « clarifié », il y avait deux zones distinctes ;
1. L'ensemble des retenues du salaire non déductibles du Net imposable du mois ;
2. L'ensemble des indemnités reçues par le salarié et non soumises à cotisations, ni aux contributions, ni aux impôts.

Parmi les retenues du salaire non déductibles, nous trouvions :
- La participation du salarié aux Titres-Restaurant (déjà vue dans le « Gros + ») ;
- Les CSG/CRDS (au taux global de 2,90 %) – Nous rappelons ici, que nous avons pris l'option de faire figurer ces deux contributions à cet endroit pour une meilleure lisibilité du bulletin. La plupart des logiciels de paie les place après la CSG déductible. Elles sont donc inclues dans le total des cotisations et contributions. Ce qui rend la lecture du Net imposable du mois moins compréhensible puisqu'il faut penser à les enlever pour obtenir un résultat juste, surtout qu'il ne faut déjà pas oublier de rajouter à ce même Net imposable du mois le montant des charges patronales de prévoyance « Frais de Santé » ;
- Les acomptes ;
- Les avances ;
- Les prêts ;
- Les saisies arrêts (ou avis à tiers détenteur) que nous verrons dans les exercices 68 et 69.

Parmi les indemnités non soumises, il y avait :
- Le remboursement des frais professionnels (paniers, indemnités de transport, remboursement de restaurant, remboursement d'hôtel, etc.) pour la partie exonérée de cotisations et d'impôts (déjà abordé dans le « Gros + ») ;
- La reprise des avantages en nature (également déjà étudiée dans le « Gros + ») ;
- Toutes les indemnités de rupture de contrat pour leur partie exonérée (indemnités de départ à la retraite, de mise à la retraite, de rupture conventionnelle, de licenciement pour motif personnel ou pour raison économique) – source des exercices 70 à 72 ;
- Les Indemnités Journalières de Sécurité Sociale (IJSS) en cas de subrogation que nous allons détailler à présent (exercices 62 à 66).

19. Exercices sur la maladie, maternité, garantie convetionnelle et temps partiel thérapeutique

Calcul des Indemnités Journalières de Sécurité Sociale (IJSS) pour la maladie

Délai de carence

Tous les assurés sociaux bénéficient de l'indemnité journalière maladie à compter du quatrième jour qui suit le point de départ de l'incapacité de travail (C. Séc. soc., art. L.323-1 et R.323-1). Dans le calcul de ce délai de carence, on ne doit pas comprendre la journée au cours de laquelle l'assuré a interrompu son travail (même si ce fait s'est produit en début de travail) lorsque cette journée a donné lieu au paiement d'un salaire total ou partiel.

Le délai de carence est donc de trois jours.

L'indemnité journalière maladie est due pour tous les jours ouvrables ou non (C. Séc. soc., art. L.323-1) : ce sont donc des jours calendaires.

Montant de l'indemnité journalière maladie brute
L'indemnité journalière maladie est égale à la moitié du gain journalier de base dans la limite de 1,8 fois le SMIC mensuel.

Depuis le 1er janvier 2015, le SMIC à prendre est celui du mois qui précède l'arrêt maladie pour la comparaison avec les 3 bruts qui précèdent l'arrêt (et non plus le SMIC à comparer mois par mois).

Depuis le 1er janvier 2015, pour déterminer le montant de l'indemnité journalière, il n'y a plus que trois possibilités de calcul au lieu de cinq précédemment (les modalités prévues en cas de paiement journalier ou par trimestre ont disparu). En fonction de la périodicité de la paie, l'IJ correspondra donc aux montants suivants :

- **1/91,25 du montant des 3 dernières paies des mois civils antérieurs à la date de l'interruption de travail** lorsque le salaire est réglé mensuellement ou dans des cas autres que ceux mentionnés ci-après ;
- 1/84 du montant des 6 ou 12 dernières paies des mois civils antérieurs à la date de l'interruption de travail lorsque le salaire est réglé toutes les 2 semaines ou chaque semaine ;
- 1/365 du montant du salaire des 12 mois civils antérieurs à la date de l'interruption de travail lorsque le travail n'est pas continu ou présente un caractère saisonnier.

Dans le cas le plus fréquent de paie mensuelle, nous pouvons donc écrire la formule suivante :

$$\text{Indemnité journalière} = \frac{\text{3 derniers bruts (dans la limite de 1,8 SMIC apprécié mois par mois)}}{\text{91,25 jours}} \times 50\,\%$$

Au 1er janvier 2023, l'IJ maximum est donc de 50,58 €

Attention : la majoration pour enfants à charge a été supprimée pour les arrêts de travail prescrits à compter du 1er juillet 2020.

Montant de l'indemnité journalière maladie nette

L'indemnité journalière est servie nette de CRDS (depuis le 1er février 1996) au taux de 0,50 %, et de CSG au taux de 2,40 % (CSG non déductible) + 3,80 % (CSG déductible sur les revenus de remplacement), précomptée par la Sécurité sociale (soit 6,70 % au total). Autrement dit, le montant des IJSS que le salarié reçoit (ou l'entreprise reçoit pour lui) est le montant des IJSS brutes – 6,70 %.

Spécial Coronavirus-Covid-19

Dès l'année 2020, le décret n° 2020-73 du 31 janvier 2020 **a supprimé temporairement le délai de carence de 3 jours pour les personnes qui ont fait l'objet d'une mesure d'isolement, éviction ou maintien à domicile liée au coronavirus.** Décret confirmé par l'Ordonnance n° 2020-322 du 25 mars 2020.

Depuis le 10 janvier 2021, les personnes symptomatiques, en attente d'un test au Covid-19, peuvent comme les cas contact bénéficier d'**arrêts maladie indemnisés sans jour de carence** et délivrés automatiquement en ligne sur le site de l'Assurance maladie.
Deux décrets parus au Journal officiel du 9 janvier 2021 (Décret n° 2021-13 du 8 janvier 2021 prévoyant l'application de dérogations relatives au bénéfice des indemnités journalières et de l'indemnité complémentaire prévue à l'article L. 1226-1 du code du travail ainsi qu'aux conditions de prise en charge par l'assurance maladie de certains frais de santé afin de lutter contre l'épidémie de Covid-19 et Décret n° 2021-15 du 8 janvier 2021 relatif à la suspension du jour de carence au titre des congés de maladie directement en lien avec la covid-19 accordés aux agents publics et à certains salariés) prévoient le versement des indemnités journalières dès le premier jour d'arrêt pour les salariés et les agents publics y compris lorsqu'ils sont testés positifs. Ces modalités initialement applicables jusqu'au 31 mars 2021 ont été prolongées plusieurs fois. La dernière prolongation vient de la loi de financement de la sécurité sociale (LFSS) pour 2023, publiée au Journal officiel du 24 décembre 2022, qui maintient l'indemnisation des salariés en arrêt de travail Covid sans jours de carence jusqu'à une date fixée par décret ou au plus tard **jusqu'au 31 décembre 2023**.

Les salariés concernés par les arrêts de travail dérogatoires Covid-19

Les salariés qui ne peuvent pas télétravailler ou être placés en activité partielle par leur employeur peuvent bénéficier d'un arrêt de travail dérogatoire indemnisé. Ce sont :

- **Les personnes considérées comme vulnérables**, vaccinées ou non, qui ne peuvent pas télétravailler, dont le poste de travail peut les exposer à de fortes densités virales, qui ne peuvent pas bénéficier de mesures de protection renforcées et de l'activité partielle. L'arrêt de travail dérogatoire est établi par le médecin traitant.
- **Les personnes non-vaccinées ou avec un schéma vaccinal incomplet ayant été en contact avec une personne positive au Covid-19**, contactées par l'Assurance maladie dans le cadre du contact tracing ou ayant reçu une notification de l'application TousAntiCovid peuvent demander un arrêt de travail en ligne pour s'isoler sur le site declare.ameli.fr. L'arrêt est d'une durée de 7 jours à partir de la date de la notification de cas contact. Il pourra être rétroactif dans la limite de 2 jours pour les salariés spontanément isolés avant la date de notification. Si les résultats du test ne sont pas connus à la fin de l'arrêt initial, il est possible de demander une prolongation de l'arrêt dans la limite de 2 jours supplémentaires.

- **Les parents cas contact d'un enfant testé positif au Covid** contactés par l'Assurance Maladie dans le cadre du contact tracing. L'indemnisation est ouverte à un seul des deux parents, lorsqu'il ne peut pas télétravailler. L'arrêt est d'une durée de 7 jours à partir de la date de la notification de cas contact. Il pourra être rétroactif dans la limite de 2 jours pour les salariés spontanément isolés avant la date de notification. Si les résultats du test ne sont pas connus à la fin de l'arrêt initial, il est possible de demander une prolongation de l'arrêt dans la limite de 2 jours supplémentaires.
- **Les personnes devant s'isoler à la suite d'un déplacement à l'étranger ou en outre-mer**. L'obligation de s'isoler au retour en France dépend du pays de provenance. Pour connaître les conditions de retour en France, consulter le site du gouvernement. Les salariés concernés doivent informer leur employeur qui fera la demande d'arrêt de travail via un téléservice dédié. Les indemnités journalières seront versées par l'Assurance maladie à réception de la demande.

Exercice 60 (Niveau 1)

1. Un salarié ayant 10 ans d'ancienneté dans une entreprise perçoit un salaire inchangé depuis 1 an de **2.737,50 €.**
   Calculer le montant de ses I.J.S.S. (Indemnités Journalières de Sécurité Sociale) **brutes et nettes** s'il est **malade** (hors coronavirus) **15 jours** ce mois de **mai 2023.**

2. Un salarié ayant 10 ans d'ancienneté dans une entreprise perçoit un salaire inchangé depuis 1 an de **4.000,00 €.**
   Calculer le montant de ses I.J.S.S. brutes et nettes s'il est **malade** (hors coronavirus) **12 jours** ce mois de **mai 2023.**

3. Un salarié ayant 10 ans d'ancienneté dans une entreprise a perçu un salaire de **4.400,00 € en décembre 2022 et de 2.200 € en janvier et février 2023.** Ayant été identifié par l'Assurance Maladie comme « cas contact » et ne pouvant pas télétravailler, il est en arrêt de travail à compter du 15 mars 2023. Finalement, son test se révèle négatif et le salarié peut reprendre son travail le 25 mars 2023.
   Calculer le montant de ses I.J.S.S. brutes et nettes pour ce mois de **mars 2023.**

Calcul des Indemnités Journalières de Sécurité Sociale (IJSS) pour la maternité

Absence de délai de carence : Contrairement à la maladie, dans le cadre du congé maternité ou d'adoption, il n'y a pas de délai de carence : l'indemnité est versée à compter du premier jour de la maternité, mais pour pouvoir en bénéficier, l'assurée doit cesser toute activité pendant au moins 8 semaines (2 semaines avant l'accouchement et 6 semaines après), durée pendant laquelle le Code du travail interdit à tout employeur de faire travailler une femme en couches (C. trav., art. L.1225-29). Quant à la durée de l'indemnisation de la maternité, elle est variable. Elle dépend à la fois du type de grossesse (en cas de naissances multiples) et du nombre d'enfants que la salariée a déjà eu.

Depuis le 1er Janvier 1995		Durée (en semaines entourant la naissance)		
Type de grossesse	**Nombre d'enfants précédents**	**Avant**	**Après**	**Total**
Simple	1	6	10	**16**
	Au moins 2, ou si l'assurée a déjà eu au moins 2 enfants nés viables	8	18	**26**
Gémellaire	#	12	22	**34**
Triplés ou +	#	24	22	**46**

Depuis le 1er juillet 2013, l'indemnité journalière maternité est égale au gain journalier de base calculé (comme pour la maladie) mais dans la limite du plafond SS et diminuée de 21 %. Ce qui donne un **montant maximum des IJ maternité pour 2023 de :** [(3.666 € × 3 / 91,25) × 79 %] **95,22 €.**
Le **montant minimum** des IJ maternité est de **10,24 €** pour 2023.
L'indemnité journalière maternité n'est pas cotisable, mais imposable depuis le 1er janvier 1996 et servie nette de cotisations CSG/CRDS au taux global de 6,70 % (depuis le 1er janvier 1998).
Au moment du départ de la salariée, l'entreprise doit transmettre à l'Assurance maladie les informations permettant de calculer les indemnités journalières de congé maternité qui lui sont dues. La transmission des informations se fait désormais par le biais de la déclaration sociale nominative (DSN).

Calcul des Indemnités Journalières de Sécurité Sociale pour la paternité et l'accueil d'un enfant

La loi de financement de la Sécurité sociale pour 2002 a introduit le congé de paternité. Celui-ci est ouvert à tout salarié à l'occasion de la naissance ou de l'adoption de son enfant.

Depuis le 1er juillet 2021, pour la naissance ou adoption d'un enfant unique, 25 jours calendaires maximum sont accordés (contre 11 jours précédemment). La durée est portée à **32 jours calendaires** (contre 18 jours précédemment) **pour les naissances ou adoptions multiples**. Ce congé, pris dans un délai de 4 mois à compter de la date de naissance ou de l'adoption, cumulable avec le congé de 3 jours accordé pour la naissance d'un enfant (C. trav., art. L.1225-35), se décompose alors en 4 jours obligatoirement pris directement à la suite du congé naissance, puis les 21 ou 28 autres fractionnables.

Le salarié doit avertir l'employeur de son intention de bénéficier du congé de paternité au moins un mois avant la prise effective de celui-ci. L'employeur ne peut le refuser.
L'employeur a pour obligation légale de transmettre ces informations par le biais de la DSN. Pour les entreprises n'ayant pas encore de DSN opérationnelle, elles peuvent encore renseigner le formulaire papier cerfa n° 11135*04, ou utiliser le site net-entreprises.fr.
Le salarié doit également transmettre le certificat de naissance de son enfant à sa Caisse Primaire d'Assurance Maladie (CPAM).
Suivant la même procédure vue précédemment en maternité, il faut donner le net (brut limité au plafond de la Sécurité sociale - 21 %) des 3 mois précédant l'arrêt. Les montants minimum et maximum sont également les mêmes que pour les IJ maternité.
Les indemnités journalières de sécurité sociale versée en cas de congé adoption se calculent de la même façon que pour la maternité ou la paternité.

Exercice 61 (Niveau 1)

Une salariée ayant 6 ans d'ancienneté dans une entreprise qui **ne pratique pas la subrogation** et percevant un salaire inchangé depuis 1 an de **4.200,00 €**, va s'absenter pour **maternité** (sachant qu'elle **a déjà deux enfants à charge et qu'elle attend des jumeaux pour le 1er Juillet 2023**). Avant de partir, elle vous demande de calculer **le montant total des I.J. maternité qu'elle va percevoir** chez elle.

La garantie conventionnelle (appelée aussi « régul. sur le net », ou « garantie du net », ou encore « maintien du net »).

Le salarié ne pouvant effectuer aucun travail, aucun salaire n'est en principe dû par l'employeur. Cependant, le salarié malade ou en accident bénéficie le plus souvent du maintien d'une partie ou de la totalité de sa rémunération en application soit de l'accord de mensualisation, soit de la convention collective ou de l'accord d'entreprise applicable.
La subrogation de l'employeur dans les droits de l'assuré lui permet de toucher directement les indemnités journalières si le salaire est maintenu au moins partiellement.
La situation telle qu'un salarié absent et bénéficiant du versement d'indemnités journalières de Sécurité sociale, puisse percevoir un revenu supérieur à celui qu'il aurait touché s'il avait travaillé normalement est quelque peu choquante, on en conviendra. Cette situation s'explique par le fait que les IJSS sont exonérées de cotisations sociales. Le salarié qui les perçoit se voit donc attribuer un montant net. Or, ce montant net vient en déduction d'une base brute soumise à des cotisations. Les conséquences au niveau de la paie ne sont pas sans effet. Or, votre convention prévoit sans doute que « les garanties conventionnelles accordées aux salariés en termes de maintien de salaire ne doivent pas conduire à leur verser, compte tenu des sommes perçues de toute provenance à l'occasion de la maladie ou de l'accident, un montant supérieur à la rémunération nette qu'ils auraient touché s'ils avaient travaillé normalement ». C'est donc à juste titre qu'un employeur peut modifier la façon dont il détermine le calcul des indemnités reçues de la Sécurité sociale par un salarié.

La solution consiste à déduire une nouvelle rubrique, appelée « Garantie Conventionnelle » ou « Garantie du net » ou encore « Régularisation sur le net » après la rubrique des IJSS. Pour calculer le montant de cette rubrique il faut appliquer une formule parmi les trois ci-dessous car trois formules sont nécessaires aux trois possibilités :

Cas n° 1 : Le salaire brut est inférieur ou égal au plafond de la Sécurité sociale :

$$\text{La garantie conventionnelle} = \text{IJSS brutes} \times \frac{\text{Taux1} - 0{,}067}{1 - \text{Taux1}}$$

Cas n° 2 : Le salaire brut est supérieur au plafond de la Sécurité sociale. Deux possibilités :

- le salaire habituel est supérieur au plafond et le salaire diminué des IJSS reste supérieur au plafond :

$$\text{La garantie conventionnelle} = \text{IJSS brutes} \times \frac{\text{Taux2} - 0{,}067}{1 - \text{Taux2}}$$

- le salaire habituel est supérieur au plafond et le salaire diminué des IJSS devient inférieur au plafond :

$$\text{La garantie conventionnelle} = \frac{\text{IJSS brutes} \times (\text{Taux1} - 0{,}067) - \text{Tr. B} \times (\text{Taux1} - \text{Taux2})}{1 - \text{Taux1}} + \frac{\text{Brut} \times \text{Taux de la CET}}{1 - \text{Taux2}}$$

Taux1 = taux de cotisations salariales applicable à la fraction de salaire inférieure au plafond (cotisations salariales **assises sur le brut, sur la tranche 1 et sur la tranche A, CSG et CRDS incluses**).

Taux2 = taux de cotisations salariales applicable à la fraction de salaire supérieure au plafond (cotisations salariales **assises sur le brut, sur la tranche 2 et sur la tranche B, CSG et CRDS incluses**).

Taux de la CET = taux de la cotisation salariale de la CET. En effet, le problème est que si le salarié est présent sans maladie, il est en tranche 2 et a donc une CET qui se déclenche sur la tranche1 + la tranche2, alors que s'il est malade et passe en-dessous du plafond, il n'a plus de CET du tout !

Exercice 62 (Niveau 2)

Pour ce mois de **juin 2023**, établir les deux bulletins de salaire d'un salarié ayant un **salaire de 2.940 €** mensuel (constant depuis plusieurs mois) pour 151,67 heures, le premier quand il a un arrêt **maladie** indemnisé à 100 % **de 13 jours avec** une **garantie conventionnelle** (à gauche) et le second quand il travaille normalement (à droite) pour vérifier que vous avez bien le même net à payer avant PAS.
La prévoyance « Frais de Santé » est de 100 € (50 % pour le salarié et 50 % pour l'employeur).
La prévoyance « Décès » est de 1 % (part salariale) et de 2 % (part patronale) sur la tranche A.

Pour faire cet exercice, nous vous proposons une sorte de bulletin « double » très simplifié : sur la partie gauche, vous ferez le bulletin du salarié en absence maladie et sur la partie droite le bulletin du même salarié présent sans maladie. Il n'y a sur ce bulletin « double » aucune trace de charges patronales car elles n'influent pas sur le résultat. Le but de ce bulletin « double » est d'obtenir le même résultat sur la ligne « Net à payer avant prélèvement à la source ».

	Salarié en absence maladie			**Salarié présent sans maladie**		
Libellé des Rubriques	**Base**	**Taux**	**Montant**	**Base**	**Taux**	**Montant**
Salaire	151,67		**2 940,00**	151,67		**2 940,00**
Absence Maladie						
Paiement Maladie						
I.J.S.S. "Brutes"						
Garantie Conventionnelle						
Total Brut						**2 940,00**
Cotisations	**Base**	**Salariales**		**Base**	**Salariales**	
		Taux	**Montant**		**Taux**	**Montant**
Santé						
Inc., Inv., Capital Décès		1,00			1,00	
Complémentaire Santé			-50,00			-50,00
Retraite						
S.S. (Vieillesse Plaf.)		6,90			6,90	
S.S. (Vieillesse Déplaf.)		0,40			0,40	
Complémentaire (/T1)		4,01			4,01	
C.S.G. Non Imposable		6,80			6,80	
Total des cotisations et contributions						
Net imposable du mois						
RETENUES ET REMBOURSEMENTS DIVERS						
C.S.G. & C.R.D.S. Imp.		2,90			2,90	
I.J.S.S. "Nettes"						
Total des Retenues et Remboursements						
Net à payer avant prélèvement à la source				=		

Exercice 63 (Niveau 2)

Pour ce mois d'**avril 2023**, établir les deux bulletins de salaire d'un salarié **cadre** ayant un **salaire de 6.000 €** mensuel (constant depuis plusieurs mois) pour 151,67 heures, le premier quand il a un arrêt **maladie** indemnisé à 100 % **de 15 jours avec** une **garantie conventionnelle** (à gauche) et quand il travaille normalement (à droite) pour vérifier que vous avez bien le même net à payer avant PAS.
La prévoyance « Frais de Santé » est de 100 € (50 % pour le salarié et 50 % pour l'employeur).
La prévoyance « Décès » est au strict minimum légal (1,5 % pour l'employeur sur Tr. A).

(Comme pour l'exercice précédent, ce bulletin « double » très simplifié me semble plus adapté à ce type de calculs)

	Salarié en absence maladie			Salarié présent sans maladie		
Libellé des Rubriques	Base	Taux	Montant	Base	Taux	Montant
Salaire	151,67		**6 000,00**	151,67		**6 000,00**
Absence Maladie						
Paiement Maladie						
I.J.S.S. "Brutes"						
Garantie Conventionnelle						
Total Brut						6 000,00
Cotisations	Base	Salariales		Base	Salariales	
		Taux	Montant		Taux	Montant
Santé						
Complémentaire Santé			-50,00			-50,00
Retraite						
S.S. (Vieillesse Plaf.)		6,90			6,90	
S.S. (Vieillesse Déplaf.)		0,40			0,40	
Complémentaire (/T1)		4,01			4,01	
Complémentaire (/T2)		9,72			9,72	
CET (T1+T2)		0,14			0,14	
APEC (TA+TB)		0,024			0,024	
C.S.G. Non Imposable		6,80			6,80	
Total des cotisations et contributions						
Net imposable du mois						
RETENUES ET REMBOURSEMENTS DIVERS						
C.S.G. & C.R.D.S. Imp.		2,90			2,90	
I.J.S.S. "Nettes"						
Total des Retenues et Remboursements						
Net à payer avant prélèvement à la source				=		

Exercice 64 (Niveau 3)

Pour ce mois de **janvier 2023**, établir les deux bulletins de salaire d'un salarié **cadre** ayant un **salaire de 3.720 €** mensuel (constant depuis plusieurs mois) pour 151,67 heures, le premier quand il a un arrêt **maladie** indemnisé à 100 % **de 12 jours avec** une **garantie conventionnelle** (à gauche) et le second quand il travaille normalement (à droite) pour vérifier que vous avez bien le même net à payer avant PAS.

La prévoyance « Frais de Santé » est de 100 € (50 % pour le salarié et 50 % pour l'employeur).
La prévoyance « Décès » est au strict minimum légal (1,5 % pour l'employeur sur Tr. A).

	Salarié en absence maladie			Salarié présent sans maladie		
Libellé des Rubriques	Base	Taux	Montant	Base	Taux	Montant
Salaire	151,67		**3 720,00**	151,67		**3 720,00**
Absence Maladie						
Paiement Maladie						
I.J.S.S. "Brutes"						
Garantie Conventionnelle						
Total Brut						3 720,00
Cotisations	Base	Salariales Taux	Salariales Montant	Base	Salariales Taux	Salariales Montant
Santé						
Complémentaire Santé			-50,00			-50,00
Retraite						
S.S. (Vieillesse Plaf.)		6,90			6,90	
S.S. (Vieillesse Déplaf.)		0,40			0,40	
Complémentaire (/T1)		4,01			4,01	
Complémentaire (/T2)		9,72			9,72	
CET (T1+T2)		0,14			0,14	
APEC (TA+TB)		0,024			0,024	
C.S.G. Non Imposable		6,80			6,80	
Total des cotisations et contributions						
Net imposable du mois						
RETENUES ET REMBOURSEMENTS DIVERS						
C.S.G. & C.R.D.S. Imp.		2,90			2,90	
I.J.S.S. "Nettes"						
Total des Retenues et Remboursements						
Net à payer avant prélèvement à la source				=		

Exercice 65 (Niveau 3)

Sachant que :

- Un salarié CDI (non cadre) père de 4 enfants à charge, perçoit un salaire de base de **2.520 €** mensuel.
- Il a droit à un treizième mois chaque année avec sa paie de décembre.
- Depuis plus d'un an, il n'a eu aucune absence particulière à signaler.
- L'entreprise reçoit un **arrêt de travail pour maladie (hors coronavirus) non professionnelle débutant le 6 février 2023.**
- Cette entreprise parisienne (520 salariés) pratique la **subrogation** pendant 90 jours avant de passer le relai à la prévoyance.
- Le salarié n'a toujours **pas repris son travail au 30 avril 2023** ;
- La prévoyance « **Frais de Santé » est de 100 €** (50 % pour le salarié et 50 % pour l'employeur) ;
- La **prévoyance « Décès »** est de **1 %** pour le salarié et de **2 %** pour l'employeur, **sur Tr. A** ;
- Le **taux d'accident du travail** est de **2,50 %** ;
- Le **taux Versement Mobilité** est de **2,95 %** ;
- Le taux de prélèvement à la source est le taux neutre.

Établir d'abord le bulletin de paie de janvier. Il servira de référence pour vérifier la garantie du net avant PAS, il permettra de calculer au plus juste la rubrique « Exos, écrêtements & allègements de cotisations » et d'obtenir les cumuls à venir des nets imposables du mois, des nets à payer avant PAS et des PAS.

Ensuite, établir les bulletins de salaire en février, mars et avril 2023 pour ce salarié quand il sera malade.

Bulletin de janvier 2023

Libellé des Rubriques	Base	Taux	Montant	Commentaires	
Salaire	151,67		**2 520,00**	Plafond du mois : 3.666 €	
Total Brut			2 520,00		
Cotisations	**Base**	**Salariales**		**Patronales**	
		Taux	**Montant**	**Taux**	**Montant**
Santé					
Sécurité Sociale (Mal, Mat, Inv, Déc.)				7,00	
Incapacité, Invalidité, Capital Décès (Prév. Décès)		1,00		2,00	
Complémentaire Santé (Prév. Frais de Santé)			-50,00		50,00
Accident du Travail - Maladie Prof.				2,50	
Retraite					
Sécurité Sociale (Vieillesse Plafonnée)		6,90		8,55	
Sécurité Sociale (Vieillesse Déplafonnée)		0,40		1,90	
Complémentaire (AGIRC-ARRCO + CEG /T1)		4,01		6,01	
Complémentaire (AGIRC-ARRCO + CEG /T2)					
Contribution d'Equilibre Technique (CET T1+T2)					
Famille				3,45	
Assurance Chômage					
Chômage (Chômage + AGS / TA+TB)				4,20	
Autres Contributions dues par l'employeur					
C.S.G. Non Imposable		6,80			
Exos, écrêtements & allègements de cotisations					
Total des cotisations et contributions					
Net imposable du mois				Cumul An. :	
RETENUES ET REMBOURSEMENTS DIVERS					
C.S.G. & C.R.D.S. Imposables		2,90			
Total des Retenues et Remboursements					
Net à payer avant prélèvement à la source				Cumul An. :	
dont évolution de la rémunération liée à la suppression des cotisations salariales chômage et maladie					
Prélèvement à la source				Cumul An. :	

Nombre d'heures travaillées du mois :	**151,67**	**Net A Payer**	**Date de paiement** 31 janvier 2023
Cumul annuel des heures travaillées :	**151,67**	**Total versé par l'employeur**	**Allègement de cotisations**

Bulletin de février 2023

Libellé des Rubriques	Base	Taux	Montant	Commentaires	
Salaire	151,67		**2 520,00**	**Plafond du mois : 3.666 €**	
Abs. Maladie *(en jours calendaires réels)*	23,00	90,000	**-2 070,00**		
Ind. Maladie *(en jours calendaires réels)*	23,00	90,000	**2 070,00**		
I.J.S.S. "Brutes"	20,00	44,470	**-889,40**		
Garantie Conventionnelle			**-174,93**		
Total Brut			**1 455,67**		
Cotisations	**Base**	**Salariales**		**Patronales**	
		Taux	Montant	Taux	Montant
Santé					
Sécurité Sociale (Mal, Mat, Inv, Déc.)	1 455,67			7,00	101,90
Incapacité, Invalidité, Capital Décès (Prév. Décès)	1 455,67	1,00	-14,56	2,00	29,11
Complémentaire Santé (Prév. Frais de Santé)			-50,00		50,00
Accident du Travail - Maladie Prof.	1 455,67			2,50	36,39
Retraite					
Sécurité Sociale (Vieillesse Plafonnée)	1 455,67	6,90	-100,44	8,55	124,46
Sécurité Sociale (Vieillesse Déplafonnée)	1 455,67	0,40	-5,82	1,90	27,66
Complémentaire (AGIRC-ARRCO + CEG /T1)	1 455,67	4,01	-58,37	6,01	87,49
Complémentaire (AGIRC-ARRCO + CEG /T2)					
Contribution d'Equilibre Technique (CET T1+T2)					
Famille	1 455,67			3,45	50,22
Assurance Chômage					
Chômage (Chômage + AGS / TA+TB)	1 455,67			4,20	61,14
Autres Contributions dues par l'employeur	1 455,67				92,16
C.S.G. Non Imposable	1 509,31	6,80	-102,63		
Exos, écrêtements & allègements de cotisations					-66,81
Total des cotisations et contributions			**-331,82**		**593,72**
Net imposable du mois			**1 173,85**	Cumul An. :	3 208,45
RETENUES ET REMBOURSEMENTS DIVERS					
C.S.G. & C.R.D.S. Imposables	1 509,31	2,90	-43,77		
I.J.S.S. "Nettes"	20,00	41,491	829,81		
Total des Retenues et Remboursements			**786,04**		
Net à payer avant prélèvement à la source			**1 909,89**	Cumul An. :	3 819,78
dont évolution de la rémunération liée à la suppression des cotisations salariales chômage et maladie			*20,19*		
Prélèvement à la source	**2 029,45**	**4,10%**	**-83,21**	Cumul An. :	-154,42

Nombre d'heures travaillées du mois :	**21,00**	**Net A Payer**	**Date de paiement**
Cumul annuel des heures travaillées :	**172,67**	**1 826,68 €**	**28 février 2023**
		Total versé par l'employeur	**Allègement de cotisations**
		2 049,39 €	**66,81 €**

Bulletin de mars 2023

Libellé des Rubriques	Base	Taux	Montant	Commentaires
Salaire	151,67		**2 520,00**	Plafond du mois : 3.666 €
Absence Maladie				
Paiement Maladie				
.I.J.S.S. "Brutes"				
Garantie Conventionnelle				
Total Brut				

Cotisations	Base	Salariales		Patronales	
		Taux	Montant	Taux	Montant
Santé					
Sécurité Sociale (Mal, Mat, Inv, Déc.) (<2,5 SMIC)				7,00	
Incapacité, Invalidité, Capital Décès (Prév. Décès)		1,00		2,00	
Complémentaire Santé (Prév. Frais de Santé)			-50,00		50,00
Accident du Travail - Maladie Prof.				2,50	
Retraite					
Sécurité Sociale (Vieillesse Plafonnée)		6,90		8,55	
Sécurité Sociale (Vieillesse Déplafonnée)		0,40		1,90	
Complémentaire (AGIRC-ARRCO + CEG /T1)		4,01		6,01	
Complémentaire (AGIRC-ARRCO + CEG /T2)					
Contribution d'Equilibre Technique (CET T1+T2)					
Famille				3,45	
Assurance Chômage					
Chômage (Chômage + AGS / TA+TB)				4,20	
Autres Contributions dues par l'employeur					
C.S.G. Non Imposable		6,80			
Exos, écrêtements & allègements de cotisations					
Total des cotisations et contributions					
Net imposable du mois				Cumul An. :	
RETENUES ET REMBOURSEMENTS DIVERS					
C.S.G. & C.R.D.S. Imposables		2,90			
I.J.S.S. "Nettes"					
Total des Retenues et Remboursements					
Net à payer avant prélèvement à la source				Cumul An. :	
dont évolution de la rémunération liée à la suppression des cotisations salariales chômage et maladie					
Prélèvement à la source				Cumul An. :	

Nombre d'heures travaillées du mois : Cumul annuel des heures travaillées :	**Net A Payer**	**Date de paiement** **31 mars 2023**
	Total versé par l'employeur	**Allègement de cotisations**

Bulletin d'avril 2023

Libellé des Rubriques	Base	Taux	Montant	Commentaires
Salaire	151,67		**2 520,00**	**Plafond du mois : 3.666 €**
Absence Maladie				
Paiement Maladie				
.I.J.S.S. "Brutes"				
Garantie Conventionnelle				
Total Brut				

Cotisations	Base	Salariales		Patronales	
		Taux	Montant	Taux	Montant
Santé					
Sécurité Sociale (Mal, Mat, Inv, Déc.)				7,00	
Incapacité, Invalidité, Capital Décès (Prév. Décès)		1,00		2,00	
Complémentaire Santé (Prév. Frais de Santé)			-50,00		50,00
Accident du Travail - Maladie Prof.				2,50	
Retraite					
Sécurité Sociale (Vieillesse Plafonnée)		6,90		8,55	
Sécurité Sociale (Vieillesse Déplafonnée)		0,40		1,90	
Complémentaire (AGIRC-ARRCO + CEG /T1)		4,01		6,01	
Complémentaire (AGIRC-ARRCO + CEG /T2)					
Contribution d'Equilibre Technique (CET T1+T2)					
Famille				3,45	
Assurance Chômage					
Chômage (Chômage + AGS / TA+TB)				4,20	
Autres Contributions dues par l'employeur					
C.S.G. Non Imposable		6,80			
Exos, écrêtements & allègements de cotisations					
Total des cotisations et contributions					
Net imposable du mois				Cumul An. :	
RETENUES ET REMBOURSEMENTS DIVERS					
C.S.G. & C.R.D.S. Imposables		2,90			
I.J.S.S. "Nettes"					
Total des Retenues et Remboursements					
Net à payer avant prélèvement à la source				Cumul An. :	
dont évolution de la rémunération liée à la suppression des cotisations salariales chômage et maladie					
Prélèvement à la source				Cumul An. :	

Nombre d'heures travaillées du mois : **Cumul annuel des heures travaillées :**	**Net A Payer**	**Date de paiement** **30 avril 2023**
	Total versé par l'employeur	**Allègement de cotisations**

Le temps partiel thérapeutique

Le temps partiel thérapeutique, notion mal connue des entreprises alors qu'il concerne pourtant chaque année quelques dizaines de milliers de salariés, constitue une forme particulière de reprise du travail le plus souvent après un congé pour maladie ou accident.
Le temps partiel thérapeutique correspond à un aménagement de la reprise du travail du salarié destiné à favoriser sa guérison. Il peut être une solution pour les personnes ayant besoin de soins réguliers et fréquents, ou fatiguées par la maladie, en ce qu'il permet une reprise progressive du travail ou le maintien à un poste, en accord avec le service de médecine du travail et la Sécurité sociale. Le médecin du travail peut diagnostiquer une aptitude « partielle », ou « sous réserve », ce qui signifie que le salarié peut être apte à reprendre le travail moyennant quelques aménagements de poste, le plus souvent de façon temporaire.

Trop de salariés pensent que la lettre du médecin du travail leur conseillant une reprise ou un passage en temps partiel est suffisante. Le médecin du travail est en capacité de diagnostiquer et ainsi de conseiller un temps partiel thérapeutique, en revanche, il n'a pas la compétence pour le prescrire. Il convient donc de retourner voir son médecin de ville (généraliste ou psychiatre), accompagné de la lettre du médecin du travail, afin que celui-ci puisse prescrire, sous recommandations du médecin du travail, un temps partiel thérapeutique.

Les horaires

Les nouveaux horaires réduits du salarié seront déterminés par l'entreprise qui tiendra compte ce faisant des éventuelles prescriptions médicales particulières, l'employeur appréciant leur compatibilité avec l'organisation du travail. Faut-il alors appliquer la réglementation du travail à temps partiel ? Surtout pas ! En effet, il n'y a « travail à temps partiel » que lorsqu'il y a initiative en ce sens du chef d'entreprise ou demande du salarié (C. trav., art. L.3123-2). Ici, il n'y a ni l'un ni l'autre. La notion de choix à l'origine du travail à temps partiel est absente. La maladie est tout sauf un choix et le temps partiel thérapeutique ordonné au salarié, s'il se présente en pratique comme une situation de travail à temps partiel, n'a rien à voir avec une organisation du temps de travail librement choisie ou acceptée par les parties. Ce raisonnement ne s'applique que pour la période de temps partiel ordonnée par le médecin. Au-delà de cette période, si le salarié reste à temps partiel, les règles légales relatives au temps partiel retrouveront leur pleine application.
Il faut considérer le temps partiel thérapeutique comme une absence de type « maladie »). Et ce, pour plusieurs raisons :

- Le temps partiel thérapeutique n'ouvre **pas droit à réduction du plafond** S.S. car comme pour la maladie, le fait qu'il y ait complément de salaire par un tiers supprime cette possibilité.
- Comme l'entreprise ne rémunère le salarié que sur ses heures réellement travaillées, **il convient d'appliquer la méthode d'absence en heures réelles préconisée par la Cour de cassation** (méthode de décompte des heures non rémunérées par l'entreprise, vue précédemment au chapitre du décompte des absences). D'ailleurs, conformément à la Cour de cassation, la CPAM demande (sur net-entreprise.fr, cadre 5) chaque mois la période concernée, le salaire brut et le **nombre d'heures réellement travaillées à temps partiel** par le salarié et le nombre d'heures et le salaire brut théoriques, pour la même période (autrement dit, ce que le salarié aurait perçu s'il avait travaillé normalement). **Il est donc hors de question d'une quelconque mensualisation des heures**.
- Tout en étant en temps partiel thérapeutique, le salarié peut bénéficier de jours de **congés payés.** La CPAM est très ferme sur le sujet (site ameli.fr / fileadmin / user upload / documents / Le temps partiel therapeutique.pdf page 13) : « **La prise de congés pendant un temps partiel**

thérapeutique est considérée comme une reprise à temps complet et met donc fin temporairement au temps partiel thérapeutique. ».

- Le salarié peut également tomber **malade** (voire, selon sa pathologie, rechuter) pendant son temps partiel thérapeutique. Là aussi, et c'est plus que logique, **la maladie interrompt le temps partiel thérapeutique**, les conditions de reprise d'activité à temps partielle n'étant plus présentes. Sur le site ameli.fr / … / Le temps partiel therapeutique.pdf page 10, il est dit : « Pour tout nouvel arrêt de travail au titre de la maladie survenant pendant une période de reprise à temps partiel thérapeutique, il convient d'adresser une nouvelle attestation de salaire ». Le service Paie doit donc remplacer l'absence temps partiel thérapeutique et le mettre en absence maladie « normale » et selon les conventions collectives, l'ancienneté et les droits du salarié, indemniser cette nouvelle absence (avec selon les cas, subrogation, maintien du net).

Exercice 66 (Niveau 3)

Sachant que :

- Une entreprise (dont l'effectif est de 312 salariés) a un salarié cadre (10 ans d'ancienneté) qui a été absent pour maladie du lundi 26 septembre au vendredi 31 décembre 2022 ;
- Début janvier 2023, il est revenu en « **temps partiel thérapeutique** » ;
- Ses horaires aménagés sont relativement simples : il ne vient travailler que les matins **3 heures et demi du lundi au vendredi** ;
- Depuis son retour, il est très assidu et n'a eu aucune absence ;
- Mais ce mois d'avril 2023, il a eu un arrêt **maladie** (sans lien avec le premier arrêt) d'une semaine (**du lundi 3 au dimanche 9**) ;
- Il a également pris **une semaine de congés payés (du lundi 24 au vendredi 28 inclus)** ;
- **Son salaire forfaitaire à temps plein est de 3.520 €** ;
- La convention collective lui octroie une **prime d'ancienneté de 10 %** assise sur sa rémunération ;
- Le **taux accident du travail** est de **2,50 %** ;
- Le **taux Versement Mobilité** est de **2,95 %** ;
- La prévoyance « **Frais de Santé** » est de **100 €** (50 % pour le salarié et 50 % pour l'employeur) ;
- La **prévoyance « Décès »** est de **1 %** pour le salarié et de **2 %** pour l'employeur, sur la **tranche A** ;
- L'entreprise **maintient le salaire à 100 %** sans carence et pratique la subrogation pendant la maladie **pendant 60 jours** ;
- L'entreprise calcule les **congés payés en jours ouvrés** et applique la **règle du maintien** au moment de l'absence (le dixième étant éventuellement régularisé en fin de période de prise des congés payés) ;
- Le **calendrier d'avril 2023** pour ce salarié est celui-ci :

AVRIL 2023	Semaine							
	Sem. 13	L	M	M	J	V	S	D
		27	28	29	30	31	1	2
	Sem. 14	L	M	M	J	V	S	D
		3	4	5	6	7	8	9
		Mal	Mal	Mal	Mal	Mal	Mal	Mal
	Sem. 15	L	M	M	J	V	S	D
		10	11	12	13	14	15	16
		JF						
	Sem. 16	L	M	M	J	V	S	D
		17	18	19	20	21	22	23
	Sem. 17	L	M	M	J	V	S	D
		24	25	26	27	28	29	30
		CP	CP	CP	CP	CP		

Établir le bulletin de salaire en avril 2023 pour le salarié en temps partiel thérapeutique malade.

Libellé des Rubriques	Base	Taux	Montant	Commentaires
Salaire Forfaitaire	151,67		**3 520,00**	**Bulletin Temps Partiel**
Prime d'ancienneté				**Thérapeutique**
Absence Temps Partiel Thérapeutique				
Absence Jour Férié				**Plafond SS : 3.666 €**
Indemnité Jour Férié				
Absence Congés Payés				
Indemnité Congés Payés				
Absence Maladie				
Paiement Maladie				
I.J.S.S. "Brutes"				
Garantie Conventionnelle				
Total Brut				

Cotisations	Base	Salariales		Patronales	
		Taux	Montant	Taux	Montant
Santé					
Sécurité Sociale (Mal, Mat, Inv, Décès)				7,000	
Incapacité, Invalidité, Capital Décès (Prév. Décès)		1,000		2,000	
Complémentaire Santé (Prév. Frais de Santé)			-50,00		50,00
Accident du Travail - Maladie Prof.				2,500	
Retraite					
Sécurité Sociale (Vieillesse Plafonnée)		6,900		8,550	
Sécurité Sociale (Vieillesse Déplafonnée)		0,400		1,900	
Complémentaire (AGIRC-ARRCO + CEG /T1)		4,010		6,010	
Famille				3,450	
Assurance Chômage					
Chômage (Chômage + AGS / TA+TB)				4,200	
APEC (Salarié Cadre TA+TB)		0,024		0,036	
Autres Contributions dues par l'employeur					
C.S.G. Non Imposable		6,800			
Total des cotisations et contributions					
Net imposable du mois				Cumul An. :	
RETENUES ET REMBOURSEMENTS DIVERS					
C.S.G. & C.R.D.S. Imposables		2,900			
I.J.S.S. "Nettes"					
Total des Retenues et Remboursements					
Net à payer avant prélèvement à la source				Cumul An. :	
dont évolution de la rémunération liée à la suppression des cotisations salariales chômage et maladie					
Prélèvement à la source				Cumul An. :	

Nombre d'heures travaillées du mois :	**Net A Payer**	**Date de paiement**
Cumul annuel des heures travaillées :		**30 avril 2023**
	Total versé par l'employeur	**Allègement de cotisations**

Ce qu'il faut retenir de la partie concernant les maladies, maternité, paternité, accidents

Quand un salarié est malade, en maternité, en paternité ou en accident, il a droit à 3 types d'indemnisation :

- De la part de la Sécurité Sociale ;
  - Qui offre deux types de prestations ;
    - Des prestations en nature (remboursement du médecin, des médicaments, etc...) ;
    - Des prestations en espèces (complément du salaire perdu du fait de la maladie, maternité, paternité ou accident). Ces prestations s'appellent des Indemnités Journalières de Sécurité Sociale (IJSS). La Paie ne s'intéresse qu'à celles-ci et il y en a 3 :
      - IJSS maladie ;
        - Elles sont versées pour tous les jours calendaires de l'arrêt à partir du quatrième jour de la maladie. Il y a donc 3 jours de carence (sauf prolongation de l'arrêt initial et hors COVID-19) ;
        - Leur montant est déterminé grâce à la formule : IJSS maladie = [3 derniers bruts (dans la limite de 1,8 SMIC mensuel apprécié mois par mois) / 91,25] × 50 %. Le montant maximum est donc **50,58** € au 1er janvier 2023.
      - IJSS maternité ou paternité ou adoption ;
        - Elles sont versées tous les jours calendaire de l'arrêt, sans carence ;
        - Pour la maternité et l'adoption, la durée de versement dépend du nombre d'enfant attendu et du nombre d'enfant que l'assurée sociale a déjà eu ;
        - Pour la paternité, la durée de versement est 25 jours (ou 32 en cas de naissance multiple), dont 4 jours accolés au congé naissance de 3 jours et le reste (21 ou 28 jours) étant fractionnable.
        - Leur montant est déterminé grâce à la formule : IJSS maternité = [3 derniers bruts (dans la limite du plafond SS mensuel apprécié mois par mois) / 91,25} – 21 %.
          Le montant maximum est donc 95,22 € pour l'année 2023.
      - IJSS accident du travail ;
        - Elles sont versées pour tous les jours calendaires de l'arrêt, sans carence. Seul le 1er jour de l'accident reste à la charge de l'employeur ;
        - Leur montant est égal à 60 % du salaire net de référence pendant les 28 premiers jours et à 80 % de ce même salaire net à partir du 29ème jour d'arrêt.
        - Le salaire net de référence est déterminé par le salaire brut du mois précédent l'accident (éventuellement augmenté du douzième des primes versées annuellement) divisé par 30,42 et diminué des cotisations (forfait de – 21 %).
        - Le montant maximum jusqu'au 28ème jour est de 220,14 € en 2023.
        - Le montant maximum à partir du 29ème jour est de 293,51 € en 2023.
          Toutes les IJSS sont servies nettes de CSG/CRDS (c'est-à-dire montant brut – 6,7 %) et sont imposables entièrement pour la maladie, la maternité et la paternité, à 50 % pour les accidents du travail.

- De la part de l'employeur ;
  - Qui doit obligatoirement indemniser la maladie à partir du 8ème jour d'arrêt à 90 % (sous déduction des IJSS) pendant au moins 30 jours dès que le salarié a au moins un an d'ancienneté ;
  - Qui doit respecter l'indemnisation prévue par la Convention collective, habituellement plus avantageuse que la règle précédente issue des accords de mensualisation de 1978 ;
  - La subrogation permet à l'employeur de percevoir les IJSS à la place du salarié s'il maintient la rémunération ;
  - La garantie conventionnelle permet au salarié de percevoir le salaire net qu'il aurait perçu comme s'il avait continué à travailler. La formule qui permet de calculer son montant pour un salaire brut inférieur au plafond est : Garantie conventionnelle = IJSS brutes × [(Taux1 – 0,067) / (1 – Taux1)]
- De la part de la prévoyance ;
  - Les prévoyances relevant d'accords entre employeurs et organismes de prévoyance, il n'est pas possible ici de donner une méthode de calcul de ces IJ complémentaires. Néanmoins, elles sont soumises à cotisations, proportionnellement à la participation patronale servant à leur financement, et sont intégralement soumises aux impôts.

20. Exercices sur l'activité partielle

L'activité partielle

L'activité partielle est le nouveau nom du chômage partiel, connu aussi sous le nom de chômage technique.
Quand l'activité de l'entreprise baisse au point de ne plus permettre à l'employeur de remplir une de ses 4 obligations, en l'occurrence « fournir le travail convenu », les salariés sont soit licenciés économiquement, soit placés en activité partielle en attendant des jours meilleurs. Ce dispositif évite donc, au moins pour un certain temps le licenciement économique et c'est la raison pour laquelle l'Etat aide ces entreprises en difficulté en leur versant une allocation d'activité partielle.

Le recours à l'activité partielle peut prendre plusieurs formes :
- diminution de la durée hebdomadaire du travail ;
- fermeture temporaire de tout ou partie de l'établissement.

L'employeur peut percevoir l'allocation d'activité partielle dans la limite de 1 000 heures par an et par salarié quelle que soit la branche professionnelle (1.607 heures pour les années exceptionnelles 2020 et 2021, suite au décret du 25 mars 2020), ou 100 heures par an et par salarié si l'activité partielle est due à des travaux de modernisation des installations et des bâtiments de l'entreprise.

En temps normal (hors période Covid-19)

Dans les entreprises de plus de 50 salariés, l'employeur doit au préalable consulter pour avis le comité social et économique (CSE) concernant :
- les motifs de recours à l'activité partielle ;
- les catégories professionnelles et les activités concernées ;
- le niveau et les critères de mise en œuvre des réductions d'horaire ;
- les actions de formation envisagées ou tout autre engagement pris par l'employeur.

Les entreprises sans représentants du personnel doivent informer directement leurs salariés du projet de mise en activité partielle de leur établissement.

Avant la mise en activité partielle, l'employeur doit adresser, en vertu de l'article R 5122-2 du Code du travail au Préfet du département et par délégation à la DREETS où est implanté l'établissement concerné une demande préalable d'autorisation d'activité partielle.
Cette demande est adressée par voie électronique via le site http://activitepartielle.emploi.gouv.fr. L'employeur disposera alors d'un récépissé électronique.
L'employeur bénéficie d'un délai de 30 jours pour adresser sa demande en cas de sinistres ou d'intempéries.

La demande doit préciser :
- les motifs justifiant le recours à l'activité partielle ;
- la période prévisible de sous-activité ;
- le nombre de salariés concernés.

Elle doit être accompagnée de l'avis préalable du comité social et économique (CSE).
La décision doit être notifiée à l'employeur dans un délai de 15 jours. La décision de refus doit être motivée. En l'absence de réponse dans les 15 jours, l'autorisation est considérée comme accordée.
L'état d'avancement de l'instruction du dossier peut être suivi en ligne. Une fois l'autorisation

administrative obtenue, qu'elle soit expresse ou tacite, l'employeur peut réduire ou suspendre son activité et mettre ses salariés en activité partielle. C'est cette autorisation qui lui permet d'obtenir le remboursement des indemnités versées aux salariés.
L'autorisation d'activité partielle n'est accordée que pour une durée maximale de 3 mois renouvelable dans la limite de 6 mois.

Le montant de l'allocation versée à l'employeur correspond à 36 % de la rémunération brute horaire du salarié pour l'activité partielle.
Le taux horaire minimum de cette allocation (appelée souvent « Allocation Spécifique » et anciennement « Aide Publique ») pour 2023 est de 8,03 €.
Cette valeur « plancher » n'est pas applicable lorsque la rémunération du salarié est inférieure au SMIC, aux salariés en contrat d'apprentissage ou de professionnalisation, aux pigistes et VRP. Si la rémunération est inférieure au SMIC, le taux de l'allocation est égal à celui de l'indemnité d'activité partielle. Si la rémunération est inférieure au SMIC, le taux de l'indemnité d'activité partielle ne peut pas être inférieur au SMIC. Ces salariés perçoivent donc une indemnité égale à leur rémunération antérieure.
Le taux de cette allocation est aussi plafonné à un montant égal à 4,5 SMIC, soit pour 2023 : 11,27 € × 4,5 × 36 % = 18,26 €.

L'Activité Partielle de Longue Durée (APLD)

L'activité partielle de longue durée (APLD) est un dispositif spécifique d'activité partielle destiné à assurer le maintien de l'emploi dans des entreprises confrontées à une réduction d'activité durable du fait de la conjoncture (crise économique, sanitaire...), sans que les difficultés rencontrées par les entreprises ne soient de nature à compromettre leur pérennité.
Ce dispositif de soutien à l'activité économique peut être mis en place par toutes les entreprises faisant face à une baisse durable de l'activité, quels que soient leur taille ou leurs secteurs.
L'APLD est une mesure de soutien aux entreprises financée par l'État et l'Unedic.
L'APLD ne se cumule pas, sur une même période et pour un même salarié, avec la mise en activité partielle dans le cadre du dispositif de droit commun. En revanche, l'employeur peut bénéficier de l'APLD pour certains salariés, et de l'activité partielle de droit commun pour d'autres salariés, s'il rencontre des difficultés d'approvisionnement en matière première ou énergie, en cas de sinistre ou intempérie de caractère exceptionnel, dans le cadre d'une transformation, restructuration ou modernisation de l'entreprise, ou de toute autre circonstance de caractère exceptionnel.
Sauf cas exceptionnels résultant de la situation particulière de l'entreprise, l'horaire de travail du salarié placé en APLD peut être réduit dans la limite de 40 % de la durée légale (soit 14 heures par semaine) sur la durée totale de l'accord. Le contrat de travail, comme en activité partielle classique, est suspendu sur les heures au cours desquelles le salarié n'est pas à la disposition de son employeur.

Depuis le 1er janvier 2023, le montant de l'APLD versée à l'employeur correspond à 60 % de la rémunération brute horaire du salarié pour l'activité partielle. Le taux horaire minimum de cette APLD pour 2023 est de 8,92 €.
Et son plafond (égal aussi à 4,5 SMIC) est pour 2023 : 11,27 € × 4,5 × 60 % = 30,43 €.

Toutes les règles applicables pendant la période liée au Covid-19 ont été supprimées le 31 décembre 2022.

Ce que perçoit le salarié

En cas d'activité partielle, le salarié perçoit 60 % de sa rémunération brute horaire.
Dans le cadre des dispositions prises pendant la période du Coronavirus (2020 à 2022), les personnes vulnérables et celles devant garder leurs enfants ont été indemnisées à hauteur de 70 %.
Le salarié en formation, quant à lui, continue de percevoir 100 % de sa rémunération nette horaire s'il est en formation pendant les heures chômées (C. trav., art. R. 5122-18). Cette indemnisation à 100 % en cas de formation professionnelle, a été suspendue pour les formations accordées après le 28 mars 2020 jusqu'au 31 décembre 2022 (Ordonnance 2020-346 du 27 mars 2020, ordonnance du 22 septembre 2021).

Dans tous ces cas, l'employeur doit remettre au salarié un document indiquant le nombre des heures indemnisées, les taux appliqués et les sommes versées ou les faire figurer dans le bulletin de paie. De façon exceptionnelle, en cas de de difficultés financières de l'employeur (procédure de sauvegarde, de redressement ou de liquidation judiciaire), le préfet du département peut faire procéder au paiement direct de l'allocation aux salariés.

Sur le bulletin de paie figure donc une ligne pour l'allocation perçue par l'employeur (les 36 % ou 60 % en cas d'APLD) et une deuxième ligne souvent appelée « Allocation Complémentaire » qui vient compléter la première à hauteur de 60 % ou 70 % ou 100 % du taux horaire du salarié, en respectant les minima et maxima prévus.

A ce schéma « classique », viennent s'ajouter quelques particularités :

- Une convention collective ou accord peut faire varier ce « 60 % » jusqu'à 100 % et le salarié perçoit alors une « Allocation Conventionnelle » diminuée d'un ajustement afin qu'il ait le net habituel ;
- Un salarié au Smic, verra son allocation augmenter jusqu'à ce qu'il perçoive le Smic net habituel (1.269 € en 2022, 1.353 € en 2023) hors prélèvement à la source ;
- Un salarié en activité partielle ne pouvant percevoir moins que le Smic net, il faut parfois ajuster l'allocation spécifique à 8,92 € (correspondant à un SMIC net) de façon à ce que le salarié perçoive cette somme.

Le calcul des heures chômées

Les heures chômées prises en compte correspondent à la différence entre le nombre d'heures réellement travaillées et la durée légale du travail (ou la durée collective ou celle prévue au contrat de travail si elle est inférieure). Seules les heures chômées dans la limite de la durée légale du travail sont indemnisables (les heures supplémentaires accomplies en raison d'un horaire collectif supérieur à 35 heures ne doivent pas être payées au salaire initialement convenu - ces heures n'ouvrant pas droit au versement de l'allocation d'activité partielle de l'État à l'employeur).
Pour les salariés travaillant en forfait heures ou jours sur l'année, c'est la durée légale correspondant aux jours de fermeture de l'établissement ou du service qui est prise en compte (dans la limite de 7 heures par jour ou 3 h 30 par demi-journée de fermeture). La totalité des heures chômées est prise en compte pour le calcul des congés payés.

Les heures indemnisées

En vertu de l'article R5122-19 du code du travail, les heures indemnisables au titre de l'allocation d'activité partielle sont les heures chômées issues de la différence entre les heures effectuées et :

- la durée légale du travail ;

- la durée collective de travail inférieure à la durée légale ;
- la durée prévue au contrat de travail des salariés à temps partiel ;
- la durée conventionnelle de travail prévue par un accord collectif (exemple HCR) conclu avant le 24 avril 2020.

Pour les salariés travaillant en forfait heures ou jours sur l'année, c'est la durée légale correspondant aux jours de fermeture de l'établissement ou du service qui est prise en compte (dans la limite de 7 heures par jour ou 3 h 30 par demi-journée de fermeture). La totalité des heures chômées est prise en compte pour le calcul des congés payés.

Autrement dit, l'allocation est calculée selon la règle du maintien de salaire. Il faut donc prendre en compte le paiement majoré des heures supplémentaires habituelles et constantes que le salarié aurait effectuées s'il avait travaillé (Cass. soc., 13 octobre 1955, n° 2878), la valeur des avantages en nature s'ils ne sont pas maintenus pendant les congés payés, les primes ou indemnités versées en complément du salaire si elles ne rémunèrent pas déjà la période des congés payés. Mais les temps de pause, même rémunérés, ne sont pas pris en compte pour le calcul des heures non travaillées à indemniser.

Lorsqu'un jour férié tombe en plein milieu d'une période d'activité partielle, il est en principe rémunéré au taux horaire de l'activité partielle. Il reste à la charge de l'employeur. En effet, selon la Cour de cassation (17 février 1993, n° 89-44002), « *l'employeur ne peut être tenu de verser à ses salariés, au titre de jours fériés, un complément de salaire calculé sur une rémunération que ces travailleurs n'auraient pas perçue, s'il s'était agi de jours ouvrés* ». Cette règle n'est pas toujours simple à expliquer aux salariés.

Le régime social des indemnités d'activité partielle et d'APLD

L'indemnité légale ou Allocation Spécifique est exclue de l'assiette des cotisations et soumise à CSG au taux de 6,20 % (le taux réduit ou l'exonération de CSG en fonction du revenu fiscal de référence ne sont pas applicables) et à CRDS au taux de 0,50 %, après abattement de 1,75 % pour frais professionnels.
Elle est soumise le cas échéant aux différentes cotisations maladie applicables, sur la totalité de l'assiette.
L'ensemble de ces contributions et cotisations peut être écrêté, si ce prélèvement a pour effet de réduire le montant net de l'allocation, éventuellement cumulé avec une rémunération d'activité, sous le montant du Smic brut.
Concernant l'indemnité complémentaire, lorsque la somme de l'indemnité globale versée par l'employeur (indemnité légale + indemnité complémentaire versée en application d'un accord collectif ou d'une décision unilatérale) est supérieure à 3,15 fois la valeur du Smic horaire, la part de l'indemnité complémentaire excédant cette limite est assujettie aux cotisations et contributions sociales applicables aux revenus d'activité dans les conditions de droit commun.

Les indemnités d'activité partielle sont considérées comme un revenu de remplacement, au même titre que les indemnités journalières de Sécurité sociale par exemple. Elles sont donc exonérées de cotisations de Sécurité sociale et de tout prélèvement dont l'assiette est alignée sur celle des cotisations sociales.
Ne sont pas dus :

- le FNAL;
- la contribution solidarité autonomie ;
- le versement transport ;

- les cotisations d'assurance chômage et d'AGS;
- les cotisations de retraite complémentaire;
- la CUFPA;
- l'effort de construction.

Elles sont aussi exonérées de taxe sur les salaires.

Les cotisations salariales ne sont pas dues et n'apparaissent pas sur les bulletins de paie. Seule exception, dans les départements du Bas-Rhin, du Haut-Rhin et de la Moselle, la cotisation supplémentaire d'assurance maladie à la charge des salariés est due. Enfin, dès lors que l'employeur verse une indemnité complémentaire (volontaire ou prévue par la convention collective), les mêmes règles s'appliquent jusqu'à un montant global de 3,15 SMIC.

L'indemnité d'activité partielle versée au salarié est exonérée des cotisations salariales et patronales de sécurité sociale, mais assujettie aux impôts et à la CSG non imposable au taux de 3,8 % (au lieu de 6,8 %) et à la CSG/CRDS imposable au taux de 2,90 %. Ces deux contributions sont calculées sur la base de 98,25 % de l'indemnité versée (après application d'un abattement de 1,75 % pour frais professionnels). Cette indemnité est bien sûr cessible et saisissable dans les mêmes conditions et limites que les salaires (art. L. 5122-4).

L'employeur dispose d'un délai de six mois pour demander le paiement de l'allocation d'activité partielle. Pour ce faire, l'employeur doit se connecter au site internet http://activitepartielle.emploi.gouv.fr et indiquer pour chaque établissement et pour chaque salarié concerné les heures d'activité partielle ainsi que son taux.

Questions diverses sur l'activité partielle

Pendant la période de confinement liée au coronavirus, les chiffres officiels du gouvernement ont fait état qu'au moins 8 millions de salariés avaient été confrontés à l'activité partielle, et pour la plupart pour la première fois de leur carrière. Aussi s'inquiétaient-ils sur leurs droits à :

- **Congés payés :** la totalité des heures chômées est bien prise en compte pour l'acquisition des droits à C.P. (C. trav., art. R. 5122-11). Cette bonne nouvelle est malheureusement compensée par une moins bonne : si la salarié avait posé une semaine de CP pendant cette période, il sera considéré en CP et non en activité partielle durant cette semaine – l'avantage éventuel est qu'il perçoit 100 % de sa rémunération pour cette semaine. Autre mauvaise nouvelle, l'employeur peut obliger un salarié à prendre 6 jours ouvrables (ou 5 jours ouvrés) en CP sans son accord pendant cette période d'activité partielle;
- **JRTT :** pour la plupart des salariés, l'acquisition des jours de réduction du temps de travail s'établi en effectuant un travail effectif supérieur à 35 heures par semaine. Or, en temps d'activité partielle, il n'y a plus de travail effectif et donc plus d'acquisition de JRTT. Les autres salariés, lorsque l'acquisition est forfaitaire quel que soit le nombre d'heures ou de jours en travail effectif, conserveront donc leur droit entier;
- **Plafond SS :** Nous l'avons déjà vu : l'activité partielle fait partie des cas de réduction du plafond de la Sécurité sociale. Rappel : si un salarié est en activité partielle 15 jours calendaires sur un mois de 30 jours calendaires, son plafond est réduit de moitié : 3.666 € (plafond 2023) × 15 / 30 = 1.833 €;
- **Retraite :** Les périodes d'activité partielle sont des périodes assimilées à des durées d'assurance (Code S.S. art. L 351-3 et R. 351-12), donc les salariés ne perdent aucun trimestre. En revanche, l'indemnité activité partielle n'est pas intégrée au salaire annuel moyen pour le calcul des

25 meilleures années. Pour la retraite unifiée Agirc/Arrco, les heures indemnisées au titre de l'activité partielle dépassant 60 heures par an donnent lieu à l'attribution de points gratuits ;

- **Maladie :** Si un salarié se trouve en arrêt maladie avant la période d'activité partielle, l'arrêt maladie reste applicable. En revanche, s'il est malade (hors cas lié au coronavirus pour lequel des règles spécifiques ont été édictées) ou si son arrêt maladie est renouvelé pendant l'activité partielle, il reste en activité partielle. Sauf dispositions plus favorables, le calcul de son maintien de salaire se fait sur la base de l'horaire réduit appliqué à l'entreprise pendant son arrêt maladie (Cass. soc., 2 juillet 1987, n° 83-43.626). Son maintien de salaire doit donc être calculé en fonction des indemnités de l'activité partielle qu'il aurait perçues s'il avait été en activité.
- **Jours fériés :** Les jours fériés ne sont pas considérés comme des jours chômés au titre de l'activité partielle puisque par essence non travaillés. L'employeur doit prendre en charge 100 % de la rémunération due au titre des jours fériés. Par ailleurs, l'Etat ne compense pas le paiement de ces heures dans le cadre du versement de l'allocation d'activité partielle. Seuls les jours fériés traditionnellement travaillés au sein de l'entreprise peuvent être pris en charge.
- **Indemnité de transport :** La prise en charge obligatoire égale a 50 % des frais de transport réellement engagés par le salarié, dans le cadre d'un abonnement mensuel de transports en commun pour ses déplacements domicile – lieu de travail, est maintenue si le salarié doit se déplacer au moins une fois dans le mois, sur son lieu de travail. Si l'abonnement est annuel, la prise en charge reste obligatoire. Dans tous les autres cas, l'indemnité de transport n'est pas maintenue.

Exercice 67 (Niveau 3)

Ce salarié CDI (non cadre), perçoit un salaire de base de **3.000 €** pour 151,67 heures, dans une entreprise de la Seine Saint-Denis, ayant un **effectif de 15 salariés**. Il a été décidé d'une **fermeture administrative pour une semaine** (du 13 au 19 février 2023). Sachant que, la prévoyance « Frais de Santé » est de 100 € (50 % pour le salarié et 50 % pour l'employeur), que la prévoyance « Décès » est de 1 % pour le salarié et de 2 % pour l'employeur, sur Tr. A, que le taux d'accident du travail est de 2,50 %, celui du versement mobilité est 2,95 %, et celui du prélèvement à la source est le taux neutre.

1. Établir d'abord un bulletin de paie de février 2023 **sans activité partielle** pour ce salarié.

Libellé des Rubriques	Base	Taux	Montant	Commentaires	
Salaire de base	151,67		**3 000,00**	Plafond du mois : 3.666,00 €	
Total Brut			3 000,00		
Cotisations	Base	Salariales		Patronales	
		Taux	Montant	Taux	Montant
Santé					
Sécurité Sociale (Mal, Mat, Inv, Déc.)					
Sécurité Sociale (Mal, Mat, Inv, Déc.) (>2,5 SMIC)					
Incapacité, Invalidité, Capital Décès (Prév. Décès)					
Complémentaire Santé (Prév. Frais de Santé)					
Accident du Travail - Maladie Prof.					
Retraite					
Sécurité Sociale (Vieillesse Plafonnée)					
Sécurité Sociale (Vieillesse Déplafonnée)					
Complémentaire (AGIRC-ARRCO + CEG /T1)					
Famille					
Assurance Chômage					
Chômage (Chômage + AGS / TA+TB)					
Autres Contributions dues par l'employeur					
C.S.G. Non Imposable					
Total des cotisations et contributions					
Net imposable du mois				Cumul An.	
RETENUES ET REMBOURSEMENTS DIVERS					
C.S.G. & C.R.D.S. Imposables					
Total des Retenues et Remboursements					
Net à payer avant prélèvement à la source				Cumul An.	
dont évolution de la rémunération liée à la suppression des cotisations salariales chômage et maladie					
Prélèvement à la source du mois				Cumul An.	

Nombre d'heures travaillées du mois : Cumul annuel des heures travaillées :	**Net A Payer**	**Date de paiement** **28 février 2023**
	Total versé par l'employeur	**Allègement de cotisations**

2. Établir son bulletin de paie de février 2023 **avec l'activité partielle** à l'aide du bulletin suivant :

Libellé des Rubriques	Base	Taux	Montant	Commentaires	
Salaire de base			**3 000,00**	**Plafond du mois :**	
Absence Activité Partielle					
Allocation Spécifique					
Allocation Complémentaire					
Total Brut					
Cotisations	**Base**	**Salariales**		**Patronales**	
		Taux	**Montant**	**Taux**	**Montant**
Santé					
Sécurité Sociale (Mal, Mat, Inv, Déc.)					
Sécurité Sociale (Mal, Mat, Inv, Déc.) (>2,5 SMIC)					
Incapacité, Invalidité, Capital Décès (Prév. Décès)					
Complémentaire Santé (Prév. Frais de Santé)					
Accident du Travail - Maladie Prof.					
Retraite					
Sécurité Sociale (Vieillesse Plafonnée)					
Sécurité Sociale (Vieillesse Déplafonnée)					
Complémentaire (AGIRC-ARRCO + CEG /T1)					
Famille					
Assurance Chômage					
Chômage (Chômage + AGS / TA+TB)					
Autres Contributions dues par l'employeur					
C.S.G. Non Imposable					
C.S.G. Non Imposable / Activité Partielle					
Total des cotisations et contributions					
Net imposable du mois				Cumul An.	
RETENUES ET REMBOURSEMENTS DIVERS					
C.S.G. & C.R.D.S. Imposables					
Total des Retenues et Remboursements					
Net à payer avant prélèvement à la source				Cumul An.	
dont évolution de la rémunération liée à la suppression des cotisations salariales chômage et maladie					
Prélèvement à la source du mois				Cumul An.	
Nombre d'heures travaillées du mois : **Cumul annuel des heures travaillées :**		**Net A Payer**		**Date de paiement** **28 février 2023**	
		Total versé par l'employeur		**Allègement de cotisations**	

3. Déterminer la **perte en Net A Payer** pour le salarié induite par l'activité partielle et le gain pour l'employeur via la différence entre les « totaux versés par l'employeur ».

21. Exercices sur les créances

Annoncé lors de l'explication du « Fourre-tout », voici le moment de détailler les créances de l'employeur et des tiers.

L'acompte

L'acompte est le paiement anticipé de tout ou partie du salaire dû pour le travail en cours.
En versant un acompte, l'employeur a simplement payé avec quelques jours d'avance une partie du salaire qu'il devait à son salarié. Il est donc autorisé à déduire de la première paie suivante la totalité de l'acompte.

L'avance

L'avance est le paiement anticipé d'une partie du salaire qui sera dû pour un travail qui n'est pas encore effectué. L'employeur ne peut se rembourser par retenues successives qu'à concurrence d'un dixième de salaire exigible conformément à l'article L. 3251-3 du Code du travail.

Le prêt

L'employeur (ou le CSE) peut parfois prêter de l'argent à un salarié en difficulté qui lui en ferait la demande.
En fait, le prêt est très voisin de l'avance et suit la même règle de remboursement. Il ne s'en différencie que par son montant nettement plus élevé et par le fait qu'il est généralement concrétisé par un acte écrit bilatéral et qu'il comporte souvent le paiement d'intérêts.

Puis il y a les créances des tiers (comprendre quelqu'un en dehors du contrat de travail qui comporte deux personnes).

La saisie-arrêt

La saisie-arrêt, ordonnée par un juge, est l'un des moyens donnés à un créancier pour se faire rembourser les sommes que lui doit un salarié. Elle consiste à faire pratiquer par l'employeur, lors de chaque paie, une retenue sur les sommes disponibles jusqu'à extinction de la dette du salarié.

Le principe de la saisie-arrêt est le suivant : jusqu'à une certaine somme, les salaires ne peuvent être saisis que partiellement. La loi établit le barème applicable en fixant d'une part, les limites de chaque tranche de salaires qui ne peuvent être saisies que partiellement, et d'autre part, le pourcentage disponible dans chacune de ces tranches de salaire. Plus la rémunération augmente, plus la part disponible est importante. Au-delà du plafond de la dernière tranche, les salaires sont entièrement disponibles. **En 2023, les tranches annuelles sont à augmenter de 1.610 € (et par conséquent, les tranches mensuelles de 134,17 €) par personne à charge** (par « personne à charge », il faut entendre le conjoint, pacsé ou concubin et ascendant dont les ressources personnelles sont inférieures au montant du RSA et enfant au sens de la législation sur les prestations familiales) (C. trav., art. R.3252-3).
Les seuils des tranches et la majoration pour personne à charge sont révisés annuellement par décret en fonction de l'évolution de l'indice INSEE. Dans tous les cas, il est laissé au salarié saisi une somme égale au montant du RSA en n'appliquant pas les correctifs pour charges de famille. Au 1er avril 2023, le montant du RSA (personne seule, sans enfant) est de 608,12 € (C. trav., art. R. 3252-5).

L'avis à tiers détenteur

La procédure d'avis à tiers détenteur est une procédure simplifiée qui permet aux comptables du Trésor de recouvrer directement, auprès de tout tiers débiteur ou dépositaire de deniers appartenant au débiteur, le montant de certaines créances fiscales privilégiées (contributions directes, taxes assimilées aux contributions directes, les droits de douane, les taxes départementales et communales, les droits d'enregistrement, la taxe sur le chiffre d'affaires).

À la différence de la procédure de saisie des rémunérations, la procédure d'avis à tiers détenteur ne comporte pas de tentative de conciliation. Sans être soumise à aucun formalisme particulier, la procédure d'avis à tiers détenteur est déclenchée par le comptable du Trésor qui transmet directement l'avis par lettre recommandée avec demande d'avis de réception au tiers saisi, c'est-à-dire à l'employeur, et au débiteur. Le motif de la procédure n'a pas à être mentionné dans l'avis.

Si un salarié cumule une (ou plusieurs) saisie-arrêt(s) et un (ou plusieurs) avis à tiers détenteur, jusqu'au 31 décembre 2012 la priorité était donnée à l'avis (aux avis) à tiers détenteur, quel qu'en soit le montant. Depuis le 1er janvier 2013, sont à payer en priorité les plus petites sommes (saisie-arrêt ou avis à tiers détenteur), le plus gros montant étant à payer en dernier.

Schéma explicatif sur les tranches de salaire et les parties saisissables ou insaisissables

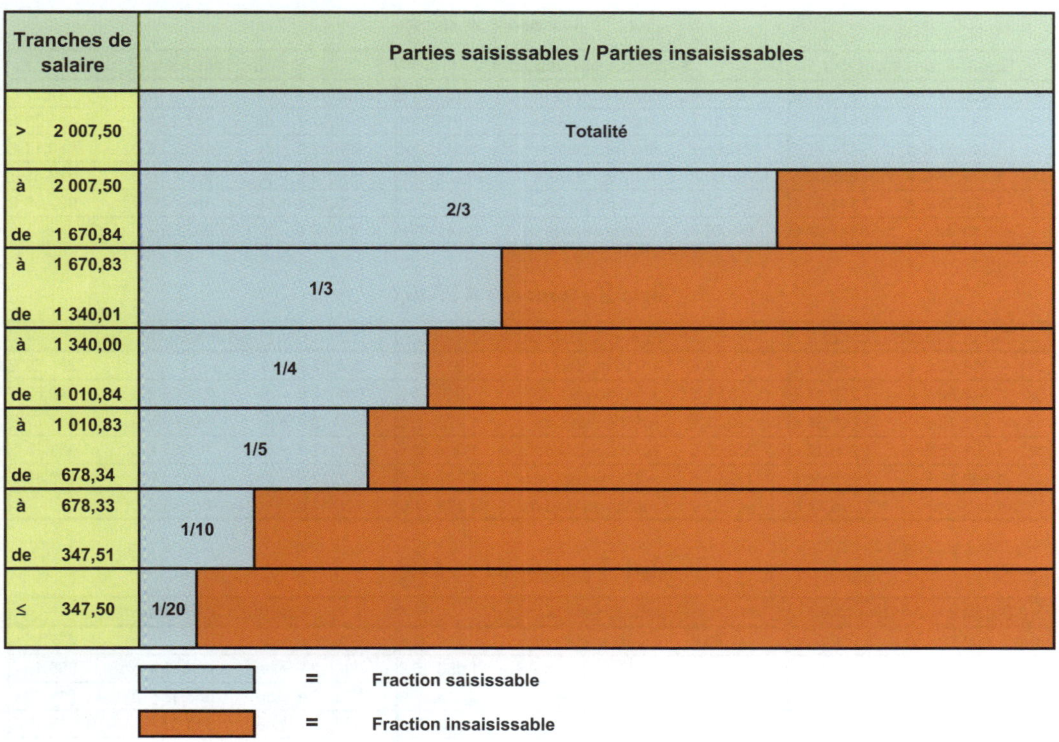

Barème des saisies sur salaires pour l'année 2023

Tranche par an	≤ 4 170,00	de 4 170,01 à 8 140,00	de 8 140,01 à 12 130,00	de 12 130,01 à 16 080,00	de 16 080,01 à 20 050,00	de 20 050,01 à 24 090,00	> 24 090,00
Tranche par mois	≤ 347,50	de 347,51 à 678,33	de 678,34 à 1 010,83	de 1 010,84 à 1 340,00	de 1 340,01 à 1 670,83	de 1 670,84 à 2 007,50	> 2 007,50
% de retenue	1/20	1/10	1/5	1/4	1/3	2/3	Totalité

Tableau de simplification du calcul de la saisie-arrêt pour l'année 2023

Salaire mensuel net	Fraction saisissable	Fraction insaisissable
de 608,12 € à 678,33 €	17,38 € + 1/10 au-delà de 347,50 €	608,12 € + de 0 à 19,76 €
de 678,34 € à 1 010,83 €	50,46 € + 1/5 au-delà de 678,33 €	608,12 € + de 19,76 € à 285,77 €
de 1 010,84 € à 1 340,00 €	116,96 € + 1/4 au-delà de 1 010,83 €	608,12 € + de 285,77 € à 532,65 €
de 1 340,01 € à 1 670,83 €	199,25 € + 1/3 au-delà de 1 340,00 €	608,12 € + de 532,65 € à 753,20 €
de 1 670,84 € à 2 007,50 €	309,52 € + 2/3 au-delà de 1 670,83 €	608,12 € + de 753,20 € à 865,42 €
au delà de 2 007,50 €	533,96 € + totalité au-delà de 2 007,50 €	608,12 € + 865,42 €

Avec 1 personne à charge

Salaire mensuel net	Fraction saisissable	Fraction insaisissable
de 608,12 € à 812,50 €	24,08 € + 1/10 au-delà de 481,67 €	608,12 € + de 0 à 147,22 €
de 812,51 € à 1 145,00 €	57,17 € + 1/5 au-delà de 812,51 €	608,12 € + de 147,22 € à 413,23 €
de 1 145,01 € à 1 474,17 €	123,66 € + 1/4 au-delà de 1 145,01 €	608,12 € + de 413,23 € à 660,11 €
de 1 474,18 € à 1 805,00 €	205,95 € + 1/3 au-delà de 1 474,18 €	608,12 € + de 660,11 € à 880,67 €
de 1 805,01 € à 2 141,67 €	316,22 € + 2/3 au-delà de 1 805,01 €	608,12 € + de 880,67 € à 992,89 €
au delà de 2 141,67 €	540,66 € + totalité au-delà de 2 141,67 €	608,12 € + 992,89 €

Avec 2 personnes à charge

Salaire mensuel net	Fraction saisissable	Fraction insaisissable
de 608,12 € à 946,67 €	30,79 € + 1/10 au-delà de 615,84 €	608,12 € + de 0 à 274,69 €
de 946,68 € à 1 279,17 €	63,87 € + 1/5 au-delà de 946,68 €	608,12 € + de 274,69 € à 540,69 €
de 1 279,18 € à 1 608,34 €	130,37 € + 1/4 au-delà de 1 279,18 €	608,12 € + de 540,69 € à 787,57 €
de 1 608,35 € à 1 939,17 €	212,66 € + 1/3 au-delà de 1 608,35 €	608,12 € + de 787,57 € à 1 008,13 €
de 1 939,18 € à 2 275,84 €	322,93 € + 2/3 au-delà de 1 939,18 €	608,12 € + de 1 008,13 € à 1 120,35 €
au delà de 2 275,84 €	547,37 € + totalité au-delà de 2 275,84 €	608,12 € + 1 120,35 €

Avec 3 personnes à charge

Salaire mensuel net	Fraction saisissable	Fraction insaisissable
de 608,12 € à 1 080,84 €	37,50 € + 1/10 au-delà de 750,01 €	608,12 € + de 0 à 402,15 €
de 1 080,85 € à 1 413,34 €	70,58 € + 1/5 au-delà de 1 080,85 €	608,12 € + de 402,15 € à 668,15 €
de 1 413,35 € à 1 742,51 €	137,08 € + 1/4 au-delà de 1 413,35 €	608,12 € + de 668,15 € à 915,03 €
de 1 742,52 € à 2 073,34 €	219,37 € + 1/3 au-delà de 1 742,52 €	608,12 € + de 915,03 € à 1 135,59 €
de 2 073,35 € à 2 410,01 €	329,64 € + 2/3 au-delà de 2 073,35 €	608,12 € + de 1 135,59 € à 1 247,81 €
au delà de 2 410,01 €	554,08 € + totalité au-delà de 2 410,01 €	608,12 € + 1 247,81 €

Selon l'art. L.3252-3, al. 1 du C. du trav., « Pour la détermination de la fraction insaisissable, il est tenu compte du montant de la rémunération, de ses accessoires ainsi que, le cas échéant, de la valeur des avantages en nature, après déduction des cotisations sociales obligatoires ». L'administration en déduit qu'entrent dans le champ du régime de la saisie et de la cession des rémunérations (Circ. 23-12-1992) :

- le salaire de base et les heures supplémentaires ;
- les accessoires et compléments du salaire, avantages en nature, primes ayant le caractère de salaire ;
- les pourboires (dans la mesure où ils sont centralisés par l'employeur) ;
- les indemnités de préavis et de congés payés ou les indemnités compensatrices ;
- les prestations ayant vocation à remplacer le salaire (allocations de chômage, indemnités journalières de maladie et de maternité, indemnités journalières de l'incapacité temporaire due à un accident de travail) ;

Le tout, après déduction des cotisations et contributions obligatoires.

Il a déjà été jugé, dans le même sens, qu'est saisissable et cessible l'indemnité de départ en retraite versée au salarié quittant volontairement l'entreprise pour bénéficier du droit à une pension de vieillesse dans la mesure où elle n'a pas pour objet de compenser un préjudice (Cass. soc. 30-1-2008 n° 06-17.531RJS 4/08 n° 417). Solution a priori également transposable à l'indemnité de non-concurrence, à l'allocation d'activité partielle et à l'indemnité chômage-intempéries.

D'autres sommes perçues par le salarié n'ont pas le caractère de salaire. Elles peuvent donc faire intégralement l'objet d'une saisie. Ce sont :

- l'indemnité de licenciement et l'indemnité pour rupture abusive (bien qu'elles aient le caractère de dommages-intérêts) ;
- l'indemnité de clientèle des VRP.

Enfin, certaines sommes ont une destination exclusivement alimentaire et sont donc totalement protégées. Il s'agit des :

- sommes allouées à titre de remboursement de frais exposés par le salarié ;
- allocations ou indemnités pour charge de famille versées par l'employeur ;
- prestations familiales ;
- indemnités en capital et rentes d'accident du travail.

En pratique, la partie saisissable (que nous appellerons « Salaire net soumis à saisie-arrêt » dans les exercices pour plus de commodités) est déterminée selon la périodicité de la paie, généralement au mois. Toutefois, si la rémunération comprend des variations dues par exemple à des primes dont la périodicité est différente de celle du salaire, on doit procéder, pour rechercher la quotité disponible, à l'étalement des divers éléments de la rémunération sur un cycle de 12 mois (en se servant de la tranche par an) commençant dès réception de la notification à l'employeur de la saisie ; une sorte de régularisation mensuelle progressive (comme pour les cotisations) mais pour les 7 tranches du barème !
Les entreprises devraient calculer la saisie-arrêt avec cette règle, notamment quand un salarié qui se situe dans la tranche à 1/3 ou 2/3 la plupart des mois, perçoit une prime exceptionnelle (ou un 13ème mois ou tout simplement des heures supplémentaires). Si on ne raisonne que mensuellement (selon le barème indiqué au dos de la feuille saisie-arrêt ou de l'avis à tiers détenteur), le salarié se voit prélever la quasi intégralité de cette somme, alors que si l'entreprise pratique la régularisation annuelle, la prime complète d'abord les mois à 1/3 (ou 2/3) avant de « remplir » la tranche à 100 %. Malheureusement, ce calcul étant très complexe, même si le logiciel de paie permet de l'effectuer,

trop peu d'employés au service paie sont capables de l'expliquer au salarié qui en demanderait la justification.

La pension alimentaire

Lorsque les créanciers qui demandent une saisie du salaire sont des créanciers d'aliments, la règle qui interdit de toucher à une fraction du salaire ne s'applique pas. Les créanciers d'aliments sont en effet des proches parents ou alliés du salarié auxquels la loi assure une situation privilégiée. Pour eux, le mois en cours et les 6 derniers mois impayés des pensions alimentaires peuvent être saisis sur l'intégralité de la rémunération, à l'exception de la fraction insaisissable de celle-ci, égale au montant du RSA.

Ces créances s'imputent d'abord sur la fraction « relativement » insaisissable du salaire et ensuite, s'il y a lieu, sur la fraction saisissable. Seule la fraction « absolument » insaisissable reste intouchée.

Le recouvrement des pensions alimentaires par la Cnaf et ses attributions par les CAF à l'ex-conjoint est effectif depuis le 1er octobre 2020 (décret n° 2020-1202 du 30 septembre 2020 relatif à la mise en œuvre de l'intermédiation financière des pensions alimentaires prévue à l'article L. 582-1 du Code de Sécurité sociale).

La cession des rémunérations

La cession des rémunérations est un acte juridique par lequel un salarié débiteur d'une somme d'argent déclare volontairement céder à son créancier, le cessionnaire, une partie de son salaire. Elle est déterminée dans les mêmes conditions et limites que la quotité saisissable de la rémunération.

Exercice 68 (Niveau 1)

1. Quel est le montant de la saisie-arrêt en mars 2023 pour un salarié ayant **1 personne à charge,** une dette de **2.000 €** et un salaire net soumis à saisie-arrêt de **1.700 €** ?

2. Quel est le montant de la saisie-arrêt en mars 2023 pour un salarié ayant **3 personnes à charge,** une dette de **3.000 €** et un salaire net soumis à saisie-arrêt de **2.300 €** ?

3. Quel est le montant de la saisie-arrêt en mars 2023 pour un salarié **sans personne à charge,** une dette de **4.000 €** et un salaire net soumis à saisie-arrêt de **4.000 €** ?

Exercice 69 (Niveau 3)

Ce mois d'avril 2023, le service paie d'une grande entreprise parisienne vient de sortir les bulletins de paie « 1er jet » (c'est-à-dire : les bulletins à vérifier avant le passage définitif qui éditera les « vrais » bulletins de paie) quand la D.R.H. l'informe qu'une saisie arrêt d'un montant de 3.000 € concernant un salarié (avec 2 personnes à charge) vient d'arriver. Voici le bulletin de paie « 1er jet » du salarié concerné :

Libellé des Rubriques	Base	Taux	Montant	Commentaires	
Salaire	151,67		**2 890,00**		
Prime d'ancienneté	2 890,00	5,00	**144,50**		
Absence Maladie *(en jours calendaires réels)*	13,00	101,15	**-1 314,95**		
Paiement Maladie *(en jours calendaires réels)*	13,00	101,15	**1 314,95**		
I.J.S.S. "Brutes"	10,00	51,53	**-515,30**		
Garantie conventionnelle			**-101,36**		
Total Brut			**2 417,84**		
Cotisations	Base	Salariales		Patronales	
		Taux	Montant	Taux	Montant
Santé					
Sécurité Sociale (Mal, Mat, Inv, Décès)	2 417,84			7,00	169,25
Incapacité, Invalidité, Capital Décès (Prév. Décès)	2 417,84	1,00	-24,18	2,00	48,36
Complémentaire Santé (Prév. Frais de Santé)			-50,00		50,00
Accident du Travail - Maladie Prof.	2 417,84			2,50	60,45
Retraite					
Sécurité Sociale (Vieillesse Plafonnée)	2 417,84	6,90	-166,83	8,55	206,73
Sécurité Sociale (Vieillesse Déplafonnée)	2 417,84	0,40	-9,67	1,90	45,94
Complémentaire (AGIRC-ARRCO + CEG /T1)	2 417,84	4,01	-96,96	6,01	145,31
Famille	2 417,84			3,45	83,42
Assurance Chômage					
Chômage (Chômage + AGS / TA+TB)	2 417,84			4,20	101,55
Autres Contributions dues par l'employeur	2 417,84				150,42
C.S.G. Non Imposable	2 473,89	6,80	-168,22		
Exos, écrêtements & allègements de cotisations					
Total des cotisations et contributions			**-515,86**		**1 061,43**
Net imposable du mois			**1 951,98**	Cumul An. :	9 584,25
RETENUES ET REMBOURSEMENTS DIVERS					
C.S.G. & C.R.D.S. Imposables	2 473,89	2,90	-71,74		
I.J.S.S. "Nettes"	10,00	48,077	480,77		
Acompte			-500,00		
Pension Alimentaire			-250,00		
Total des Retenues et Remboursements			**-340,97**		
Net à payer avant prélèvement à la source			**1 561,01**	Cumul An. :	6 244,03
dont évolution de la rémunération liée à la suppression des cotisations salariales chômage et maladie			*34,11*		
Prélèvement à la source	**2 447,70**	**7,50%**	**-183,58**	Cumul An. :	-756,01
Nombre d'heures travaillées du mois :	**81,67**	**Net A Payer**	**1 377,43 €**	**Date de paiement**	**30 avril 2023**
Cumul annuel des heures travaillées :	**536,67**	**Total versé par l'employeur**	**3 479,27 €**	**Allègement de cotisations**	**0,00 €**

- Déterminer le salaire net soumis à saisie-arrêt et le montant de sa saisie-arrêt pour ce mois d'avril 2023.

22. Exercices sur le départ du salarié

Nous arrivons aux cas de rupture du contrat de travail.
Commençons par le cas d'un CDD.

Le départ d'un salarié en CDD

La fin d'un CDD est une cause naturelle de départ d'un salarié puisque cette échéance a été prévue au moment de la signature (C. trav., art. L. 1243-5). Cela ne nécessite donc aucune procédure particulière. Néanmoins, et sauf exceptions, cette fin de contrat génère automatiquement pour le salarié le droit à une **indemnité compensatrice de congés payés** (ICCP) et à une **indemnité de précarité** (IP).

Selon les articles L. 1243-1 à L. 1243-4 du Code du travail, il existe cinq cas de rupture anticipée du CDD (pour le détail de ces cinq cas, voir le livre « La Paie, ça s'apprend). En résumé, il s'agit :
- du commun accord des parties (toujours ICCP, la plupart du temps accompagné d'une IP) ;
- de la faute grave du salarié (toujours ICCP, pas d'IP) ;
- de la force majeure (toujours ICCP, pas d'IP) ;
- de la résiliation judiciaire (toujours ICCP, l'IP dépend de la volonté du juge) ;
- de la démission pour exécuter un CDI (toujours ICCP, pas d'IP).

L'indemnité compensatrice de congés payés

Nous l'avons étudiée lors des exercices 31 et 33, et si vous avez un doute, nous vous invitons à revoir ces exercices.

L'indemnité de précarité

Bien que nous l'avons déjà étudiée avec l'exercice 51, nous rappelons que :
- L'indemnité de précarité doit être versée « à l'issue » du contrat en même temps que le dernier salaire et doit figurer sur le bulletin de salaire correspondant (C. trav., art. L. 1243-8) ;
- Son montant doit être égal à 10 % de toutes les sommes brutes gagnées par le salarié depuis le début de son contrat (y compris les majorations, indemnités ou primes diverses telles que primes exceptionnelles, de 13ème mois ou de vacances) ;
- Elle doit se calculer avant l'ICCP car elle entre dans le calcul du dixième de la rémunération brute totale.

Exercice 70 (Niveau 3)

Un salarié **NON Cadre** âgé de 30 ans est **embauché en CDD pour surcroît temporaire d'activité le lundi 4 septembre 2023** dans une entreprise parisienne (**taux du versement mobilité : 2,95 %**) de 100 salariés.

Sachant que :

- Son **salaire** de base mensuel est **de 3.080 €** pour **151,67 heures** (7 heures par jour) ;
- Ses droits à **congés payés sont de 27 jours ouvrés par année civile** ;
- Il acquiert **0,5 jour de RTT toutes les 4 semaines** ;
- Il a droit à des **titres restaurant d'une valeur faciale de 10 €** pour une **participation salariale de 3,00 €** ;
- Les jours fériés sont non travaillés mais lui sont payés normalement ;
- L'entreprise a un **taux accident du travail de 2,50 %**, une prévoyance mensuelle « **Frais de Santé** » **de 100 €** (50 % en part salariale et 50 % en part patronale) ainsi qu'une **prévoyance** « **Décès** » basée **sur** la **tranche A** au taux de **1 %** pour le salarié **et** de **2 %** pour l'employeur ;
- **Son contrat se termine le soir du vendredi 27 octobre 2023 ;**
- Le taux du PAS est le taux neutre.

Établir les 2 bulletins de paie avec les modèles suivants :

Bulletin de paie de septembre 2023

Libellé des Rubriques	Base	Taux	Montant	Commentaires	
Salaire	151,67		**3 080,00**	**Bulletin C.D.D.**	
				Plafond S.S. :	
				septembre 2023	
Total Brut					
Cotisations	**Base**	**Salariales**		**Patronales**	
		Taux	**Montant**	**Taux**	**Montant**
Santé					
Sécurité Sociale (Mal, Mat, Inv, Décès)					
Incapacité, Invalidité, Capital Décès (Prév. Décès)					
Complémentaire Santé (Prév. Frais de Santé)					
Accident du Travail - Maladie Prof.					
Retraite					
Sécurité Sociale (Vieillesse Plafonnée)					
Sécurité Sociale (Vieillesse Déplafonnée)					
Complémentaire (AGIRC-ARRCO + CEG /T1)					
Famille					
Assurance Chômage					
Chômage (Chômage + AGS / TA+TB)					
Autres Contributions dues par l'employeur					
C.S.G. Non Imposable					
Exos, écrêtements & allègements de cotisations					
Total des cotisations et contributions					
Net imposable du mois				Cumul An. :	
RETENUES ET REMBOURSEMENTS DIVERS					
C.S.G. & C.R.D.S. Imposables					
Total des Retenues et Remboursements					
Net à payer avant prélèvement à la source				Cumul An. :	
dont évolution de la rémunération liée à la suppression des cotisations salariales chômage et maladie					
Prélèvement à la source				Cumul An. :	
Nombre d'heures travaillées du mois :		**Net A Payer**		**Date de paiement**	
Cumul annuel des heures travaillées :				**30 septembre 2023**	
		Total versé par l'employeur		**Allègement de cotisations**	

Bulletin de paie d'octobre 2023

Libellé des Rubriques	Base	Taux	Montant	Commentaires
Salaire	151,67		**3 080,00**	Bulletin C.D.D.
Total Brut				

Cotisations	Base	Salariales		Patronales	
		Taux	Montant	Taux	Montant
Santé					
Sécurité Sociale (Mal, Mat, Inv, Décès)					
Incapacité, Invalidité, Capital Décès (Prév. Décès)					
Complémentaire Santé (Prév. Frais de Santé)					
Accident du Travail - Maladie Prof.					
Retraite					
Sécurité Sociale (Vieillesse Plafonnée)					
Sécurité Sociale (Vieillesse Déplafonnée)					
Complémentaire (AGIRC-ARRCO + CEG /T1)					
Complémentaire (AGIRC-ARRCO + CEG /T2)					
Contribution d'Equilibre Technique (CET T1+T2)					
Famille					
Assurance Chômage					
Chômage (Chômage + AGS / TA+TB)					
Autres Contributions dues par l'employeur					
C.S.G. Non Imposable					
Exos, écrêtements & allègements de cotisations					
Total des cotisations et contributions					
Net imposable du mois				Cumul An. :	
RETENUES ET REMBOURSEMENTS DIVERS					
C.S.G. & C.R.D.S. Imposables					
Reprise Avantage Nature Titres-Restaurant					
Retenue Titres-Restaurant					
Total des Retenues et Remboursements					
Net à payer avant prélèvement à la source				Cumul An. :	
dont évolution de la rémunération liée à la suppression des cotisations salariales chômage et maladie					
Prélèvement à la source				Cumul An. :	

Nombre d'heures travaillées du mois : **Cumul annuel des heures travaillées :**	**Net A Payer**	**Date de paiement** **27 octobre 2023**
	Total versé par l'employeur	**Allègement de cotisations**

Et pour finir deux cas de rupture de CDI.
Le premier (exercice 71) est un cas de licenciement « simple », tandis que le suivant se complique.

Le départ d'un salarié en CDI

L'indemnité légale de licenciement

L'indemnité légale de licenciement est le minimum que peut toucher un salarié en cas de licenciement. Elle est due s'il n'y a pas de convention collective ou dans le cas où l'application de la convention collective en vigueur est moins favorable pour le salarié. Pour pouvoir en bénéficier, il faut avoir une ancienneté minimum de 8 mois en continu (12 mois avant le 25 septembre 2017 et 24 mois avant le 1er mai 2008) et bien sûr ne pas être licencié à la suite d'une faute grave (l'ancienneté est appréciée à la date de notification du licenciement). Mais elle n'est pas due au terme d'un CDD, ni à la fin d'un contrat d'apprentissage, ni dans certains cas de force majeure (incarcération de longue durée, destruction totale de l'entreprise à la suite d'un incendie).

Depuis l'ordonnance n° 2017-1387 *(du 22 septembre 2017, relative à la prévisibilité et la sécurisation des relations de travail, appelée familièrement Ordonnance* Macron) et son *décret* d'application *(*n° 2017-1398 *du 25 septembre 2017 portant revalorisation de l'indemnité légale de licenciement*), si le salarié est mensualisé, **le montant de l'indemnité légale de licenciement est de ¼ de mois par année jusqu'à 10 ans, auquel s'ajoute 1/3 de mois par année d'ancienneté au-delà de 10 ans d'ancienneté.**

Il est désormais expressément précisé qu'en cas d'année incomplète, l'indemnité est calculée proportionnellement au nombre de mois « complets » (art. R. 1234-1 du C. trav. modifié).
Exemple : Pour 16 ans et 3 mois d'ancienneté, l'indemnité sera de [(10 × ¼) + (6,25 × 1/3)], soit un total de 4,583 mois de salaire.

Quant à la valeur du « mois », selon l'article R. 1234-4 du Code du travail (Modifié par Décret n° 2017-1398 du 25 septembre 2017 - art. 3) :

« *Le salaire à prendre en considération pour le calcul de l'indemnité de licenciement est, selon la formule la plus avantageuse pour le salarié :*
- *soit le douzième de la rémunération des douze derniers mois précédant le licenciement* ***ou si la durée de service est inférieure à 12 mois, la moyenne mensuelle de la rémunération de l'ensemble des mois précédant le licenciement****;*
- *soit le tiers des trois derniers mois. Dans ce cas, toute prime ou gratification de caractère annuel ou exceptionnel, versée au salarié pendant cette période, n'est prise en compte que dans la limite d'un montant calculé à due proportion.* »

Exercice 71 (Niveau 3)

Un salarié **NON Cadre** a été embauché en CDI le lundi 1er octobre 2007 dans une entreprise parisienne de 100 salariés.

Sachant que :

- Son **licenciement pour motif économique** lui a été notifié **le 1er juillet 2023** ;
- Il doit bénéficier de **3 mois de préavis mais il est dispensé par son employeur de l'effectuer à partir du 1er août** ;
- **Son salaire de base depuis le 1er janvier 2022 est de 3.000 €**. Depuis cette date, il n'a eu aucune absence et hormis la prime de vacances (équivalente à un salaire de base) habituellement versée fin juillet, il n'a bénéficié d'aucune autre prime ;
- **Au 1er juillet 2023**, suite à des négociations salariales signées en avril, **son salaire de base est passé à 3.200 €** ;
- Son entreprise donne 2 jours ouvrés de congés payés de plus que la loi. Au moment de son départ (le 31 juillet), ses droits aux congés payés 2022/2023, calculés en jours ouvrés, n'étaient pas consommés ;
- Le taux A.T. est de 2,50 % ;
- Le taux Versement Mobilité est de 2,95 % ;
- La prévoyance « Frais de Santé » est de 100 € par mois (50 % pour le salarié et 50 % pour l'entreprise) ;
- La prévoyance Décès est de 1 % pour le salarié et de 2 % pour l'employeur sur la tranche A ;
- Le taux du PAS est le taux neutre.

L'entreprise souhaite que vous établissiez son bulletin de paie « **solde de tout compte** » **de juillet 2023, en lui payant toutes ses indemnités** (y compris de préavis non effectué payé) avec le modèle ci-après :

Bulletin de paie « solde de tout compte » de juillet 2023

Libellé des Rubriques	Base	Taux	Montant	Commentaires
Salaire	151,67			
Total Brut				

Cotisations	Base	Salariales		Patronales	
		Taux	Montant	Taux	Montant
Santé					
Sécurité Sociale (Mal, Mat, Inv, Décès)					
Incapacité, Invalidité, Capital Décès (Prév. Décès)		1,00		2,00	
Complémentaire Santé (Prév. Frais de Santé)					
Accident du Travail - Maladie Prof.				2,50	
Retraite					
Sécurité Sociale (Vieillesse Plafonnée)		6,90		8,55	
Sécurité Sociale (Vieillesse Déplafonnée)		0,40		1,90	
Complémentaire (AGIRC-ARRCO + CEG /T1)		4,01		6,01	
Complémentaire (AGIRC-ARRCO + CEG /T2)		9,72		14,57	
Contribution d'Equilibre Technique (CET T1+T2)		0,14		0,21	
Famille					
Assurance Chômage					
Chômage (Chômage + AGS / TA+TB)				4,20	
Autres Contributions dues par l'employeur					
C.S.G. Non Imposable		6,80			
Exos, écrêtements & allègements de cotisations					
Total des cotisations et contributions					
Net imposable du mois				Cumul An. :	
RETENUES ET REMBOURSEMENTS DIVERS					
C.S.G. & C.R.D.S. Imposables		2,90			
Total des Retenues et Remboursements					
Net à payer avant prélèvement à la source				Cumul An. :	
dont évolution de la rémunération liée à la suppression des cotisations salariales chômage et maladie					
Prélèvement à la source				Cumul An. :	

Nombre d'heures travaillées du mois : Cumul annuel des heures travaillées :	Net A Payer	Date de paiement 31 juillet 2023
	Total versé par l'employeur	Allègement de cotisations

L'indemnité contractuelle de licenciement

L'indemnité contractuelle de licenciement, dans la mesure où elle a bien le caractère de dommages et intérêts, échappe à l'impôt sur le revenu et aux cotisations sociales.

Limite fiscale

Cependant, il faut tenir compte de l'article 80 duodecies 1, 3, instauré depuis la loi de finances pour l'an 2000. Cet article pose en principe que toute indemnité versée à l'occasion de la rupture du contrat de travail constitue une rémunération imposable. Toutefois, l'article atténue le dispositif puisque l'indemnité de licenciement (versée hors plan de sauvegarde) est exonérée à hauteur du montant le plus élevé entre :

- soit 50 % du montant de l'indemnité versée au salarié ou 2 fois la rémunération annuelle brute perçue par le salarié durant l'année civile précédant la rupture. La fraction exonérée au titre de ces deux critères ne pouvant pas excéder 6 plafonds annuels de Sécurité sociale en vigueur à la date de versement de l'indemnité (soit 263.952 € en 2023) ;
- soit le montant légal ou conventionnel de l'indemnité de licenciement (sans limite de montant).

Les indemnités de clientèle, de rupture conventionnelle (d'un salarié n'étant pas en droit de bénéficier d'une pension de vieillesse) ou transactionnelle sont également exonérées d'impôt dans les mêmes limites que l'indemnité de licenciement.

Limite sociale

La fraction des indemnités de licenciement exonérée d'impôts sur le revenu est également exonérée de cotisations de Sécurité sociale et des charges ayant la même assiette, mais dans une certaine limite.
La partie d'indemnité excédant cette limite est assujettie à cotisations, même si elle est exonérée d'impôts.
La fraction exonérée de cotisations est le plus petit des 2 montants suivants (circ. DSS/SD5B 2011-145 du 14 avril 2011) :

- la part qui est exonérée d'impôt sur le revenu ;
- la limite de 2 plafonds annuels de Sécurité sociale (87.984 € en 2023).

Autrement dit : la fraction des indemnités de rupture imposable est forcément soumise à cotisations. Mais si elle est exonérée d'impôt, elle n'échappe pas pour autant aux cotisations.

Limite des CSG/CRDS

Les indemnités de rupture du contrat de travail sont soumises aux CSG et à la CRDS au-delà de leur montant légal ou conventionnel et, en tout état de cause, pour la fraction soumise aux cotisations (Code Séc. Soc., art. L. 132-2, II, 5°).
La fraction exonérée de CSG/CRDS est la plus petite des 2 limites suivantes :

- la part correspondant au montant légal ou conventionnel de l'indemnité de rupture ;
- la part exclue de l'assiette des cotisations.

Ces CSG/CRDS se calculent sans abattement de frais professionnels (Code Séc. Soc., art. L. 136-2, I).

Nota Bene : La CSG calculée sur les sommes exonérées à la fois d'impôt et de cotisations est intégralement non déductible. En revanche, elle reste déductible pour 6,80 % lorsqu'elle porte sur la fraction imposable et/ou assujettie à cotisations.

Exercice 72 (Niveau 9 ☺)

Un salarié **cadre,** embauché le 1er septembre 2012 dans une entreprise parisienne d'un effectif supérieur à 250 salariés a été licencié le 30 octobre 2022.

Sachant que :

- **Son salaire forfaitaire est de 4.000 € par mois** depuis le 1er janvier 2022 ;
- Il n'a bénéficié d'aucune prime *;*
- Son indemnité de licenciement conventionnelle est d'un mois de salaire par année complète d'ancienneté ;
- Une **indemnité transactionnelle** lui a été accordée en supplément *(de son indemnité de licenciement conventionnelle)* pour un montant **de 52.000 €** ;
- Suite à un accord, il a soldé tous ses congés payés à prendre au cours des deux premiers mois de préavis effectués du 1er novembre au 31 décembre 2022 ;
- En janvier 2023, il effectue son dernier mois de préavis ;
- Le taux de Versement Mobilité est de 2,95 % ;
- Le taux de la prévoyance « Décès » est de 5 % sur T1 réparti en 40 % pour le salarié, 60 % pour l'employeur ;
- Le montant de la prévoyance « Frais de Santé » est de 100 € réparti en 50 % pour le salarié et 50 % pour l'employeur ;
- Le taux Accident du travail est de 2,50 % ;
- Le taux de PAS est le taux neutre.

Établir son **bulletin de paie « solde de tout compte » de janvier 2023** à l'aide du modèle suivant :

Bulletin de paie « solde de tout compte » de janvier 2023

Libellé des Rubriques	Base	Taux	Montant	Commentaires	
Salaire Frofaitaire	151,67		**4 000,00**	Bulletin	
Indemnités de rupture soumises à cotisations				Solde de Tout Compte	
Total Brut					
Cotisations	**Base**	**Salariales**		**Patronales**	
		Taux	**Montant**	**Taux**	**Montant**
Santé					
Sécurité Sociale (Mal, Mat, Inv, Décès)				7,00	
Sécurité Sociale (Mal, Mat, Inv, Décès) (> 2,5 SMIC)				6,00	
Incapacité, Invalidité, Capital Décès (Prév. Décès)		2,00		3,00	
Complémentaire Santé (Prév. Frais de Santé)			-50,00		50,00
Accident du Travail - Maladie Prof.				2,50	
Retraite					
Sécurité Sociale (Vieillesse Plafonnée)		6,90		8,55	
Sécurité Sociale (Vieillesse Déplafonnée)		0,40		1,90	
Complémentaire (AGIRC-ARRCO + CEG /T1)		4,01		6,01	
Complémentaire (AGIRC-ARRCO + CEG /T2)		9,72		14,57	
Contribution d'Equilibre Technique (CET T1+T2)		0,14		0,21	
Famille				3,45	
Assurance Chômage					
Chômage (Chômage + AGS / TA+TB)				4,20	
APEC (Salarié Cadre TA+TB)		0,024		0,036	
Autres Contributions dues par l'employeur					
C.S.G. Non Imposable (sur salaire)		6,80			
C.S.G. Non Imposable (sur Ind. Rupture)		6,80			
Total des cotisations et contributions					
Reprise Ind. de rupture soumises à cotisations					
Net imposable du mois				Cumul An. :	
RETENUES ET REMBOURSEMENTS DIVERS					
C.S.G. & C.R.D.S. Imposables (sur salaire)		2,90			
C.S.G. & C.R.D.S. Imposables (sur Ind. Rupture)		2,90			
C.S.G. & C.R.D.S. Imposables (sur Ind. Rupture)		9,70			
Indemnités de rupture (soumises à cotisations)					
Indemnités de rupture (non soumises à cotisations)					
Total des Retenues et Remboursements					
Net à payer avant prélèvement à la source				Cumul An. :	
dont évolution de la rémunération liée à la suppression des cotisations salariales chômage et maladie					
Prélèvement à la source				Cumul An. :	

Nombre d'heures travaillées du mois : **Cumul annuel des heures travaillées :**	**Net A Payer**	**Date de paiement** **31 janvier 2023**
	Total versé par l'employeur	**Allègement de cotisations**

23. Jeu des 7, 9, 11, ou 13 erreurs

Exercice 73 (Niveau 1, ou 2, ou 3, ou 9 ☺)

Dernier exercice correspondant au travail du personnel du service paie avant l'édition des bulletins définitifs.
M. Marcel Dupont, sans personne à charge, non cadre, comptable dans l'entreprise STEC (Profilage à froid par formage ou pliage de l'acier, comportant 120 salariés et calculant les congés payés en jours ouvrés) a un salaire de base de 3.600 €, une prime d'ancienneté de 10 % de son salaire depuis ses 10 ans d'ancienneté, des titres-restaurant (valeur faciale de 10,00 €, participation patronale de 6,50 €).
Ce mois de **mars 2023**, il a fait une journée de grève le mardi 7 et pris une semaine de congés payés la semaine du lundi 13 au dimanche 19.

Voici le bulletin qu'il a reçu :

BULLETIN DE PAIE

Période du 1 Mars 2023 au 31 Mars 2023

Employeur		**Salarié**	
Raison Sociale : STEC Provence		**Nom** : DUPONT	**Prénom** : Marcel
Adresse : ZAC Les Rives Bleues, 130015 Marseille		**Adresse** : 12 allée des cerisiers, 13001 Marseille	
N° SIRET : 381 524 629 00020	**Code NAF** : 2423Z	**N° SS** : 1690513356589	
URSSAF : 20 av. Viton, 13009 Marseille	**N° de cotisant** : 130015879123	**Emploi** : Agent Administratif	**Classif.** : N2E2
Convention collective : Industries métallurgiques des Bouches du Rhône		**Date d'ancienneté** : 01/06/2012	

Libellé des Rubriques	Base	Taux	Montant	Commentaires
Salaire	151,67		**3 600,00**	
Prime d'ancienneté	3 600,00	10,000	**360,00**	
Absence Grève	7,00	26,109	**-182,77**	
Absence Congés Payés	5,00	132,000	**-660,00**	
Paiement Congés Payés	5,00	132,000	**660,00**	
Total Brut			3 777,23	

Cotisations	Base	Salariales		Patronales	
		Taux	Montant	Taux	Montant
Santé					
Sécurité Sociale (Mal, Mat, Inv, Décès)	3 777,23			13,00	491,04
Incapacité, Invalidité, Capital Décès (Prév. Décès)	3 666,00	1,00	-36,66	2,00	73,32
Complémentaire Santé (Prév. Frais de Santé)			-50,00		50,00
Accident du Travail - Maladie Prof.	3 777,23			2,50	94,43
Retraite					
Sécurité Sociale (Vieillesse Plafonnée)	3 666,00	6,90	-252,95	8,55	313,44
Sécurité Sociale (Vieillesse Déplafonnée)	3 777,23	0,40	-15,11	1,90	71,77
Complémentaire (AGIRC-ARRCO + CEG /T1)	3 666,00	4,01	-147,01	6,01	220,33
Complémentaire (AGIRC-ARRCO + CEG /T2)	111,23	9,72	-10,81	14,57	16,21
Contribution d'Equilibre Technique (CET T1+T2)	3 777,23	0,14	-5,29	0,21	7,93
Famille	3 777,23			3,45	130,31
Assurance Chômage					
Chômage (Chômage + AGS / TA+TB)	3 777,23			4,20	158,64
Autres Contributions dues par l'employeur	3 777,23				232,57
C.S.G. Non Imposable	3 761,13	6,80	-255,76		
Exos, écrêtements & allègements de cotisations					
Total des cotisations et contributions			-773,59		1 859,99
Net fiscal			3 003,64	Cumul An. :	11 254,23

RETENUES ET REMBOURSEMENTS DIVERS					
C.S.G. & C.R.D.S. Imposables	3 761,13	2,90	-109,07		
Retenue Titres-Restaurant	23,00	3,50	-80,50	6,50	149,50
Indemnités de Transport			55,00		55,00
Saisie-Arrêt			-281,18		
Total des Retenues et Remboursements			-415,75		204,50

Net à payer avant prélèvement à la source			2 537,89	Cumul An. :	4 277,34
dont évolution de la rémunération liée à la suppression des cotisations salariales chômage et maladie			*55,04*		
Prélèvement à la source	**3 003,64**	**9,00%**	**-270,33**	Cumul An. :	-795,65

Nombre d'heures travaillées du mois :	**151,67**	**Net A Payer** **2 267,56 €**	**Date de paiement** **31 mars 2023**
Cumul annuel des heures travaillées :	**455,00**	**Total versé par l'employeur** **5 637,22 €**	**Allègement de cotisations** **0,00 €**

Niveau 1 : Trouvez 7 erreurs dans ce bulletin.
Niveau 2 : Trouvez 10 erreurs dans ce bulletin.
Niveau 3 : Trouvez 13 erreurs dans ce bulletin.
Niveau 9 : Trouvez 15 erreurs dans ce bulletin.

Établir à l'aide du bulletin vierge suivant, le bulletin tel qu'il aurait dû être.

BULLETIN DE PAIE

Période du 1 Mars 2023 au 31 Mars 2023

Employeur	Salarié
Raison Sociale : STEC Provence	**Nom** : DUPONT **Prénom** : Marcel
Adresse : ZAC Les Rives Bleues, 130015 Marseille	**Adresse** : 12 allée des cerisiers, 13001 Marseille
N° SIRET : 381 524 629 00020 **Code NAF** : 2423Z	**N° SS** : 1690513356589
URSSAF : 20 av. Viton, 13009 Marseille **N° de cotisant** : 130015879123	**Emploi** : **Classif.** : N2E2
Convention collective : Industries métallurgiques des Bouches du Rhône	**Date d'ancienneté** : 01/06/2009

Libellé des Rubriques	Base	Taux	Montant	Commentaires
Salaire	151,67		**3 600,00**	
Prime d'ancienneté				
Absence Congés Payés				
Paiement Congés Payés				
Total Brut				

Cotisations	Base	Salariales		Patronales	
		Taux	Montant	Taux	Montant
Santé					
Sécurité Sociale (Mal, Mat, Inv, Décès)					
Incapacité, Invalidité, Capital Décès (Prév. Décès)					
Complémentaire Santé (Prév. Frais de Santé)					
Accident du Travail - Maladie Prof.					
Retraite					
Sécurité Sociale (Vieillesse Plafonnée)					
Sécurité Sociale (Vieillesse Déplafonnée)					
Complémentaire (AGIRC-ARRCO + CEG /T1)					
Complémentaire (AGIRC-ARRCO + CEG /T2)					
Contribution d'Equilibre Technique (CET T1+T2)					
Famille					
Assurance Chômage					
Chômage (Chômage + AGS / TA+TB)					
Autres Contributions dues par l'employeur					
C.S.G. Non Imposable					
Exos, écrêtements & allègements de cotisations					
Total des cotisations et contributions					
Net imposable du mois				Cumul An. :	
RETENUES ET REMBOURSEMENTS DIVERS					
C.S.G. & C.R.D.S. Imposables					
Retenue Titres-Restaurant					
Indemnités de Transport					
Saisie-Arrêt					
Total des Retenues et Remboursements					
Net à payer avant prélèvement à la source				Cumul An. :	
dont évolution de la rémunération liée à la suppression des cotisations salariales chômage et maladie					
Prélèvement à la source				Cumul An. :	

	Net A Payer	Date de paiement
	Total versé par l'employeur	Allègement de cotisations

CORRIGÉS DES EXERCICES

PARTIE II

Corrigés des exercices

Corrigé 1 (Niveau 1)

1. Le gérant d'une épicerie, dépendant de la convention collective nationale du commerce de détail alimentaire non spécialisé (anciennement dénommée « Fruits et légumes, épicerie et produits laitiers (commerce de détail)) » du 15 avril 1988 (IDCC 1505), a embauché un vendeur (niveau E2) à l'horaire légal (mensualisé à 151,67 heures par mois) en décembre 2022. La grille des salaires minima 2022 résultant de l'accord du 11 avril 2022 étendu par l'arrêté du 11 août 2022 affichait pour ce vendeur un salaire mensuel de 1.685,05 € (soit un taux horaire brut de 11,11 €, montant supérieur au SMIC horaire brut de décembre 2022 : 11,07 €).

Le SMIC ayant augmenté le 1er janvier 2023, quel est le montant de l'indemnité différentielle que ce gérant doit rajouter au salaire de base de son employé afin d'être conforme à la Loi ?

Ce premier exercice est un cas malheureusement assez classique ; le SMIC augmente plus vite que les grilles des salaires minima. Il faut généralement quelques mois avant que les conventions collectives réajustent leurs grilles.

Il y a 2 solutions à cet exercice :

- La première consiste à réajuster le salaire du vendeur concerné à hauteur du SMIC mensuel. Sur la première ligne de son bulletin de paie nous aurons tout simplement : Salaire de base = 1.709,28 € ;
- La seconde, plus logique, conserve le minimum de la grille en tant que salaire de base (en attendant sa revalorisation de la part de la convention collective) et soit manuellement, soit informatiquement, une deuxième ligne suit : **Indemnité différentielle : 24,23 €.**

Le bulletin de paie se présentera donc ainsi :

Salaire de base :	1.685,05 €
Indemnité différentielle :	24,23 €
Salaire brut :	1.709,28 €

2. Un ouvrier serrurier (ouvrier d'exécution niveau 1, coefficient 150) travaillant dans une grande entreprise depuis plus de 6 ans perçoit chaque mois un salaire brut composé de son salaire de base de 1.500 €, assorti d'une prime d'ancienneté de 6 % (90 €) et d'une prime de rendement calculée sur le rendement global de son équipe d'un montant de 14 % (210 €) de son salaire de base.

Le salaire brut de ce salarié est-il supérieur au SMIC mensuel ?
Dans le cas d'une réponse négative, quel serait le montant de l'indemnité différentielle ?

Le salaire de base est évidemment inférieur au SMIC (1.500 € < 1.709,28 €).
Mais doit-on rajouter les deux primes pour vérifier s'il l'atteint (1.500 + 90 + 210 > 1.709,28 €) ?

Pour la prime d'ancienneté, ça commence mal ; en effet, pour vérifier que la rémunération du salarié atteint au moins le niveau du SMIC, sont exclues toutes les primes qui ne rémunèrent pas directement le travail effectué (comme la prime d'ancienneté ou d'assiduité).

→ La prime d'ancienneté n'est pas à inclure au salaire brut pour la comparaison au SMIC.

En revanche, la prime de rendement est bien à inclure (« Pour apprécier si le SMIC est atteint, les primes qui correspondent à un travail effectif du salarié et qui en sont la contrepartie directe, doivent présenter le caractère d'un élément de salaire telles que les primes de rendement calculées sur le rendement global d'une équipe de travailleurs, dans l'hypothèse où leur rendement individuel ne saurait être mesuré » nous indique la Circulaire DRT n° 3/81, 29 juill. 1981, BO Trav. 23 sept.).

→ Il faut tenir compte de la prime de rendement de 210 €.

Conclusion : 1.500 € + 210 € = 1.710 €. Le salaire brut est supérieur au SMIC (1.710 > 1.709,28). Donc **pas d'indemnité différentielle à calculer** !

3. Un convoyeur de fonds a été embauché pour 151,67 heures par mois le 1er février 2023. Son entreprise lui a proposé un salaire mensuel de 1.630 € assorti d'une gratification contractuelle de 2 % de ce salaire mensuel.
De plus, la convention collective des transports de fonds et de valeurs (IDCC 16) lui octroie tous les mois une prime de risque de 245 €.
Enfin, cette entreprise étant située en région parisienne, le salarié bénéficie d'un remboursement du pass Navigo pour une valeur de 42,05 €.

Le salaire brut de ce salarié est-il supérieur au SMIC mensuel ?
Dans le cas d'une réponse négative, quel serait le montant de l'indemnité différentielle ?

Le salaire de base est évidemment inférieur au SMIC (1.630 € < 1.709,28 €).
Mais doit-on rajouter les trois primes pour vérifier s'il l'atteint (1.630 € + 32,60 € + 245 € + 42,05 € > 1.709,28 €) ?

Pour la gratification contractuelle, ça commence bien ; en effet, pour vérifier que la rémunération du salarié atteint au moins le niveau du Smic, il faut inclure toutes les majorations qui complètent le salaire habituellement (primes ou gratifications contractuelles).
→ Il faut tenir compte de la gratification contractuelle de 32,60 € (2 % de 1.630 €).

En revanche, sont exclues les primes relatives à des conditions particulières de travail, telles que les primes de danger, de froid, d'insalubrité, de risque etc. (Circ. DRT n° 3/81, 29 juill. 1981, BO Trav. 23 sept.), voire une prime liée au caractère contraignant du rythme de travail (Cass. soc., 29 mars 1995, n° 93-41.906).
→ La prime de risque n'est pas à inclure au salaire brut pour la comparaison au SMIC.

Idem pour le remboursement du pass Navigo. En effet, l'article D. 3231-6 du Code du travail précise dans son texte : « … *Sont exclues les sommes versées à titre de remboursement de frais, les majorations pour heures supplémentaires prévues par la loi et la prime de transport.* » Or le remboursement du pass Navigo est assimilable à une prime de transport.
→ Le remboursement du pass Navigo n'est pas à inclure au salaire brut.

Le salaire brut à comparer est égal à la somme du salaire de base augmenté de la gratification contractuelle, soit : 1.630 € + 32,60 € = 1.662,60 €.
Il faut donc déclencher une **indemnité différentielle** sur le bulletin d'un montant de : 1.709,28 € – 1.662,60 € = **46,68 €.**

Le bulletin de paie se présentera donc très schématiquement ainsi :

Salaire de base	1.630,00 €
+ Gratification contractuelle	32,60 €
+ Indemnité différentielle	46,68 €
+ Prime de risque	245,00 €
= Salaire brut	1.954,28 €

Sur ce salaire brut soumis à cotisations, il faudra bien sûr déduire les cotisations déductibles de façon à obtenir un salaire net imposable du mois.
Et ensuite seulement, il faudra lui rembourser son pass Navigo pour 42,05 €.

Corrigé 2 (Niveau 1)

Calculer le brut d'un technicien dépendant de cette convention collective (sachant que son entreprise est adhérente à un syndicat patronal signataire du texte et qu'elle applique donc les accords sans attendre qu'ils soient étendus) dont la date d'entrée est le lundi 10 septembre 2012, le salaire de base est 2.000 € pour 151,67 heures, le coefficient est 285 et qui est présent tout ce mois de décembre 2023.

	Base	Taux	Montant
Salaire de base	151,67		2 000,00 €
Prime d'ancienneté	1 142,85	11%	125,71 €
Salaire Brut			**2 125,71 €**

Si ce salarié est bien entré dans l'entreprise le lundi 10 septembre 2012, il a onze ans et trois mois d'ancienneté pour la paie de décembre 2023, soit un pourcentage = 11 %.
Quant à la base de la prime d'ancienneté il suffisait de chercher la RMH dans le tableau au coefficient 285.

Corrigé 3 (Niveau 1)

Dans la même entreprise, il y a un autre salarié, qui a effectué 10 heures supplémentaires dont 8 à 125 % et 2 à 150 %. Celui-ci est entré le lundi 26 janvier 2009. Son salaire est de 2.300 € pour 151,67 heures, son coefficient est 305 et il a été présent tout le mois sans aucune absence. Calculer son salaire brut de décembre 2023.

	Base ou nombre	Taux	Montant
Salaire de base	151,67		2 300,00 €
Prime d'ancienneté	1 223,05	15%	183,46 €
H.S. à 125 %	8,00	20,468	163,74 €
H.S. à 150 %	2,00	24,561	49,12 €
Salaire Brut			**2 696,32 €**

Pour cet exercice, nous souhaitions que vous pensiez bien à prendre en compte le montant de la prime d'ancienneté dans le calcul des majorations des heures supplémentaires (même si le deuxième paragraphe de l'article 36 de la convention collective le précisait bien).

Corrigé 4 (Niveau 1)

Dans la même entreprise, il y a encore un autre salarié qui est entré le lundi 2 janvier 2012 en tant qu'intérimaire. L'entreprise l'a embauché en CDI le 1er février 2013. Son salaire actuel est de 1.900 € pour 151,67 heures, son coefficient est 225 et il a été présent tout le mois sans aucune absence. Calculer son salaire brut de décembre 2023.

	Base	Taux	Montant
Salaire de base	151,67		1 900,00 €
Prime d'ancienneté	902,25	11%	99,25 €
Salaire Brut			**1 999,25 €**

Le « petit » piège de cet exercice est que selon l'article L. 1251-38 du Code du travail : « Lorsque l'entreprise utilisatrice embauche, après une mission, un salarié mis à sa disposition par une entreprise de travail temporaire, la durée des missions accomplies au sein de cette entreprise au cours des trois mois précédant le recrutement est prise en compte pour le calcul de l'ancienneté du salarié ». Sa « vraie » date d'ancienneté est donc le 1er novembre 2012 et notre salarié a bien 11 ans d'ancienneté en décembre 2023. Sa prime d'ancienneté est donc calculée avec un taux de 11 % (et non pas 10 %).

Corrigé 5 (Niveau 1)

Ce salarié travaille en tant que cuisinier dans un restaurant pour un **salaire de base de 1.950 €** brut pour 151,67 heures par mois. Chaque jour, avant le service, il déjeune sur place avec l'ensemble de l'équipe. Ce mois de juin 2023, il est présent du lundi au vendredi et n'a pas été absent du mois.

Bulletin de paie (simplifié) de juin 2023

Libellés	Espace de calcul	Sommes en -	Sommes en +
Salaire de base			1 950,00
Av. en Nature "Nourriture"	5,20 € X 22 (22 = Nbre de jrs travaillés)		114,40
Total du Brut	1950 + 114,4		2 064,40
Montant des cotisations (20%)	2064,4 X 20%	412,88	
Net fiscal	2064,4 - 412,88		1 651,52
Reprise Av. Nat. "Nourriture"	Il faut déduire le montant ajouté au brut	114,40	
Net à payer	1651,52 - 114,4		1 537,12

Le repas préparé et consommé sur place est assimilé à du salaire par le Code du travail (art. L.3221-3 : « ***Constituent une rémunération le salaire ou traitement ordinaire de base ou minimum et tous les autres avantages et accessoires payés directement ou indirectement, en espèces ou en nature, par l'employeur au salarié en raison de l'emploi de ce dernier*** »). Il constitue donc un avantage en nature, qualifié « en nourriture », considéré comme étant un élément de rémunération et qui doit donc donner lieu à cotisations. Le repas préparé par les salariés du restaurant pour l'équipe n'ayant pas de facture, il faut l'évaluer forfaitairement. La Sécurité sociale donne tous les ans la valeur de l'avantage en nature « nourriture ». Cette année 2023, chaque repas fourni par l'employeur est évalué à 5,20 €. Ces 5,20 € sont multipliés par le nombre de repas pris dans le mois (22 jours ouvrés ce mois de juin 2023) et le montant obtenu est rajouté au salaire de base pour donner le total brut. Sur ce brut, on prélève les cotisations (20 %, tant qu'on n'aura pas étudié cette partie du bulletin) pour fournir le net fiscal (la somme à déclarer pour les impôts sur le revenu). L'employeur n'allant pas nourrir son salarié et lui donner en plus une somme d'argent, il faut retirer le même montant pour avoir la somme à payer en fin de mois au salarié.

Corrigé 6 (Niveau 1)

Ce salarié bucheron, travaille dans une petite scierie familiale perdue en pleine forêt pour un **salaire de base de 2.100 €** brut pour 151,67 heures par mois. Chaque lundi matin, il rejoint la scierie. Il retourne à la ville tous les vendredis à 16 h, le travail de la semaine terminé. La femme du patron prépare un **repas midi et soir**. Durant la semaine, il est **logé dans** un petit **F2**. Il travaille tous les jours ouvrés de mars 2023 comportant **4 week-ends**.

Bulletin de paie (simplifié) de mars 2023

Libellés	Espace de calcul	Sommes en -	Sommes en +
Salaire de base			2 100,00
Av. en Nature "Nourriture"	5,20 € X 41 (41 = Nbre de repas)		213,20
Av. en Nature "Logement"	75,40 € X 2 pièces		150,80
Total du Brut	2100 + 213,2 + 150,8		2 464,00
Montant des cotisations (20%)	2464 X 20%	492,80	
Net fiscal	2464 - 492,8		1 971,20
Reprise Av. Nat. "Nourriture"	Il faut déduire le Mt ajouté au brut	213,20	
Reprise Av. Nat. "Logement"	Il faut déduire le Mt ajouté au brut	150,80	
Net à payer	1971,2 - 213,2 - 150,8		1 607,20

Les repas préparés par la femme du patron sont assimilés à du salaire comme vu dans l'exercice précédent. Le mois ayant 23 jours ouvrés et notre salarié prenant son repas midi et soir, on pourrait penser qu'il y aura 46 repas de comptés. Mais s'il rentre chez lui le vendredi à 16 h, il faut lui enlever les repas qu'il aurait pris les 5 vendredis soir. Soit 46 – 5 = 41 repas. Ces 41 repas étant évalués forfaitairement à 5,20 € chacun, **l'avantage en nature « Nourriture »** = (41 × 5,20 €) = **213,20 €.**
Il est également logé. Pour la Sécurité sociale, lorsqu'un employeur, propriétaire ou locataire d'une habitation, la met à disposition d'un salarié gratuitement, il doit évaluer un avantage en nature logement et le soumettre au paiement des cotisations. L'avantage en nature logement est calculé au mois le mois en fonction de la rémunération brute mensuelle. La rémunération à prendre en compte s'entend du salaire brut mensuel soumis à cotisations (rémunération principale, primes, gratifications, indemnités en espèces entrant normalement dans la base de cotisations sociales), avant incorporation de l'avantage concerné (l'avantage en nature dont il est question est bien sûr le logement). Dans l'hypothèse où un salarié perçoit des rémunérations inégales en cours d'année, l'évaluation ne peut pas se faire annuellement par calcul d'une rémunération mensuelle moyenne, mais doit se faire mensuellement sur la paie du mois en cours. Autrement dit, en fonction du brut, il faut calculer cet avantage tous les mois. Et selon qu'il y ait des heures supplémentaires, un treizième mois, des primes, ou a contrario des absences non payées, la valeur de l'avantage en nature « logement » peut varier considérablement d'un mois à l'autre. Certaines personnes pensent qu'on ne doit pas intégrer les avantages en nature « Nourriture » dans la rémunération mensuelle brute. Mais, d'une part ils sont soumis à cotisations (et par conséquent cela serait contraire à l'expression « salaire brut soumis à cotisations ») et d'autre part l'URSSAF précise sur son site Internet que « *lorsque le salarié se trouve en suspension de contrat sans maintien de salaire, il faut considérer que ce salarié est rémunéré exclusivement par des avantages en nature. En conséquence, l'avantage logement doit être évalué sur la base de la première tranche du barème.* ». Donc, non seulement, les avantages en nature « Nourriture » font partie de la rémunération mensuelle brute, mais même si le brut est à zéro, il faut faire comme s'il y avait des avantages en nature et donc prendre la première tranche du barème.

Pour cet exercice, pour évaluer l'avantage en nature « logement », la rémunération de référence est donc (2.100 € + 213,20 €) 2.313,20 €. Ce qui nous amène à la troisième tranche du barème (Rémunération comprise entre 2.199,60 € et 2.566,19 €) selon laquelle, chaque pièce du logement est évaluée à 75,40 €. Le logement de notre salarié en ayant deux, la valeur de **l'avantage en nature « Logement » est donc de** (75,40 € × 2) **150,80 €. Le brut est donc** (2.100 € + 213,20 € + 150,80 €) **de 2.464 €.**

Le net à payer (selon le raisonnement suivi à l'exercice précédent) **est** (2.464 € – les cotisations à 20 % – la reprise des deux avantages en nature) **de 1.607,20 €.**

Nota Bene : Le but de cet exercice est de vous familiariser avec la logique des avantages en nature. Les plus avisés d'entre vous, connaissant le Code Général des Impôts, peuvent appliquer un abattement de sujétion de 30 % sur la valeur du logement, « le salarié étant contraint de demeurer sur place pour effectuer son travail ». Ce qui ramènerait l'avantage en nature logement à (150,80 € – 30 %) 105,56 €.

Corrigé 7 (Niveau 1)

Ce salarié de la région Hauts-de-France, travaille à temps plein en équipe 2 × 8 (l'équipe du matin faisant 5 h-midi, l'équipe de l'après-midi ayant un horaire de midi à 19 h), dans une grande entreprise d'installation de panneaux solaires pour un **salaire de base de 2.200 €** brut pour 151,67 heures par mois. Il fait partie de l'équipe du matin. Sa convention collective octroie un **panier de 11 euros** par jour travaillé au personnel en équipe, qu'il soit ou pas en déplacement.
Ce mois de février 2023, dans la semaine du lundi 13 au dimanche 19, il effectue des allers-retours quotidiens avec la voiture de société (essence et péage payés par le chef d'équipe) entre Lille et Beauvais et déjeune sur place.

Bulletin de paie (simplifié) de février 2023 (20 jours ouvrés)

Libellés	Espace de calcul	Sommes en -	Sommes en +
Salaire de base			2 200,00
Paniers Soumis (Jour & Nuit)	(11 (mt conv.) - 7,10 (limite d'exo)) X 15		58,50
Paniers Soumis (Déplacement)	(11 (mt conv.) - 9,90 (limite d'exo)) X 5		5,50
Total du Brut	2200 + 58,5 + 5,5		2 264,00
Montant des cotisations (20%)	2264 X 20%	452,80	
Net fiscal	2264 - 452,8		1 811,20
Paniers Non Soumis (J & N)	7,10 (Montant exonéré/panier) X 15		106,50
Paniers Non Soumis (Dépl,)	9,90 (Montant exonéré/panier) X 5		49,50
Net à payer	1811,2 + 106,5 + 49,5		1 967,20

Avec cet exercice, nous abordons tranquillement les limites d'exonération des frais professionnels. La convention collective du salarié indemnise les paniers à hauteur de 11 € qu'il soit ou pas en déplacement. Le mois de février 2023 ayant 20 jours ouvrés, selon l'énoncé, s'il est une semaine en déplacement, notre salarié bénéficiera donc de 15 paniers (Indemnité de restauration sur le lieu de travail) et de 5 paniers (déplacement).
La limite d'exonération pour cette année 2023 est de 7,10 € pour les paniers (Indemnité de restauration sur le lieu de travail) et de 9,90 € pour les paniers (déplacement). Ces montants sont donc exonérés de cotisations et d'impôts multipliés par le nombre de jours correspondants.
C'est ce que nous retrouvons **en bas de bulletin : paniers (Indemnité de restauration sur le lieu de travail)** = 15 × 7,10 € = **106,50 €, et paniers (déplacement)** = 5 × 9,90 € = **49,50 €.**
En revanche, **les parties qui dépassent ces limites doivent être soumises à cotisations et impôts.** Il faut donc mettre **dans le brut : 15 paniers (Indemnité de restauration sur le lieu de travail) pour un montant de** 11 € – 7,10, soit 3,90 € × 15 = **58,50 €** et **5 paniers (déplacement) pour un montant de** 11 € – 9,90 €, soit 1,1 € × 5 = **5,50 €.**

Au total, le salarié a bien perçu 20 paniers à 11 €, soit 220 €, mais cette somme est divisée en deux parties ; une partie soumise à cotisations (58,50 € + 5,50 € = 64 €) et une autre partie non soumise à cotisations (106,50 € + 49,50 € = 156 €), et ces deux parties (64 € + 156 €) = 220 €.

Corrigé 8 (Niveau 2)

Ce salarié **provincial**, travaille à temps plein dans une grande entreprise pour un **salaire de base de 3.200 €** brut pour 151,67 heures par mois. L'entreprise lui donne des **titres restaurants (valeur faciale : 10,00 €, participation patronale : 6,00 €)** pour tous les jours travaillés au sein de son entreprise. Il est **logé dans** un grand **F4**. Ce mois d'octobre 2023, il a suivi trois jours de formation à Paris les lundi 16, mardi 17 et mercredi 18. **Ses billets de train** (216 €) **ainsi que ses tickets de métro** (2,10 € × 6 = 12,60 €) après sa remise des justificatifs correspondant **lui sont remboursés sur son bulletin de paie**. En revanche, pour ses 2 nuits d'hôtel, l'entreprise lui rembourse un **forfait de 80 € par nuitée** et pour ses repas au restaurant (3 à midi et 2 le soir) un **forfait de 25 € par repas**.

Bulletin de paie (simplifié) d'octobre 2023 (22 jours ouvrés)

Libellés	Espace de calcul	Sommes en -	Sommes en +
Salaire de base			3 200,00
Remboursement Repas	[25 (mt forfait) - 20,2 (limite d'exo)] X 5		24,00
Remboursement Hôtel	[80(mt forf) - 72,50(limite d'exo à Paris)] X 2		15,00
Av. en Nature "Logement"	94,10 € (0,7 PSS < R < 0,9 PSS) X 4		376,40
Total du Brut	3200 + 24 + 15 + 376,4		3 615,40
Montant des cotisations (20%)	3615,4 X 20%	723,08	
Net fiscal	3615,4 - 723,08		2 892,32
Remboursement Repas	20,20 (Montant exonéré/repas) X 5		101,00
Remboursement Hôtel	72,50 (Montant exonéré / déplacement) X 2		145,00
Remboursement Frais de Dépl.	216 + 12,60		228,60
Reprise Av. Nat. "Logement"	Il faut déduire le montant ajouté au brut	376,40	
Retenue Titres Restaurant	10 (Mt TR) - 6 (part Pat.) X (22-3)	76,00	
Net à payer	2892,32 + 101 + 145 + 228,6 - 376,4 - 76		2 914,52

Cet exercice est un petit peu plus difficile puisque cet autre salarié a des avantages en nature logement et des remboursements de frais professionnels au forfait. Or, **il y a des limites d'exonération aux remboursements de frais professionnels**.

Bien sûr, la première ligne est toujours le salaire mensuel contractuel, ici 3.200,00 €.

Ensuite, il faut passer les **montants des remboursements de frais qui dépassent les limites d'exonération**, qui entrent dans le brut de cotisations et qui seront soumis à impôts :

- **Les repas** : en 2023, la limite d'exonération est de 20,20 € par repas. Notre salarié a 5 repas remboursés forfaitairement à 25 €. Il faut donc intégrer (25 – 20,20) 4,80 € par repas, soit 4,80 € × 5 repas = **24,00 €.**
- **Les déplacements (hébergement)** : en 2023, la limite d'exonération est de 72,50 € par nuitée sur Paris. Les nuits d'hôtel étant indemnisées forfaitairement à 80,00 €, il faut réintégrer la différence au brut, soit (80,00 – 72,50) 7,50 € × 2 nuits = **15,00 €.**

Le montant des **avantages en nature logement** dépendant du brut mensuel du salarié, il faut additionner son salaire et ses remboursements de frais, soit : 3.200,00 + 24,00 + 15,00 = 3.239,00 €. Ce dernier montant étant compris entre 0,7 et 0,9 plafond mensuel de la Sécurité sociale, il faut prendre la valeur de 94,10 € par pièces principales soit 94,10 € × 4 = **376,40 €.**

Le calcul du brut, des cotisations et du net fiscal sont identiques à l'exercice précédent.

Après le net fiscal, il faut indemniser les repas et les déplacements dans les limites des exonérations. Pour **les repas**, 20,20 € × 5 = **101,00 €**. Pour **les déplacements (hébergement)**, 72,50 € × 2 = **145,00 €**. Pour les **frais de déplacement** (train + métro) 216,00 € + 12,60 € = **228,60 €**. Sans oublier de **reprendre les avantages en nature logement : 376,40 €.**
Quant aux **titres-restaurant**, il faut retenir la part salariale puisque le salarié aura des titres-restaurant d'une valeur de 10,00 € payés en partie (60 % et dans la limite d'exonération 6,50 € en 2023) soit 6,00 € par l'employeur : 10,00 € – 6,00 € = 4,00 € × 19 jours = **76,00 €**. Certes, l'énoncé précisait qu'il y avait 22 jours ouvrés, mais puisque l'entreprise lui rembourse déjà 3 jours (en déplacement), il n'en reste donc que **19** à indemniser.

Corrigé 9 (Niveau 1)

Cette salariée cadre, travaille à temps plein dans une petite entreprise pour un **salaire de base de 2.500 €** brut par mois.
L'entreprise lui a mis à disposition le 2 janvier 2023 et pour une durée indéterminée, **une voiture** (Peugeot 208 Allure Pack PureTech 100 S&S EAT8) louée 430 € par mois (entretien inclus).
L'entreprise ne prend pas en charge le carburant mais prend en charge l'assurance (600 € par an).
Au 31 décembre 2023, la salariée a parcouru 45.000 kms dont 12.000 à titre privé.
Calculer le montant de l'avantage en nature « véhicule » à l'euro près, selon les deux possibilités (au forfait et au réel) et quel sera le montant à passer dans la rubrique « Avantage en nature « Véhicule » » en décembre 2023 ?

1. Calcul au forfait
Pour un véhicule loué et dont le carburant n'est pris en charge par l'entreprise, le forfait annuel est de 30 % du coût global annuel pour la location (location, entretien, assurance).
La location et l'entretien s'élèvent à 430 € par mois soit 5.160 € par an et l'assurance à 600 € par an.
Soit au total : 5.160 + 600 = 5.760 € par an.
Donc si on applique le forfait annuel de 30 %, l'avantage en nature s'élève à **1.728 €**.

2. Calcul au réel
Si le coût global annuel s'élève à 5.760 € (location + entretien + assurance), alors l'avantage en nature = 5.760 × 12.000 / 45.000 soit **1.536 €**.

Conclusion : c'est le calcul au réel qui est ici le plus avantageux.
L'avantage en nature « véhicule » à passer sur son bulletin s'élève à **128 €** par mois (1.536 / 12).

Corrigé 9 bis (Niveau 2)

Ce salarié cadre, travaille à temps plein dans une grande entreprise pour un **salaire de base de 4.200 €** brut par mois.
L'entreprise lui a mis à disposition le 2 janvier 2023 et pour une durée indéterminée, **une voiture** (Renault Mégane Estate E-Tech Plug in Hybride évolution 160, break) achetée 39.800 € (prix de la voiture neuve au 1er janvier 2023).
L'entreprise a pris également en charge l'assurance (2.650 €), tous les entretiens (5.450 €) et le carburant (7.500 €).
Au 31 décembre 2023, le salarié a parcouru 60.000 kms dont 15.000 à titre privé.

Calculer le montant de l'avantage en nature « véhicule » à l'euro près, selon les deux possibilités (au forfait et au réel) et quel sera le montant à passer dans la rubrique « Avantage en nature « Véhicule » » en décembre 2023 ?

1. Calcul au forfait

Pour un véhicule neuf (moins de 5 ans) dont le carburant est pris en charge par l'entreprise, le forfait annuel est soit de 9 % du coût d'achat augmenté des dépenses de carburant utilisé à l'usage privé soit de 12 % du seul coût d'achat.

a. 9 %

Le prix d'achat (39.800 €) est multiplié par 9 % = 3.582 €.

Auquel on rajoute les dépenses de carburant utilisé à l'usage privé : 7.500 € × 15.000 / 60.000 = 1.875 €.

Soit un total de 3.582 € + 1.875 € = **5.457 €**.

b. 12 %

Le prix d'achat (39.800 €) est multiplié par 12 % = **4.776 €**

2. Calcul au réel

Pour un véhicule acheté neuf (et par conséquent de moins de 5 ans) par l'entreprise, il faut prendre en compte :

- l'amortissement du véhicule sur 5 ans (20 % par an du coût d'achat) soit 7.960 € ;
- l'assurance : 2.650 € ;
- les frais d'entretien : 5.450 € ;
- le carburant : 7.500 €.

Soit un total de (7.960 + 2.650 + 5.450 + 7.500) : 23.560 €.

Ensuite, on proratise le total obtenu par le nombre de kilomètres parcourus à titre privé par rapport au total de kilomètres effectués, soit 23.560 × 15.000 / 60.000 = **5.890 €**.

Conclusion : c'est le forfait à 12 % qui s'avère être le plus avantageux (**4.776 €**). La première année, on peut passer la valeur globale de cet avantage en nature en une seule fois sur le bulletin de décembre (en espérant qu'il y ait une prime de fin d'année qui compense la perte pour le salarié). L'année suivante, on peut prendre le 12ème de cette somme (398 €) tous les mois de janvier à novembre, quitte à réactualiser les données à fin décembre pour tenir compte du nombre de kilomètres parcourus au titre de cette nouvelle année.

La deuxième solution est de passer une estimation de l'avantage en nature dès le mois de janvier et de régulariser la différence au mois de décembre pour éviter un écart de salaire trop important en décembre, surtout en l'absence de prime annuelle.

Corrigé 10 (Niveau 2)

Un ouvrier agricole vient d'être embauché ce mardi 1er février 2023 (20 jours ouvrés) à temps plein (35 h par semaine) dans une entreprise.
Cette entreprise lui propose contractuellement :

- **de le loger dans un appartement de fonction (un F2), correspondant à un avantage en nature de 80,80 €,**
- **de le nourrir tous les jours ouvrés à midi,**
- **avec un salaire de base mensuel de 1.500 €,**
- **une prime mensuelle individuelle de production de 120 €,**
- **et une indemnité mensuelle de pénibilité de 75 €.**

Pour vous, la paie de ce salarié respecte-t-elle le SMIC ? Si votre réponse est négative, quel serait le montant de l'indemnité différentielle qui corrigerait cette anomalie ?

Le **salaire de base** mensuel de **1.500 €** est bien évidemment inférieur au SMIC mensuel. Mais qu'en est-il réellement avec les avantages en nature et la prime mensuelle individuelle de production et l'indemnité mensuelle de pénibilité ?
Si l'**avantage en nature logement** sera bien ajouté à son salaire de base pour une valeur de 80,80 € pour les cotisations, pour vérifier que ce salarié atteint bien le SMIC mensuel cet avantage en nature n'est pris en compte que dans la limite de **0,60 €**. De même, si l'**avantage en nature nourriture** sera bien de 5,20 € × 20 jours ouvrés, soit 104 € pour le soumettre à cotisations, pour l'évaluation du salaire par rapport au SMIC, il ne sera pris en compte que dans la limite de 20 MG, soit **80,20 €** (4,01 € × 20). Si la **prime** mensuelle individuelle **de production** d'un montant de **120 €** fait bien partie des majorations qui complètent le salaire habituellement, en revanche ce n'est pas le cas pour l'indemnité mensuelle de pénibilité qui est une prime relative à des conditions particulières de travail. En résumé, nous avons un salaire brut de :

Salaire de base :	1.500,00 €	
+ Av. Nat. Logement :	0,60 €	(0,02 € × 30 jours) 30 jours quel que soit le mois considéré !
+ Av. Nat. Nourriture :	80,20 €	(4,01 € × 20 jours) 20 = nombre de jours ouvrés de février 2023.
+ Prime de production :	120,00 €	
=	**1.700,80 €**	

Soit un salaire brut inférieur de (1.709,28 € – 1.700,80) **8,48 €** au SMIC mensuel. Ce montant correspond au montant de l'indemnité différentielle qu'il faut ajouter au salaire de base pour atteindre le SMIC mensuel.

Le bulletin de paie (simplifié) pour février 2023 (20 jours ouvrés) se présentera donc ainsi :

Libellés	Espace de calcul	Sommes en -	Sommes en +
Salaire de base			**1 500,00**
Indemnité différentielle			**8,48**
Prime de production			**120,00**
Prime de pénibilité			**75,00**
Av. en Nature "Nourriture"	5,20 X 20 jours		**80,20**
Av. en Nature "Logement"	40,40 (R < 0,5 PSS) X 2 pièces		**80,80**
Total du Brut	1500 + 8,48 + 120 + 75 + 80,2 + 80,8		**1 864,48**
Montant des cotisations (20%)	1864,48 X 20%	**372,90**	
Net fiscal	1864,48 - 372,9		**1 491,58**
Reprise Av. Nat. "Nourriture"	Il faut déduire le montant ajouté au brut	**80,20**	
Reprise Av. Nat. "Logement"	Il faut déduire le montant ajouté au brut	**80,80**	
Net à payer	1491,58 - 80,2 - 80,8		**1 330,58**

Corrigé 11 – 1ère partie (Niveau 3)

Ce salarié **parisien**, travaille à temps plein dans une grande entreprise pour un **salaire de base de 3.600 € brut** pour 151,67 heures **par mois.**
L'entreprise lui donne des **titres restaurants (valeur faciale : 12,50 €, participation patronale : 7,50 €)** pour tous les jours travaillés au sein de son entreprise. Elle indemnise les jours fériés sans les faire apparaître sur le bulletin.
Il est **logé dans** un grand **F3.**
Son entreprise lui fournit un **téléphone portable** (un iPhone 13 128Go dont le prix public est de **829 €** assorti d'un **forfait** 140 Go 5G pour **33 € par mois**) et un **ordinateur portable** (d'une valeur de **999 €**). La durée d'amortissement du téléphone est d'un an. Si l'entreprise lui vendait cet ordinateur, le salarié bénéficierait d'un rabais de 30 %.
Ce mois de juillet 2023, il est allé par quatre fois rencontrer ses clients en province, nécessitant à chaque fois une nuit d'hôtel et un repas à midi et un autre le soir. Pour se déplacer, il a utilisé un des véhicules de service appartenant à l'entreprise.
Pour ses nuits d'hôtel, l'entreprise lui rembourse un **forfait de 125 € par nuitée** et pour ses repas au restaurant un **forfait de 30 € par repas.**

Bulletin de paie (simplifié) pour le mois de juillet 2023 (21 jours ouvrés)

Libellés	Espace de calcul	Sommes en -	Sommes en +
Salaire de base			3 600,00
Remboursement Repas	30 - 20,20 (limite d'exo) X 8		78,40
Remboursement Déplacement	125 - 53,8 (limite d'exo en province) X 4		284,80
Av. en Nature "Téléphone"	[(829 / 12) + 33] X 10%		10,21
Av. en Nature "Ordinateur"	[(999 - 30%] x 10%) / 12		5,83
Av. en Nature "Titres Resto"	(7,50 - 6,50) X (21 jours - 4 dépl. - 1 férié)		16,00
Av. en Nature "Logement"	119,30 (0,9 PSS < R < 1,1 PSS) X 3 pièces		357,90
Total du Brut	3600 + 78,4 + 284,8 + 10,21 + 5,83 + 16 + 357,9		4 353,14
Montant des cotisations (20%)	4353,14 X 20%	870,63	
Net fiscal	4353,14 - 870,63		3 482,51
Remboursement Repas	20,20 (Montant exonéré/repas) X 8		161,60
Remboursement Déplacement	53,80 (Montant exonéré/déplacement) X 4		215,20
Reprise Av. Nat. "Téléphone"	Il faut déduire le montant ajouté au brut	10,21	
Reprise Av. Nat. "Ordinateur"	Il faut déduire le montant ajouté au brut	5,83	
Reprise Av. Nat. "Titres Resto"	Il faut déduire le montant ajouté au brut	16,00	
Reprise Av. Nat. "Logement"	Il faut déduire le montant ajouté au brut	357,90	
Retenue Titres Restaurant	(12,50 - 7,50) x (21 jours - 4 dépl. - 1 férié)	80,00	
Net à payer	3482,51 + 161,6 + 215,2 - 10,21 - 5,83 - 16 - 357,9 - 80		3 389,37

Cet exercice 11 1ère partie est encore plus difficile puisque ce nouveau salarié a non seulement des avantages en nature (téléphone, ordinateur, logement) et des remboursements de frais professionnels au forfait, mais l'entreprise dépasse aussi une des deux limites d'exonération des titres-restaurant.

La première ligne est le salaire mensuel contractuel, ici **3.600 €.**

Le montant des remboursements de frais dépassant les limites d'exonération suit la même logique que pour l'exercice précédent :

- **Pour les repas**, 30 € – 20,20 € = 9,80 € × 8 repas = **78,40 €**.
- **Pour les déplacements**, 125 € – 53,80 € = 71,20 € × 4 déplacements = **284,80 €** (attention le salarié est parisien et la limite d'exonération ne serait pas la même dans le cas d'un salarié habitant en province se déplaçant à Paris).

- Le montant de **l'avantage en nature « téléphone »** se calcule en prenant la valeur du téléphone divisé par 12 mois (puisque l'amortissement se fait sur 1 an) augmenté de la valeur du forfait mensuel, le tout à 10 % (Arrêté 10-12-2002 art. 4 et 7). En effet, lorsque la formule commerciale ne distingue pas l'achat et l'abonnement, le taux de 10 % s'applique au coût total prévu par le contrat (Circ. DSS 7-1-2003 : BOSS 4-03). Soit : (829 € / 12) 69.08 € + 33 = 102,08 €. 10 % de 102.08 € **= 10,21 €.**

- Le montant de **l'avantage en nature « ordinateur »** se calcule en prenant 10 % de la valeur de l'ordinateur – 30 % (Circ. DSS 19-8-2005 : BOSS 9-05), le tout divisé par 12 mois. Soit (999 € – 30 %) 699,30 €. 10 % de 699,30 € = 69,93 €. Et 69,93 € / 12 **= 5,83 €.**

- Ensuite les **titres-restaurant** : comme la part patronale dépasse les 6,50 € mais reste dans les 60 % autorisés pour l'exonération, **seule la partie dépassant 6,50 € est à réintégrer dans le brut**, soit 7,50 € – 6,50 € = 1,00 € × 16 jours = **16 €** (20 jours seulement puisque sur les 21 jours ouvrés il faut enlever le jour férié - le vendredi 14 juillet - et les 4 jours de déplacement pour lesquels l'entreprise indemnise déjà les repas forfaitairement).

- **L'avantage en nature logement** se détermine en fonction du brut du salarié : 3.600 € + 78,40 € + 284,80 € + 10,21 € + 5,83 € + 16 € = 3.995,24 €. Ce montant est compris entre 0,9 et 1,1 plafond de Sécurité sociale, ce qui donne 119,30 € par pièce principale en 2023. 119,30 € × 3 pièces **= 357,90 €.**

La suite du bulletin devient classique : 3.995,24 € + 357,90 € = 4.353,14 € de brut, soumis à cotisations, qui enlevées du brut donne un **net fiscal de 3.482,51 €.**

Il faut ensuite **indemniser les remboursements repas aux limites d'exonération** (20,20 € × 8) **= 161,60 €** et **les remboursements déplacement aux limites d'exonération « province »** (53,80 € × 4) **= 215,20 €.**

Ne pas oublier, bien sûr, de **reprendre les quatre avantages en nature** (téléphone, ordinateur, titres-restaurant et logement) pour les mêmes valeurs (10,21 €, 5,83 €, 16 € et 357,90 €).

Et enfin **retenir la part salariale des titres-restaurant** : (12,50 € – 7,50 € =) 5 € × 16 jours **= 80 €.**

Le salarié perçoit donc un **net à payer de 3.389,37 €.**

Corrigé 11 – 2ème partie (Niveau 3)

Imaginons que le salarié de l'exercice précédent (exercice 11 - 1ère partie) ne soit plus parisien, mais **provincial** et qu'il « monte » à Paris pour rencontrer ses clients.
Imaginons aussi que son entreprise lui donne des **titres restaurants (valeur faciale : 12,50 €, participation patronale : 10 €)** pour tous les jours travaillés au sein de son entreprise.
Tout le reste de l'exercice 11 - 1ère partie est identique.

Bulletin de paie (simplifié) pour le mois de juillet 2023 (21 jours ouvrés)

Libellés	Espace de calcul	Sommes en -	Sommes en +
Salaire de base			3 600,00
Remboursement Repas	30 - 20,20 (limite d'exo) X 8		78,40
Remboursement Déplacement	125 - 72,5 (limite d'exo à Paris) X 4		210,00
Av. en Nature "Téléphone"	[(829 / 12) + 33] X 10%		10,21
Av. en Nature "Ordinateur"	[(999 - 30%] x 10%) / 12		5,83
Av. en Nature "Titres Resto"	(10 € car > aux 2 limites) X (21 jours - 4 dépl. - 1 férié)		160,00
Av. en Nature "Logement"	144,1 (1,1 PSS < R < 1,3 PSS) X 3 pièces		432,30
Total du Brut	3600 + 78,4 + 210 + 10,21 + 5,83 + 160 + 432,3		4 496,74
Montant des cotisations (20%)	4496,74 X 20%	899,35	
Net fiscal	4496,74 - 899,35		3 597,39
Remboursement Repas	20,2 (Montant exonéré/repas) X 8		161,60
Remboursement Déplacement	72,50 (Montant exonéré/déplacement) X 4		290,00
Reprise Av. Nat. "Téléphone"	Il faut déduire le montant ajouté au brut	10,21	
Reprise Av. Nat. "Ordinateur"	Il faut déduire le montant ajouté au brut	5,83	
Reprise Av. Nat. "Titres Resto"	Il faut déduire le montant ajouté au brut	160,00	
Reprise Av. Nat. "Logement"	Il faut déduire le montant ajouté au brut	432,30	
Retenue Titres Restaurant	(12,50 - 10) x (21 jours - 4 dépl. - 1 férié)	40,00	
Net à payer	3597,39 + 161,6 + 290 - 10,21 - 5,83 - 160 - 432,3 - 40		3 400,65

Cette deuxième partie ressemble à la précédente, avec deux petites différences : le salarié cette fois est **provincial** et se déplace à Paris (penser aux limites d'exonération déplacement) et **l'entreprise dépasse les deux limites d'exonération des titres-restaurant.**
Le montant du **remboursement déplacement** à réintégrer dans le brut est donc différent : ici c'est 125 € – 72,50 € = 52,50 € × 4 déplacements **= 210 €.**
Le montant des **avantages en nature des titres-restaurant** est également différent. Puisque l'entreprise dépasse les deux limites d'exonération (6,50 € et 60 % de la valeur faciale), c'est l'intégralité de la part patronale qui devient le montant de l'avantage en nature : 10 € × 16 jours **= 160 €.**
Ce qui change le brut avant le calcul de l'avantage en nature logement : (3.600 € + 78,40 € + 210 € + 10,21 € + 5,83 € + 160 €) = 4.064,44 €. Le brut se trouve donc ente 1,1 et 1,3 Plafond SS et sa valeur est de 144,10 € par pièce principale, soit un **avantage en nature logement** de : 144,10 € × 3 = **432,30 €.**
Le reste du bulletin suit la même logique que pour la première partie.

Corrigé 12 (Niveau 2)

Un ouvrier travaillant en équipe a été embauché pour 39 h par semaine le mercredi 1er mars 2023 dans une entreprise en sous-traitance pour l'industrie automobile.
L'entreprise lui propose contractuellement :

- **un salaire mensuel de 1.560 €,**
- **une indemnité panier quotidienne de 7,10 €,**
- **une prime d'équipe de 5 € par jour ouvré travaillé,**
- **un treizième mois payé par douzième chaque mois (l'accord collectif qui a instauré cette prime prévoit un paiement fractionné mois par mois),**
- **et des heures supplémentaires mensuelles de 17,33 heures (4 H.S. par semaine × 4,33 semaines).**

Pour vous, la paie de ce salarié respecte-t-elle le SMIC ? Si votre réponse est négative, quel serait le montant de l'indemnité différentielle qui corrigerait cette anomalie ?

Le **salaire de base** mensuel de **1.560 €** est bien évidemment inférieur au SMIC mensuel. Mais qu'en est-il réellement avec l'indemnité panier, le douzième du 13ème mois et les heures supplémentaires ?

Pour l'URSSAF, **l'indemnité panier quotidienne** (remboursement de frais professionnel) de 7,10 € correspond au montant maximum non soumis à cotisations en 2023. Elle **ne rentre** donc pas **ni dans le calcul d'appréciation du SMIC, ni dans le salaire brut**. En revanche, elle doit figurer sur le bulletin après le calcul du salaire net fiscal. Puisque le salarié a été embauché le 1er mars 2023 et qu'il y a 23 jours ouvrés ce mois-ci, le montant total de cette prime panier non soumise sera de : 23 jours × 7,10 € = **163,30 €**.

Une **prime d'équipe** fait partie des primes rémunérant des conditions particulières de travail et à ce titre **ne rentre** donc **pas dans le calcul d'appréciation du SMIC**. Elle sera néanmoins soumise à cotisations pour un montant de : 5 € × 23 jours ouvrés **= 115 €.**

Une **prime de fin d'année** ne peut pas en principe être fractionnée afin de remédier à l'insuffisance de salaire les autres mois (Cass. Crim. 29 novembre 1988, n° 86-92449), sauf si l'accord collectif qui a instauré cette prime prévoit un paiement fractionné mois par mois, et dans ce cas l'employeur peut inclure cette fraction dans l'assiette de salaire à comparer au SMIC (Cass. Soc. 11 mars 1998, n° 96-40195 D). Donc, **il faut tenir compte pour une valeur de** 1.560 € / 12, soit **130 €** chaque mois.

Enfin, on ne doit pas tenir compte des heures supplémentaires pour l'appréciation du SMIC (Code du trav., art. D.3231-6). Pour ce salarié, nous ne tenons finalement compte que du salaire de base et d'un douzième du 13ème mois, soit : 1.560 € + 130 € = 1.690 € et donc **le SMIC n'est pas respecté. L'indemnité différentielle sera de 1.709,28 € – 1.690 € = 19,28 €**.

Ceci accompli, on calcule ensuite **les H.S.**
L'administration dans sa circulaire DRT n° 94-4, du 21 avril 1994 précise que pour le calcul de la base des heures supplémentaires, au salaire de base, il faut ajouter toutes les primes inhérentes à la nature du travail.
Sont à inclure, par exemple, les primes de froid, de danger, d'insalubrité, la prime d'équipe. Sont en revanche à exclure les remboursements de frais professionnels, les primes d'ancienneté et les primes d'assiduité.

Quant à la Cour de cassation (Cass. soc., 29 mai 1986, n° 84-44.709) elle estime que la base de calcul des heures supplémentaires est constituée par le salaire versé en contrepartie directe du travail fourni en tenant compte des primes liées aux conditions de travail.
Le douzième du 13ème mois et l'indemnité différentielle faisant partie intégrante du salaire habituel, **la base de calcul des heures supplémentaires est** donc **de** : 1.560 € + 130 € + 19,28 € + 115 € = **1.824,28 €.**
Le taux horaire du salarié est de : 1.824,28 € / 151,67 h = 12,028 €. (Les taux en paie sont en général, limités à trois ou quatre décimales).
Le montant des heures supplémentaires est par conséquent égal à : 12,028 € × 125 % × 17,33 heures, soit : **260,56 €.**

Le bulletin de paie (simplifié) pour le mois de mars 2023 (23 jours ouvrés) se présentera donc ainsi :

Libellés	Espace de calcul	Sommes en -	Sommes en +
Salaire de base			**1 560,00**
Prime 1/12ème de 13ème mois	1560 / 12		**130,00**
Indemnité différentielle	1.709,28 (SMIC Mensuel) - 1560 - 130		**19,28**
Prime d'équipe	5 € x 23 jours ouvrés travaillés		**115,00**
Heures supplémentaires	([{1.709,28 + 115} / 151,67] * 17,33) * 125%		**260,56**
Total du Brut	1560 + 130 + 19,28 + 115 + 260,56		**2 084,84**
Montant des cotisations (20%)	2084,84 X 20%	**416,97**	
Net fiscal	2084,84 - 416,97		**1 667,87**
Paniers Non Soumis	23 x 7,10		**163,30**
Net à payer	1667,87 + 163,3		**1 831,17**

Corrigé 13 (Niveau 1)

Un salarié a effectué les heures suivantes au cours d'une semaine dans l'année 2023.
C'est un employé à temps complet mensualisé (151,67 h) effectuant normalement **7 heures par jour** du lundi au vendredi et travaillant dans une entreprise qui paie les heures supplémentaires une première fois au taux horaire normal du salarié et qui applique les majorations à 25 % et 50 % sur 2 lignes différentes.

Jour	Heures Théoriques	Heures Travaillées
Lundi	7,00	9,00
Mardi	7,00	8,00
Mercredi	7,00	9,00
Jeudi	7,00	8,00
Vendredi	7,00	9,00
Samedi		3,00
Dimanche		
Total	35,00	46,00

➲ Vous devez trouver :

❶ Nb d'H.S. au taux normal	11
❷ Nb d'H.S. majorées à 25%	8
❸ Nb d'H.S. majorées à 50%	3

Ce premier exercice sur les heures supplémentaires est très facile : il suffit de compter les heures travaillées du salarié. On en trouve 46. Donc par rapport à l'horaire légal il a 11 heures supplémentaires. Selon l'article L. 3121-22 du Code du travail, si une convention ou un accord de branche étendu ou une convention ou un accord d'entreprise ou d'établissement ne prévoit pas de taux de majoration différent (taux ne pouvant être inférieur à 10 %), les heures supplémentaires accomplies au-delà de la durée légale hebdomadaire fixée par l'article L. 3121-10, ou de la durée considérée comme équivalente, donnent lieu à une majoration de salaire de 25 % pour chacune des huit premières heures supplémentaires, les heures suivantes donnant lieu à une majoration de 50 %.
Donc, parmi les 11 heures supplémentaires effectuées par le salarié, 8 sont majorées à 25 % et 3 le sont à 50 %.
Peut-être avez-vous été trompé par les 3 heures du samedi. Si la convention collective de l'entreprise ou un accord ne prévoit pas de majoration spécifique pour le travail de week-end, ces 3 heures sont bien à ajouter au total des heures de la semaine. En effet, selon l'article L. 3121-20, les heures supplémentaires se décomptent toujours dans le cadre de la semaine civile, sauf dans le cas d'horaires cycliques, modulés ou individualisés. Le cadre commun d'appréciation des heures supplémentaires est la semaine civile, qui débute le lundi à 0 heure et se termine le dimanche à 24 heures.
Il n'est possible de déroger au cadre de référence hebdomadaire pour le calcul des heures supplémentaires qu'en application d'un accord collectif prévoyant le recours à une forme d'annualisation du temps de travail, voire de pluri-annualisation (modulation, RTT sous forme de jours de congés, compte épargne-temps, etc.) ou lorsque l'employeur a recours à une réduction du temps de travail sous forme de jours de congé donnés par période de 4 semaines (C. trav., art. L. 3122-6).

Corrigé 14 (Niveau 1)

Un salarié a effectué les heures suivantes au cours d'une semaine dans l'année 2023.
C'est un employé à temps complet mensualisé (151,67 h) effectuant normalement **7 heures par jour** et travaillant dans une entreprise qui paie les heures supplémentaires une première fois au taux horaire normal du salarié et qui applique les majorations à 25 % et 50 % sur 2 lignes différentes.
Ce mardi-là, il s'est rendu aux obsèques de sa belle-mère. Quel est l'impact de cette journée « **Evènement Familial** » sur ses heures supplémentaires ?

Jour	***Heures Théoriques***	***Heures Travaillées***	***Raison***
Lundi	7,00	9,00	
Mardi	7,00	0,00	Evenement Fam.
Mercredi	7,00	9,00	
Jeudi	7,00	7,00	
Vendredi	7,00	8,00	
Samedi			
Dimanche			
Total	35,00	33,00	40,00

Vous devez trouver :

Nb d'H.S. au taux normal	5
Nb d'H.S. majorées à 25%	5
Nb d'H.S. majorées à 50%	0

Les absences pour évènements familiaux (mariage du salarié, naissance d'un enfant pour le père, mariage de l'enfant du salarié, décès du conjoint, décès des parents, décès des beaux-parents, décès de l'enfant du salarié) **sont expressément assimilées à du travail effectif pour la détermination des heures supplémentaires.**
Dans notre exercice, bien que le salarié n'ait travaillé « réellement » que 33 heures, les heures d'absence évènement familial lui permettent de bénéficier néanmoins de 5 heures supplémentaires qui sont toutes majorées à 25 %.
En revanche, ces heures n'étant pas vraiment travaillées, elles n'ouvrent pas droit à contrepartie à repos et ne s'imputent pas sur le contingent.

Corrigé 15 (Niveau 2)

Un salarié a effectué les heures suivantes au cours d'une semaine dans l'année 2023.
C'est un employé à temps complet mensualisé (151,67 h) effectuant normalement **7 heures par jour** et travaillant dans une entreprise qui paie les heures supplémentaires une première fois au taux horaire normal du salarié et qui applique les majorations à 25 % et 50 % sur 2 lignes différentes. Le lundi et le mardi il était malade. Dès qu'il s'est senti mieux, il a presque rattrapé le retard qui s'était accumulé lors de son absence de l'entreprise. Quel est l'impact de ces 2 jours de « **Maladie** » sur ses heures supplémentaires ?

Jour	***Heures Théoriques***	***Heures Travaillées***	***Raison***
Lundi	7,00	0,00	Maladie
Mardi	7,00	0,00	Maladie
Mercredi	7,00	10,00	
Jeudi	7,00	10,00	
Vendredi	7,00	10,00	
Samedi		7,00	
Dimanche			
Total	35,00	37,00	51,00

➲ Vous devez trouver :

❶ Nb d'H.S. au taux normal	16	**La maladie n'est jamais du travail effectif**
❷ Nb d'H.S. majorées à 25%	2	
❸ Nb d'H.S. majorées à 50%	0	

Ce troisième exercice sur les heures supplémentaires est assez difficile à comprendre.
Dans le cas présent, notre salarié a été malade 2 jours (le lundi 7 heures et le mardi 7 heures également, soit 14 heures au total). Dès qu'il s'est senti mieux (surtout si son travail s'est accumulé sur son bureau), il a commencé à travailler plus que ses collègues de travail (3 heures le mercredi, 3 heures le jeudi, 3 heures aussi le vendredi et est même venu travailler le samedi 7 heures, soit 16 heures de plus que ses collègues).
Mais il n'a effectivement travaillé que 37 heures. La maladie n'étant pas considérée comme du travail effectif, bien qu'il ait travaillé 16 heures de plus que ses collègues du mercredi au samedi, seules les heures qui dépassent les 35 heures ouvre droit à la majoration de 25 %.

Son bulletin (très simplifié !) pourrait se présenter comme suit :

Salaire :	35 heures
Abs. Mal.	–14 heures
H.S. taux normal +	16 heures
(dont H.S. maj. à 25 %	2 heures)
Brut =	37 heures (ce qui correspond bien aux heures réellement travaillées)

Si la convention collective impose à l'employeur le maintien du salaire en cas de maladie, il sera payé en plus 14 heures (soit 51 heures au total), mais ce paiement supplémentaire ne doit pas entraîner de majoration de ces heures supplémentaires (ce qui serait un comble pour l'employeur !). Et, bien sûr, si notre salarié avait été « annualisé » la réponse aurait été identique.

Corrigé 16 (Niveau 2)

Un salarié a effectué les heures suivantes au cours d'une semaine dans l'année 2023.
C'est un employé à temps complet mensualisé (151,67 h) effectuant normalement **7 heures par jour** et travaillant dans une entreprise qui paie les heures supplémentaires une première fois au taux horaire normal du salarié et qui applique les majorations à 25 % et 50 % sur 2 lignes différentes. C'était la semaine du lundi de Pâques. Quel est l'impact de ce « **Jour Férié** » sur ses heures supplémentaires ?

Jour	***Heures Théoriques***	***Heures Travaillées***	***Raison***
Lundi	7,00	0,00	Jour Férié
Mardi	7,00	10,00	
Mercredi	7,00	9,00	
Jeudi	7,00	10,00	
Vendredi	7,00	9,00	
Samedi			
Dimanche			
Total	35,00	38,00	45,00

➲ Vous devez trouver :

❶ Nb d'H.S. au taux normal	10
❷ Nb d'H.S. majorées à 25%	8
❸ Nb d'H.S. majorées à 50%	2

Ce dernier exercice sur les heures supplémentaires est litigieux. En effet, si on se reporte à la jurisprudence de la Cour de cassation du 4 avril 2012 (Cass. soc. 4 avril 2012 n° 10-10.701, n° 963 FS-PB, Sté TCMG c/ Gaufichon), en matière d'heures supplémentaires, les jours fériés chômés ne sont pas assimilés à du temps de travail effectif, en l'absence de dispositions légales ou conventionnelles contraires. Ce qui explique pourquoi certains d'entre vous ont peut-être trouvé 3-3-0. D'autres pensent que comme le salarié a quand même travaillé 10 heures de plus que l'horaire normal, il serait plus juste qu'elles soient payées au taux normal et que seules 3 heures soient majorées à 25 %, ce qui donnerait 10-3-0. Mais, la Cour dit aussi que lorsque la durée du travail habituelle du salarié inclut des heures supplémentaires (ex. : 39 heures hebdomadaires, réparties à raison de 7,80 h / jour), le chômage du jour férié ne doit entraîner aucune diminution de salaire. Le salarié ne doit donc pas perdre les majorations de salaire incluses dans sa rémunération habituelle.
D'autre part, si notre salarié avait été forfaitisé en heures annuelles, les heures effectuées au-delà de 1.607 heures auraient bien été majorées (l'annualisation à 1.607 heures est le résultat de 35 heures × 45,67 semaines (52 semaines annuelles – 5 semaines de congés payés – 1,33 semaine de jours fériés) arrondis à 1.600 heures (calcul Loi Aubry II) + 7 heures pour la journée de solidarité). Et surtout, il ne faut pas oublier que l'Administration considère qu'il faut tenir compte des jours fériés chômés pour déterminer les droits à majoration pour heures supplémentaires (circ. DRT 2000-7 du 6 décembre 2000). Nous vous conseillons donc d'appliquer plutôt cette dernière solution, car si le salarié a le sentiment d'être lésé, il refusera d'effectuer des heures supplémentaires la prochaine fois qu'il y aura un jour férié dans la semaine (ce qui pourrait porter préjudice à l'entreprise). En revanche, la Cour de cassation et l'Administration conviennent ensemble qu'il faut bien sûr ignorer les jours fériés chômés pour déterminer les droits à contrepartie obligatoire à repos, le nombre d'heures supplémentaires à imputer sur le contingent annuel ou encore le respect des seuils de durée maximale du travail.

Corrigé 16 bis (Niveau 2)

Un salarié a effectué les heures suivantes au cours d'une semaine dans l'année 2023.
C'est un employé à temps complet mensualisé (151,67 h) effectuant normalement **7 heures par jour** et travaillant dans une entreprise qui paie les heures supplémentaires une première fois au taux horaire normal du salarié et qui applique les majorations à 25 % et 50 % sur 2 lignes différentes.
C'était la semaine du lundi de Pâques et notre salarié a travaillé normalement (7 heures) ce lundi de Pâques. Quel est l'impact de ce « **Jour Férié** » sur ses heures supplémentaires ?

Jour	***Heures Théoriques***	***Heures Travaillées***	***Raison***
Lundi	7,00	7,00	Jour Férié
Mardi	7,00	10,00	
Mercredi	7,00	9,00	
Jeudi	7,00	10,00	
Vendredi	7,00	9,00	
Samedi			
Dimanche			
Total	35,00	45,00	45,00

➲ Vous devez trouver :

❶ Nb d'H.S. au taux normal	10
❷ Nb d'H.S. majorées à 25%	8
❸ Nb d'H.S. majorées à 50%	2

En voyant le même résultat, certains vont s'écrier : « Voilà pourquoi la Cour de cassation, en matière d'heures supplémentaires, n'assimile pas les jours fériés à du temps de travail effectif ! ».
Double erreur !
La première, ce qui n'est pas indiqué dans ce petit tableau, est que le salarié percevra en plus la majoration prévue soit par la Loi dans le cas du premier mai (100 %), soit dans la Convention collective (très souvent également 100 %). Autrement dit, si le taux horaire du salarié est de 20 €, il percevra 140 € de plus (sous une rubrique « Jour férié travaillé ») que son collègue de l'exercice au même tarif horaire.
La seconde, toujours pas visible dans le tableau, est que ces 10 heures (au lieu de 3 dans l'exercice précédent) vont entrer dans le contingent d'heures supplémentaires lui donnant éventuellement droit à une contrepartie obligatoire en repos.

Enfin, si vous persistez à croire que dans l'exercice précédent la bonne réponse était 3-3-0, comment expliquez-vous que s'il travaille 7 heures ce jour férié, ce salarié perçoive (selon l'exemple du taux horaire à 20 €), 140 € de plus en heures supplémentaires normales + 140 € en majoration de « Jour férié travaillé » + 25 € en heures supplémentaires majorées à 25 % (5 heures × 20 € × 25 %) + 20 € en heures supplémentaires à 50 % (2 heures × 20 € × 50 %), soit 325 € de plus que son collègue au même taux horaire simplement parce que ce dernier n'aurait pas travaillé ce jour férié ?

Corrigé 17 (Niveau 2)

Sachant que dans l'entreprise où travaille ce salarié :

- **l'horaire mobile a été institué avec 2 plages mobiles :**
  - **le matin de 7 h à 9 h**
  - **l'après-midi de 16 h 30 à 18 h 30**
- **le déjeuner est fixe de 12 h à 14 h,**
- **la durée hebdomadaire est de 35 h sur 5 jours,**
- **ce salarié a un crédit de 6 heures au titre du mois précédent ;**

Voici le nombre d'heures travaillées par ce salarié en mars 2023 et le report d'heures sur le mois suivant à partir de sa feuille de présence.

Jour	Arrivée	(Déjeuner)		Départ	Hrs travaillées
1	8h45	(12h00)	(14h00)	17h15	6,50h
2	9h00	(12h00)	(14h00)	18h30	7,50h
3	8h30	(12h00)	(14h00)	16h30	6,00h
4	absence	pour	cause	de C.P.	7,00h
5	absence	pour	cause	de C.P.	7,00h
6	absence	pour	cause	de C.P.	7,00h
7	absence	pour	cause	de C.P.	7,00h
8	absence	pour	cause	de C.P.	7,00h
9	9h00	(12h00)	(14h00)	17h30	6,50h
10	8h00	(12h00)	(14h00)	16h30	6,50h
11	7h00	(12h00)	(14h00)	18h00	9,00h
12	8h15	(12h00)	(14h00)	18h15	8,00h
13	7h15	(12h00)	(14h00)	17h15	8,00h
14	9h00	(12h00)	(14h00)	17h00	6,00h
15	8h45	(12h00)	(14h00)	18h00	7,255h
16	8h15	(12h00)	(14h00)	17h45	7,50h
17	9h00	(12h00)	(14h00)	17h15	6,25h
18	8h00	(12h00)	(14h00)	18h15	8,25h
19	8h30	(12h00)	(14h00)	17h30	7,00h
20	7h15	(12h00)	(14h00)	17h45	8,50h
21	7h30	(12h00)	(14h00)	16h45	7,25h
22	9h00	(12h00)	(14h00)	16h30	5,50h
23	8h15	(12h00)	(14h00)	17h00	6,75h

Ce salarié aurait dû travailler : 23 jours × 7,00 h = 161,00 h. Or, il a travaillé **163,25 h.**
Il a donc travaillé (163,25 h – 161,00 h) **2,25 h de plus.**
Son nouveau report sera donc : (6,00 h + 2,25 h) **de 8,25 h**, soit 8 heures et 15 minutes.

Corrigé 17 (Niveau 2)

Explications du résultat.

Pour cet exercice, nous convertissons les minutes en centièmes d'heure :
15 minutes = 0,25 heure / 30 minutes = 0 ,50 heure / 45 minutes = 0,75 heure

Pour rappel, ce salarié a toujours 2 heures de pause déjeuner.

Jour 1 : 17,25 (heure de départ) – 2 (pause déjeuner) – 8,75 (heure d'arrivée) = 6,50 h (soit 6 h 30)
Jour 2 : 18,50 – 2 – 9,00 = 7,50 h
Jour 3 : 16,50 – 2 – 8,50 = 6,00 h
Jour 9 : 17,50 – 2 – 9,00 = 6,50 h
Jour 10 : 16,50 – 2 – 8,00 = 6,50 h
Jour 11 : 18,00 – 2 – 7,00 = 9,00 h
Jour 12 : 18,25 – 2 – 8,25 = 8,00 h
Jour 13 : 17,25 – 2 – 7,25 = 8,00 h
Jour 14 : 17,00 – 2 – 9,00 = 6,00 h
Jour 15 : 18,00 – 2 – 8,75 = 7,25 h
Jour 16 : 17,75 – 2 – 8,25 = 7,50 h
Jour 17 : 17,25 – 2 – 9,00 = 6,25 h
Jour 18 : 18,25 – 2 – 8,00 = 8,25 h
Jour 19 : 17,50 – 2 – 8,50 = 7,00 h
Jour 20 : 17,75 – 2 – 7,25 = 8,50 h
Jour 21 : 16,75 – 2 – 7,50 = 7,25 h
Jour 22 : 16,50 – 2 – 9,00 = 5,50 h
Jour 23 : 17,00 – 2 – 8,25 = 6,75 h

Pour les jours 4, 5, 6, 7 et 8, le salarié est en congés payés. On doit lui comptabiliser le nombre d'heures théoriques qu'il aurait dû travailler ces jours-là, soit 7,00 h (il travaille 35 h sur 5 jours, 35 / 5 = 7 h par jour).

Corrigé 18 (Niveau 2)

Dans cette entreprise, la durée hebdomadaire est de 35 h sur 5 jours (7 heures théoriques par jour).
Il y a 3 plages mobiles :

- matin : 8 h 00 – 9 h 00
- midi : 12 h 00 – 14 h 00 (temps de repas mini : 1 h)
- soir : 17 h 00 – 18 h 00.

Sachant que :

- dans ce mois de février 2023, il y a 20 jours ouvrés,
- tout retard entraîne l'arrondi à l'heure suivante, tout départ anticipé entraîne l'arrondi à l'heure précédente,
- l'arrivée du salarié avant 8 h 00 est ramenée à 8 h 00 et le départ après 18 h 00 est ramené à 18 h 00,
- ce salarié a un crédit de 3 h au titre du mois précédent,
- dès qu'un crédit de 7 heures est ouvert, le salarié a droit de prendre une journée de récupération (sous réserve d'acceptation de son supérieur hiérarchique).

Voici son nouveau report pour le mois suivant :

Jour	Arrivée	Déjeuner		Départ	*Heures trav.*	*Heures théo.*
1	8h30	13h15	14h00	18h15	8,50	7
2	8h15	12h15	13h00	17h30	8,25	7
3	8h15	12h00	13h15	17h15	7,75	7
4	absence	pour	cause	de récup.	0,00	7
5	9h00	12h30	13h40	17h40	7,50	7
6	8h15	12h45	13h35	17h30	8,25	7
7	7h45	12h15	13h05	17h15	8,25	7
8	7h50	12h20	13h20	16h05	7,00	7
9	9h15	12h15	13h00	17h30	6,50	7
10	7h55	12h15	13h45	17h00	7,50	7
11	7h45	12h15	13h30	17h45	8,50	7
12	8h30	12h30	13h45	17h00	7,25	7
13	absence	pour	cause	de récup.	0,00	7
14	8h15	12h10	13h50	17h25	7,50	7
15	7h50	12h20	13h10	17h30	8,50	7
16	8h15	12h00	13h15	17h30	8,00	7
17	9h00	12h00	13h45	18h15	7,25	7
18	8h25	12h10	13h20	17h20	7,75	7
19	8h20	12h10	13h30	17h55	8,25	7
20	8h00	12h10	13h50	17h40	8,00	7

Corrigé 18 (Niveau 2)

Explications du résultat.

Il faut dans un premier temps convertir les minutes en centièmes d'heure. Puis, dans un deuxième temps, ramener l'heure d'arrivée à 8 h pour toutes les arrivées avant cette heure, ramener l'heure de départ à 18 h pour tous les départs après cette heure et compter 1 h pour la pause déjeuner si elle est inférieure à ce temps minimum. Ensuite, il y a deux méthodes que vous pouvez prendre selon votre préférence :

- soit : heure de départ – temps de déjeuner – heure d'arrivée ;
- soit : (heure de début déjeuner – heure d'arrivée) + (heure de départ – heure de fin déjeuner).

Jour 1 : Son temps de repas est d'1 h minimum et son départ à 18 h 15 est ramené à 18 h. Donc : 18 h – 1 h – 8,50 h = **8,50 h** (soit 8 h 30). Ou, selon l'autre méthode : 4 h 50 le matin (8 h 50 à 13 h 00) + 4 h l'après-midi (14 h 00 à 18 h 00) soit 4,50 + 4 = **8,50 h.**

Jour 2 : Son temps de repas est d'1 h minimum. 17,50 – 1 – 8,25 = **8,25 h** (soit 8 h 15).
Le résultat est le même si on compte 4 h le matin + 4,25 h (4 h 15) l'après-midi.

Jour 3 : 17,25 – 1,25 – 8,25 = **7,75 h** (soit 7 h 45).

Jour 4 : Il est en récup. Donc on ne lui comptabilise pas d'heures travaillées mais **7,00 h théoriques.**

Jour 5 : Le matin, le salarié a travaillé 3,50 h (12,50 – 9,00). L'après-midi, il a travaillé 4,00 h (17,66 – 13,66 ou 17 h 40 – 13 h 40). Au total, il a donc travaillé : 3 h 50 + 4 h = **7,50 h** (soit 7 h 30).

Jour 6 : Son temps de repas est d'1 h minimum. 17,50 – 1 – 8,25 = **8,25 h** (soit 8 h 15).

Jour 7 : Son arrivée est ramenée à 8 h et son temps de repas à 1 h. 17,25 – 1 – 8 = **8,25 h** (soit 8 h 15).

Jour 8 : Son arrivée est ramenée à 8 h et son départ à 16 h. 16 – 1 – 8 = **7,00 h.**
Soit 4 h 20 (4,33 h) + 2 h 40 (2,67 h) = 7 h 00 (7,00 h)

Jour 9 : Il est arrivé en retard (après 9 h) donc son arrivée à 9 h 15 est ramenée à 10 h et son temps de repas est d'1 h minimum. 17,50 – 1 – 10 = **6,50 h** (soit 6 h 30).

Jour 10 : Son arrivée est ramenée à 8 h. 17 – 1,50 – 8 = **7,50 h** (soit 7 h 30).

Jour 11 : Son arrivée est ramenée à 8 h. 17,75 – 1,25 – 8 = **8,50 h** (soit 8 h 30).

Jour 12 : 17 – 1,25 – 8,50 = **7,25 h** (soit 7 h 15).

Jour 13 : Il est en récup. Donc on ne lui comptabilise pas d'heures travaillées mais **7,00 h théoriques.**

Jour 14 : Il a travaillé 3 h 55 (3,92 h) le matin et 3 h 35 (3,58 h) l'après-midi donc 7 h 30 au total soit **7,50 h.**

Jour 15 : Il est arrivé à 7 h 50, horaire ramené à 8 h car c'est la règle dans cet accord. Son temps de repas est d'1 h minimum. 17 h 30 – 1,00 – 8 h 00 = 8 h 30 converti en 8,50 h pour l'addition finale.

Si vous êtes plus à l'aise avec le cumul des heures, le calcul suivant vous permettra d'obtenir le même résultat : 4 h 20 (4,33 h) le matin + 4 h 10 (4,17 h) l'après-midi = 8 h 30 soit **8,50 h.**

Jour 16 : 17,50 – 1,25 – 8,25 = **8,00 h** ou encore 3 h 45 (3,75 h) le matin + 4 h 15 (4,25 h) l'après-midi.

Jour 17 : Son départ est ramené à 18 h. 18 – 1,75 – 9 = **7,25 h** (soit 7 h 15).

Jour 18 : Il a travaillé 3 h 45 (3,75 h) le matin et 4 h l'après-midi. 3,75 + 4 = **7,75 h** (soit 7 h 45).

Jour 19 : Il a travaillé 3 h 50 (3,83 h) le matin et 4 h 25 (4,42 h) l'après-midi donc 8 h 15 au total soit **8,25 h.**

Jour 20 : Il a travaillé 4 h 10 (4,17 h) le matin et 3 h 50 (3,83 h) l'après-midi donc **8,00 h** au total.

Si on fait l'addition des heures travaillées, jour par jour, nous trouvons : **140 h 30 (140,50 h)**
Or, ce salarié devait faire théoriquement **140 heures** (7 heures par jour × 20 jours ouvrés).
Donc **son report sur le mois de mars 2023** sera de **3 heures et 30 minutes** (3 heures du mois précédent + 30 minutes pour ce mois-ci).

Corrigé 19 (Niveau 1)

Un salarié d'une grande entreprise a une **absence maladie du 2 au 22 octobre 2023**. Son salaire étant de **3.100 €** par mois pour 151,67 heures (7 heures par jour, du lundi au vendredi), **calculer le montant de son absence**.

L'arrêt de travail du médecin est en jours calendaires. L'indemnité journalière de la Sécurité Sociale est calculée en jours calendaires. La convention collective qui prévoit le maintien de tout ou partie du salaire lié à l'absence maladie (si le salarié a l'ancienneté minimale requise) se base sur des jours calendaires. S'il y a une prévoyance qui complète le salaire, elle le fait également en jours calendaires. Donc l'absence pour maladie doit se calculer en jours calendaires. Deux possibilités : en jours calendaires réels ou en jours calendaires moyens. Si on prend l'option des jours calendaires moyens (30èmes) et que le mois de l'absence n'a pas 30 jours calendaires, il y aurait en cas d'absence maladie du mois entier, soit un paiement de deux jours calendaires si le mois comporte 28 jours calendaires, soit un brut négatif correspondant à un jour calendaire si le mois comporte 31 jours calendaires. Il convient donc de ne plus utiliser la méthode des jours calendaires moyens mais celle des **jours calendaires réels**.

Le montant de son absence maladie est donc : le montant de son salaire / le nombre de jours calendaires réels du mois d'octobre × le nombre de jours calendaires de son absence, soit :

3.100 € / 31 jours × 21 jours = **2.100,00 €**.

Corrigé 20 (Niveau 1)

Un salarié a été **embauché** dans une grande entreprise **le lundi 10 juillet 2023**. Son salaire étant de **3.360 €** par mois pour 151,67 heures (7 heures par jour, du lundi au vendredi), **calculer le montant de sa retenue Entrée/Sortie**.

La Cour de cassation (depuis 1974) édicte que « *la retenue par heure d'absence d'un salarié payé au mois doit être en principe égale au quotient du salaire mensuel par le nombre d'heures de travail dans l'entreprise pour le mois considéré* ». Si vous prenez une autre méthode que celle des heures réelles et que le salarié conteste votre méthode, c'est lui qui gagnera devant la Cour.

Le montant de sa retenue Entrée/Sortie est donc : le montant de son salaire / le nombre d'heures réelles théoriquement travaillées le mois de son absence × le nombre d'heures réelles de son absence, soit :

3.360 € / 147 heures × 35 heures = **800,00 €**.

Pour simplifier, et si (et seulement si) le salarié travaille bien 7 heures tous les jours du lundi au vendredi, on peut également prendre la méthode des jours ouvrés réels, ce qui revient strictement au même :
3.360 € / 21 jours ouvrés réels (en juillet 2023) × 5 jours (ouvrés d'absence) = 800,00 €.

Pour ceux qui avaient un doute, les jours fériés sont bien à prendre en compte dans le calcul des heures réelles s'ils tombent sur des jours de semaine théoriquement travaillés par le salarié.

Corrigé 21 (Niveau 1)

Un salarié et membre du CSE d'une grande entreprise a été en **délégation CSE 20 heures ce mois de novembre 2023**. Son salaire étant de **2.950 €** par mois pour 151,67 heures (7 heures par jour, du lundi au vendredi), **calculer la valeur de son absence délégation**.

Les entreprises aiment bien savoir combien leur coûte la délégation (que ce soit pour les anciens délégués syndicaux, les délégués du personnel, les comités d'entreprise, les membres du CHSCT, les Délégués Uniques du Personnel ou aujourd'hui pour les membres du Comité Social et Economique). Parfois, selon les entreprises, ce type d'absence passe sur le bulletin de paie sous le libellé « Absence Autorisée Payée ». En aucun cas, la mention d'une quelconque délégation est autorisée à figurer sur le bulletin de paie ! Le plus souvent, cette information passe sur un bulletin de paie « Annexe » afin que les délégués puissent connaitre leur crédit d'heures. Quoi qu'il en soit, le calcul de cette absence doit être « lissé » d'un mois sur l'autre ; une heure de délégation, puisqu'elle est indemnisée, doit avoir la même valeur chaque mois. Donc la seule bonne logique est de prendre la méthode des heures moyennes et **la valeur de son absence délégation est** donc : le montant de son salaire / le nombre d'heures moyennes × le nombre d'heures de délégation, soit :

2.950 € / 151,67 heures × 20 heures = **389,00 €.**

Corrigé 22 (Niveau 1)

Un salarié d'une grande entreprise a pris **3 jours de RTT ce mois de septembre 2023**. Son salaire étant de **2.102 €** par mois pour 151,67 heures (7 heures par jour, du lundi au vendredi), **calculer le montant de son absence RTT**.

Il paraît évident qu'un salarié ne peut prendre des jours de RTT qu'un jour ouvré de semaine. La bonne méthode est donc de raisonner en jours ouvrés. Serait-il logique que la valeur d'un jour de RTT varie d'un mois à l'autre alors que le nombre de jours est décidé par an ? Bien sûr que non ! Donc il faut prendre la méthode des jours ouvrés moyens.

Le montant de son absence RTT est donc : le montant de son salaire / le nombre de jours ouvrés moyens × le nombre de jours ouvrés de son absence RTT, soit :

2.102 € / 21,67 jours ouvrés moyens × 3 jours ouvrés d'absence RTT = **291,00 €.**

Rappel : Le nombre de jours ouvrés moyens s'obtient en multipliant le nombre de jours ouvrés par semaine par 52 semaines et en divisant le résultat par 12 mois, soit : 5 × 52 / 12 = 21,67.

Corrigé 23 (Niveau 1)

Un salarié d'une grande entreprise, ayant 1 an d'ancienneté, a pris **une semaine de congés sans solde du 2 au 8 août 2023**. Son salaire étant de **2.760 €** par mois pour 151,67 heures (7 heures par jour, du lundi au vendredi), **calculer le montant de son absence congés sans solde**.

Des congés sans solde sont, comme leur nom l'indique, des absences non payées par l'entreprise. Selon la Jurisprudence en vigueur, il convient donc de prendre la méthode des heures réelles. Il y a 23 jours théoriquement travaillés en août 2023 (il faut compter le jour férié car le salaire habituel est maintenu les jours fériés lorsque le salarié totalise au moins 3 mois d'ancienneté dans l'entreprise donc si ce salarié a 1 an d'ancienneté, le mardi 15 août – Assomption – lui sera payé), soit 161 heures, et notre salarié a été absent 5 jours (le mercredi 2, le jeudi 3, le vendredi 4, le lundi 7 et le mardi 8), soit 35 heures.

Le montant de son absence congés sans solde est donc : le montant de son salaire / le nombre d'heures théoriquement travaillées × le nombre d'heures de son absence congés sans solde, soit :

2.760 € / 161 heures × 35 heures = **600,00 €**

Pour simplifier, et si (et seulement si) le salarié travaille bien 7 heures tous les jours, du lundi au vendredi, on peut également prendre la méthode des jours ouvrés réels, ce qui revient strictement au même :

2.760 € / 23 jours ouvrés réels (en août 2023) × 5 jours (ouvrés d'absence) = 600,00 €.

Corrigé 24 (Niveau 1)

Un salarié d'une entreprise dont les droits à congés payés sont de 30 jours ouvrables par an, part en **congés payés du 17 au 30 juillet 2023 inclus**. Son salaire étant de **3.250 €** par mois pour 151,67 heures (7 heures par jour), **calculer le montant de son absence congés payés**.

Si l'entreprise raisonne en matière de congés payés en jours ouvrables (comme le Code du travail), son absence congés payés doit être déterminée en jours ouvrables. Puisque pour le paiement de ces congés payés, il y aura deux règles à comparer dont l'une est par rapport à ce que le salarié a gagné tout au long de l'année d'acquisition de ses congés, il convient de prendre la méthode des jours ouvrables moyens.

Le montant de son absence congés payés est donc : le montant de son salaire / le nombre de jours ouvrables moyens × le nombre de jours ouvrables de son absence, soit :

3.250 € / 26 × 12 = **1.500,00 €**

Rappel : Le nombre de jours ouvrables moyens s'obtient en multipliant le nombre de jours ouvrables par semaine par 52 semaines et en divisant le résultat par 12 mois, soit : 6 × 52 / 12 = 26.

Concernant les congés payés, il est temps de passer aux exercices qui vont vous permettre de comprendre comment se traite cette absence en paie.

Corrigé 25 (Niveau 1)

1. Trouver combien de jours ouvrables a acquis pour cette année de référence 2022-2023, un salarié au 31 mai 2023, s'il a été embauché dans l'entreprise le jeudi 30 juin 2022.

Nous proposons cet énoncé car il y a encore trop d'erreurs dans les entreprises ! La plupart des logiciels décomptent « un mois d'absence » (le mois de juin), puisque le salarié n'est entré dans l'entreprise que le 30 juin et donnent comme réponse : 11 mois × 2,5 jours ouvrables = 27,5 jours ouvrables arrondis à 28 jours ouvrables.
Or, selon l'article L.3141-4 du Code du travail, sont assimilées à un mois de travail les périodes équivalentes à 4 semaines ou 24 jours si le travail hebdomadaire est réparti sur 6 jours. Ce nombre est ramené à 22 jours pour une semaine répartie sur 5,5 jours, et à 20 jours pour une répartition sur 5 jours. Ces équivalences sont à appliquer lorsqu'un salarié n'a pas été occupé sur la totalité de l'année de référence, pour quelque raison que ce soit.
Un salarié présent 48 semaines a donc droit à l'intégralité de ses congés payés (4 semaines × 12 mois = 48 semaines).

Dans cet énoncé, notre salarié a été **présent exactement 48 semaines** (du jeudi 30 juin 2022 au mercredi 31 mai 2023). Donc il a droit à **30 jours ouvrables**, soit **à l'intégralité de ses congés payés** !

2. Trouver combien de jours ouvrables a acquis pour cette année de référence 2022-2023, un salarié présent depuis 10 ans dans l'entreprise, s'il la quitte le vendredi 24 mars 2023.

Pour répondre à cette question, il faut compter le nombre de jours de travail effectué par ce salarié.
Il y a 3 types de jours : ouvrés, ouvrables ou calendaires.
Si on compte les jours en ouvrés sur le calendrier, il y a 213 jours ouvrés du 1er juin 2022 au 24 mars 2023. Ces 213 jours ouvrés sont à diviser par 20 (20 jours ouvrés sont équivalents à un mois de travail effectif) et à multiplier par 2,5 (puisqu'on souhaite la réponse en jours ouvrables). Ce qui donne 26,63 jours, arrondis obligatoirement à **27 jours ouvrables**.
Si on compte les jours en ouvrables, il y a 255 jours ouvrables. Ces 255 jours ouvrables sont à diviser par 24 (24 jours ouvrables sont équivalents à un mois de travail effectif) et à multiplier par 2,5 (puisqu'on souhaite la réponse en jours ouvrables). Ce qui donne 26,56 jours ouvrables, arrondis obligatoirement à **27 jours ouvrables**.
Si on compte les jours en calendaires, il y a 297 jours calendaires (30 de juin + 31 de juillet + 31 d'août + 30 de septembre + 31 d'octobre + 30 de novembre + 31 de décembre + 31 de janvier + 28 de février + 24 de mars). Ces 297 jours calendaires sont à diviser par 28 (28 jours calendaires sont équivalents à un mois de travail effectif) et à multiplier par 2,5 (puisqu'on souhaite la réponse en jours ouvrables). Ce qui donne 26,52 jours ouvrables, arrondis obligatoirement à **27 jours ouvrables**.

Sur cet exercice, quelle que soit la méthode de calcul (en jours ouvrés, ouvrables ou calendaires), le résultat est identique. S'il y a des différences, il faut évidemment prendre le plus avantageux pour le salarié.

Attention : De très (trop ?) nombreux logiciels de paie font « simplement » 10 mois de présence du salarié, donc 10 × 2,5 = 25 jours ouvrables. Nous savons que la plupart des développeurs n'ont pas correctement paramétré leurs logiciels et nous insistons fermement mais cette réponse est fausse ! Il faut que les logiciels calculent la présence du salarié en jours calendaires, ce qui est le plus simple pour eux puisqu'ils doivent avoir accès au nombre de jours du calendrier.

3. Trouver combien de jours ouvrés a acquis pour cette année de référence 2022-2023, un salarié au 31 mai 2023, s'il a été embauché dans l'entreprise le jeudi 1er décembre 2022.

Selon le procédé vu à la question précédente, nous pouvons compter 182 jours calendaires. Ces 182 jours calendaires divisés par 28 et multipliés par 2,08 (puisqu'on souhaite la réponse en jours ouvrés : 25 jours annuels / 12 mois = 2,08 jours) donnent droit à 13,52 jours ouvrés qui seront obligatoirement arrondis à **14 jours ouvrés.** Le résultat est rigoureusement le même que l'on compte en jours ouvrés (130 / 20 × 2,08) = 13,52 ou en jours ouvrables (156 / 24 × 2,08) = 13,52, toujours arrondis à **14 jours ouvrés**.

Attention : Comme précédemment, ne pas faire 6 mois de présence du salarié × 2,08 = 12,48 jours ouvrés arrondis à 13 ! Cette réponse est fausse !

4. Trouver combien de jours ouvrés a acquis pour cette année de référence 2022-2023, un salarié au 31 mai 2023, présent à l'effectif toute l'année mais malade du 26 décembre 2022 au 26 mars 2023 inclus.

La maladie n'étant pas assimilée à du travail effectif pour les droits à congés payés (sauf indication contraire de la convention collective), selon les méthodes vues au 2) nous comptons 274 jours calendaires de présence effective du salarié. Ces 274 jours calendaires divisés par 28 et multipliés par 2,08 donnent droit à 20,35 jours ouvrés qui seront obligatoirement arrondis à **21 jours ouvrés**.

Nous avons pris la méthode des jours calendaires réels pour expliquer le résultat car c'est la méthode la plus « logique » : la maladie doit être décomptée du salaire en jours calendaires (comme l'arrêt de travail ordonné par le médecin, comme l'indemnisation de la Sécurité sociale et des prévoyances) et comme nous l'avons déjà dit au 2) les logiciels « simples » utilisent cette méthode.
Néanmoins, si vous avez pratiqué en jours ouvrés ou en jours ouvrables, le résultat doit au final être strictement identique, c'est-à-dire que ce salarié malgré ses 3 mois de maladie a droit à **21 jours ouvrés** de congés payés.

5. Trouver combien de jours ouvrés a acquis pour cette année de référence 2022-2023, un salarié qui n'a travaillé que du lundi 22 au vendredi 26 mai 2023 (rupture pendant la période d'essai).

Avant le 1er juin 2012, si le salarié était en CDI, la réponse aurait été : aucun ! En effet, avant cette date, il fallait qu'il ait au moins 10 jours de travail effectif pour acquérir des jours de congés payés. Avant le 20 août 2008, c'était même un mois de travail effectif qu'il fallait.

Si d'après le Code d'aujourd'hui, un mois de travail effectif ouvre droit à 2,08 jours ouvrés, à combien de jours de congés payés une semaine de travail ouvre-t-elle droit ? La réponse est simple : si 4 semaines de travail = 2,08, une semaine = 2,08 / 4, soit : 0,52 jour arrondi à **1 jour ouvré**.

Dans ce cas précis, demeure toutefois une inconnue : comment indemniser ces droits ?
Prenons des chiffres qui nous « arrangent » : si ce salarié a été embauché pour un salaire de 2.300 € mensuel, une semaine de travail dans son cas aurait été payée (2.300 € / 23 jours ouvrés en mai 2023 × 5 jours travaillés) 500 €. Le calcul avec la règle du dixième donnerait donc une indemnité compensatrice de congés payés à (500 € / 10) 50 €. Mais avec la règle du maintien, cela donnerait (2.300 / 21,67 × 1) 106,18 €, soit plus du double ! En l'absence d'une jurisprudence claire et précise dans ce cas, on se demande bien quelle solution adopter !

6. Trouver combien de jours ouvrés a acquis pour cette année de référence 2022-2023, un salarié au 31 mai 2023, s'il ne travaille que les jeudis et qu'il a été embauché le jeudi 2 février 2023.

Un cas de temps partiel, peut-être un peu extrême, pour finir ces acquisitions de congés payés car il y a, là aussi, beaucoup d'erreurs dans les services de paie. C'est le moment de rappeler que les salariés à temps partiels bénéficient des mêmes droits que les salariés à temps plein (Code du trav., art. L.3123-11 : *le salarié à temps partiel bénéficie des droits reconnus au salarié à temps complet par la loi, les conventions et les accords collectifs d'entreprise ou d'établissement sous réserve, en ce qui concerne les droits conventionnels, de modalités spécifiques prévues par une convention ou un accord collectif de travail.*).

Donc, bien qu'il ne travaille que les jeudis, ce salarié a les mêmes droits qu'un salarié à temps plein, et selon les méthodes déjà utilisées en 2) et 3), le bon nombre de jours à lui attribuer est **9 jours ouvrés** ! (85 jours ouvrés ou 102 ouvrables ou 119 jours calendaires divisés respectivement par 20, 24, 28 et multipliés par 2,08 donnent dans les trois cas 8,84, obligatoirement arrondis à 9 jours ouvrés)

En revanche, quand il prendra un jeudi en congé payé il faudra bien sûr lui décompter 5 jours ouvrés d'absence. Mais n'anticipons pas les exercices qui suivent sur la prise des congés.

Corrigé 26 (Niveau 1)

1. Trouver combien de jours ouvrables a acquis pour cette année de référence 2023, un salarié au 31 décembre 2023, s'il a été embauché le lundi 3 juillet 2023.

Comme pour une année de référence « 1er juin – 31 mai », il suffit de compter les cycles de 4 semaines, que ce soit en jours calendaires, ouvrables ou ouvrés. Nous trouvons donc, soit 182 jours calendaires, 156 jours ouvrables ou 130 jours ouvrés de présence effective du 3 juillet au 31 décembre 2023.
Si on raisonne en jours calendaires, on a : $182 / 28 \times 2{,}5 = 16{,}25$ arrondis à **17**.
De même, si on raisonne en jours ouvrables : $156 / 24 \times 2{,}5 = 16{,}25$ arrondis à **17**.
Idem, pour un raisonnement en jours ouvrés : $130 / 20 \times 2{,}5 = 16{,}25$ arrondis à **17 jours ouvrables**.

2. Trouver combien de jours ouvrables a acquis pour cette année de référence 2023, un salarié présent depuis longtemps dans l'entreprise mais qui démissionne le vendredi 30 juin 2023.

Les plus rapides d'entre vous auront dit : « Facile ! Le salarié est présent 6 mois, donc $6 \times 2{,}5$ jours = 15 jours ouvrables ! ». Malheureusement pour eux, ce résultat est faux ! Il faut (comme d'habitude) compter en cycles de 4 semaines ! Et le résultat est différent puisque le salarié est présent 26 semaines. Ces 26 semaines divisées par 4 semaines donnent 6,5 cycles. Multipliés par 2,5 jours ouvrables, le résultat est 16,25, soit **17 jours ouvrables.** Bien évidemment le résultat est identique si on raisonne comme pour l'exercice 1) en jours calendaires, ouvrables ou ouvrés !

3. Trouver combien de jours ouvrés a acquis pour cette année de référence 2023, un salarié présent depuis longtemps dans l'entreprise mais qui a pris un congé sans solde du 5 juin au 5 novembre 2023 mais toujours présent au 31 décembre 2023.

Là encore, ne pas faire 7 mois $\times$ 2.08 = 14,56 arrondis à 15 jours ouvrés !
Mais calculer en cycles de 4 semaines de présence, soit 30 semaines (ou 211 jours calendaires, ou 180 jours ouvrables, ou 150 jours ouvrés), et le résultat sera :
soit : $30 / 4 \times 2{,}08 = 15.60$;
soit : $211 / 28 \times 2{,}08 = 15{,}67$;
soit : $180 / 24 \times 2{,}08 = 15{,}60$;
soit : $150 / 20 \times 2{,}08 = 15{,}60$;
Selon les 4 méthodes de calcul, le résultat est **16 jours ouvrés** (après arrondi).

4. Trouver combien de jours ouvrés a acquis pour cette année de référence 2023, un salarié, s'il a été embauché le 6 mars 2023, qui a été en absence maladie du 17 avril au 16 juillet, qui a fait grève du 4 au 8 septembre et qui démissionne le 1er décembre 2023 (sans effectuer de préavis).

Le salarié étant présent 26 jours calendaires en mars + 16 en avril + 15 en juillet + 31 en août + 25 en septembre + 31 en octobre + 30 en novembre + 1 en décembre, soit 175 jours calendaires, il a droit à ($175 / 28 \times 2{,}08 = 13$) **13 jours ouvrés**.

5. Trouver combien de jours ouvrables a acquis pour cette année de référence 2023, un salarié au 31 décembre 2023, s'il a été embauché le lundi 2 octobre 2023 pour 24 heures par semaine (8 heures par 3 jours – lundi, mercredi et vendredi) dans une entreprise travaillant 35 heures par semaine.

Les salariés à temps partiel bénéficiant du même nombre de jours de congés payés que les salariés à temps plein, celui-ci étant présent 91 jours calendaires a droit à (91 / 28 × 2,5 = 8,13) **9 jours ouvrables.**
Comme vu précédemment, ne pas faire 3 mois × 2,5 = 7,5, soit 8 jours ouvrables. Nous savons bien que de très nombreuses entreprises auront ce résultat, mais encore une fois, ce résultat n'est pas ce que prévoit la Loi.

Corrigés des exercices

Corrigé 27 (Niveau 1 pour les 1., 2., 3. ; Niveau 2 pour les 4., 5., 6. ; Niveau 3 pour les 7., 8., 9.)

1. Ayant un droit à congé de 25 jours ouvrés, ce salarié part en congés payés du lundi 3 au dimanche 20 juillet 2023 inclus. Combien de jours lui décomptez-vous ?

Ce salarié prend 3 semaines ce qui représente 15 jours ouvrés. Mais, le jour férié du 14 juillet tombant un vendredi (jour ouvré), il « gagne » un jour de congé et on lui décompte seulement **14 jours ouvrés** sur ses 25 jours ouvrés de droit à congé.

2. Ayant un droit à congé de 25 jours ouvrés, ce salarié part en congés payés du lundi 7 au dimanche 3 septembre 2023 inclus. Combien de jours lui décomptez-vous ?

Ce salarié prend 4 semaines, ce qui représente 20 jours ouvrés. Mais, le jour férié du 15 août tombant un mardi (jour ouvré), il « gagne » un jour de congé et on lui décompte seulement **19 jours ouvrés** sur ses 25 jours ouvrés de droit à congé.

3. Ayant un droit à congé de 30 jours ouvrables, ce salarié part en congés payés du lundi 3 au lundi 31 juillet 2023 inclus. Combien de jours lui décomptez-vous ?

Ce salarié s'absente donc 4 semaines et un jour (le lundi 31 juillet). On devrait donc lui décompter 4×6 jours ouvrables + 1. Mais, le jour férié du 14 juillet tombant un vendredi (jour ouvrable), ce salarié « gagne » un jour de congé et on lui décompte seulement **24 jours ouvrables** sur ses 30 jours ouvrables de droit à congé.

4. Ayant un droit à congé de 30 jours ouvrables, ce salarié part en congés payés du lundi 8 mai au lundi 5 juin 2023 inclus. Combien de jours lui décomptez-vous ?

Ce salarié s'absente également 4 semaines et un jour. Comme pour l'exercice précédent, on devrait lui décompter : 6 jours $\times$ 4 semaines + 1 jour, soit 25 jours ouvrables. Mais, cette année 2023, dans la période du 8 mai au 5 juin, il y a 3 jours fériés (le lundi 8 mai – Armistice 1945, le jeudi 18 mai – jeudi de l'Ascension – et le lundi 29 mai – lundi de Pentecôte). Donc, on lui décompte simplement : 25 jours ouvrables – 3 jours ouvrables fériés = **22 jours ouvrables** sur ses 30 jours ouvrables de droit à congé.

5. Ayant un droit à congé de 25 jours ouvrés, ce salarié (avec l'autorisation exceptionnelle de son supérieur de déroger à la prise minimum de 2 semaines pendant la période légale 1er mai – 31 octobre) part en congés payés du lundi 6 au lundi 27 novembre 2023 inclus. Combien de jours lui décomptez-vous ?

Ce salarié s'absente 3 semaines et un jour.
Cette fois-ci, le salarié bénéficie de jours ouvrés en matière de congés payés.
On devrait lui décompter : 5 jours $\times$ 3 semaines + 1 jour, soit 16 jours ouvrés.
La question se pose pour le samedi 11 novembre puisque ce salarié ne travaille pas ce jour-là.
La Cour de cassation a expliqué de nombreuses fois (arrêt du 21 mars 1997 rendu par l'Assemblée Plénière, arrêt du 24 septembre 2014, 13-10.892, entre autres) que lorsque les congés sont calculés en jours ouvrés, l'employeur doit prolonger les congés payés d'un jour à cause du jour férié intervenant un jour non ouvré dans l'entreprise. Donc, on lui décompte : 16 jours ouvrés – 1 jour férié = **15 jours ouvrés** sur ses 25 jours ouvrés de droit à congé.

6. Ayant un droit à congé de 27 jours ouvrés, ce salarié part en congés payés du lundi 6 au lundi 27 novembre 2023. Combien de jours lui décomptez-vous ?

La durée de l'absence est la même qu'à la question précédente, mais le salarié a droit cette fois, à 27 jours ouvrés de congés, soit : les 25 jours ouvrés de droit « normal » + 2 jours supplémentaires.
Or la jurisprudence (Cour de cass. 30 octobre 1997, n° 95-41.947) dit que si l'entreprise attribue de façon automatique un droit aux congés payés en jours ouvrés déjà augmenté de façon forfaitaire, ces jours supplémentaires sont censés compenser le « risque » du samedi jour férié.
Pour notre exercice, il n'y a donc pas lieu de lui « rendre » son samedi 11 novembre et par conséquent on lui décompte **16 jours ouvrés** sur ses 27 jours ouvrés de droit.

7. Ayant un droit à congé de 10 jours ouvrés, l'entreprise de ce salarié, arrivé en cours d'année d'acquisition, ferme du mardi 1er au lundi 28 août 2023 inclus. Comment lui passez-vous les jours non acquis sur la Paie ?

Certains stagiaires se demandent pourquoi dans cet énoncé un salarié n'aurait que 10 jours ouvrés. Tout simplement parce que ce salarié aura été embauché sans doute début janvier 2023. Alors qu'on devrait bien sûr lui décompter 19 jours ouvrés (il « gagne » le mardi 15 août), comme ce salarié ne les a pas, on ne peut que lui décompter ses 10 jours de congé.
Nous rappelons que la question est : Comment lui passez-vous les jours non acquis sur la Paie ?
Il y a (ou aura) 4 réponses possibles :

1ère réponse FAUSSE : Certains voudraient lui en faire « cadeau » ! Il ne faut JAMAIS faire de cadeau à un salarié, ça serait injuste pour les salariés à qui on décompte les 19 jours ouvrés et qui ne manqueraient pas de vous le faire remarquer !

2ème réponse FAUSSE : avant la loi du 22 mars 2013, il était possible dans notre cas de figure de passer ces 9 jours d'absence en « chômage partiel ». Le salarié ne perdait ainsi pas trop de salaire s'il venait d'une période de chômage plus longue qu'une année ou si c'était son premier travail. Depuis la refonte du chômage partiel et de l'APLD en « activité partielle », ce n'est plus possible.

1ère réponse JUSTE : Certains vont décompter ces 9 jours en congés payés anticipés.
La nouvelle règle (article L. 3141-12) dit : « ***Les congés peuvent être pris dès l'embauche…*** ». Ainsi, même s'il n'en a acquis que 6 (dans la nouvelle période d'acquisition 2023-2024), on a légalement le droit d'anticiper sur les 3 jours qui lui manquent au 1er août.
Ceci dit, d'une part, si l'entreprise ferme tous les ans 4 semaines l'été et 1 semaine l'hiver, notre salarié n'arrivera jamais à acquérir une période complète et d'autre part, si le salarié quitte l'entreprise sans avoir acquis ces jours, il faudra penser à lui déduire sur son solde de tout compte, ce qui peut se révéler parfois problématique.

2ème réponse JUSTE : L'autre bonne réponse est que **les 9 jours restants lui soient retenus sur sa paye en jours non travaillés** (congés sans solde ou absence autorisée).
Rappelons que si notre salarié est arrivé dans l'entreprise fin décembre, il a dû percevoir de la part de son entreprise précédente une indemnité compensatrice de congés payés qui devrait peu ou prou compenser cette perte financière de ce mois d'août.

Entre ces deux dernières réponses appropriées, l'entreprise choisira quelle est celle qui déterminera la règle à appliquer pour tous les salariés concernés.

8. Ayant un droit à congé de 25 jours ouvrés, ne travaillant que les lundis, mercredis et vendredis, ce salarié est parti en congés payés du lundi 7 au lundi 28 août 2023 inclus. Combien de jours lui avez-vous décomptés ?

Avec cet exercice, nous abordons le sujet du salarié à temps partiel qui est en congés payés. Sujet très délicat et source de nombreux conflits, car les entreprises n'ont jamais vraiment pris le temps de réfléchir correctement à ce problème.
Afin de bien comprendre l'étendue du problème, commençons tout simplement par un salarié qui travaille un jour par semaine et supposons qu'il prenne cette journée en congé payé. Quel que soit le raisonnement, si l'entreprise lui a bien donné 25 jours ouvrés pour une année entière de présence, tout le monde lui décomptera 5 jours ouvrés (ou 6 jours ouvrables) de son total de jours car un salarié à temps partiel ne doit avoir au final que 5 semaines comme un salarié à temps plein.
1 jour de travail = 5 jours ouvrés (ou 6 jours ouvrables) de congé.
Quand un salarié travaille 2 jours par semaine et qu'il prend ces 2 jours en congés, même logique : il faut lui décompter soit 5 jours ouvrés, soit 6 jours ouvrables.
Un « petit » problème se pose lorsqu'il n'en prend qu'un sur les 2 travaillés en congé. Comment lui décompter ce jour ? Certaines entreprises appliquent la règle du décompte de jours ouvrables pour un temps plein et l'adaptent pour un salarié en jours ouvrés à temps partiel. Ça donne des résultats abracadabrantesques ! En effet, selon le positionnement de ce jour de travail dans la semaine, le résultat est différent ! Comment peut-on régler le problème informatiquement avec un « petit » logiciel de paie dans ces conditions ? Et puis est-ce surtout « juste » au sens justice ? Alors que la règle est toute simple : si 2 jours de travail décomptent 5 jours ouvrés de congé (ou 6 ouvrables), 1 jour de travail = 5/2 soit 2,5 jours ouvrés (ou 6/2 soit 3 jours ouvrables) de congé. Une simple règle de trois ! Et c'est infiniment plus juste (au sens « justice »). Certains stagiaires disent que c'est gênant que le nombre de jours déduit ne soit pas « rond ». Et alors, ça vous gêne que le nombre de jours acquis par mois de travail effectif ne soit pas « rond » lui non plus (2,083333333 ou 2,5) ? Le plus important c'est qu'à la fin de l'année (d'acquisition ou de prise), le total fasse un chiffre « rond ». Surtout que cette règle marche dans tous les cas de figure. Prenons l'exemple d'une salariée qui ne travaille que les lundis, mercredis, jeudis et vendredi et imaginons qu'elle ait une amie, également à 80 %, mais qui ne travaille que les lundis, mardi, mercredis et jeudis. Après avoir posé toutes les deux leurs deux semaines de congés consécutifs qui leur décomptera à toutes les deux, 10 jours ouvrés quelle que soit la méthode appliquée (méthode « des jours ouvrables pour un temps plein » ou méthode « mathématique »), imaginons qu'elles souhaitent partir ensemble plusieurs vendredis et lundis pour prolonger des week-ends entre amies. Dans l'entreprise « méthode jours ouvrables pour un temps plein », notre salariée se verra décompter à chaque fois 3 jours ouvrés alors que son amie n'en aura que 2 de décomptés. Notre salariée aura au final forcément moins de jours de congé que son amie. Est-ce « juste » au sens justice sociale ? Est-ce logique ? Comprendra-t-elle ? Alors que l'entreprise « méthode mathématique », à chaque congé de 2 jours, leur décomptera 2,5 jours (chaque jour de congé valant 5/4, soit 1,25 jour ouvré) à chacune d'entre elles. Elles pourront ainsi partir le même nombre de jours en congés payés. N'est-ce pas plus « juste » ? Plus logique ?

Ce qui nous amène tranquillement à notre énoncé d'exercice. Ici, notre salarié travaillait 3 jours par semaine, les lundis, mercredis et vendredis. S'il est parti en congé les lundi, mercredis et vendredis de la même semaine, il fallait comme d'habitude lui décompter 5 jours ouvrés (ou 6 jours ouvrables), chaque jour de congé lui étant décompté 1,667 jour ouvré (5/3) ou 2 jours ouvrables (6/3). Ici notre salarié était absent 4 lundis, 3 mercredis, et 3 vendredis, soit 10 jours. Ces 10 jours × 1,667 ont fait qu'**on lui a décompté donc 16,67 jours ouvrés** ou 20 jours ouvrables (10 jours × 6/3). Vous pourriez vous étonner que le 15 août ne comptait pas pour ce salarié alors que s'il avait été à temps plein il aurait compté (et on ne lui aurait décompté dans ce cas que 15 jours ouvrés). Mais la règle est la même que pour un temps complet lorsque le 15 août tombe un dimanche (un jour ni ouvré, ni ouvrable et non travaillé pour la plupart des salariés).

9. Question identique au 8. mais s'il ne travaillait que les lundis et mardis ?

Exercice fait uniquement pour vérifier que vous avez bien compris l'exercice précédent.
Ici, l'impact du 15 août doit se faire sentir puisque c'est un jour travaillé.
Nous venons de voir que quand un salarié ne travaille que 2 jours sur 5, chaque jour de congé lui est décompté 2,5 jours ouvrés (5/2). Ici notre salarié était absent 4 lundis, 2 mardis (le mardi 15 août étant férié n'était pas compté), soit 6 jours. **Ces 6 jours × 2,5 lui ont été décomptés 15 jours ouvrés.**
CQFD : On retrouve le même calcul que pour un temps plein puisque le 15 août était un jour habituellement travaillé par notre salarié.

Corrigé 28 (Niveau 1 pour les 1., 2. ; Niveau 2 pour les 3., 4. ; Niveau 3 pour les 5., 6.)

1. Ayant un droit à congé de 25 jours ouvrés, ce salarié partira en congés payés du lundi 5 au lundi 26 août 2024 inclus. Combien de jours lui décompterez-vous ?

Ce salarié prendra 3 semaines et un jour (le lundi 26 août) ce qui représentera 16 jours ouvrés. Mais, le jour férié du 15 août tombant un jeudi, ce salarié se verra simplement décompter (16 jours – 1 jour férié) **15 jours ouvrés.**

2. Ayant un droit à congé de 30 jours ouvrables, ce salarié partira en congés payés du lundi 1er au dimanche 21 juillet 2024 inclus. Combien de jours lui décompterez-vous ?

Ce salarié s'absentera donc 3 semaines complètes. Peut-être pensera-t-il « gagner » le jour férié (le 14 juillet) qui est inclus dans sa période de congés payé. Mais cette année-là, la Fête Nationale tombera un dimanche et donc le salarié se verra décompter simplement **18 jours ouvrables.**

3. Ayant un droit à congé de 25 jours ouvrés, ce salarié partira en congés payés du jeudi 2 mai au dimanche 2 juin 2024 inclus. Combien de jours lui décompterez-vous ?

Ce sera une très bonne période pour partir en vacances ! Sur les 4 semaines choisies par le salarié (du 2 mai au 2 juin 2024), il y aura 3 jours fériés : le mercredi 8 (Victoire 1945), le jeudi 9 (Ascension) et même si le 1er mai ne « comptera » pas dans ce décompte, nous supposons que le salarié partira le mardi 30 avril au soir. Donc, on lui décomptera : 22 jours ouvrés – 3 jours fériés = **19 jours ouvrés.** (Ce qui, pour 33 jours calendaires d'absence en congés payés, ne sera pas cher payé !)

4. Ayant un droit à congé de 30 jours ouvrables, ce salarié partira en congés payés du lundi 6 mai au dimanche 26 mai 2024 inclus. Sachant que l'entreprise donnera le vendredi 10 mai en jour de pont, combien de jours lui décompterez-vous ?

Il y aura les 3 jours fériés : le mercredi 8 mai (Victoire 1945), le jeudi 9 mai (Ascension) et le lundi 20 mai (Pentecôte). Mais l'entreprise donnera le vendredi 31 mai en jour de pont. Si les trois jours fériés ne lui seront pas décomptés, l'attribution du pont ne sera possible que pour les salariés censés travailler ce jour-là.
La règle est : « *En principe, sauf dispositions conventionnelles contraires, la journée de pont qui précède ou suit un jour férié, incluse dans la période des congés, reste un jour ouvrable, même dans l'hypothèse où elle a été chômée dans l'entreprise (la règle est identique en cas de décompte en jours ouvrés). Un salarié en congé annuel au moment du pont ne peut donc réclamer aucune journée de congé supplémentaire (ni aucune indemnité compensatrice), du fait de ce jour de pont* ».
On lui décomptera donc 18 jours ouvrables – les 3 jours fériés = **15 jours ouvrables.**

5. Ayant un droit à congé de 25 jours ouvrés, ne travaillant pas les vendredis, ce salarié partira en congés payés du lundi 5 au dimanche 25 août 2024 inclus. Combien de jours lui décompterez-vous ?

Comme nous l'avons déjà vu précédemment, quand un salarié ne travaille que 4 jours sur 5, chaque jour de congé lui est décompté 1,25 jour ouvré (5/4). Ici notre salarié sera absent 3 lundis, 3 mardis, 3 mercredis, et 2 jeudis (le jeudi 15 août étant férié), soit 11 jours. Ces 11 jours × 1,25 feront qu'on lui décomptera **13,75 jours ouvrés**. 13,75 sera bien le bon nombre de jours à décompter : il ne faudra pas arrondir ce résultat ni à 13, ni à 14 sinon nous n'aurons jamais 25 jours à la fin de la période.

6. Ayant un droit à congé de 30 jours ouvrables, ne travaillant pas les jeudis et vendredis, ce salarié partira en congés payés du lundi 5 au dimanche 25 août 2024 inclus. Combien de jours lui décompterez-vous ?

En jours ouvrables, pour un salarié à temps partiel, quand un salarié ne travaille que 4 jours sur 6, chaque jour de congé lui est décompté 1,5 jour ouvrable (6/4). Ici notre salarié sera absent 3 lundis, 3 mardis, 3 mercredis et 3 samedis, soit 12 jours ouvrables. Ces 12 jours × 1,5 feront qu'on lui décomptera **18 jours ouvrables**. Pour un salarié à temps plein et la même période d'absence, on décomptera 18 jours ouvrables – 1 jour (le jeudi 15 août), soit 17 jours. Notre salarié ne travaillant habituellement pas les jeudis, il ne pourra malheureusement pas bénéficier du jour férié.

Corrigé 29 (Niveau 1 pour les 1., 2., 3 ; Niveau 2 pour les 4., 5., 6 ; Niveau 3 pour les 7., 8., 9.)

1. Ayant un droit à congé de 25 jours ouvrés, ce salarié partira en congés payés du 19 juin au 16 juillet 2023 inclus. Combien de jours de fractionnement lui accorderez-vous au 31 octobre 2023 ?

Ce salarié partira donc en congés payés 19 jours ouvrés (le 14 juillet, tombant un vendredi, ne lui sera pas décompté). Son congé principal étant de 25 jours ouvrés, il lui restera 6 jours ouvrés au 31 octobre. Sachant qu'il faut enlever la cinquième semaine au congé principal, sur les quatre semaines de droit à congé, il lui restera donc 1 jour. Par conséquent, ce salarié n'aura droit à **aucun jour de fractionnement**.

2. Ayant un droit à congé de 30 jours ouvrables, l'entreprise de ce salarié fermera du 1er au 22 août 2023 inclus et il ne prendra aucun autre congé pendant la période du 1er mai au 31 octobre 2023. Combien de jours de fractionnement lui accorderez-vous au 31 octobre 2023 ?

Du 1er au 22 août inclus, on lui décomptera 18 jours ouvrables. Sur les 24 jours correspondants aux quatre semaines de droit à fractionnement, il lui restera 6 jours ouvrables. On lui accordera donc : **2 jours de fractionnement**.

3. Ayant un droit à congé de 30 jours ouvrables, ce salarié partira en congés payés du 5 au 11 juin 2023 inclus, puis du 3 au 17 juillet 2023 inclus. Combien de jours de fractionnement lui accorderez-vous au 31 octobre 2023 ?

Du 5 au 11 juin, on lui décomptera 6 jours ouvrables. Du 3 au 17 juillet, on lui décomptera 12 jours ouvrables de plus. Soit 18 jours ouvrables au total. Sur les 24 jours de droit à fractionnement, il lui restera 6 jours ouvrables. On lui accordera donc : **2 jours de fractionnement**.

4. Ayant un droit à congé de 25 jours ouvrés, ce salarié partira en congés payés du 26 juin au 16 juillet 2023 inclus, puis les 31 août et 1er septembre 2023. Combien de jours de fractionnement lui accorderez-vous au 31 octobre 2023 ?

Du 26 juin au 16 juillet, on lui décomptera 14 jours ouvrés (le vendredi 14 juillet, férié, ne sera pas compté). Les 31 août et 1er septembre, on lui décomptera 2 jours ouvrés de plus. Ce qui portera son décompte à 16 jours ouvrés. Sur les 20 jours correspondants aux quatre semaines de droit à fractionnement, il lui restera 4 jours ouvrés. On lui accordera donc : **1 jour de fractionnement** à prendre obligatoirement entre le 1er novembre et le 30 avril de l'année suivante.

5. Ayant un droit à congé de 25 jours ouvrés, ce salarié partira en congés payés du 2 au 8 mai 2023, puis du 17 au 31 juillet 2023 inclus. Combien de jours de fractionnement lui accorderez-vous au 31 octobre 2023 ?

Du 2 au 8 mai, on lui décomptera 4 jours ouvrés (le lundi 8 mai lui permettant de « récupérer » un jour. Du 17 au 31 juillet, on lui décomptera 11 jours ouvrés de plus. Ce qui portera son décompte à 15 jours ouvrés. Sur les 20 jours correspondants aux quatre semaines de droit à fractionnement, il lui restera 5 jours ouvrés. On lui accordera donc : **2 jours de fractionnement**.

6. Ayant un droit à congé de 28 jours ouvrés, ce salarié partira en congés payés du 15 au 31 mai 2023 inclus, puis du 7 au 15 août 2023 inclus. Combien de jours de fractionnement lui accorderez-vous au 31 octobre 2023 ?

Du 15 au 31 mai, on lui décomptera 11 jours ouvrés (le jeudi 18 et lundi 29 mai étant fériés). Du 7 au 15 août, on lui décomptera 6 jours ouvrés de plus. Ce qui portera son décompte à 17 jours ouvrés. Les jours supplémentaires donnés par l'entreprise (3 dans cet énoncé) n'augmentent pas les semaines de droit à fractionnement. Donc, sur les 20 jours correspondants aux quatre semaines de droit à fractionnement, il lui restera 3 jours ouvrés. On lui accordera donc : **1 jour de fractionnement**.

7. Ayant un droit à congé de 15 jours ouvrés, ce salarié partira en congés payés du 14 au 28 août 2023 inclus. Combien de jours de fractionnement lui accorderez-vous au 31 octobre 2023 ?

Rappel du livre « La Paie, ça s'apprend » : Les jours de fractionnement sont accordés également aux salariés entrés en cours d'année dès lors qu'ils prennent des congés en dehors de la période légale. La prise de jours de congés par anticipation, en dehors de la période légale, ouvre droit aussi aux jours supplémentaires de fractionnement (Cass. soc. 7 mars 1990, n° 87-40.629, n° 1014 P, Société des plâtres Lafarge c/ Louchon : RJS 4/90 n° 309).
Si le salarié n'a « que » 15 jours de droit à congés payés c'est qu'il est entré dans l'entreprise en cours d'année. Comme la Cour le rappelle, il peut avoir droit aux congés de fractionnement s'il prend au moins 2 semaines dans la période légale. Du 14 au 28 août, on lui décomptera 10 jours ouvrés. Sur les 15 jours correspondants à 3/5ème de congés pour un salarié présent toute la période, la 5ème semaine (ne donnant pas droit à fractionnement) représentera 3 jours. Donc sur les 12 jours de droit à fractionnement, il lui restera 2 jours ouvrés. On devra donc lui accorder **1 jour de fractionnement**.

8. Ayant un droit à congé de 30 jours ouvrables, ce salarié partira en congés payés du 16 octobre au 31 octobre 2023 inclus. Combien de jours de fractionnement lui accorderez-vous au 31 octobre 2023 ?

Puisque le salarié prend bien au moins 2 semaines (12 jours ouvrables) consécutives pendant la période « légale », on devra donc lui accorder : **2 jours de fractionnement**.

9. Ayant un droit à congé de 30 jours ouvrables, ce salarié partira en congés payés du 10 au 23 juillet 2023 et du 14 au 20 août 2023 inclus. Combien de jours de fractionnement lui accorderez-vous au 31 octobre 2023 ?

Aucun ! En effet, ce salarié n'aura pas pris au moins 12 jours ouvrables consécutifs (11 seulement du 10 au 23 juillet, car le vendredi 14 juillet est férié). Ce sera autant la faute du salarié que de l'entreprise, car c'est à cette dernière de bien vérifier d'être en conformité avec la loi et que chaque salarié prend au moins 12 jours ouvrables (ou 10 jours ouvrés) consécutifs.

Corrigé 30 (Niveau 1)

La rémunération de ce salarié pour la période 2022/2023 est la suivante :

Mois	Année	Salaire Brut	Brut pour Calcul du 10ème CP	Particularités
Juin	2022	2 000,00 €	**2 000,00 €**	
Juillet	2022	2 500,00 €	**2 000,00 €**	dont "prime de vacances" de 500 €
Août	2022	2 000,00 €	**2 000,00 €**	dont "congés payés" de 1000 €
Septembre	2022	2 400,00 €	**2 000,00 €**	dont "prime de rentrée scolaire" de 400 €
Octobre	2022	2 000,00 €	**2 000,00 €**	
Novembre	2022	2 000,00 €	**2 000,00 €**	dont "congés payés" de 400 €
Décembre	2022	4 000,00 €	**2 000,00 €**	Il y a un "13ème mois"
Janvier	2023	2 100,00 €	**2 100,00 €**	Le salarié est augmenté
Février	2023	2 300,00 €	**2 100,00 €**	dont "prime de froid" de 200 €
Mars	2023	2 800,00 €	**2 100,00 €**	dont "prime exceptionnelle" de 700 €
Avril	2023	2 100,00 €	**2 100,00 €**	
Mai	2023	2 100,00 €	**2 100,00 €**	dont "congés payés" de 650 €
Total			**24 500,00 €**	

Ce salarié part en **congés payés du lundi 7 au dimanche 27 août 2023 inclus**. La société dans laquelle il travaille raisonne en jours **ouvrables.**

1. Déterminez la rémunération brute totale (pour le calcul du 10ème) 2022/2023 :

En juin, rien de spécial, il suffit de prendre son salaire brut (2.000 €).
En juillet, la prime de vacances censée rémunérer les périodes de travail et de congés payés ne rentre pas dans la rémunération brute totale. On n'ajoute que 2.000 €.
En août, en revanche, l'indemnité de congés payés est comprise dans la R.B.T. On ajoute encore 2.000 €.
En septembre, la prime de rentrée scolaire ne rentre pas plus dans la R.B.T. que la prime de vacances. On n'ajoute donc que 2.000 €.
En octobre, rien de spécial, il suffit d'ajouter son salaire brut (2.000 €).
En novembre, encore un peu de congés payés qui comme en août rentreront dans la R.B.T. On ajoute encore 2.000 €.
En décembre, en revanche, le 13ème mois en est exclu. On n'ajoute donc que son brut habituel (2.000 €).
En janvier, il faut tenir compte de son nouveau salaire, compte tenu de son augmentation. On ajoute donc son nouveau salaire (2.100 €).
En février, faisant exceptionnellement froid, il a eu une prime de froid. Ce n'est pas pour autant qu'elle entre dans sa R.B.T. car elle ne fait pas partie de sa rémunération habituelle. On n'ajoute encore que 2.100 €.
En mars, la prime exceptionnelle ne correspondant pas à du temps de travail effectif est exclue. On n'ajoute encore que 2.100 €.
En avril, rien de spécial, il suffit d'ajouter son salaire brut (2.100 €).
En mai, même solution qu'en août et novembre pour l'indemnité des C.P. qui entre dans la R.B.T. On ajoute donc pour le dernier mois de référence des CP encore 2.100 €.
Donc, **la Rémunération Brute Totale =** ((2.000 × 7) + (2.100 × 5)) = **24.500 €.**

2. Déterminez le nombre de jours ouvrables d'absence congés payés :

Du lundi 7 au dimanche 27 août 2023 inclus, on lui décompte **17 jours ouvrables** (le mardi 15 août 2023 – jour férié – ne lui est pas décompté en tant que congé payé).

3. Calculez le montant de l'absence de ces jours ouvrables de congés payés :

$$\frac{2.100\,€ \times 17 \text{ jours}}{26} = \mathbf{1.373{,}08\,€}$$

Les congés payés étant donnés en jours ouvrables, il est logique de déduire du salaire cette absence en jours ouvrables (par rapport aux autres types de décompte : jours calendaires, jours ouvrés ou en heures). Ensuite on avait le choix de raisonner en jours moyens ou en jours réels. Puisqu'on va comparer cette somme au dixième de la rémunération brute totale (donc calculé sur une moyenne annuelle), il est évident qu'il faut également raisonner en moyenne. Le nombre de jours ouvrables moyens par mois étant de 26 (6 jours ouvrables par semaines × 52 semaines / 12 mois annuels) le diviseur est donc de 26.

4. Calculez le montant du paiement de cette absence :

- **Avec la règle du dixième** :

$$\frac{24.500\,€}{10} \times \frac{17}{30} = \mathbf{1.388{,}33\,€}$$

Nous partons de la rémunération brute totale perçue par le salarié au cours de la période de référence : 24.500 €. Il faut en prendre le dixième : 24.500 / 10 = 2.450 €. Cette somme correspond au paiement des 30 jours ouvrables acquis par le salarié. Pour trouver la valeur des 17 jours ouvrables de congés payés parmi les 30 jours ouvrables donnés par la loi, on ajoute une opération : 2.450 × 17 / 30 = 1.388,33 €.

- **Avec la règle du maintien de salaire** :

Le montant des congés payés calculé avec la règle du dixième étant de 1.388,33 €, il faut maintenant comparer cette somme avec la règle du maintien de salaire. Le montant de l'absence de 17 jours ouvrables était de **1.373,08 €** donc le maintien de salaire serait égal à cette somme.
En conclusion, le calcul avec le dixième est le plus favorable pour le salarié et c'est donc cette somme (1.388,33 €) qui servira de paiement pour ces 17 jours ouvrables de congés payés.

5. Calculez son brut du mois d'août 2023 : (salaire – abs CP + paiement CP = brut)

Pour trouver son brut du mois d'août 2023, on part de son dernier salaire connu (2.100 €) auquel on enlève le montant de l'absence (1.373,08 €) et auquel on rajoute le montant du paiement au dixième (1.388,33 €). Son brut sera alors = **2.115,25 €**.

Salaire	2.100,00 €
Absence C.P.	−1.373,08 €
Paiement C.P.	+1.388,33 €
Total brut	2.115,25 €

Corrigé 31 (Niveau 1)

Ce salarié a quitté (**démission**) l'entreprise **le vendredi 7 avril 2023 au soir**. Les droits à C.P. dans cette entreprise sont la durée légale plus 1 jour ouvré (soit **26 jours ouvrés pour une année**). Il n'a pas de solde de congé de l'année écoulée.

1. Déterminez la rémunération brute totale (pour le calcul du 10ème) 2022/2023 :

En avril 2023, il y a 20 jours ouvrés et notre salarié en a travaillé 5. Le lundi 10 (Pâques) compte dans le nombre de jours ouvrés car si le salarié avait été présent tout le mois, cette journée lui aurait bien été payée.

Son salaire d'avril est donc : $2.000 \times \frac{5}{20}$ = **500,00 €**

La rémunération de ce salarié pour la période 2022/2023 est la suivante :

Mois	Année	Salaire Brut	Brut pour Calcul du 10ème CP	Particularités
Juin	2022	1 900,00 €	**1 900,00 €**	
Juillet	2022	2 300,00 €	**1 900,00 €**	dont "prime de vacances" de 400 €
Août	2022	2 050,00 €	**2 050,00 €**	dont "congés payés" de 1.750 € payés au 10è
Septembre	2022	1 900,00 €	**1 900,00 €**	
Octobre	2022	2 400,00 €	**2 400,00 €**	dont "heures supp." de 500 €
Novembre	2022	1 950,00 €	**1 950,00 €**	dont "congés payés" de 450 €
Décembre	2022	3 800,00 €	**1 900,00 €**	Il y a un "13ème mois"
Janvier	2023	2 000,00 €	**2 000,00 €**	Le salarié est augmenté
Février	2023	2 000,00 €	**2 000,00 €**	
Mars	2023	2 000,00 €	**2 000,00 €**	
Avril	2023	500,00 €	**500,00 €**	Le salarié part le vendredi 7 avril 2023
Total			**20 500,00 €**	

Pour déterminer la rémunération brute totale, il suffit de cumuler ses bruts mensuels en enlevant en juillet la prime de vacances, et en décembre son 13ème mois. Ne pas oublier de lui rajouter son « petit » brut d'avril ! (500 €). Ce qui donne une rémunération brute totale de 20.500 €.

2. Déterminez le nombre de jours ouvrés de droits à congés payés :

Ce salarié n'ayant pas travaillé toute l'année, il faut compter le nombre de « mois » de présence du 1er juin 2022 au 7 avril 2023. Sachant qu'un « mois » est égal à 4 semaines calendaires (ou 28 jours calendaires, ou 24 jours ouvrables, ou encore 20 jours ouvrés), il faut calculer sur le calendrier ce nombre de périodes de 4 semaines. Il a été présent 45 semaines complètes moins 2 jours (en jours ouvrés), ou 311 jours calendaires, ou 267 jours ouvrables, ou 223 jours ouvrés. Mais, compte tenu de ses droits supplémentaires, il faut d'abord calculer combien de jours chaque période de 4 semaines lui donne droit. Soit : 26 / 12 = 2,1666 jours. Il a donc gagné : (223 jours ouvrés / 20 × 2,1666) 24,16 jours obligatoirement arrondis à **25 jours ouvrés**. Comme lors des exercices précédents, on arrive au même résultat si on calcule en jours calendaires ou ouvrables.

Nous allons calculer une indemnité compensatrice de congés payés. La différence par rapport à l'exercice précédent, c'est qu'il n'y a pas d'absence à déduire. Il faut simplement calculer le montant que représentent ces 25 jours ouvrés avec les deux règles : celle du maintien ou celle du dixième, et on indemnisera ces jours avec la règle la plus favorable au salarié.

3. Calculez le montant de son indemnité compensatrice avec la règle du maintien de salaire :

Nous partons comme d'habitude de son dernier salaire connu (2.000 €) que l'on va diviser par 21,67 pour trouver la valeur d'une seule de ces journées. 21,67 est le nombre de jours ouvrés moyen par mois (5 jours ouvrés par semaine × 52 semaines / 12 mois). Même réflexion que pour l'exercice précédent, il serait incohérent d'indemniser ces jours avec la méthode des jours ouvrés réels car le montant de l'indemnité fluctuerait alors selon le mois de départ du salarié. Il suffit ensuite de multiplier la valeur journalière par le nombre de jours à indemniser (25 dans notre exercice). Ce qui donne le résultat suivant :

$$\frac{2.000\,€ \times 25}{21{,}67} = \mathbf{2.307{,}34\,€}$$

4. Calculez le montant de son indemnité compensatrice avec la règle du dixième :

Pour la règle du dixième, nous partons de la rémunération brute totale (20.500 €) qu'on va bien sûr diviser par 10 pour en avoir le dixième (20.500 / 10 = 2.050 €). Comme notre salarié a un jour supplémentaire, il ne faut pas oublier de revaloriser ce montant pour en tenir compte en le multipliant par le nombre de jours donnés par l'entreprise (26) et en le divisant par le nombre de jours donnés par la loi (25). Ce qui donne le résultat suivant :

$$\frac{20.500\,€}{10} \times \frac{26}{25} = \mathbf{2.132{,}00\,€}$$

5. Calculez son brut du mois d'avril 2023 :

Comme notre salarié avait été considérablement augmenté en cours d'année (d'un peu plus de 5 %), c'est sans surprise avec la règle du maintien de salaire que le montant de l'indemnité compensatrice est le plus avantageux pour le salarié. Le brut du mois d'avril 2023 est donc de :

Salaire	500,00 €
I.C.C.P.	+2.307,34 €
	2.807,34 €

Corrigé 32 (Niveau 2)

Voici le tableau récapitulatif de la rémunération 2022/2023 de cette salariée :

Année	2022							2023				
Mois	**J**	**J**	**A**	**S**	**O**	**N**	**D**	**J**	**F**	**M**	**A**	**M**
Salaire de base	2 300,00	2 300,00	2 300,00	2 300,00	2 300,00	2 300,00	2 300,00	2 300,00	2 300,00	2 300,00	2 300,00	2 300,00
Pr. d'ancienneté	230,00	230,00	230,00	230,00	230,00	230,00	230,00	253,00	253,00	253,00	253,00	253,00
Pr. d'assiduité		126,50	126,50	126,50	126,50	126,50	126,50	127,65			127,65	127,65
Pr. d'équipe	32,00	40,00	4,00	44,00	42,00	40,00	44,00	44,00	28,00	18,00	30,00	38,00
Pr. de risque				100,00								
Pr. Exceptionnelle					1 000,00							
Pr. d'objectif		2 300,00										
Pr. de vacances		600,00										
Av. Nat. Nourriture	80,00	100,00	10,00	110,00	105,00					46,80	78,00	98,80
Abs. Congé Ss Solde	-575,00											
Abs. Maternité						-2 696,50	-2 700,50	-2 724,65	-1 843,57			
Abs. Maladie									-729,43	-1 647,10		
Paiem. Maladie									729,43	1 647,10		
Abs. Congés Payés			-2 335,38								-589,15	
Paiem. Congés Payés			2 335,38								855,85	
13ème mois							2 300,00					
Av. Nat. Logement	108,40	384,00	180,40	180,40	276,40	77,40	144,60	80,80	80,80	188,20	188,20	150,80
Ind. de transport	37,60	37,60		37,60	37,60						42,05	42,05
Montant retenu :	**2 067,00**	**5 096,50**	**2 670,50**	**2 810,50**	**2 803,50**	**2 696,50**	**2 700,50**	**2 724,65**	**1 851,57**	**970,70**	**3 055,35**	**2 817,45**

La Rémunération Brute Totale = 32 264,72

1. Calculer sa rémunération brute totale (pour le calcul du 10ème) 2022/2023.

Ne rentrent dans le montant retenu que le salaire de base + la prime d'ancienneté + la prime d'assiduité (constante) + la prime d'équipe (constante) + la prime objectif (montant individuel) + les avantages en nature nourriture (dont elle ne bénéficie pas pendant ses absences).
La prime de risque (circonstances particulières), la prime exceptionnelle (ne rémunérant pas un travail effectif), la prime de vacances (pas un travail effectif), le 13ème mois (pas un travail effectif), les avantages en nature logement (dont elle profite toute l'année, même pendant ses congés payés) et l'indemnité de transport (remboursement de frais professionnels) ne rentrent pas dans la rémunération brute totale.
Il convient bien sûr, d'enlever les montants liés à ses absences congés sans solde et sa maladie (les congés pathologiques post-maternité sont de la maladie), même si elle est indemnisée par l'entreprise grâce à la convention collective (la maladie n'est jamais du travail effectif, sauf contre-indication de la part de la convention collective).
En revanche, il faut tenir compte de sa maternité (assimilée à du travail effectif) et ses périodes de congés payés (leurs indemnités entrent dans la RBT).

La rémunération brute totale est donc de 32.264,72 €.

2. Déterminer le nombre de jours ouvrables auxquels elle aura droit pour la période 2023/2024.

Si ses absences « Congés payés » et « Maternité » sont bien assimilées à du temps de travail effectif, pour le calcul des droits à congés payés, ses absences « Congé sans solde » (1 semaine) et « Maladie » (4 semaines) auraient dû la pénaliser puisque ces 2 absences ne sont pas assimilées à du temps de travail effectif. Mais, 52 semaines + 1 jour (365 jours) – (1 semaine de congé sans solde + 4 semaines de maladie) = 47 semaines et 1 jour, **donnent** selon les 3 méthodes vues précédemment (jours calendaires, ouvrables ou ouvrés) **un droit à congés de** 29,46 jours ouvrables obligatoirement arrondis à **30 jours ouvrables**.

Corrigé 33 (Niveau 2)

- Ce salarié est entré dans l'entreprise le 2 janvier 2010.
- Il quitte (démission) l'entreprise le vendredi 8 décembre 2023 au soir.
- Son salaire de base (151,67 h) (inchangé depuis le 1er juin 2022) est de 2.800 €.
- Sa prime d'ancienneté (inchangée depuis le 1er juin 2022) est de 308 €.
- Ses droits aux congés payés sont de 25 jours ouvrés.
- Ses droits aux congés d'ancienneté sont de 2 jours ouvrés.
- Avec la paie de juin, il a droit à une prime de vacances (au "prorata temporis") de 1.554 €.
- Avec la paie de décembre, il a aussi droit à un 13ème mois (calculé sur le salaire + prime d'ancienneté au "prorata temporis", un mois complet de présence = 30 trentièmes et un mois incomplet de présence = 0 trentième, l'année complète valant 360 trentièmes).
- Au moment de son départ, il lui reste 4 jours de congés (période 2022/2023).

Quel sera le **montant total de ses indemnités de congés payés** sur son solde de tout compte ?

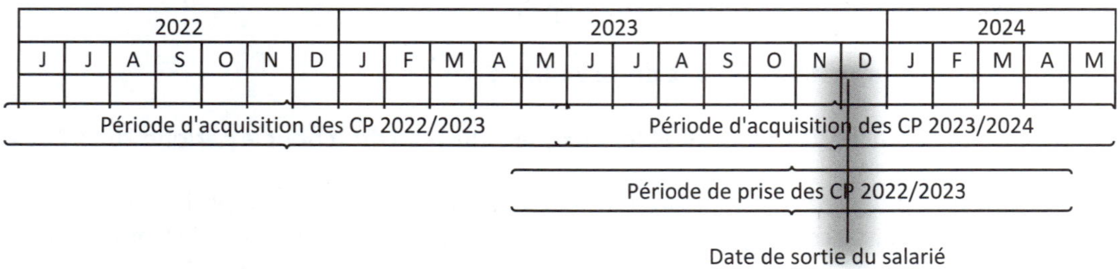

1. a. Détermination de la rémunération brute totale (pour le calcul du 10ème) 2022/2023 :

De juin 2022 à mai 2023, sa rémunération brute totale C.P. est (2.800,00 + 308,00) × 12 = 37.296,00 €
Comme précédemment, il ne faut pas tenir compte ni du treizième mois, ni de la prime de vacances !

1. b. Détermination de l'indemnité compensatrice 2022/2023 :

- Avec la règle du dixième :

$$\frac{37.296{,}00\ €}{10} \times \frac{27}{25} \times \frac{4}{27} = \mathbf{596{,}74\ €}$$

- Avec la règle du maintien de salaire :

$$\frac{3.108\ €}{21{,}67} \times 4 = 573{,}70\ €$$

2. a. Détermination de la rémunération brute totale (pour le calcul du 10ème) 2023/2024 :

Du 1er juin 2023 au 8 décembre 2023, sa rémunération brute totale C.P. est de :

$$\left[(2.800{,}00 + 308{,}00) \times 6\right] + \left[(2.800{,}00 + 308{,}00) \times \frac{6}{21}\right] = \mathbf{19.536{,}00\ €}$$

2. b. Détermination du nombre de jours de C.P. 2023/2024 acquis :

Du 1er juin 2022 au 8 décembre 2023, il y a très exactement 191 jours calendaires. Comme vu précédemment, 191 jours / 28 × 2,08 = 14,19 obligatoirement arrondis à **15 jours ouvrés**.

Attention : les jours d'ancienneté ne sont pas à prendre en considération car ils sont donnés (dans la majorité des conventions collectives) soit à date anniversaire, soit en fin de période de référence et bien évidemment ils ne se proratisent pas.

2. c. Détermination de l'indemnité compensatrice 2023/2024 :

- Avec la règle du dixième :

$$\frac{19.536,00\,€}{10} = 1.953,60\,€ \text{ pour 15 jours ouvrés}$$

- Avec la règle du maintien de salaire :

$$\frac{3.108\,€}{21,67} \times 15 = \mathbf{2.151,36\,€}$$

Conclusion		indemnités compensatrices C.P. 2021/2022 =	596,74 €
	+	indemnités compensatrices C.P. 2022/2023 =	2.151,36 €
			2.748,10 €

Ces indemnités de 2.748,10 euros, augmentées du prorata de salaire de décembre et surtout du montant de la prime « 13ème mois » devraient amener le salaire brut total de décembre 2023 à un montant supérieur au plafond mensuel de Sécurité sociale et ainsi « dégager » une tranche 2. Mais concrètement qu'en est-il réellement ? C'est ce que nous verrons dans l'exercice n° 41.

Corrigé 34 (Niveau 2)

- Ce salarié est entré dans l'entreprise le 3 juillet 2017 en tant que salarié à temps complet (151,67 h).
- Il passe à temps partiel (17,50 h par semaine, 3,50 h tous les matins) le 1er juin 2023.
- Sachant :
  - qu'il a 27 jours ouvrés de droit à C.P.,
  - qu'il gagnait 2.925 € à temps complet,
  - qu'il part en congés du lundi 3 au lundi 24 juillet 2023 inclus.

Établir son **brut du mois de juillet**, en appliquant la règle la plus favorable.

1. Détermination de la rémunération brute totale (pour le calcul du 10ème) 2022/2023 :

De juin 2022 à mai 2023, sa rémunération brute totale est de :

$$2.925\ € \times \frac{35\ h}{35\ h} \times 12 = \mathbf{35.100,00\ €}$$

2. Détermination du nombre de jours d'absence C.P. :

Puisqu'il travaille tous les jours (5 jours sur 5), chaque jour d'absence CP ne vaut que 1 jour ouvré (comme ses collègues à temps plein). Du lundi 3 au lundi 24 juillet 2023 inclus, il y a **15 jours ouvrés** (le vendredi 14 juillet, jour férié, n'étant pas décompté dans cette période).

3. Détermination du montant de l'absence C.P. :

$$2.925\ € \times \frac{17,50\ h}{35\ h} \times \frac{15}{21,67} = \mathbf{1.023,34\ €}$$

4. Détermination du montant de l'indemnité C.P. :

Avec la règle du dixième (bien penser à revaloriser le dixième à cause des jours supplémentaires) :

$$\frac{35.100,00\ €}{10} \times \frac{27}{25} \times \frac{15\ jrs}{27\ jrs} = \mathbf{2.106,00\ €}$$

5. Brut du mois de juillet 2023 pour ce salarié :

+ Salaire =	1.462,50 €
– Absence C.P. 15 jours =	–1.023,34 €
+ Paiement C.P. 15 jours =	+2.106,00 €
	2.545,16 €

Corrigé 35 (Niveau 3)

- Ce salarié est entré dans l'entreprise le lundi 3 juillet 2006.
- Il passe à temps partiel (28 heures par semaine : L., M., J., V. 7 h/jour) le 1er juin 2022.
- Le 1er février 2023, il change d'horaire en passant à 17,50 h par semaine : du lundi au vendredi 3,50 h.
- Le 1er juin 2023, il change encore d'horaire en passant à 21 h par semaine : lundi, jeudi et vendredi, chaque jour 7 heures.
- Sachant :
  - qu'il a 27 jours ouvrés de droit à C.P. à temps plein,
  - qu'il gagnait 3.500 € à temps complet,
  - qu'il part en congés du lundi 10 au lundi 31 juillet 2023 inclus.

Établir son **brut du mois de juillet 2023**, en appliquant la règle la plus favorable.

1. Détermination de la rémunération brute totale (pour le calcul du 10ème) 2022/2023 :

De juin 2022 à janvier 2023, sa rémunération brute totale est de :

$$3.500\,€ \times \frac{28\,h}{35\,h} \times 8 \text{ mois} = \mathbf{22.400,00\,€}$$

De février 2023 à mai 2023, sa rémunération brute totale est de :

$$3.500\,€ \times \frac{17,5\,h}{35\,h} \times 4 \text{ mois} = \mathbf{7.000,00\,€}$$

Soit au total, un salaire de référence de : (22.400 € + 7.000 €) **29.400,00 €**

2. Détermination du nombre de jours d'absence C.P. :

Chaque jour d'absence vaut pour lui : 35/21 = 1,666 jour
Du 10 au 31 juillet 2023, il s'absente 9 jours (4 lundis, 3 jeudis et 2 vendredis)
Donc son absence vaut 9 jours × 1,666 = **15 jours de C.P.**

3. Détermination du montant de l'absence C.P. :

$$3.500\,€ \times \frac{21\,h}{35\,h} \times \frac{15 \text{ jrs}}{21,67 \text{ jrs}} = \mathbf{1.453,62\,€}$$

4. Détermination du montant de l'indemnité C.P. :

- Avec la règle du dixième :

$$\frac{29.400,00\,€}{10} \times \frac{27}{25} \times \frac{15}{27} = \mathbf{1.764,00\,€}$$

5. Brut de ce salarié en juillet 2023 :

+ Salaire =	2.100,00 €
– Absence C.P. 15 jours =	– 1.453,62 €
+ Paiement C.P. 15 jours =	+ 1.764,00 €
	2.410,38 €

Corrigé 36 (Niveau 3)

- Ce salarié est entré dans l'entreprise le jeudi 1er février 2018.
- L'entreprise indemnise les absences CP au maintien toute l'année et régularise, si nécessaire, au dixième sur la paie de mai.
- Son salaire de base (151,67 h) était de 3.900 € du 1er juin 2021 au 31 décembre 2022, puis est passé à 4.290 € le 1er janvier 2023.
- Ses droits conventionnels à congés payés sont de **33 jours ouvrables** au 1er juin 2022.
- Il est parti en congés payés du lundi 4 au lundi 25 juillet 2022 inclus, puis il est parti du lundi 26 décembre 2022 au lundi 2 janvier 2023 inclus, et enfin du mardi 11 au samedi 22 avril 2023 inclus.

Quel est le montant de la rubrique « Régul. 10ème » qui se déclenche sur la paie de mai 2023 ?

1. Détermination de la rémunération brute totale (pour le calcul du 10ème) 2022/2023 :

Aucune difficulté pour cette question : 3.900 € × 12 = **46.800 €**

2. Détermination du montant des absences « congés payés » :

- Du 4 au 25 juillet 2022 :
  3.900 × 18 / 26 = **2.700,00 €**

- Du 26 décembre 2022 au 2 janvier 2023 :
  3.900 × 6 / 26 = **900,00 €**
  4.290 × 1 / 26 = **165,00 €**

- Du 11 au 22 avril 2023 :
  4.290 × 10 / 26 = **1.650,00 €**

Montant total des absences « congés payés » : **5.415,00 €**

3. Détermination de l'indemnité 10ème totale :

(46.800 /10) × (35 / 30) = 5.460,00 €

Peut-être vous demandez-vous pourquoi le salarié s'est absenté 35 jours au total, alors que l'énoncé n'annonçait que 33 jours de droit ? La réponse est dans les jours de fractionnement bien sûr ! Puisque le salarié n'a pris que 18 jours ouvrables pendant la période d'été, il a droit à 2 jours de fractionnement. Son total de jours pris est donc 33 de droit principal + 2 de droit de fractionnement, soit 35 jours en tout.

4. Détermination du montant de la régularisation 10ème :

5.460,00 (total 10ème) – 5.415,00 (total maintien) = 45,00 €
Il ne vous aura sans doute pas échappé que si l'entreprise avait payé, au moment de chaque prise de congés, le plus favorable entre le maintien et le dixième, l'entreprise aurait payé :

En juillet : 18 j × ([(46.800 / 10) × (35 / 30)]/35) =	2.808,00 €	(au 10ème) par rapport à 2.700,00 € (maintien)
En décembre : 6 j × 156,00 € =	936,00 €	(au 10ème) par rapport à 900,00 € (maintien)
En janvier : 1 j × 165,00 € =	165,00 €	(au maintien) par rapport à 156,00 € (10ème)
En avril : 10 j × 165,00 € =	1.650,00 €	(au maintien) par rapport à 1.560,00 € (10ème)
Soit au total :	5.559,00 €	

Une somme supérieure de 99 € à ce que la loi impose, et ceci pour n'en tirer aucun avantage !

Corrigé 37 (Niveau 1)

Remplir le tableau de Régularisation Mensuelle Progressive avec les bruts mensuels indiqués.

Plafond 2023 : **3 666**

Le brut cumulé est-il > ou < au plafond cumulé ?

Mois	Brut du mois	Brut cumulé	Tranche 1 cumulée	Tranche 1 du mois	>/<	Plafond SS cumulé	Tranche 2 cumulée	Tranche 2 du mois
Janvier	3 600	3 600	3 600	3 600	<	3 666		0
Février	3 600	7 200	7 200	3 600	<	7 332		0
Mars	3 600	10 800	10 800	3 600	<	10 998		0
Avril	3 600	14 400	14 400	3 600	<	14 664		0
Mai	3 600	18 000	18 000	3 600	<	18 330		0
Juin	3 600	21 600	21 600	3 600	<	21 996		0
Juillet	4 000	25 600	25 600	4 000	<	25 662		0
Août	3 600	29 200	29 200	3 600	<	29 328		0
Septembre	3 600	32 800	32 800	3 600	<	32 994		0
Octobre	3 600	36 400	36 400	3 600	<	36 660		0
Novembre	3 600	40 000	40 000	3 600	<	40 326		0
Décembre	4 000	44 000	43 992	3 992	>	43 992	8	8

Le brut cumulé doit sur chaque ligne être égal à la somme Tranche 1 cumulée + Tranche 2 cumulée

Le brut du mois doit sur chaque ligne être égal à la somme Tranche 1 du mois + Tranche 2 du mois

Corrigés des exercices

Corrigé 38 (Niveau 1)

Remplir le tableau de Régularisation Mensuelle Progressive avec les bruts mensuels indiqués.

Plafond 2023 : **3 666**

Le brut cumulé est-il > ou < au plafond cumulé ?

Mois	Brut du mois	**Brut cumulé**	**Tranche 1 cumulée**	Tranche 1 du mois	>/<	**Plafond SS cumulé**	**Tranche 2 cumulée**	Tranche 2 du mois
Janvier	**3 700**	**3 700**	**3 666**	3 666	>	**3 666**	**34**	34
Février	**3 700**	**7 400**	**7 332**	3 666	>	**7 332**	**68**	34
Mars	**3 700**	**11 100**	**10 998**	3 666	>	**10 998**	**102**	34
Avril	**3 600**	**14 700**	**14 664**	3 666	>	**14 664**	**36**	**-66**
Mai	**3 600**	**18 300**	**18 300**	3 636	<	**18 330**		**-36**
Juin	**3 600**	**21 900**	**21 900**	3 600	<	**21 996**		0
Juillet	**3 600**	**25 500**	**25 500**	3 600	<	**25 662**		0
Août	**3 700**	**29 200**	**29 200**	3 700	<	**29 328**		0
Septembre	**3 700**	**32 900**	**32 900**	3 700	<	**32 994**		0
Octobre	**3 700**	**36 600**	**36 600**	3 700	<	**36 660**		0
Novembre	**3 700**	**40 300**	**40 300**	3 700	<	**40 326**		0
Décembre	**3 700**	**44 000**	**43 992**	3 692	>	**43 992**	**8**	8

Le brut cumulé doit sur chaque ligne être égal à la somme Tranche 1 cumulée + Tranche 2 cumulée.

Le brut du mois doit sur chaque ligne être égal à la somme Tranche 1 du mois + Tranche 2 du mois.

Corrigé 39 (Niveau 1)

Remplir le tableau de Régularisation Mensuelle Progressive avec les bruts mensuels indiqués.

Plafond 2023 : 3 666

Le brut cumulé est-il > ou < au plafond cumulé ?

Mois	Brut du mois	Brut cumulé	Tranche 1 cumulée	Tranche 1 du mois	>/<	Plafond SS cumulé	Tranche 2 cumulée	Tranche 2 du mois
Janvier	3 712	3 712	3 666	3 666	>	3 666	46	46
Février	3 606	7 318	7 318	3 652	<	7 332		-46
Mars	3 502	10 820	10 820	3 502	<	10 998		0
Avril	3 806	14 626	14 626	3 806	<	14 664		0
Mai	3 746	18 372	18 330	3 704	>	18 330	42	42
Juin	3 698	22 070	21 996	3 666	>	21 996	74	32
Juillet	3 604	25 674	25 662	3 666	>	25 662	12	-62
Août	3 660	29 334	29 328	3 666	>	29 328	6	-6
Septembre	3 700	33 034	32 994	3 666	>	32 994	40	34
Octobre	3 650	36 684	36 660	3 666	>	36 660	24	-16
Novembre	3 656	40 340	40 326	3 666	>	40 326	14	-10
Décembre	4 000	44 340	43 992	3 666	>	43 992	348	334

Le brut cumulé doit sur chaque ligne être égal à la somme Tranche 1 cumulée + Tranche 2 cumulée

Le brut du mois doit sur chaque ligne être égal à la somme Tranche 1 du mois + Tranche 2 du mois

Corrigé 40 (Niveau 2)

1. Un CDI, 35 heures par semaine, devant percevoir 2.300 € de salaire mensuel, entre dans une entreprise le lundi 6 mars 2023. Quels sont son brut et son plafond SS de ce mois de mars 2023 ?

Calcul du brut

Le mois de mars 2023 comporte 23 jours ouvrés. Soit 23 jours × 7 heures = 161 heures.
Du 6 au 31 mars, le salarié est présent 20 jours ouvrés, soit (20j × 7 h) 140 heures.
Son brut de ce mois est donc égal à :

2.300 × 140 / 161 = **2.000 €**

Calcul du plafond

Le mois de mars comporte 31 jours calendaires. Du 6 au 31 mars, le salarié est présent 26 jours calendaires.

Son plafond de ce mois est donc égal à :

3.666 × 26 / 31 = **3.074,71 €**

2. Un CDI, 35 h/semaine, percevant 3.600 € de salaire quitte l'entreprise le 17 février 2023. Quels sont son brut et son plafond SS pour février 2023 si les 6, 7, et 8 février 2023 sont en absence non rémunérée ?

Calcul du brut

Quittant l'entreprise le 17 février, il faut lui enlever 49 heures d'entrée-sortie (7 heures les 20, 21, 22, 23, 24, 27, 28) et comme il a 3 jours d'absence non rémunérée, encore 21 heures (7 heures les 6, 7, 8). Il a donc travaillé : 140 – 49 – 21 = 70 heures.
Et son brut de ce mois est donc égal à :

3.600 × 70 / 140 = **1.800 €**

Calcul du plafond

Etant présent du 1er au 17, il devrait avoir 17 28èmes de plafond. Mais, il a également 3 jours d'absence non rémunérée. Il aura donc au final : 17 – 3 = 14 28èmes de plafond.

Son plafond de ce mois est donc égal à :

3.666 × 14 / 28 = **1.833,00 €**

3. Un CDD, temps partiel à 25 h/semaine (5 h/jour), entre dans une entreprise le 6 mars 2023 pour un salaire de 2.070 €. Quels sont son brut et son plafond SS de ce mois de mars 2023, s'il a effectué 2 heures complémentaires lors de sa première semaine et 1 heure complémentaire lors de sa seconde semaine ?

Calcul du brut

Entrant dans l'entreprise le 6 mars, il faut lui enlever 15 heures (5 heures les 1, 2, 3). Le mois de mars comportant 23 jours ouvrés, il aurait dû travailler 115 heures. Son brut avant H.C. est donc de : 2.070 × 100 / 115 = 1.800 €.
25 heures par semaine, fait 108,33 heures par mois (25 heures × 52 sem. / 12 mois). Son taux horaire est donc de 2.070 € / 108,33 heures = 19,108 €. Ses 3 heures complémentaires lui seront payées majorées de 10 %, soit 21,019 €. Son brut final sera de 1.800 + (21,019 × 3) = **1.863,06 €**.

Calcul du plafond

D'abord réduire son plafond pour entrée-sortie :

3.666 × 24 / 31 = 2.838,19 €

Puis pour son temps partiel :

2.838,19 × 111,33 / 151,67 = **2.079,57 €**

111,33 est son nombre d'heures contractuelles + les 3 heures complémentaires.

4. Un CDI, employeurs multiples, entre dans une entreprise le lundi 3 juillet 2023. Il perçoit 1 000 € pour 12 heures hebdomadaires. Ses autres emplois lui rapportent 2.000 € pour 23 heures hebdomadaires. Quels sont son brut et son plafond SS de ce mois de juillet 2023 dans cette entreprise ?

Calcul du brut	Calcul du plafond
Les samedi 1er et dimanche 2 juillet n'étant pas des jours ouvrés, son brut est entier : **1 000 €** !	En appliquant la formule « Entrée/Sortie », son plafond est égal à : 3.666 × 29 / 31 = 3.429,48 et en tant que « multi-employeurs » : 3.429,48 × 1.000 / 3.000 = **1.143,16 €**

Corrigé 41 (Niveau 2)

Nous reprenons l'énoncé de l'exercice 33 dans lequel un salarié, suite à sa démission, quittait l'entreprise le vendredi 8 décembre 2023 au soir.
Son salaire de base (pour 151,67 h, 7 heures du lundi au vendredi, constant toute l'année 2023) était de 2.800 €.
Sa prime d'ancienneté (de 11 %, inchangée depuis le 1er juin 2022) était de 308 €.
Avec la paie de juin, il a eu droit à une prime de vacances (au « prorata temporis ») de 1.554 €.
Avec la paie de décembre, il a aussi eu droit à un 13ème mois (calculé sur le salaire + prime d'ancienneté au « prorata temporis », un mois complet de présence = 30 trentièmes et un mois incomplet de présence = 0 trentième, l'année complète valant 360 trentièmes).
Les résultats de l'exercice 33 pour les indemnités compensatrices de Congés Payés étaient d'un montant global de 2.748,10 €.
Maintenant que nous avons vu la proratisation du salaire et du plafond avec l'exercice précédent, il est temps de vérifier si ce salarié était ou pas en tranche 2 au moment de son départ.

Voici le tableau résultat :

Le brut cumulé est-il <ou> au plafond cumulé ?
⇩

Mois	Brut du mois	Brut Cumulé	>/<	Plafond Cumulé	Tranche 1 Cumulée	Tranche 1 du mois	Tranche 2 Cumulée	Tranche 2 du mois
Janvier	3 108,00	3 108,00	<	3 666,00	3 108,00	3 108,00	0,00	0,00
Février	3 108,00	6 216,00	<	7 332,00	6 216,00	3 108,00	0,00	0,00
Mars	3 108,00	9 324,00	<	10 998,00	9 324,00	3 108,00	0,00	0,00
Avril	3 108,00	12 432,00	<	14 664,00	12 432,00	3 108,00	0,00	0,00
Mai	3 108,00	15 540,00	<	18 330,00	15 540,00	3 108,00	0,00	0,00
Juin	4 662,00	20 202,00	<	21 996,00	20 202,00	4 662,00	0,00	0,00
Juillet	3 108,00	23 310,00	<	25 662,00	23 310,00	3 108,00	0,00	0,00
Août	3 108,00	26 418,00	<	29 328,00	26 418,00	3 108,00	0,00	0,00
Septembre	3 108,00	29 526,00	<	32 994,00	29 526,00	3 108,00	0,00	0,00
Octobre	3 108,00	32 634,00	<	36 660,00	32 634,00	3 108,00	0,00	0,00
Novembre	3 108,00	35 742,00	<	40 326,00	35 742,00	3 108,00	0,00	0,00
Décembre	6 485,10	42 227,10	>	41 272,06	41 272,06	5 530,06	955,04	955,04

Le Brut Cumulé doit sur chaque ligne être égal à la somme Tranche 1 Cumulée + Tranche 2 Cumulée

Le Brut du mois doit sur chaque ligne être égal à la somme : Tranche 1 du mois + Tranche 2 du mois

Pour les mois de janvier, février, mars, avril, mai, juillet, août, septembre, octobre et novembre, il n'y a aucune difficulté : Le brut du mois = 2.800 + 308 = 3.108 € et le plafond est de 3.666 €.

En juin, le salaire = 3.108 € est augmenté de sa prime de vacances (1.554 €), soit : 4.662 €.
Bien que ce brut du mois de juin soit supérieur au plafond mensuel de Sécurité sociale, le brut cumulé « janvier-juin » (20.202 €) est inférieur au plafond cumulé « janvier-juin » (21.996 €).
Donc, la tranche 1 du mois est égale à 4.662 € (bien qu'elle soit supérieure au plafond mensuel de 3.666 €) et il n'y a pas de tranche 2.

La seule « vraie » difficulté de cet exercice est en décembre.
D'abord, déterminer le brut du mois ; ce sera l'addition :

1. du salaire + prime d'ancienneté ;

Le salaire + prime d'ancienneté est à réduire en fonction de sa date de départ. Le salarié partant le vendredi 8 décembre 2023, il est présent 6 jours ouvrés sur les 21 jours ouvrés théoriques de décembre 2023. Soit : 3.108 × 42 h / 147 h **= 888,00 €** (ou 3.108 × 6 jours ouvrés sur 21, puisqu'il travaille du lundi au vendredi 7 heures par jour).

2. des indemnités compensatrices de congés payés ;

On ajoute simplement **les ICCP** déjà calculées lors de l'exercice 33, soit : **2.748,10 €.**

3. et du 13ème mois.

Le 13ème mois est de 330 trentièmes sur 360 du salaire de base + ancienneté. En effet, selon la règle (sans doute édictée par la convention collective ou un accord collectif) le mois de décembre, étant incomplet, ne compte pas. Donc : 3.108 × 330 / 360 = **2.849 €.**

Le brut du mois est ainsi de : 888,00 + 2.748,10 + 2.849 **= 6.485,10 €.**

Ensuite, déterminer le plafond. Le salarié quittant l'entreprise le 8 décembre, mois qui compte 31 jours calendaires, **le plafond** réduit sera de 3.666 × 8 / 31 **= 946,06 €.**

Le brut cumulé annuel est = [(3.108 × 10) + 4.662 + 6.485,10] = 42.227,10 €.
Le plafond cumulé annuel est = [(3.666 × 11) + 946,06] = 41.272,06 €.

Si la tranche 2 cumulée du mois est = (42.227,10 – 41.272,06) = 955,04 €
La tranche 2 du mois est la différence entre celle tranche 2 cumulée de décembre et la tranche 2 cumulée de novembre, soit : 955,04 – 0 **= 955,04 €.**

Quant à **la tranche 1 du mois,** elle est égale à la différence entre la tranche 1 cumulée de décembre et la tranche 1 cumulée de novembre, soit : 41.272,06 – 35.742 **= 5.553,06 €.**
Nous pouvons d'ailleurs vérifier que le brut du mois de décembre est bien la somme de cette tranche 1 du mois et de cette tranche 2 du mois : 6.485,10 € = 5.553,06 € + 955,04 €.

Corrigé 42 (Niveau 3)

Ce salarié non cadre perçoit **3.500,00 €** un salaire pour 151,67 heures par mois.
Nous sommes en l'année **2023** où le plafond du 1er Janvier au 31 Décembre est de **3.666 €**
Déterminer en régularisation progressive sa tranche 1 et sa tranche 2.

Le brut cumulé est-il <ou> au plafond cumulé ?

Mois	Brut du mois	**Brut Cumulé**	>/<	**Plafond Cumulé**	**Tranche 1 Cumulée**	Tranche 1 du mois	**Tranche 2 Cumulée**	Tranche2 du mois
Janvier : Temps plein	3 500,00	**3 500,00**	<	**3 666,00**	**3 500,00**	3 500,00	**0,00**	0,00
Février : Il prend des congés sans solde à partir du 6	525,00	**4 025,00**	<	**4 320,64**	**4 025,00**	525,00	**0,00**	0,00
Mars : Toujours en congés sans solde	0,00	**4 025,00**	<	**4 320,64**	**4 025,00**	0,00	**0,00**	0,00
Avril : Il revient le 3 et demande un temps partiel	3 500,00	**7 525,00**	<	**7 742,24**	**7 525,00**	3 500,00	**0,00**	0,00
Mai : Le temps partiel est accepté à 60%	2 100,00	**9 625,00**	<	**9 941,79**	**9 625,00**	2 100,00	**0,00**	0,00
Juin : Prime vacances = 1000 € (même montant tous salariés)	3 100,00	**12 725,00**	>	**12 141,34**	**12 141,34**	2 516,34	**583,66**	583,66
Juillet : Congés Payés de 3 semaines (au maintien)	2 100,00	**14 825,00**	>	**14 340,89**	**14 340,89**	2 199,55	**484,11**	-99,55
Août : *10 heures complémentaires (10%)*	2 353,85	**17 178,85**	>	**16 782,15**	**16 782,15**	2 441,26	**396,70**	-87,41
Septembre : Prime de rentrée (1000 € pour un temps plein)	2 700,00	**19 878,85**	>	**18 981,70**	**18 981,70**	2 199,55	**897,15**	500,45
Octobre : Il prend 1 semaine de convenance personnelle	1 600,00	**21 478,85**	>	**20 684,57**	**20 684,57**	1 702,87	**794,28**	-102,87
Novembre : Il effectue 6 H.C. et pose démission pour le 8 Déc.	2 252,31	**23 731,16**	>	**23 029,15**	**23 029,15**	2 344,58	**702,01**	-92,27
Décembre : + 1200 € ind. CP et + 800 € 13è mois	2 600,00	**26 331,16**	>	**23 596,77**	**23 596,77**	567,62	**2 734,39**	2 032,38

Le Brut Cumulé doit sur chaque ligne être égal à la somme Tr. 1 Cumulée + Tr. 2 Cumulée

Le Brut du mois doit sur chaque ligne être égal à la somme : Tr. 1 du mois + Tr. 2 du mois

En Février, le salaire = 3.500 / 20 (nombre de jrs ouvrés) × 3 (20 – 17 jrs d'absence) = 525,00
En Février, le plafond = 3.666 × 5 (jours calendaires de présence) / 28 = 654,64
En Mars, pas de salaire ⇒ pas de plafond
En Avril, le salaire = 3.500 / 20 (nombre de jours ouvrés) × 20 (jours de présence) = 3.500,00
En Avril, le plafond = 3.666 × 28 (jours calendaires de présence) / 30 = 3.421,60
En Mai, le plafond = 3.666 × 91 h / 151,67 = 2.199,55 (91 heures = 21 h/s × 52sem. / 12mois)
En Juin, le plafond = 3.666 × 91 h / 151,67 = 2.199,55 (seules les heures comptent dorénavant)
En Août, le salaire = 2.100 + (10 HC majorées à 10 %) 253,85 = 2.353,85
En Août, le plafond = 3.666 × 101 (91 h contractuelles + 10 H.C.) / 151,67 = 2.282,77
En Septembre, le salaire = 2.100 + 600 (1.000 × 1.890 / 3.150) = 2.490,00
En Octobre, le salaire = 2.100 / 21 (jours ouvrés) × 16 (jours travaillés) = 1.600,00
En Octobre, le plafond = 3.666 × 91 / 151,67 × 24 (jrs de prés.) / 31 (jrs cal. Octobre) = 1.702,87
En Novembre, le salaire = 2.100 + (6 HC majorées à 10 %) = 2.252,31
En Novembre, le plafond = 3.666 × 97 (91 + 6) / 151,67 = 2.344,58
En Décembre, le salaire = 1.200 + 800 + (2.100 × 6 / 21) = 2.600,00
En Décembre, le plafond = (3.666 × 91 / 151,67) × (8 / 31) = 567,62

Corrigé 43 (Niveau 2)

Remplir le tableau de Régularisation Mensuelle Progressive complète avec les bruts mensuels indiqués.

Le brut cumulé est-il > ou < au plafond 2 cumulé ?

Le brut cumulé est-il > ou < au plafond cumulé ?

Mois	Brut du mois	Brut cumulé	Tranche 1 cumulée	Tranche 1 du mois	>/<	Plafond SS cumulé	Tranche 2 cumulée	Tranche 2 du mois	>/<	Plafond SS x 8 cumulé	Tranche Non Soum. cumulée	Tranche Non Soumise du mois
Janvier	**29 000**	**29 000**	**3 666**	3 666	>	3 666	**25 334**	25 334	<	29 328		0
Février	**29 000**	**58 000**	**7 332**	3 666	>	7 332	**50 668**	25 334	<	58 656		0
Mars	**29 000**	**87 000**	**10 998**	3 666	>	10 998	**76 002**	25 334	<	87 984		0
Avril	**30 000**	**117 000**	**14 664**	3 666	>	14 664	**102 336**	26 334	<	117 312		0
Mai	**30 000**	**147 000**	**18 330**	3 666	>	18 330	**128 310**	25 974	>	146 640	**360**	**360**
Juin	**31 000**	**178 000**	**21 996**	3 666	>	21 996	**153 972**	25 662	>	175 968	**2 032**	**1 672**
Juillet	**29 000**	**207 000**	**25 662**	3 666	>	25 662	**179 634**	25 662	>	205 296	**1 704**	**-328**
Août	**29 000**	**236 000**	**29 328**	3 666	>	29 328	**205 296**	25 662	>	234 624	**1 376**	**-328**
Septembre	**29 000**	**265 000**	**32 994**	3 666	>	32 994	**230 958**	25 662	>	263 952	**1 048**	**-328**
Octobre	**28 000**	**293 000**	**36 660**	3 666	>	36 660	**256 340**	25 382	<	293 280		**-1 048**
Novembre	**30 000**	**323 000**	**40 326**	3 666	>	40 326	**282 282**	25 942	>	322 608	**392**	**392**
Décembre	**30 000**	**353 000**	**43 992**	3 666	>	43 992	**307 944**	25 662	>	351 936	**1 064**	**672**

Le brut cumulé doit sur chaque ligne être égal à la somme Tranche 1 cumulée + Tranche 2 cumulée + Tranche Non Soumise cumulée

Le brut du mois doit sur chaque ligne être égal à la somme Tranche 1 du mois + Tranche 2 du mois + Tranche Non Soumise du mois

CORRIGÉS Exercice 43

Corrigé 44 (Niveau 2)

- Avec la 1ère solution remplir le tableau de Régul. Ass. Maladie et Alloc. Fam. avec les bruts mensuels indiqués.

SMIC 2023 : 1 709,28 €

Mois	Brut du mois	Brut Cumulé	Maladie 7% Cumulée	Maladie 7% du mois	>/<	Maladie 13% Cumulée	Maladie 13% du mois	Montant 2,5 SMIC Cumulé	A.F. 3,45% Cumulée	A.F. 3,45% du mois	>/<	A.F. 5,25% Cumulée	A.F. 5,25% du mois	Montant 3,5 SMIC Cumulé
			Le brut cumulé est-il < ou > à 2,5 SMIC cumulé ?						Le brut cumulé est-il < ou > à 3,5 SMIC cumulé ?					
Janvier	4 000 €	4 000 €	4 000,00 €	4 000,00 €	<	0,00 €	0,00 €	4 273,20 €	4 000,00 €	4 000,00 €	<	0,00 €	0,00 €	5 982,48 €
Février	8 000 €	12 000 €	0,00 €	-4 000,00 €	>	12 000,00 €	12 000,00 €	8 546,40 €	0,00 €	-4 000,00 €	>	12 000,00 €	12 000,00 €	11 964,96 €
Mars	3 000 €	15 000 €	0,00 €	0,00 €	>	15 000,00 €	3 000,00 €	12 819,60 €	15 000,00 €	15 000,00 €	<	0,00 €	-12 000,00 €	17 947,44 €
Avril	3 000 €	18 000 €	0,00 €	0,00 €	>	18 000,00 €	3 000,00 €	17 092,80 €	18 000,00 €	3 000,00 €	<	0,00 €	0,00 €	23 929,92 €
Mai	3 000 €	21 000 €	21 000,00 €	21 000,00 €	<	0,00 €	-18 000,00 €	21 366,00 €	21 000,00 €	3 000,00 €	<	0,00 €	0,00 €	29 912,40 €
Juin	3 000 €	24 000 €	24 000,00 €	3 000,00 €	<	0,00 €	0,00 €	25 639,20 €	24 000,00 €	3 000,00 €	<	0,00 €	0,00 €	35 894,88 €
Juillet	3 000 €	27 000 €	27 000,00 €	3 000,00 €	<	0,00 €	0,00 €	29 912,40 €	27 000,00 €	3 000,00 €	<	0,00 €	0,00 €	41 877,36 €
Août	3 000 €	30 000 €	30 000,00 €	3 000,00 €	<	0,00 €	0,00 €	34 185,60 €	30 000,00 €	3 000,00 €	<	0,00 €	0,00 €	47 859,84 €
Septembre	24 000 €	54 000 €	0,00 €	-30 000,00 €	>	54 000,00 €	54 000,00 €	38 458,80 €	0,00 €	-30 000,00 €	>	54 000,00 €	54 000,00 €	53 842,32 €
Octobre	3 000 €	57 000 €	0,00 €	0,00 €	>	57 000,00 €	3 000,00 €	42 732,00 €	57 000,00 €	57 000,00 €	<	0,00 €	-54 000,00 €	59 824,80 €
Novembre	3 000 €	60 000 €	0,00 €	0,00 €	>	60 000,00 €	3 000,00 €	47 005,20 €	60 000,00 €	3 000,00 €	<	0,00 €	0,00 €	65 807,28 €
Décembre	3 000 €	63 000 €	0,00 €	0,00 €	>	63 000,00 €	3 000,00 €	51 278,40 €	63 000,00 €	3 000,00 €	<	0,00 €	0,00 €	71 789,76 €

Corrigé 44 bis (Niveau 2)

- Avec la 2ème solution remplir le tableau de Régul. Ass. Maladie et Alloc. Fam. avec les bruts mensuels indiqués.

SMIC 2023 : 1 709,28 €

Le brut cumulé est-il < ou > à 2,5 SMIC cumulé ?

Le brut cumulé est-il < ou > à 3,5 SMIC cumulé ?

Mois	Brut du mois	Brut Cumulé	Maladie 7% Cumulée	Maladie 7% du mois	>/<	Maladie 6% Cumulée	Maladie 6% du mois	Montant 2,5 SMIC Cumulé	A.F. 3,45% Cumulée	A.F. 3,45% du mois	>/<	A.F. 1,8% Cumulée	A.F. 1,8% du mois	Montant 3,5 SMIC Cumulé
Janvier	4 000 €	4 000 €	4 000,00 €	4 000,00 €	<	0,00 €	0,00 €	4 273,20 €	4 000,00 €	4 000,00 €	<	0,00 €	0,00 €	5 982,48 €
Février	8 000 €	12 000 €	12 000,00 €	8 000,00 €	>	12 000,00 €	12 000,00 €	8 546,40 €	12 000,00 €	8 000,00 €	>	12 000,00 €	12 000,00 €	11 964,96 €
Mars	3 000 €	15 000 €	15 000,00 €	3 000,00 €	>	15 000,00 €	3 000,00 €	12 819,60 €	15 000,00 €	3 000,00 €	<	0,00 €	-12 000,00 €	17 947,44 €
Avril	3 000 €	18 000 €	18 000,00 €	3 000,00 €	>	18 000,00 €	3 000,00 €	17 092,80 €	18 000,00 €	3 000,00 €	<	0,00 €	0,00 €	23 929,92 €
Mai	3 000 €	21 000 €	21 000,00 €	3 000,00 €	<	0,00 €	-18 000,00 €	21 366,00 €	21 000,00 €	3 000,00 €	<	0,00 €	0,00 €	29 912,40 €
Juin	3 000 €	24 000 €	24 000,00 €	3 000,00 €	<	0,00 €	0,00 €	25 639,20 €	24 000,00 €	3 000,00 €	<	0,00 €	0,00 €	35 894,88 €
Juillet	3 000 €	27 000 €	27 000,00 €	3 000,00 €	<	0,00 €	0,00 €	29 912,40 €	27 000,00 €	3 000,00 €	<	0,00 €	0,00 €	41 877,36 €
Août	3 000 €	30 000 €	30 000,00 €	3 000,00 €	<	0,00 €	0,00 €	34 185,60 €	30 000,00 €	3 000,00 €	<	0,00 €	0,00 €	47 859,84 €
Septembre	24 000 €	54 000 €	54 000,00 €	24 000,00 €	>	54 000,00 €	54 000,00 €	38 458,80 €	54 000,00 €	24 000,00 €	>	54 000,00 €	54 000,00 €	53 842,32 €
Octobre	3 000 €	57 000 €	57 000,00 €	3 000,00 €	>	57 000,00 €	3 000,00 €	42 732,00 €	57 000,00 €	3 000,00 €	<	0,00 €	-54 000,00 €	59 824,80 €
Novembre	3 000 €	60 000 €	60 000,00 €	3 000,00 €	>	60 000,00 €	3 000,00 €	47 005,20 €	60 000,00 €	3 000,00 €	<	0,00 €	0,00 €	65 807,28 €
Décembre	3 000 €	63 000 €	63 000,00 €	3 000,00 €	>	63 000,00 €	3 000,00 €	51 278,40 €	63 000,00 €	3 000,00 €	<	0,00 €	0,00 €	71 789,76 €

Corrigés des exercices

Corrigé 45 (Niveau 1)

Quel est le montant de la réduction générale des charges patronales du mois de février 2023 pour un salarié embauché **le mercredi 1er février 2023 en C.D.I. à temps complet** (151,67 heures) dans une entreprise de 100 salariés, toujours présent en fin de mois et qui a un **brut de 2.000 € ?**

Si le brut du mois =	**2 000,00**
et le nombre d'heures rémunérées =	**151,667**
(0,3231 / 0,6) =	**0,53850**
SMIC x nombre d'heures rémunérées =	**1 709,28**
1709,28 / 2000 =	**0,85464**
0,85464 x 1,6 =	**1,367424**
1,367424 -1 =	**0,367424**
0,367424 x 0,5385 =	**0,197858**
Le coefficient est donc =	**0,1979**
Et la réduction (2000 x 0,1979) =	**395,80**

Premier exercice sur la réduction générale des charges patronales très simple ; il suffit de remplacer la rémunération annuelle brute par 2.000 €. Au passage, pour un salarié qui entre le 1er février sa rémunération annuelle à fin février ne comporte que son brut de février et le total de ses heures travaillées correspond uniquement à ses heures de février. Ensuite, il suffit d'appliquer simplement la formule mathématique.

N.B. Curieusement, le SMIC à prendre en compte pour le calcul de la réduction générale des charges patronales est 151,667 heures × 11,27 €, soit : 1.709,28 € (et non pas : 151,67 heures × 11,27 € = 1.709,32 €). En tout cas, pour cet exercice, qu'on ait pris 1.709,28 € ou 1.709,32 € ne change rien au résultat, mais ce ne sera pas toujours le cas.

Corrigé 46 (Niveau 2)

Exercice sur 3 mois consécutifs.

Un salarié est embauché le 2 janvier 2023 dans une entreprise de 100 salariés pour un **salaire de base de 2.200 €** à temps plein (151,67 heures). Il n'a ni absence (le 1er janvier lui est « offert »), ni heures supplémentaires.

1. Quel est le montant de la réduction générale des charges patronales de janvier 2023 ?

Si le brut de Janvier =	**2 200,00**
et le nombre d'heures rémunérées =	**151,667**
(0,3231 / 0,6) =	**0,5385**
SMIC x nombre d'heures rémunérées =	**1 709,28**
1709,28 / 2200 =	**0,7769455**
0,7769455 x 1,6 =	**1,2431128**
1,2431128 -1 =	**0,2431128**
0,2431128 x 0,5385 =	**0,1309160**
Le coefficient est donc =	**0,1309**
Et la réduction (2200 x 0,1309) =	**287,98**

2. Quel est le montant de la réduction générale des charges patronales de février 2023 alors qu'il a 8 HS majorées à 25 % et 4 H.S. majorées à 50 % ?

Son salaire de base étant de 2.200 €, son taux horaire est de (2.200 € / 151,67 h) : 14,505 €.
8 Heures Supplémentaires majorées à 25 % = (8 × 14,505 € × 125 %) : 145,05 €.
4 Heures Supplémentaires majorées à 50 % = (4 × 14,505 € × 150 %) : 87,03 €.
Notre salarié a donc un **brut** pour **février** de 2.200 + 145,05 + 87,03 = **2.432,08 €.**

Si le brut Janvier + Février =	**4 632,08**				
et le nombre d'heures rémunérées =	**315,334**				
(0,3231 / 0,6) =	**0,5385**				
SMIC x nombre d'heures rémunérées =	**3 553,81**				
3553,81 / 4632,08 =	**0,7672169**				
0,7672169 x 1,6 =	**1,2275470**				
1,227547 -1 =	**0,2275470**				
0,227547 x 0,5385 =	**0,1225000**				
Le coefficient est donc =	**0,1225**				
Et la réduction (4632,08 x 0,1225) =	**567,43**	Moins la réduction de Janvier (	287,98	) =	**279,45**

3. Quel est le montant de la réduction générale des charges patronales de mars 2023, alors qu'il a une prime trimestrielle d'assiduité de 200 € et une prime sur objectif de 400 € ?

Si le brut Janvier + Février + Mars =	**7 432,08**					
et le nombre d'heures rémunérées =	**467,001**					
(0,3231 / 0,6) =	**0,53850**					
SMIC x nombre d'heures rémunérées =	**5 263,10**					
5263,1 / 7432,08 =	**0,708160**					
0,7081598 x 1,6 =	**1,133056**					
1,1330557 -1 =	**0,133056**					
0,1330557 x 0,5385 =	**0,071650**					
Le coefficient est donc =	**0,0717**					
Et la réduction (7432,08 x 0,0717) =	**532,88**	Moins Janvier + Février (	287,98 +	279,45	) =	**-34,55**

Le montant de la réduction des charges sociales Fillon en cumulé depuis janvier est de 532,88 €, mais l'entreprise déduisant la réduction Fillon tous les mois sur sa DSN, le montant à indiquer pour le mois de mars 2023 est bien de : **– 34,55 €**. (« Moins 34,55 € » ; le salarié étant passé au-dessus de 1,6 SMIC annuel, il faut rembourser une partie de la réduction déduite les mois précédents.)

Corrigé 47 (Niveau 1)

Ce salarié non cadre est employé en CDI depuis le 1er janvier 2022 à temps plein dans une grande entreprise parisienne (effectif de 150 salariés, **taux de versement mobilité parisien de 2,95** %) pour un **salaire de base de 2.500 €** brut pour 151,67 heures par mois. Sa rémunération n'a pas varié depuis son entrée. **Le taux d'accident du travail** pour cette entreprise est de **2,50 %. Le montant des cotisations prévoyance « Frais de santé » est** de **100 €** (50 % pour le **salarié** et 50 % pour **l'employeur**). L'entreprise bénéficie d'une couverture **prévoyance incapacité, invalidité, décès** dont les taux sont de **1 %** pour le **salarié** et de **2 %** pour l'**employeur** sur la **tranche A**. Son taux de prélèvement à la source est le taux neutre.

Établir son bulletin de paie d'**avril 2023** avec les taux de cotisations du tableau des charges.

Libellé des Rubriques	Base	Taux	Montant	Commentaires	
Salaire	151,67		**2 500,00**		
Absence Jour Férié *(en jours ouvrés moyens)*	1,00	115,37	**-115,37**		
Paiement Jour Férié *(en jours ouvrés moyens)*	1,00	115,37	**115,37**		
Total Brut			2 500,00		
Cotisations	**Base**	**Salariales**		**Patronales**	
		Taux	**Montant**	**Taux**	**Montant**
Santé					
Sécurité Sociale (Mal, Mat, Inv, Décès)	2 500,00			7,00	175,00
Incapacité, Invalidité, Capital Décès (Prév. Décès)	2 500,00	1,00	-25,00	2,00	50,00
Complémentaire Santé (Prév. Frais de Santé)	100,00	50,00	-50,00	50,00	50,00
Accident du Travail - Maladie Prof.	2 500,00			2,50	62,50
Retraite					
Sécurité Sociale (Vieillesse Plafonnée)	2 500,00	6,90	-172,50	8,55	213,75
Sécurité Sociale (Vieillesse Déplafonnée)	2 500,00	0,40	-10,00	1,90	47,50
Complémentaire (AGIRC-ARRCO + CEG /T1)	2 500,00	4,01	-100,25	6,01	150,25
Complémentaire (AGIRC-ARRCO + CEG /T2)					
Contribution d'Equilibre Technique (CET T1+T2)					
Famille	2 500,00			3,45	86,25
Assurance Chômage					
Chômage (Chômage + AGS / TA+TB)	2 500,00			4,20	105,00
APEC (Salarié Cadre TA+TB)					
Autres Contributions dues par l'employeur					155,40
C.S.G. Non Imposable	2 556,25	6,80	-173,83		
Exos, écrêtements & allègements de cotisations					-126,47
Total des cotisations et contributions			**-531,58**		**969,18**
Net imposable du mois			**2 018,42**	Cumul An. :	8 073,68
RETENUES ET REMBOURSEMENTS DIVERS					
C.S.G. & C.R.D.S. Imposables	2 556,25	2,90	-74,13		
Total des Retenues et Remboursements			**-74,13**		
Net à payer avant prélèvement à la source			**1 894,29**	Cumul An. :	7 577,16
dont évolution de la rémunération liée à la suppression des cotisations salariales chômage et maladie			*35,29*		
Prélèvement à la source	**2 018,42**	**4,10%**	**-82,76**	Cumul An. :	-331,04

Nombre d'heures travaillées du mois :	**151,67**	**Net A Payer** **1 811,53 €**	**Date de paiement** **30 avril 2023**
Cumul annuel des heures travaillées :	**606,68**	Total versé par l'employeur **3 469,18 €**	**Allègement de cotisations** **126,47 €**

Corrigé 47 (Niveau 1) Explications du bulletin

Pour ce premier exercice sur les cotisations, nous avons voulu faire un bulletin « simple » pour recadrer tout ce qui a été écrit sur les tranches, les taux de cotisations, la réduction des charges patronales et le prélèvement à la source. Un salaire tout rond pour le brut. Aucun avantage en nature quelconque, aucune prime, aucune heure supplémentaire, juste l'absence du jour férié du 10 avril (le lundi de Pâques) qui est immédiatement repayée. Bref, on se concentre sur la logique des cotisations.

Le brut étant largement inférieur au plafond Sécurité sociale, il devient par conséquent la tranche 1 pour la retraite complémentaire AGIRC/ARRCO. Donc toutes les cotisations sur le brut et la tranche 1 (ou A) sont assises sur la même somme (2.500 €) et il n'y a pas de tranche 2 (ni B). On « déroule » tranquillement toutes les cotisations énumérées dans le tableau récapitulatif avec une base égale à 2.500 €.

Les lignes des cotisations se décomposent ainsi :
- Santé SS = 2.500 × 7 % = **175,00 €.**
- Santé Inc., Inv., Décès : 2.500 × 1 % = **25 €** en part salariale et 2.500 × 2 % = **50 €** en part patronale.
- Santé Complémentaire Santé : **50 €** en part salariale et **50 €** en part patronale.
- A.T. & Maladie Prof.= 2.500 × 2,50 % = **62,50 €.**
- Retraite S.S. Plafonnée : 2.500 × 6,90 % = **172,50 €** pour le salarié et 2.500 × 8,55 % = **213,75 €** pour l'employeur.
- Retraite S.S. Déplafonnée : 2.500 × 0,40 % = **10,00 €** pour le salarié et 2.500 × 1,90 % = **47,50 €** pour l'employeur.
- Retraite Complémentaire : il faut cumuler les taux de la retraite AGIRC-ARRCO et de la Contribution d'Equilibre Général ; soit : 2.500 × 4,01 % [3,15 % + 0.86 %] = **100,25 €** pour le salarié et 2.500 × 6,01 % [4,72 % + 1,29 %] = **150,25 €** pour l'employeur.
- Contribution d'Equilibre Technique : réservée aux salaires supérieurs au plafond SS, elle est = 0.
- Famille (Allocations Familiales) : 2.500 × 3,45 % = **86,25 €.**
- Assurance Chômage est pour l'employeur : 2.500 × (4,05 % + 0,15 % d'AGS) = **105,00 €.**

Quant aux autres contributions dues par l'employeur, elles sont regroupées en une seule ligne et sont :
- Le Versement Mobilité (nouveau nom de la taxe Transport de 2,95 % à Paris),
- l'effort construction (0,45 %),
- la taxe d'apprentissage (0,68 %),
- la formation professionnelle continue (1 %),
- la contribution au dialogue social (0,016 %),
- le FNAL (0,50 %),
- la Contribution Solidarité Autonomie (0,30 %), soit un total des taux de 5,896 %.

Mais, sur la Prévoyance Inv. Décès et sur la Complémentaire Santé et va se calculer un « forfait social ». Il faut donc cumuler l'ensemble de ces prévoyances « Décès » (50 €) et « Frais de santé » (50 €) pour avoir la base du forfait social : soit 100 €. Ces 100 € sont soumis à un taux de 8 % qui viennent alourdir les charges patronales de 8,00 €.
Le total des autres contributions dues par l'employeur est donc : ([2.500 × 5,896 % = 147,40 €) + 8,00 €] = **155,40 €.**

Pour le calcul de la base des C.S.G. et de la C.R.D.S. il faut prendre 98,25 % du brut (2.500 × 98,25 % = 2.456,25) et rajouter le montant des cotisations patronales des prévoyances « Décès » et « Frais de Santé » (50 € + 50 €) : 2.456,25 + 100 = 2.556,25 €.

- La CSG Non imposable est donc égale à : 2.556,25 × 6,80 % = **173,83 €**.
- Les CSG & CRDS imposables sont égales à 2.556,25 × (2,40 % + 0,50 %) = **74,13 €**.

Le montant de la réduction des charges patronales est calculé selon la formule vue à l'exercice 45 (en remplaçant 2.000 par 2.500) : (0,3231 / 0,6) × [{(1.709,28 × 1,6) / 2.500} – 1], soit : **126,47 €**.

Le Net imposable du mois est le Brut (2.500 €) – le total des cotisations et contributions salariales déductibles des impôts (531,58 €) + le montant patronal de la prévoyance Frais de Santé (50 €), soit : **2.018,42 €.**

Le **Net à payer avant PAS est** le Net imposable (2.018,42 €) + le total des retenues et remboursements divers (-74,13 €) – le montant patronal de la prévoyance Frais de Santé (50 €), soit : **1.894,29 €.**

Le montant « dont évolution… » = (2.500 × 3,15 %) – (2.556,25 × 1,7 %), soit : (78,75 – 43,46) **35,29 €.**

La base du PAS est comprise entre 2.016 € et 2.150 €. Le taux à appliquer est donc de 4,1 %. **Le Prélèvement à la source** est alors : 2.018,42 € × 4,1 % = **82,76 €.**

Et le **Net à Payer est** donc **de** (1.894,29 – 82,76) **1.811,53 €.**

Quant au « Total versé par l'employeur », il est simplement le résultat de l'addition du brut (2.500 €) et du total des cotisations et contributions patronales (969,18 €), soit : **3.469,18 €**.

Enfin le brut étant identique depuis janvier, les cumuls annuels sont simplement leurs valeurs du mois multipliées par 4 (8.073,68 €, 7.577,16 € et -331,04 €).

Corrigé 48 (Niveau 1)

Ce salarié, CDI, est **cadre** depuis le 5 octobre 2015 à temps plein dans une grande entreprise parisienne (effectif de 150 salariés, toujours le même **taux de versement mobilité parisien de 2,95 %**) pour un **salaire forfaitaire de 5.900 €** brut pour 151,67 heures par mois. Sa rémunération n'a pas varié depuis le 1er janvier 2023 (5.900 € brut chaque mois). **Le taux d'accident du travail** pour cette entreprise est de **2,50 %. Le montant des cotisations prévoyance « Frais de santé » est** de **100 €** (50 % pour le **salarié** et 50 % pour **l'employeur)**. L'entreprise n'applique que le **minimum de la prévoyance « Décès » obligatoire** pour les cadres. Son taux de prélèvement à la source est le taux neutre.

Établir son bulletin de paie en mai 2023 à l'aide du tableau des charges.

Libellé des Rubriques	Base	Taux	Montant	Commentaires	
Salaire	151,67		**5 900,00**		
Absence Jour Férié *(en jours ouvrés moyens)*	4,00	272,27	**-1 089,06**		
Paiement Jour Férié *(en jours ouvrés moyens)*	4,00	272,27	**1 089,06**		
Total Brut			5 900,00		

Cotisations	Base	Salariales		Patronales	
		Taux	Montant	Taux	Montant
Santé					
Sécurité Sociale (Mal, Mat, Inv, Décès)	5 900,00			7,00	413,00
Sécurité Sociale (Mal, Mat, Inv, Décès) (>2,5 Smic)	5 900,00			6,00	354,00
Incapacité, Invalidité, Capital Décès (Prév. Décès)	3 666,00			1,50	54,99
Complémentaire Santé (Prév. Frais de Santé)			-50,00		50,00
Accident du Travail - Maladie Prof.	5 900,00			2,50	147,50
Retraite					
Sécurité Sociale (Vieillesse Plafonnée)	3 666,00	6,90	-252,95	8,55	313,44
Sécurité Sociale (Vieillesse Déplafonnée)	5 900,00	0,40	-23,60	1,90	112,10
Complémentaire (AGIRC-ARRCO + CEG /T1)	3 666,00	4,01	-147,01	6,01	220,33
Complémentaire (AGIRC-ARRCO + CEG /T2)	2 234,00	9,72	-217,14	14,57	325,49
Contribution d'Equilibre Technique (CET T1+T2)	5 900,00	0,14	-8,26	0,21	12,39
Famille	5 900,00			3,45	203,55
Assurance Chômage					
Chômage (Chômage + AGS / TA+TB)	5 900,00			4,20	247,80
APEC (Salarié Cadre TA+TB)	5 900,00	0,024	-1,42	0,036	2,12
Autres Contributions dues par l'employeur	5 900,00				356,26
C.S.G. Non Imposable	5 901,74	6,80	-401,32		
Exos, écrêtements & allègements de cotisations					
Total des cotisations et contributions			**-1 101,70**		**2 812,98**
Net imposable du mois			**4 848,30**	Cumul An.	24 241,50
RETENUES ET REMBOURSEMENTS DIVERS					
C.S.G. & C.R.D.S. Imposables	5 901,74	2,90	-171,15		
Total des Retenues et Remboursements			**-171,15**		
Net à payer avant prélèvement à la source			**4 627,15**	Cumul An.	23 135,75
dont évolution de la rémunération liée à la suppression des cotisations salariales chômage et maladie			*85,52*		
Prélèvement à la source	**4 848,30**	**15,80%**	**-766,03**	Cumul An.	-3 830,15

Nombre d'heures travaillées du mois :	**151,67**	**Net A Payer**	**Date de paiement**
Cumul annuel des heures travaillées :	**758,35**	**3 861,12 €**	**31 mai 2023**
		Total versé par l'employeur	**Allègement de cotisations**
		8 712,98 €	**0,00 €**

Corrigé 48 (Niveau 1) Explications du bulletin

Pour ce premier bulletin d'un cadre, nous avons encore voulu faire un bulletin « simple » pour bien visualiser les différences entre le bulletin précédent (non cadre) et celui-ci (cadre).
Toujours pas de complications, les jours fériés (Lundi 1er mai, Lundi 8 mai, Jeudi de l'Ascension et Lundi de Pentecôte) étant déduits et repayés de suite, on se concentre sur la logique des cotisations.
Le brut étant largement supérieur au plafond de la Sécurité sociale et ce depuis le début de l'année (pas encore de régularisation mensuelle progressive), les tranches 1 et A sont égales au plafond SS.
Les cotisations sur **brut**, sur **Tr. 1 + 2** ou sur **Tr. A + B** (APEC) seront assises sur la même somme (**5.900 €**).
Les cotisations sur **Tr. 2** seront assises sur la différence entre le brut et le plafond (5.900 – 3.666), = **2.234 €**.
Les lignes des cotisations se décomposent ainsi :

- Santé SS : 5.900 × 7 % = **413,00 €.**
- Santé SS : 5.900 × 6 % (car 5.900 € > 2,5 SMIC) = **354,00 €.**
- Santé Inc., Inv., Décès : 3.666 × 1,5 % = **54,99 €.**
- Santé Complémentaire Santé : **50 €** en part salariale et **50 €** en part patronale.
- A.T. – Maladie Prof. : 5.900 × 2,50 % = **147,50 €.**
- Retraite S.S. Vieillesse Plafonnée : 3.666 × 6,90 % = **252.95 €** pour le salarié et 3.666 × 8,55 % = **313,44 €** pour l'employeur.
- Retraite S.S. Vieillesse Déplafonnée : 5.900 × 0,40 % = **23,60 €** pour le salarié et 5.900 × 1,90 % = **112,10 €** pour l'employeur.
- Ret. Compl. /T1 est l'addition des cotisations AGIRC-ARRCO + C.E.G. sur Tr. 1, soit :
  - en part salariale : 3.666 × 4,01 % [3,15 % + 0,86 %] = **147,01 €** ;
  - en part patronale : 3.666 × 6,01 % [4,72 % + 1,29 %] = **220,33 €.**
- Ret. Compl. /T2 est l'addition des cotisations AGIRC-ARRCO + C.E.G. sur Tr. 2, soit :
  - en part salariale : 2.234 × 9,72 % [8,64 % + 1,08 %] = **217,14 €** ;
  - en part patronale : 2.234 × 14,57 % [12,95 % + 1,62 %] = **325,49 €.**
- La première difficulté est peut-être de bien penser à la C.E.T. qui ne se déclenche que pour les salaires supérieurs au plafond, soit : (5.900 × 0,14 %) = **8,26 €** en part salariale et (5.900 × 0,21 %) = **12,39 €** pour l'employeur.
- Bien penser également à prendre le taux de 3,45 % pour les Allocations Familiales. En effet, bien que notre cadre dépasse la base de 2,5 SMIC mensuel en Santé SS, il ne dépasse pas le 3,5 SMIC mensuel (11,27 € × 151,667 h × 3,5 = 5.982,50 €). Le montant est donc : 5.900 × 3,45 % = **203,55 €.**
- Le Chômage (TA+TB) est pour l'employeur : 5.900 × (4,05 % + 0,15 % d'AGS) = **247,80 €.**
- Puisque notre salarié est cadre, il faut également penser à déclencher l'APEC, soit : 5.900 × 0,024 % = **1,42 €** pour le salarié et 5.900 × 0,036 % = **2,12 €** pour l'employeur.
- Les **autres contributions dues par l'employeur** regroupent : La Contribution Solidarité Autonomie : (5.900 × 0,30 %) = 17,70 €, le FNAL : (5.900 × 0,50 %) = 29,50 €, la Contribution au Dialogue Social : (5.900 × 0,016 %) = 0,94 €, le Versement Mobilité : (5.900 × 2,95 %) = 174,05 €, la Taxe d'apprentissage : (5.900 × 0,68 %) = 40,12 €, la Participation à la construction : (5.900 × 0,45 %) = 26,55 € et la Participation à la Formation : (5.900 × 1,00 %) = 59,00 €. Total auquel il faut encore rajouter le Forfait Social calculé sur la somme des contributions patronales aux prévoyances (54,99 € pour le Décès + 50 € pour les Frais de Santé) à 8 %, soit : 104.99 × 8 % = 8,40 €. Soit un total de : 17,70 + 29,50 + 0,94 + 174,05 + 40,12 + 26,55 + 59 + 8,40 = **356,26 €.**

Pour le calcul de la base des C.S.G. et de la C.R.D.S. il faut prendre 98,25 % du brut (5.900 × 98,25 % = 5.796,75) et rajouter le montant des cotisations patronales des prévoyances Décès et Frais de Santé (54,99 € + 50 €) : 5.796,75 + 54,99 + 50 = 5.901,74 €. La CSG Non imposable est égale à : 5.901,74 × 6,80 % = **401,32 €.** Les CSG & CRDS imposables sont égales à 5.901,74 × (2,40 % + 0,50 %) = **171,15 €.**

- Le cadre dépassant largement les 1,6 SMIC, il n'y a pas de réduction de charges patronales.

Le Net imposable est le Brut (5.900 €) – le total des cotisations et contributions salariales déductibles des impôts (1.101,70 €) + le montant de la cotisation patronale de prévoyance Frais de Santé (50 €), soit : **4.848,30 €.**

Le **Net à payer avant PAS est** le Net fiscal (**4.848,30** €) + le total des retenues et remboursements divers (–171.15 €) – le montant patronal de la prévoyance Frais de Santé (50 €), soit : **4.627,15 €.**

Le montant de la ligne « dont évolution… » = (5.900 × 3,15 %) – (5.901,74 × 1,7 %), soit : (185,85 – 100,33) **85,52 €.**

La base du PAS est comprise entre 4.357 € et 5.224 €. Le taux à appliquer est donc de 15,8 %.
Le PAS est alors : 4.848,30 € × 15,8 % = **766,03 €.**

Le **Net à payer est** le Brut (5.900) – le total des cotisations salariales (1.101,70) – les CSG/CRDS imposables (171,15) – le PAS (766,03) soit : **3.861,12 €.**

Le « Total versé par l'employeur » = brut (5.900) + total des cotisations et contributions patronales (2.812,98), soit : **8.712,98 €**.

Le brut étant inchangé depuis janvier, les cumuls annuels (Net imposable, Net à payer avant PAS et PAS) sont les valeurs du mois de mai multipliées par 5.

Corrigé 49 (Niveau 2)

Dans la même entreprise, le salarié de l'exercice précédent a un collègue qui est entré en CDI le même jour que lui, mais ce collègue est **cadre supérieur** pour un **salaire forfaitaire de 30.000 €** brut pour 151,67 heures par mois. Sa rémunération n'a pas varié non plus depuis le 1er janvier 2023 (30.000 € brut chaque mois). **Le taux d'accident du travail** pour cette entreprise **est** toujours de **2,50 %. Le montant des cotisations prévoyance « Frais de santé » est** encore de **100 €** (50 % pour le **salarié** et 50 % pour **l'employeur**). L'entreprise n'applique que le **minimum de la prévoyance « Décès » obligatoire** pour les cadres. Son taux de prélèvement à la source est le taux neutre.

Établir son bulletin de paie en juin 2023 à l'aide du tableau des charges.

Libellé des Rubriques	Base	Taux	Montant	Commentaires
Salaire Forfaitaire	151,67		**30 000,00**	
Absence Jour Férié *(en jours ouvrés moyens)*	1,00	1384,40	**-1 384,40**	
Paiement Jour Férié *(en jours ouvrés moyens)*	1,00	1384,40	**1 384,40**	
Total Brut			**30 000,00**	

Cotisations	Base	Salariales Taux	Salariales Montant	Patronales Taux	Patronales Montant
Santé					
Sécurité Sociale (Mal, Mat, Inv, Décès)	30 000,00			7,00	2 100,00
Sécurité Sociale (Mal, Mat, Inv, Décès)	30 000,00			6,00	1 800,00
Incapacité, Invalidité, Capital Décès (Prév. Décès)	3 666,00			1,50	54,99
Complémentaire Santé (Prév. Frais de Santé)			-50,00		50,00
Accident du Travail - Maladie Prof.	30 000,00			2,50	750,00
Retraite					
Sécurité Sociale (Vieillesse Plafonnée)	3 666,00	6,90	-252,95	8,55	313,44
Sécurité Sociale (Vieillesse Déplafonnée)	30 000,00	0,40	-120,00	1,90	570,00
Complémentaire (AGIRC-ARRCO + CEG /T1)	3 666,00	4,01	-147,01	6,01	220,33
Complémentaire (AGIRC-ARRCO + CEG /T2)	25 662,00	9,72	-2 494,35	14,57	3 738,95
Contribution d'Equilibre Technique (CET T1+T2)	29 328,00	0,14	-41,06	0,21	61,59
Famille	30 000,00			3,45	1 035,00
Famille (>3,5 Smic)	30 000,00			1,80	540,00
Assurance Chômage					
Chômage (Chômage + AGS / TA+TB)	14 664,00			4,20	615,89
APEC (Salarié Cadre TA+TB)	14 664,00	0,024	-3,52	0,036	5,28
Autres Contributions dues par l'employeur	30 000,00				1 777,20
C.S.G. Non Imposable	29 848,37	6,80	-2 029,69		
Exos, écrêtements & allègements de cotisations					
Total des cotisations et contributions			**-5 138,58**		**13 632,67**
Net imposable du mois			**24 911,42**	Cumul An.	149 468,52
RETENUES ET REMBOURSEMENTS DIVERS					
C.S.G. & C.R.D.S. Imposables	29 848,37	2,90	-865,60		
Total des Retenues et Remboursements			**-865,60**		
Net à payer avant prélèvement à la source			**23 995,82**	Cumul An.	143 974,92
dont évolution de la rémunération liée à la suppression des cotisations salariales chômage et maladie			*69,52*		
Prélèvement à la source	**24 911,42**	**38,00%**	**-9 466,34**	Cumul An.	-56 798,04

Nombre d'heures travaillées du mois :	**151,67**	**Net A Payer** **14 529,48 €**	**Date de paiement** **30 juin 2023**
Cumul annuel des heures travaillées :	**910,02**	**Total versé par l'employeur** **43 632,67 €**	**Allègement de cotisations** **0,00 €**

Corrigé 49 (Niveau 2) Explications du bulletin

Pour ce deuxième bulletin d'un cadre, commencent les « complications ». En effet, cette fois, le brut est non seulement supérieur au plafond Sécurité sociale mais également au plafond B et au plafond 2.
Les cotisations assises sur brut sont sur les 30.000 €.
Les cotisations assises sur Tr. 1 sont sur le plafond SS, soit : **3.666 €**
Les cotisations assises sur Tr. 2 sont sur le plafond 2 (29.328) – le plafond SS (3.666), soit : **25.662 €.**
Les cotisations assises sur Tr. A + B sont sur la somme Tr. A (3.666) + Tr. B (10.998), soit : **14.664 €.**
Les cotisations assises sur Tr. 1 + 2 sont sur la somme Tr. 1 (3.666) + Tr. 2 (25.662), soit : **29.328 €.**

Les lignes des cotisations se décomposent ainsi :

- Santé SS : 30.000 × 7 % = **2.100,00 €.**
- Santé SS : 30.000 × 6 % (car 30.000 € est > à 2,5 SMIC) = **1.800,00 €.**
- Santé Inc., Inv., Décès : 3.666 × 1,5 % = **54,99 €.**
- Santé Complémentaire Santé : **50 €** en part salariale et **50 €** en part patronale.
- Accident du Travail – Maladie Prof. : 30.000 × 2,50 % = **750,00 €.**
- Retraite S.S. Vieillesse Plafonnée : 3.666 × 6,90 % = **252,95 €** pour le salarié et 3.666 × 8,55 % = **313,44 €** pour l'employeur.
- Retraite S.S. Vieillesse Déplafonnée : 30.000 × 0,40 % = **120,00 €** pour le salarié et 30.000 × 1,90 % = **570,00 €** pour l'employeur.
- Ret. Compl. /T1 est l'addition des cotisations AGIRC-ARRCO + C.E.G. sur Tr. 1, soit :
  - en part salariale : 3.666 × 4,01 % [3,15 % + 0,86 %] = **147,01 €** ;
  - en part patronale : 3.666 × 6,01 % [4,72 % + 1,29 %] = **220,33 €.**
- Ret. Compl. /T2 est l'addition des cotisations AGIRC-ARRCO + C.E.G. sur Tr. 2, soit :
  - en part salariale : 25.662 × 9,72 % [8,64 % + 1,08 %] = **2.494,35 €** ;
  - en part patronale : 25.662 × 14,57 % [12,95 % + 1,62 %] = **3.738,95 €.**
- La C.E.T. /T1+T2 (car 30.000 € est > à 3.666 €) : (29.328 × 0,14 %) = **41,06 €** en part salariale et (29.328 × 0,21 %) = **61,59 €** pour l'employeur.
- Famille (Allocations Familiales) : 30.000 × 3,45 % = **1.035,00 €.**
- Famille (Allocations Familiales) : 30.000 × 1,80 % (car 30.000 € est > à 3,5 SMIC) = **540,00 €.**
- Le Chômage (TA+TB) est pour l'employeur : 14.664 × (4,05 % + 0,15 % d'AGS) = **615,89 €.**
- Puisque notre salarié est cadre supérieur, il faut également penser à déclencher l'APEC, soit : 14.664 × 0,024 % = **3,52 €** pour le salarié et 14.664 × 0,036 % = **5,28 €** pour l'employeur.
- Le taux des **autres contributions dues par l'employeur** regroupées donnent 5,896 % (voir les explications des 2 exercices précédents). Ce taux de 5,896 % appliqué sur la base de 30.000 € donne un montant global de 1.768,80 €. Montant sur lequel on ajoute le Forfait Social (calculé sur la somme des contributions patronales aux prévoyances) : 104,99 × 8 % = 8,40 €. Soit un total de : 1.768,80 + 8,40 = **1.777,20 €.**

La « grosse complication » arrive avec le calcul de **la base des C.S.G. et du C.R.D.S.** En effet, le salaire dépasse le plafond B. Or, l'abattement de 1,75 % du brut est limité à ce plafond B. Il faut prendre 98,25 % du plafond B (14.664 € × 98,25 % = 14.407,38 €) et rajouter la différence entre le brut et ce plafond B (30.000 € – 14.664 € = 15.336 €) ainsi que le montant des charges patronales en prévoyance Décès et Frais de Santé (54,99 + 50). Ce qui donne au final : 14.407,38 € + 15.336 € + 104,99 € = **29.848,37 €.**

- La CSG Non imposable est égale à : 29.848,37 × 6,80 % = **2.029,69 €.**
- Les CSG & CRDS imposables sont égales à 29.848,37 × (2,40 % + 0,50 %) = **865,60 €.**
- Le cadre dépassant largement les 1,6 SMIC, il n'y a pas de réduction de charges patronales.

Le Net imposable du mois = Brut (30.000 €) – le total des cotisations et contributions salariales déductibles des impôts (5.138,58 €) + le montant de la cotisation patronale de prévoyance Frais de Santé (50 €), soit : **24.911,42 €.**

Le **Net à payer avant PAS =** Net imposable (24.911,42 €) + le total des retenues et remboursements divers (–865,60 €) – le montant patronal de la prévoyance Frais de Santé (50 €), soit : **23.995,82 €.**

Le montant de la ligne « dont évolution… » = (30.000 × 0,75 %) + (14.664 × 2,40 %) – (29.847,99 × 1,7 %), soit : (225,00 + 351,94 – 507,42) **69,52 €.**

La base du PAS est comprise entre 24.094 € et 51.611 €. Le taux à appliquer est donc de 38 %.
Le PAS = 24.911,42 € × 38 % = **9.466,34 €.**

Le **Net à payer est** le Brut (30.000) – le total des cotisations salariales (5.138,58) – les CSG/CRDS imposables (865,60) – le PAS (9.466,34) soit : **14.529,48 €.**

Le « Total versé par l'employeur » = brut (30.000) + le total des cotisations et contributions patronales (13.632,67), soit : **43.632,67 €**.

Le brut étant inchangé depuis janvier, les cumuls annuels (Net imposable, Net à payer avant PAS et PAS) sont les valeurs du mois de juin multipliées par 6.

Corrigé 50 (Niveau 2)

Mois d'avril 2023

Libellé des Rubriques	Base	Taux	Montant	Commentaires
Salaire	151,67		**3 600,00**	Date d'entrée : 4 Avril 2023
Retenue Entrée-Sortie *(en heures réelles)*	7,00	25,714	-180,00	Plafond du mois : 3.299,40 €
Absence Jour Férié *(en jours ouvrés moyens)*	1,00	166,151	-166,15	
Paiement Jour Férié *(en jours ouvrés moyens)*	1,00	166,151	**166,15**	
Total Brut			3 420,00	

Cotisations	Base	Salariales		Patronales	
		Taux	Montant	Taux	Montant
Santé					
Sécurité Sociale (Mal, Mat, Inv, Déc.)	3 420,00			7,00	239,40
Sécurité Sociale (Mal, Mat, Inv, Déc.) (>2,5 SMIC)					
Incapacité, Invalidité, Capital Décès (Prév. Décès)	3 299,40	1,00	-32,99	2,00	65,99
Complémentaire Santé (Prév. Frais de Santé)			-50,00		50,00
Accident du Travail - Maladie Prof.	3 420,00			2,50	85,50
Retraite					
Sécurité Sociale (Vieillesse Plafonnée)	3 299,40	6,90	-227,66	8,55	282,10
Sécurité Sociale (Vieillesse Déplafonnée)	3 420,00	0,40	-13,68	1,90	64,98
Complémentaire (AGIRC-ARRCO + CEG /T1)	3 299,40	4,01	-132,31	6,01	198,29
Complémentaire (AGIRC-ARRCO + CEG /T2)	120,60	9,72	-11,72	14,57	17,57
Contribution d'Equilibre Technique (CET T1+T2)	3 420,00	0,14	-4,79	0,21	7,18
Famille	3 420,00			3,45	117,99
Famille (> 3,5 SMIC)					
Assurance Chômage					
Chômage (Chômage + AGS / TA+TB)	3 420,00			4,20	143,64
Autres Contributions dues par l'employeur	3 420,00				210,92
C.S.G. Non Imposable	3 476,14	6,80	-236,38		
Total des cotisations et contributions			-709,53		**1 483,56**
Net imposable du mois			**2 760,47**	Cumul An. :	2 760,47
RETENUES ET REMBOURSEMENTS DIVERS					
C.S.G. & C.R.D.S. Imposables	3 476,14	2,90	-100,81		
Total des Retenues et Remboursements			-100,81		
Net à payer avant prélèvement à la source			**2 609,66**	Cumul An. :	2 609,66
dont évolution de la rémunération liée à la suppression des cotisations salariales chômage et maladie			*48,64*		
Prélèvement à la source	**2 760,47**	**7,50%**	-207,04	Cumul An. :	-207,04

Nombre d'heures travaillées :	133,00	**Net A Payer** **2 402,62 €**	**Date de paiement** **30 avril 2023**
		Total versé par l'employeur **4 903,56 €**	**Allègement de cotisations** **0,00 €**

Corrigés des exercices

Corrigé 50 (Niveau 2) Explications du bulletin d'Avril 2023

Il y a 20 jours ouvrés (le lundi 10, lundi de Pâques compte comme un jour théoriquement travaillé et son absence en jours ouvrés moyens est immédiatement repayée), soit pour un horaire légal : 140 heures théoriques, or il a été absent 1 jour (7 heures – le lundi 3 avril). Sa retenue « Entrée-Sortie » est donc : 3.600 € / 140 h × 7 h = 180,00 €. (Si on raisonne en jours ouvrés réels, le résultat est identique (3.600 / 20 j × 1 j = 180,00 €)
Soit un **total brut =** (3.600,00 – 180,00) **3.420,00 €.**
Quant au **plafond S.S.**, étant présent du 4 au 30 inclus, il est égal à 27/30èmes du plafond mensuel (3.666 € par mois du 01/01/2023 au 31/12/2023), soit 3.666 € × 27 / 30 **= 3.299,40 €.** Le brut est donc supérieur au plafond. **La tranche 1 est** le plafond, soit : **3.299,40 €** et **la tranche 2 est** la différence entre le brut et le plafond, soit : 3.420,00 – 3.299,40 = **120,60 €.**

Les lignes des cotisations se décomposent ainsi :

- Santé SS : 3.420,00 × 7 % = **239,40 €.**
- Santé Inc., Inv., Décès : 3.299,40 × 1 % = **32,99 €** en part salariale et 3.299,40 × 2 % = **65,99 €** en part patronale.
- Santé Complémentaire Santé : **50 €** en part salariale et **50 €** en part patronale.
- A.T. – Maladie Prof. : 3.420,00 × 2,50 % = **85,50 €.**
- Retraite S.S. Vieillesse Plafonnée : 3.299,40 × 6,90 % = **227,66 €** pour le salarié et : 3.299,40 × 8,55 % = **282,10 €** pour l'employeur.
- Retraite S.S. Vieillesse Déplafonnée : 3.420,00 × 0,40 % = **13,68 €** pour le salarié et : 3.420,00 × 1,90 % = **64,98 €** pour l'employeur.
- Retraite Complémentaire /T1 est l'addition des cotisations AGIRC-ARRCO + C.E.G. sur Tr. 1, soit :
  - en part salariale : 3.299,40 × 4,01 % [3,15 % + 0,86 %] = **132,31 €** ;
  - en part patronale : 3.299,40 × 6,01 % [4,72 % + 1,29 %] = **198,29 €.**
- Retraite Complémentaire /T2 est l'addition des cotisations AGIRC-ARRCO + C.E.G. sur Tr. 2, soit :
  - en part salariale : 120,60 × 9,72 % [8,64 % + 1,08 %] = **11,72 €** ;
  - en part patronale : 120,60 × 14,57 % [12,95 % + 1,62 %] = **17,57 €.**
- La Contribution d'Equilibre Technique se déclenche car il y a une tranche 2, soit : 3.420,00 × 0,14 % = **4,79 €** pour le salarié et 3.420,00 × 0,21 % = **7,18 €** pour l'employeur.
- Famille (Allocations Familiales) : 3.420,00 × 3,45 % = **117,99 €.**
- Le Chômage (TA+TB) est pour l'employeur : 3.420,00 × (4,05 % + 0,15 % d'AGS) = **143,64 €.**
- Les **autres contributions dues par l'employeur** regroupent : La Contribution Solidarité Autonomie (0,30 %), le FNAL (0,50 %), la Contribution au Dialogue Social (0,016 %), le Versement Mobilité (2,95 %), La Taxe d'apprentissage (0,68 %), la Participation à la construction (0,45 %), la Participation à la Formation (1,00 %). Ce qui donne un taux global de 5,896 % à appliquer sut le brut, soit : 3.420,00 × 5,896 % = 201,64 €, somme à la laquelle il faut rajouter le Forfait Social qui est calculé sur la somme des contributions patronales aux prévoyances (65,99 € pour le Décès + 50 € pour les Frais de Santé) à 8 %, soit : 115,99 × 8 % = 9,28 €. Soit un total de : 201,64 + 9,28 = **210,92 €.**

La base des C.S.G. et du C.R.D.S. est de 98,25 % du brut (3.420,00 € × 98,25 % = 3.360,15 €) auquel on rajoute les montants des charges patronales en prévoyance Décès et Frais de Santé (65,99 + 50). Ce qui donne au final : 3.360,15 € + 115,99 € **= 3.476,14 €.**

- La CSG Non imposable est égale à : 3.476,14 × 6,80 % = **236,38 €.**
- Les CSG & CRDS imposables sont égales à 3.476,14 × (2,40 % + 0,50 %) = **100,81 €.**

Ce technicien dépassant largement les 1,6 SMIC, il n'y a pas de réduction de charges patronales.

Le Net imposable du mois est le Brut (3.420,00 €) – le total des cotisations et contributions salariales déductibles des impôts (709,53 €) + le montant de la cotisation patronale de prévoyance Frais de Santé (50 €), soit : **2.760,47 €.**

Le **Net à payer avant PAS est** le Net imposable (2.760,47 €) + le total des retenues et remboursements divers (–100,81 €) – le montant patronal de la prévoyance Frais de Santé (50 €), soit : **2.609,66 €.**

Le montant de la ligne « dont évolution… » = (3.420,00 × 3,15 %) – (3.476,14 × 1,7 %), soit : (107,73 – 59,09) **48,64 €.**

La base du PAS est comprise entre 2.544 € et 2.912 €. Le taux à appliquer est donc de 7,5 %. **Le Prélèvement à la Source** est alors : 2.760,47 € × 7,5 % = **207,04 €.**

Le **Net A Payer est** donc au final le Net à payer avant PAS (2.609,66) – le PAS (207,04) soit : **2.402,62 €.**

Le « Total versé par l'employeur » = brut (3.420,00) + le total des cotisations et contributions patronales (1.483,56), soit : **4.903,56 €.**

Corrigé 50 (Niveau 2)

Mois de mai 2023

Libellé des Rubriques	Base	Taux	Montant	Commentaires	
Salaire	151,67		**3 600,00**	**Plafond du mois : 3.666,00 €**	
Absence Jour Férié *(en jours ouvrés moyens)*	4,00	166,128	**-664,51**		
Paiement Jour Férié *(en jours ouvrés moyens)*	4,00	166,128	**664,51**		
Total Brut			3 600,00		
Cotisations	**Base**	**Salariales**		**Patronales**	
		Taux	Montant	Taux	Montant
Santé					
Sécurité Sociale (Mal, Mat, Inv, Déc.)	3 600,00			7,00	252,00
Sécurité Sociale (Mal, Mat, Inv, Déc.) (>2,5 SMIC)					
Incapacité, Invalidité, Capital Décès (Prév. Décès)	3 666,00	1,00	-36,66	2,00	73,32
Complémentaire Santé (Prév. Frais de Santé)			-50,00		50,00
Accident du Travail - Maladie Prof.	3 600,00			2,50	90,00
Retraite					
Sécurité Sociale (Vieillesse Plafonnée)	3 666,00	6,90	-252,95	8,55	313,44
Sécurité Sociale (Vieillesse Déplafonnée)	3 600,00	0,40	-14,40	1,90	68,40
Complémentaire (AGIRC-ARRCO + CEG /T1)	3 666,00	4,01	-147,01	6,01	220,33
Complémentaire (AGIRC-ARRCO + CEG /T2)	-66,00	9,72	6,42	14,57	-9,62
Contribution d'Equilibre Technique (CET T1+T2)	3 600,00	0,14	-5,04	0,21	7,56
Famille	3 600,00			3,45	124,20
Famille (> 3,5 SMIC)					
Assurance Chômage					
Chômage (Chômage + AGS / TA+TB)	3 600,00			4,20	151,20
Autres Contributions dues par l'employeur	3 600,00				222,13
C.S.G. Non Imposable	3 660,32	6,80	-248,90		
Total des cotisations et contributions			**-748,54**		**1 562,96**
Net imposable du mois			2 901,46	Cumul An. :	5 661,93
RETENUES ET REMBOURSEMENTS DIVERS					
C.S.G. & C.R.D.S. Imposables	3 660,32	2,90	-106,15		
Total des Retenues et Remboursements			**-106,15**		
Net à payer avant prélèvement à la source			2 745,31	Cumul An. :	5 354,97
dont évolution de la rémunération liée à la suppression des cotisations salariales chômage et maladie			*51,17*		
Prélèvement à la source	**2 901,46**	**7,50%**	**-217,61**	Cumul An. :	-424,65

Nombre d'heures travaillées :	**151,67**	**Net A Payer** **2 527,70 €**	**Date de paiement** **31 mai 2023**
Cumul heures travaillées :	**284,67**	Total versé par l'employeur **5 162,96 €**	**Allègement de cotisations** **0,00 €**

Corrigé 50 (Niveau 2) Explications du bulletin de mai 2023

Les jours fériés (lundi 1er mai, lundi 8 mai, jeudi 18 mai et lundi 29 mai) n'ayant aucune incidence sur le brut (les absences étant repayées de suite), le brut est donc égal au salaire de base, soit : **3.600,00 €.**
En ce qui concerne **le plafond S.S.**, étant présent tout le mois, il est entier, soit : **3.666,00 €.**

Si c'était le premier mois de travail du salarié, il aurait une tranche A et une tranche 1 égalent au brut puisque son brut du mois est inférieur au plafond du mois. Mais, comme c'est son deuxième mois de présence et que son salaire était supérieur au plafond le mois précédent, il faut faire la régularisation mensuelle progressive :

- On cumule d'abord les bruts d'avril et de mai : 3.420,00 + 3.600,00 = 7.020,00 €.
- Puis on cumule les plafonds d'avril et de mai : 3.299,40 + 3.666,00 = 6.965,40 €.
- Le brut cumulé étant supérieur au plafond cumulé, la tranche 1 cumulée est donc égale au plafond cumulé et **la tranche 1 du mois est** égale à la nouvelle tranche 1 cumulée – la tranche 1 cumulée du mois précédent, soit 6.965,40 – 3.299,40 **= 3.666,00 €.** Quant à la tranche 2 cumulée, elle est égale à la différence entre le brut cumulé et le plafond cumulé : 7.020,00 – 6.965,40 = 54,60 € et **la tranche 2 du mois est** égale à ce nouveau cumul (54,60) – la tranche 2 cumulée du mois précédent (120,60), soit : 54,60 – 120,60 = **–66,00 €.**

Mais, Il faut aussi se poser la question du dépassement des limites des 2,5 SMIC cumulés de la Santé S.S. Maladie et des 3,5 SMIC cumulés de la cotisation Famille par le brut cumulé de notre salarié.
En avril, les 2,5 SMIC étaient égaux à : 133 heures × 11,27 € × 2,5 = 3.747,28 €.
En mai, les **2,5 SMIC** sont égaux à : 151,667 heures × 11,27 € × 2,5 = 4.273,22 €. Soit **en cumul : 8.020,50 €.** Le brut cumulé étant inférieur à cette somme, il n'y a pas de ligne Santé S.S. Maladie à 6 %.

Le brut cumulé étant inférieur à 2,5 SMIC, il est par conséquent inférieur à 3,5 SMIC et il n'y a pas de cotisation famille supplémentaire à 1,8 %.

Les lignes des cotisations se décomposent ainsi :

- Santé SS : 3.600 × 7 % = **252,00 €.**
- Santé Inc., Inv., Décès : 3.666 × 1 % = **36,66 €** en part salariale et 3.666 × 2 % = **73,32 €** en part patronale.
- Santé Complémentaire Santé : **50 €** en part salariale et **50 €** en part patronale.
- Accident du Travail – Maladie Prof. : 3.600 × 2,50 % = **90,00 €.**
- Retraite S.S. Vieillesse Plafonnée : 3.666 × 6,90 % = **252,95 €** pour le salarié et 3.666 × 8,55 % = **313,44 €** pour l'employeur.
- Retraite S.S. Vieillesse Déplafonnée : 3.600 × 0,40 % = **14,40 €** pour le salarié et 3.600 × 1,90 % = **68,40 €** pour l'employeur.
- Retraite Complémentaire /T1 est l'addition des cotisations AGIRC-ARRCO + C.E.G. sur Tr. 1, soit :
  - en part salariale : 3.666 × 4,01 % [3,15 % + 0,86 %] = **147,01 €** ;
  - en part patronale : 3.666 × 6,01 % [4,72 % + 1,29 %] = **220,33 €.**
- Retraite Complémentaire /T2 est l'addition des cotisations AGIRC-ARRCO + C.E.G. sur Tr. 2, soit :
  - en part salariale : **–66,00** × 9,72 % [8,64 % + 1,08 %] = **–6,42 €** ;
  - en part patronale : **–66,00** × 14,57 % [12,95 % + 1,62 %] = **–9,62 €.**
- Contribution d'équilibre Technique (C.E.T.). Bien que le brut du mois est inférieur au plafond du mois, le brut cumulé est supérieur au plafond cumulé et la cotisation se déclenche sur

le brut du mois, soit: 3.600 × 0,14 % = **5,04 €** pour le salarié et: 3.600 × 0,21 % = **7,56 €** pour l'employeur.

- Famille (Allocations Familiales): 3.600 × 3,45 % = **124,20 €**.
- Le Chômage (TA+TB) est pour l'employeur: 3.600 × (4,05 % + 0,15 % d'AGS) = **151,20 €**.

- Les **autres contributions dues par l'employeur**: 3.600 × 5,896 % = 212,26 €, somme à la laquelle il faut rajouter le Forfait Social qui est calculé sur la somme des contributions patronales aux prévoyances (73.32 € pour le Décès + 50 € pour les Frais de Santé) à 8 %, soit: 123,32 × 8 % = 9,87 €. Soit un total de: 212,26 + 9,87 = **222,13 €**.

La base des C.S.G. et du C.R.D.S. = (3.600 € × 98,25 %) 3.537,00 € auquel on rajoute les montants des charges patronales en prévoyance Décès et Frais de Santé, soit: 3.537,00 + 123,32 **= 3.660,32 €**.

- La CSG Non imposable est égale à: 3.660,32 × 6,80 % = **248,90 €**.
- Les CSG & CRDS imposables sont égales à 3.660,32 × (2,40 % + 0,50 %) = **106,15 €**.

Le Net imposable du mois est le Brut (3.600 €) – le total des cotisations et contributions salariales déductibles des impôts (748,54 €) + le montant de la cotisation patronale de prévoyance Frais de Santé (50 €), soit: **2.901,46 €**.

Le **Net à payer avant PAS est** le Net imposable (2.901,46 €) + le total des retenues et remboursements divers (–106,15 €) – le montant patronal de la prévoyance Frais de Santé (50 €), soit: **2.745,31 €**.

Le montant de la ligne « dont évolution… » = (3.600 × 3,15 %) – (3.660,32 × 1,7 %), soit: (113,40 – 62,23) **51,17 €**.

La base du PAS est comprise entre 2.544 € et 2.912 €. Le taux à appliquer est donc de 7,5 %.
Le Prélèvement à la Source est alors: 2.901,46 € × 7,5 % = **217,61 €**.

Le **Net à payer est** au final le Net à payer avant PAS (2.745,31) – le PAS (217,61) soit: **2.527,70 €**.

Le « Total versé par l'employeur » = brut (3.600) + le total des cotisations et contributions patronales (1.562,96), soit: **5.162,96 €**.

Corrigé 50 (Niveau 2)

Mois de juin 2023

Libellé des Rubriques	Base	Taux	Montant	Commentaires	
Salaire	151,67		**3 600,00**	Date de sortie : 16 juin 2023	
Retenue Entrée-Sortie *(en heures réelles)*	70,00	23,377	**-1 636,36**	Plafond du mois : 1.955,20 €	
Prime Exceptionnelle			**500,00**		
Ind. Comp. Congés Payés période écoulée	5,00	166,128	**830,65**		
Ind. Comp. Congés Payés période en cours	2,00	166,128	**332,26**		
Total Brut			**3 626,55**		
Cotisations	**Base**	**Salariales**		**Patronales**	
		Taux	**Montant**	**Taux**	**Montant**
Santé					
Sécurité Sociale (Mal, Mat, Inv, Déc.)	3 626,55			7,00	253,86
Sécurité Sociale (Mal, Mat, Inv, Déc.) (>2,5 SMIC)	10 646,55			6,00	638,79
Incapacité, Invalidité, Capital Décès (Prév. Décès)	1 955,20	1,00	-19,55	2,00	39,10
Complémentaire Santé (Prév. Frais de Santé)			-50,00		50,00
Accident du Travail - Maladie Prof.	3 626,55			2,50	90,66
Retraite					
Sécurité Sociale (Vieillesse Plafonnée)	1 955,20	6,90	-134,91	8,55	167,17
Sécurité Sociale (Vieillesse Déplafonnée)	3 626,55	0,40	-14,51	1,90	68,90
Complémentaire (AGIRC-ARRCO + CEG /T1)	1 955,20	4,01	-78,40	6,01	117,51
Complémentaire (AGIRC-ARRCO + CEG /T2)	1 671,35	9,72	-162,46	14,57	243,52
Contribution d'Equilibre Technique (CET T1+T2)	3 626,55	0,14	-5,08	0,21	7,62
Famille	3 626,55			3,45	125,12
Famille (> 3,5 SMIC)					
Assurance Chômage					
Chômage (Chômage + AGS / TA+TB)	3 626,55			4,20	152,32
Autres Contributions dues par l'employeur	3 626,55				220,95
C.S.G. Non Imposable	3 652,19	6,80	-248,35		
Total des cotisations et contributions			**-713,26**		**2 175,52**
Net fiscal			**2 963,29**	Cumul An. :	8 625,22
RETENUES ET REMBOURSEMENTS DIVERS					
C.S.G. & C.R.D.S. Imposables	3 652,19	2,90	-105,91		
Total des Retenues et Remboursements			**-105,91**		
Net à payer avant prélèvement à la source			**2 807,38**	Cumul An. :	8 162,35
dont évolution de la rémunération liée à la suppression des cotisations salariales chômage et maladie			*52,15*		
Prélèvement à la source	**2 963,29**	**9,90%**	**-293,37**	Cumul An. :	-718,02
Nombre d'heures travaillées :	**84,00**	**Net A Payer**		**Date de paiement**	
Cumul heures travaillées :	**368,67**	**2 514,01 €**		**16 juin 2023**	
		Total versé par l'employeur		**Allègement de cotisations**	
		5 802,07 €		**0,00 €**	

Corrigé 50 (Niveau 2) Explications du bulletin de Juin 2023

Il y a 22 jours ouvrés, soit pour un horaire légal : 154 heures théoriques, or il a été absent 10 jours (70 heures) puisqu'il est sorti de l'entreprise le 16 Juin. **Sa retenue « Entrée-Sortie » est** donc : 3.600 € / 154 h × 70 h = **1.636,36 €**. (Idem si on raisonne en jours ouvrés réels : 3.600 € / 22 j × 10 j = 1.636,36 €).
Ensuite, il ne faut pas oublier la prime exceptionnelle de 500 €.

Mais, puisque le salarié quitte l'entreprise et qu'il n'a pas pu prendre les congés payés qu'il avait gagnés grâce à sa présence effective, il nous faut les lui indemniser. Le petit problème est qu'il est entré au cours de la période d'acquisition « 1er juin 2022 – 31 mai 2023 » et qu'il sort en période d'acquisition « 1er juin 2023 – 31 mai 2024 ». Ce qui signifie qu'il faut lui calculer deux indemnités compensatrices :

1) La première correspond à la période d'acquisition 2022-2023, appelée « période écoulée » ou « N-1 » ou simplement « 2 ». D'abord, cumuler ses gains de cette période : 3.420,00 + 3.600,00 = 7.020,00 €. Puis regarder le plus favorable entre le dixième de cette somme et le maintien de son taux journalier.
   a) Pour le dixième, c'est simple : 7.020,00 / 10 × 27 / 25 = 758,16 €.
   b) Pour le maintien, il faut préalablement savoir combien de jours ouvrés il a gagné entre le 4 avril et le 31 mai. Si on se rappelle bien de l'exercice 25, il y a plusieurs méthodes pour calculer sa présence : en jours calendaires, ouvrables ou ouvrés. Ce qui donne respectivement : 58 jours calendaires, 50 jours ouvrables ou 42 jours ouvrés. Sachant qu'il gagne 2,25 jours ouvrés (27 jours / 12 mois) tous les 28 jours calendaires, 24 jours ouvrables ou 20 jours ouvrés, cela donne : 58 / 28 × 2,25 = 4,66 ou 50 / 24 × 2,25 = 4,69 ou 42 / 20 × 2,25 = 4,73 qui seront arrondis dans les 3 cas à **5 jours ouvrés**. Son taux journalier ouvré moyen est : 3.600 / 21,67 = 166,13 €. Donc ces 5 jours valent avec la règle du maintien : 5 × 166,13 = **830,65 €**. Ce montant au maintien étant plus favorable que celui calculé au dixième, c'est celui qui sert pour l'indemnisation de la période écoulée (ou « 2 »).
2) La seconde correspond à la période d'acquisition 2023-2024, appelée « période en cours », ou « N » ou plus simplement « 1 ».
   a) Pour le dixième, c'est toujours aussi simple : (3.600 – 1.636,36) / 10 × 27 / 25 = 212,07 € (la prime exceptionnelle ne correspondant pas à du temps de travail effectif n'est pas retenue dans la rémunération annuelle brute).
   b) Pour le maintien, étant présent du 1er au 16 juin, il a 16 jours calendaires, ou 14 jours ouvrables ou 12 jours ouvrés de présence. Il a donc gagné : 16 / 28 × 2,25 = 1,29 ou 14 / 24 × 2,25 = 1,31 ou 12 / 20 × 2,25 = 1,35 obligatoirement arrondis dans les 3 cas à **2 jours ouvrés**, multipliés par son taux journalier ouvré moyen = (2 × 166,13) **332,26 €**. Ce qui est donc le montant retenu.

Soit un **total brut =** (3.600,00 – 1.636,36 + 500 + 830,65 + 332,26) **3.626,55 €**.

En ce qui concerne **le plafond S.S.**, étant présent du 1er au 16 inclus, il est égal à 16/30èmes du plafond mensuel (3.666,00 € du 01/01/2023 au 31/12/2023), soit 3.666,00 € × 16 / 30 = **1.955,20 €**.

Pour la régularisation mensuelle progressive, nous avons un cumul des bruts d'avril à juin = 10.646,55 €, et un cumul des plafonds = 8.920,60 €. Le brut cumulé étant supérieur au plafond cumulé, la tranche 1 cumulée est égale au plus petit de ces deux montants, soit : 8.920,60 € et la tranche 2 cumulée est égale à la différence entre ces deux montants : 10.646,55 – 8.920,60 = 1.725,95 €.

La tranche 1 du mois est égale à la différence entre ce nouveau cumul et le cumul du mois précédent, soit : 8.920,60 – 6.965,40 = **1.955,20 €**. (Vous remarquerez que ce chiffre est également le montant du plafond du mois ; ce qui est logique puisque le brut cumulé est depuis 2 mois supérieur au plafond cumulé).
La tranche 2 du mois est égale à la différence entre son nouveau cumul et son cumul du mois précédent, soit : 1.725,95 – 54,60 = **1.671,35 €**.

Le brut cumulé est supérieur à 2,5 SMIC cumulé (10.646,55 > 10.387,19 [11,27 € × (133 heures + 151,667 + 84) × 2,5]). Il faut donc déclencher la cotisation Santé SS Maladie à 6 % sur le brut cumulé.

Les lignes des cotisations se décomposent ainsi :

- Santé SS : 3.626,55 × 7 % = **253,86 €**.
- Santé SS (>2,5 SMIC) : 10.646,55 × 6 % = **638,79 €**.
- Santé Inc., Inv., Décès : 1.955,20 × 1 % = **19,55 €** en part salariale et 1.955,20 × 2 % = **39,10 €** en part patronale.
- Santé Complémentaire Santé : **50 €** en part salariale et **50 €** en part patronale.
- Accident du Travail – Maladie Prof. : 3.626,55 × 2,50 % = **90,66 €.**
- Retraite S.S. Vieillesse Plafonnée : 1.955,20 × 6,90 % = **134,91 €** pour le salarié et 1.955,20 × 8,55 % = **167,17 €** pour l'employeur.
- Retraite S.S. Vieillesse Déplafonnée : 3.626,55 × 0,40 % = **14,51 €** pour le salarié et 3.626,55 × 1,90 % = **68,90 €** pour l'employeur.
- Retraite Complémentaire /T1 est l'addition des cotisations AGIRC-ARRCO + C.E.G. sur Tr. 1, soit :
  - en part salariale : 1.955,20 × 4,01 % [3,15 % + 0,86 %] = **78,40 €** ;
  - en part patronale : 1.955,20 × 6,01 % [4,72 % + 1,29 %] = **117,51 €**.
- Retraite Complémentaire /T2 est l'addition des cotisations AGIRC-ARRCO + C.E.G. sur Tr. 2, soit :
  - en part salariale : 1.671,35 × 9,72 % [8,64 % + 1,08 %] = **162,46 €** ;
  - en part patronale : 1.671,35 × 14,57 % [12,95 % + 1,62 %] = **243,52 €**.
- Contribution d'équilibre Technique (C.E.T) : 3.626,55 × 0,14 % = **5,08 €** pour le salarié et : 3.626,55 × 0,21 % = **7,62 €** pour l'employeur.
- Famille (Allocations Familiales) : 3.626,55 × 3,45 % = **125,12 €**.
- Le Chômage (TA+TB) est pour l'employeur : 3.626,55 × (4,05 % + 0,15 % d'AGS) = **152,32 €**.
- Les **autres contributions dues par l'employeur** : 3.626,55 × 5,896 % = 213,82 €, somme à la laquelle il faut rajouter le Forfait Social qui est calculé sur la somme des contributions patronales aux prévoyances (39,10 € pour le Décès + 50 € pour les Frais de Santé) à 8 %, soit : 89,10 × 8 % = 7,13 €. Soit un total de : 213,82 + 7,13 = **220,95 €**.

La base des C.S.G. et du C.R.D.S. = (3.626,55 € × 98,25 %) 3.563,09 € auquel on rajoute les montants des charges patronales en prévoyance Décès et Frais de Santé, soit : 3.563,09 + 89,10 = **3.652,19 €**.

- La CSG Non imposable est égale à : 3.652,19 × 6,80 % = **248,35 €**.
- Les CSG & CRDS imposables sont égales à 3.652,19 × (2,40 % + 0,50 %) = **105,91 €**.

Le Net imposable du mois est le Brut (3.626,55 €) – le total des cotisations et contributions salariales déductibles des impôts (713,26 €) + le montant de la cotisation patronale de prévoyance Frais de Santé (50 €), soit : **2.963,29 €**.

Le **Net à payer avant PAS est** le Net imposable (2.963,29 €) + le total des retenues et remboursements divers (–105,91 €) – le montant patronal de la prévoyance Frais de Santé (50 €), soit : **2.807,38 €**.

Le montant de la ligne « dont évolution… » = (3.626,55 × 3,15 %) – (3.652,19 × 1,7 %), soit : (114,24 – 62,09) **52,15 €**.

La base du PAS est comprise entre 2.912 € et 3.317 €. Le taux à appliquer est donc de 9,9 %.
Le Prélèvement à la Source est alors : 2.963,29 € × 9,9 % = **293,37 €**.

Le **Net à payer est** le Brut (3.626,55) – le total des cotisations salariales (713,26) – les CSG/CRDS imposables (105,91) – le PAS (293,37) soit : **2.514,01 €**.

Le « Total versé par l'employeur » = brut (3.626,55) + le total des cotisations et contributions patronales (2.175,52), soit : **5.802,07 €**.

Tableaux de régularisation « Maladie – Allocations Familiales » et « Tranche 1 – Tranche 2 » remplis

SMIC 11,27 €

Le brut cumulé est-il < ou > à 3,5 SMIC cumulé ?

Le brut cumulé est-il < ou > à 2,5 SMIC cumulé ?

Mois	Brut du mois	Brut Cumulé	Maladie 7% Cumulée	Maladie 7% du mois	>/<	Maladie 6% Cumulée	Maladie 6% du mois	Montant 2,5 SMIC Cumulé	A.F. 3,45% Cumulée	A.F. 3,45% du mois	>/<	A.F. 1,8% Cumulée	A.F. 1,8% du mois	Montant 3,5 SMIC Cumulé
Avril	3 420,00	3 420,00	3 420,00	3 420,00	<	0,00	0,00	3 747,28	3 420,00	3 420,00	<	0,00	0,00	5 246,19
Mai	3 600,00	7 020,00	7 020,00	3 600,00	<	0,00	0,00	8 020,50	7 020,00	3 600,00	<	0,00	0,00	11 228,69
Juin	3 626,55	10 646,55	10 646,55	3 626,55	>	10 646,55	10 646,55	10 387,19	10 646,55	3 626,55	<	0,00	0,00	14 542,07

Le brut cumulé est-il <ou> au plafond cumulé ?

Mois	Brut du mois	Brut Cumulé	>/<	Plafond Cumulé	Tranche 1 Cumulée	Tranche 1 du mois	Tranche 2 Cumulée	Tranche2 du mois
Avril	3 420,00	3 420,00	>	3 299,40	3 299,40	3 299,40	120,60	120,60
Mai	3 600,00	7 020,00	>	6 965,40	6 965,40	3 666,00	54,60	-66,00
Juin	3 626,55	10 646,55	>	8 920,60	8 920,60	1 955,20	1 725,95	1 671,35

Corrigé 51 (Niveau 2)

Mois d'octobre 2023

Libellé des Rubriques	Base	Taux	Montant	Commentaires	
Salaire	151,67		**3 033,40**	Plafond du mois : 1.865,15 €	
Réduction Temps partiel	47,67	20,000	-953,40	Salarié à temps partiel	
Retenue Entrée-Sortie *(en heures réelles)*	24,00	20,000	-480,00	Date d'entrée : 09/10/2022	
Total Brut			1 600,00		
Cotisations	**Base**	**Salariales**		**Patronales**	
		Taux	Montant	Taux	Montant
Santé					
Sécurité Sociale (Mal, Mat, Inv, Déc.)	1 600,00			7,00	112,00
Incapacité, Invalidité, Capital Décès (Prév. Décès)	1 600,00	1,00	-16,00	2,00	32,00
Complémentaire Santé (Prév. Frais de Santé)			-50,00		50,00
Accident du Travail - Maladie Prof.	1 600,00			2,50	40,00
Retraite					
Sécurité Sociale (Vieillesse Plafonnée)	1 600,00	6,90	-110,40	8,55	136,80
Sécurité Sociale (Vieillesse Déplafonnée)	1 600,00	0,40	-6,40	1,90	30,40
Complémentaire (AGIRC-ARRCO + CEG /T1)	1 600,00	4,01	-64,16	6,01	96,16
Complémentaire (AGIRC-ARRCO + CEG /T2)					
Contribution d'Equilibre Technique (CET T1+T2)					
Famille	1 600,00			3,45	55,20
Assurance Chômage					
Chômage (Chômage + AGS / TA+TB)	1 600,00			4,20	67,20
Autres Contributions dues par l'employeur	1 600,00				116,90
C.S.G. Non Imposable	1 654,00	6,80	-112,47		
Exos, écrêtements & allègements de cotisations					
Total des cotisations et contributions			-359,43		**736,66**
Net imposable du mois			1 290,57	Cumul An.	1 290,57
RETENUES ET REMBOURSEMENTS DIVERS					
C.S.G. & C.R.D.S. Imposables	1 654,00	2,90	-47,97		
Total des Retenues et Remboursements			-47,97		
Net à payer avant prélèvement à la source			1 192,60	Cumul An.	1 192,60
dont évolution de la rémunération liée à la suppression des cotisations salariales chômage et maladie			22,28		
Prélèvement à la source	**589,57**	**0,00%**	0,00	**Cumul An.**	0,00

Nombre d'heures travaillées :	80,00	Nat A Payer	Date de paiement
		1 192,60 €	**31 octobre 2023**
		Total versé par l'employeur	Allègement de cotisations
		2 336,66 €	**0,00 €**

Corrigé 51 (Niveau 2) Explications du bulletin d'octobre 2023

Ce salarié travaille à 68,57 % (24 h/35 h). Son horaire mensuel est de : 24 heures × 52 semaines / 12 mois (voir les règles de mensualisation) = 104 heures par mois. Son taux horaire est de : 3.033,40 / 151,67 = 20,00 €. **La réduction temps partiel est donc** : [(151,67 – 104) × 20 €] = **953,40 €**.

Certains élèves ou stagiaires s'étonnent de cette présentation du salaire en deux lignes. La plupart d'entre eux souhaiteraient ne voir qu'une seule ligne : Salaire à temps partiel : 104 heures × 20 = 2.080 €.

Nous maintenons que cette présentation est celle qu'il faut adopter. Plusieurs raisons à cela :

1. Comment est donné le salaire correspondant au coefficient (ou au niveau, à l'échelon) du salarié dans la convention collective, dans les accords, ou les usages de l'entreprise ? En temps plein ou y a-t-il toutes les déclinaisons possibles du salaire avec tous les horaires possibles ? Réponse : en temps plein bien sûr ! Avantage pour le salarié : il peut constater qu'il est bien payé au salaire correspondant à son emploi. S'il travaille avec un salarié temps plein au même poste (aux expériences et diplômes égaux), il pourra aussi vérifier qu'ils sont tous deux payés de la même façon.
2. Si dans quelques mois, le salarié change d'horaire, il faudra dans la solution des élèves changer le salaire de la première ligne. Que se passera-t-il lors des statistiques sur l'évolution annuelles des salaires ? Ne sera-t-il pas considéré comme ayant été augmenté (ou diminué) ? Et puis en pure logique, ce salarié change-t-il de salaire ou d'horaire ?
3. Si le temps partiel est décidé à titre thérapeutique, va-t-il falloir changer là aussi le salaire à chaque évolution de sa santé ?
4. Si l'entreprise n'a pas la référence du salaire temps plein sur la première ligne du bulletin comment va-t-elle calculer correctement l'impact d'une absence en jours ouvrés moyens ? (ce que nous découvrirons pour le bulletin suivant de novembre).

En octobre 2023, ne travaillant 8 heures que les lundis, mercredis et vendredis, il aurait dû travailler 104 heures (5 lundis + 4 mercredis + 4 vendredis = 13j × 8 h). Or en commençant le 9 octobre, il lui manque 24 heures (le lundi 2, le mercredi 4 et le vendredi 6 octobre 2023, soit 3 jours × 8 heures). Nous devons donc lui **retenir en retenue Entrée/Sortie** : 24 heures × 20 € = **480,00 €. Le brut de** notre salarié **est** pour ce mois : 3.033,40 – 953,40 – 480,00 **= 1.600,00 €.**

En ce qui concerne **le plafond** S.S., il faut le réduire pour son temps partiel : 3.666 € × 104 h / 151,67 h = 2.513,77 €. Puis, il faut le réduire une seconde fois pour l'entrée-sortie ; étant présent du 9 au 31 inclus, il est égal à 23/31èmes du plafond, soit 2.513,77 € × 23 / 31 = **1.865,06 €.** Le brut (1.600 €) étant inférieur au plafond (1.865,06 €), **la tranche 1 est égale au brut et il n'y a pas de tranche 2.**

Les lignes des cotisations se décomposent ainsi :

- Santé SS : 1.600 × 7 % = **112,00 €.**
- Santé Inc., Inv., Décès : 1.600 × 1 % = **16,00 €** en part salariale et 1.600 × 2 % = **32,00 €** en part patronale.
- Santé Complémentaire Santé : **50 €** en part salariale et **50 €** en part patronale.
- Accident du Travail – Maladie Prof. : 1.600 × 2,50 % = **40,00 €.**
- Retraite S.S. Vieillesse Plafonnée : 1.600 × 6,90 % = **110,40 €** pour le salarié et 1.600 × 8,55 % = **136,80 €** pour l'employeur.
- Retraite S.S. Vieillesse Déplafonnée : 1.600 × 0,40 % = **6,40 €** pour le salarié et 1.600 × 1,90 % = **30,40 €** pour l'employeur.
- Retraite Complémentaire /T1 est l'addition des cotisations AGIRC-ARRCO + C.E.G. sur Tr. 1, soit :
  - en part salariale : 1.600 × 4,01 % [3,15 % + 0,86 %] = **64,16 €** ;
  - en part patronale : 1.600 × 6,01 % [4,72 % + 1,29 %] = **96,16 €.**
- Famille (Allocations Familiales) : 1.600 × 3,45 % = **55,20 €.**
- Le Chômage (TA+TB) est pour l'employeur : 1.600 × (4,05 % + 0,15 % d'AGS) = **67,20 €.**
- Les **autres contributions dues par l'employeur** : 1.600 × 6,896 % = 110,34 €, (le 5,896 % habituel + 1 % supplémentaire pour CDD) somme à la laquelle il faut rajouter le Forfait Social qui est calculé sur la somme des contributions patronales aux prévoyances (32 € pour le Décès + 50 € pour les Frais de Santé) à 8 %, soit : 82 × 8 % = 6,56€. Soit un total de : 110,34 + 6,56 = **116,90 €.**

La base des C.S.G. et du C.R.D.S. = (1.600 € × 98,25 %) 1.572,00 € auquel on rajoute les montants des charges patronales en prévoyance Décès et Frais de Santé, soit : 1.572,00 + 82,00 = **1.654,00 €.**

- La CSG Non imposable est égale à : 1.654 × 6,80 % = **112,47 €.**
- Les CSG & CRDS imposables sont égales à 1.654 × (2,40 % + 0,50 %) = **47,97 €.**

Le Net imposable du mois est le Brut (1.600 €) – le total des cotisations et contributions salariales déductibles des impôts (359,43 €) + le montant de la cotisation patronale prévoyance Frais de Santé (50 €), soit : **1.290,57 €.**

Le **Net à payer avant PAS est** le Net imposable (1.290,57 €) + le total des retenues et remboursements divers (– 47,97 €) – le montant patronal de la prévoyance Frais de Santé (50 €), soit : **1.192,60 €.**

Le montant de la ligne « dont évolution… » = (1.600 × 3,15 %) – (1.654 × 1,7 %), soit : (50,40 – 28,12) **22,28 €.**

Le salarié étant un CDD de 2 mois, **la base du PAS est** de 1.290,57 € – 701 € (50 % du Smic mensuel net), soit **589,57 €.** Le taux à appliquer est donc de 0 % et **il n'y a donc pas de P.A.S.**

Le **Net à payer est** le Brut (1.600) – le total des cotisations salariales (359,43) – les CSG/CRDS imposables (47,97) – le PAS (0,00) soit : **1.192,60 €.**

Le « Total versé par l'employeur » = brut (1.600) + le total des cotisations et contributions patronales (736,66), soit : **2.336,66 €.**

Corrigé 51 (Niveau 2)

Mois de Novembre 2023

Libellé des Rubriques	Base	Taux	Montant	Commentaires
Salaire	151,67		**3 033,40**	**Plafond du mois : 2.513,77 €**
Réduction Temps partiel	47,67	20,000	**-953,40**	**Salarié à temps partiel**
Absence Jour Férié *(en jours ouvrés moyens)*	1,00	139,982	**-139,98**	
Paiement Jour Férié *(en jours ouvrés moyens)*	1,00	139,982	**139,98**	
Total Brut			2 080,00	

Cotisations	Base	Salariales Taux	Salariales Montant	Patronales Taux	Patronales Montant
Santé					
Sécurité Sociale (Mal, Mat, Inv, Déc.)	2 080,00			7,00	145,60
Incapacité, Invalidité, Capital Décès (Prév. Décès)	2 080,00	1,00	-20,80	2,00	41,60
Complémentaire Santé (Prév. Frais de Santé)			-50,00		50,00
Accident du Travail - Maladie Prof.	2 080,00			2,50	52,00
Retraite					
Sécurité Sociale (Vieillesse Plafonnée)	2 080,00	6,90	-143,52	8,55	177,84
Sécurité Sociale (Vieillesse Déplafonnée)	2 080,00	0,40	-8,32	1,90	39,52
Complémentaire (AGIRC-ARRCO + CEG /T1)	2 080,00	4,01	-83,41	6,01	125,01
Famille	2 080,00			3,45	71,76
Assurance Chômage					
Chômage (Chômage + AGS / TA+TB)	2 080,00			4,20	87,36
Autres Contributions dues par l'employeur	2 080,00				150,77
C.S.G. Non Imposable	2 135,20	6,80	-145,19		
Exos, écrêtements & allègements de cotisations					
Total des cotisations et contributions			**-451,24**		**941,46**
Net imposable du mois			1 678,76	Cumul An.	2 969,33
RETENUES ET REMBOURSEMENTS DIVERS					
C.S.G. & C.R.D.S. Imposables	2 135,20	2,90	-61,92		
Total des Retenues et Remboursements			**-61,92**		
Net à payer avant prélèvement à la source			1 566,84	Cumul An.	2 759,44
dont évolution de la rémunération liée à la suppression des cotisations salariales chômage et maladie			29,22		
Prélèvement à la source	**977,76**	**0,00%**	**0,00**	Cumul An.	**0,00**

Nombre d'heures travaillées :	**104,00**	**Net A Payer** **1 566,84 €**	**Date de paiement** **30 novembre 2023**
Cumul heures travaillées :	**184,00**	**Total versé par l'employeur** **3 021,46 €**	**Allègement de cotisations** **0,00 €**

Corrigé 51 (Niveau 2) Explications du bulletin de novembre 2023

Comme en octobre, ce salarié travaille à 68,57 % (24 h/35 h, ou 104 h/151,67 h). Il faut donc lui retenir 47,67 heures en réduction temps partiel soit : 47,67 heures × 20 € (3.033,40 / 151,67) = 953,40 €. Pour être parfait, ne pas oublier l'absence du jour férié (le mercredi 1er novembre) et son indemnisation d'un montant identique (l'autre jour férié, le samedi 11 novembre est un jour non travaillé). A noter que la valeur de sa journée est bien calculée à partir de son salaire temps plein et non pas réduit pour temps partiel. En effet, le mercredi 1er novembre, il aurait dû travailler 8 heures. Le fait qu'on raisonne en jours ouvrés moyens (le 21,67ème) implique qu'on lui calcule son absence et son indemnisation sur 7 heures seulement au lieu des 8 heures s'il n'avait pas été indemnisé (dans ce cas, il aurait fallu lui enlever 8 × 20 € = 160 €). Donc, s'il n'y avait pas la ligne du salaire temps plein sur la première ligne, comment auriez-vous fait ?

Finalement, **le brut de** notre salarié **est pour ce mois** : 3.033,40 – 953,40 –139,98 + 139,98 = **2.080,00 €**.

On calcule d'abord le brut cumulé (octobre : 1.600 € + novembre : 2.080 €) = 3.680 €.
On réduit ensuite **le plafond** S.S comme en octobre pour son temps partiel : 3.666 € × 104 h / 151,67 h = **2.513,77 €**. Ce qui donne un plafond cumulé (octobre : 1.865,06 € + novembre : 2.513,77 €) = 4.378,83 €.
La tranche 1 cumulée est donc égale à 3.680 et **la tranche 1 du mois est égale à** la tranche 1 cumulée de ce mois – la tranche 1 cumulée du mois précédent, soit : 3.680 – 1.600 = **2.080 €** et il n'y a toujours **pas de tranche 2**.

Les lignes des cotisations se décomposent ainsi :

- Santé SS : 2.080 × 7 % = **145,60 €**.
- Santé Inc., Inv., Décès : 2.080 × 1 % = **20,80 €** en part salariale et 2.080 × 2 % = **41,60 €** en part patronale**.**
- Santé Complémentaire Santé : **50 €** en part salariale et **50 €** en part patronale.
- A.T. – Maladie Prof. : 2.080 × 2,50 % = **52,00 €.**
- Retraite S.S. Vieillesse Plafonnée : 2.080 × 6,90 % = **143,52 €** pour le salarié et 2.080 × 8,55 % = **177,84 €** pour l'employeur.
- Retraite S.S. Vieillesse Déplafonnée : 2.080 × 0,40 % = **8,32 €** pour le salarié et 2.080 × 1,90 % = **39,52 €** pour l'employeur.
- Retraite Complémentaire /T1 est l'addition des cotisations AGIRC-ARRCO + C.E.G. sur Tr. 1, soit :
  - en part salariale : 2.080 × 4,01 % [3,15 % + 0,86 %] = **83,41 €** ;
  - en part patronale : 2.080 × 6,01 % [4,72 % + 1,29 %] = **125,01 €.**
- Famille (Allocations Familiales) : 2.080 × 3,45 % = **71,76 €.**
- Le Chômage (TA+TB) est pour l'employeur : 2.080 × (4,05 % + 0,15 % d'AGS) = **87,36 €.**
- Les **autres contributions dues par l'employeur** : 2.080 × 6,896 % = 143,44 €, somme à la laquelle il faut rajouter le Forfait Social qui est calculé sur la somme des contributions patronales aux prévoyances (41,60 € pour le Décès + 50 € pour les Frais de Santé) à 8 %, soit : 91,60 × 8 % = 7,33 €. Soit un total de : 143,44 + 7,33 = **150,77 €.**

La base des C.S.G. et du C.R.D.S. = (2.080 € × 98,25 %) 2.043,60 € auquel on rajoute les montants des charges patronales en prévoyance Décès et Frais de Santé, soit : 2.043,60 + 91,60 = **2.135,20 €.**

- La CSG Non imposable est égale à : 2.135,20 × 6,80 % = **145,19 €.**
- Les CSG & CRDS imposables sont égales à 2.135,20 × (2,40 % + 0,50 %) = **61,92 €.**

Le Net imposable du mois est le Brut (2.080 €) – le total des cotisations et contributions salariales déductibles des impôts (451,24 €) + le montant de la cotisation patronale prévoyance Frais de Santé (50 €), soit : **1.678,76 €.**

Le **Net à payer avant PAS est** le Net imposable (1.678,76 €) + le total des retenues et remboursements divers (– 61,92 €) – le montant patronal de la prévoyance Frais de Santé (50 €), soit : **1.566,84 €.**

Le montant de la ligne « dont évolution… » = (2.080 × 3,15 %) – (2.135,20 × 1,7 %), soit : (65,52 – 36,30) **29,22 €.**

La base du PAS est de 1.678,76 – 701 = 977,76. Le taux à appliquer est donc de 0 % et **il n'y a pas de PAS**.

Le **Net à payer est** le Brut (2.080) – le total des cotisations salariales (451,24) – les CSG/CRDS imposables (61,92) – le PAS (0,00) soit : **1.566,84 €.**

Le « **Total versé par l'employeur** » = brut (2.080) + le total des cotisations et contributions patronales (941,46), soit : **3.021,46 €**.

Corrigé 51 (Niveau 2)

Mois de décembre 2023

Libellé des Rubriques	Base	Taux	Montant	Commentaires	
Salaire	151,67		**3 033,40**	Plafond du mois : 648,71 €	
Réduction Temps partiel	47,67	20,000	-953,40	Salarié à temps partiel	
Retenue Entrée-Sortie *(en heures réelles)*	72,00	20,000	-1 440,00	Date de sortie : 08/12/2023	
Prime de Fin d'Année			520,00		
Indemnité de Précarité	4 840,00	10,000	484,00		
Indemnité Compensatrice Congés Payés	6,00		480,40		
Total Brut			2 124,40		
Cotisations	**Base**	**Salariales**		**Patronales**	
		Taux	**Montant**	**Taux**	**Montant**
Santé					
Sécurité Sociale (Mal, Mat, Inv, Déc.)	2 124,40			7,00	148,71
Sécurité Sociale (Mal, Mat, Inv, Déc.) (>2,5 SMIC)	0,00			6,00	0,00
Incapacité, Invalidité, Capital Décès (Prév. Décès)	1 347,54	1,00	-13,48	2,00	26,95
Complémentaire Santé (Prév. Frais de Santé)			-50,00		50,00
Accident du Travail - Maladie Prof.	2 124,40			2,50	53,11
Retraite					
Sécurité Sociale (Vieillesse Plafonnée)	1 347,54	6,90	-92,98	8,55	115,21
Sécurité Sociale (Vieillesse Déplafonnée)	2 124,40	0,40	-8,50	1,90	40,36
Complémentaire (AGIRC-ARRCO + CEG /T1)	1 347,54	4,01	-54,04	6,01	80,99
Complémentaire (AGIRC-ARRCO + CEG /T2)	776,86	9,72	-75,51	14,57	113,19
Contribution d'Equilibre Technique (CET T1+T2)	5 804,40	0,14	-8,13	0,21	12,19
Famille	2 124,40			3,45	73,29
Assurance Chômage					
Chômage (Chômage + AGS / TA+TB)	2 124,40			4,20	89,22
Autres Contributions dues par l'employeur	2 124,40				152,66
C.S.G. Non Imposable	2 164,17	6,80	-147,16		
Exos, écrêtements & allègements de cotisations					
Total des cotisations et contributions			-449,80		955,88
Net imposable du mois			1 724,60	Cumul An.	4 693,93
RETENUES ET REMBOURSEMENTS DIVERS					
C.S.G. & C.R.D.S. Imposables	2 164,17	2,90	-62,76		
Total des Retenues et Remboursements			-62,76		
Net à payer avant prélèvement à la source			1 611,84	Cumul An.	4 371,28
dont évolution de la rémunération liée à la suppression des cotisations salariales chômage et maladie			*30,13*		
Prélèvement à la source	**1 023,60**	**0,00%**	0,00	Cumul An.	0,00
Nombre d'heures travaillées :	32,00	Net A Payer		Date de paiement	
Cumul heures travaillées :	216,00	**1 611,84 €**		8 décembre 2023	
		Total versé par l'employeur		Allègement de cotisations	
		3 080,28 €		0,00 €	

Corrigé 51 (Niveau 2) Explications du bulletin de décembre 2023

On commence, comme les mois précédents, par la réduction de son salaire pour **temps partiel,** soit : [(151,67 – 104) × (3.033,40 / 151,67)] = **953,40 €**.
En Décembre, il aurait dû travailler 14 jours (4 lundis – le lundi 25 décembre compte car il aurait bien été payé ce jour-là –, 4 mercredis et 5 vendredis), soit 13 jours × 8 heures = 104 heures. En quittant l'entreprise le 8 décembre au soir, il n'a travaillé que 4 jours, soit 32 heures. **Sa retenue entrée/sortie** sera donc de (104 – 32) × [(3.033,40 – 953,40) / 104], soit **1.440,00 €**.

Il a droit à une **prime de fin d'année** (PFA) calculée sur la base d'un mois et demi de salaire proratisé pour ses 2 mois de présence sur 12 mois, soit : (3.033,40 – 953,40) × 1,5 × 2 / 12 = **520 €**.

Puisque le salarié est en C.D.D., il a droit à une **indemnité de précarité** (IP) égale à 10 % de tout ce qu'il a perçu, soit : [1.600 (Brut d'octobre) + 2.080 (Brut de novembre) + 3.033,40 (Salaire de décembre) – 953,40 (Réduction temps partiel) – 1.440 (Retenue Entrée-Sortie) + 520 (PFA)] 4.840 × 10 % = **484,00 €**.

Il a aussi droit à une **indemnité compensatrice de congés payés** (ICCP) qui (comparée avec la règle du maintien de salaire [(3.033,40 – 953,40) / 26 × 6 jours] = 480,00 €) est payée au 10ème du brut perçu, soit : [1.600 + 2.080 + 3.033,40 – 953,40 – 1.440 + 484,00] = 4.804,00 / 10 = **480,40 €**.
[Etant présent 9 semaines, le salarié a droit à : 2,5 jours × 9 semaines / 4 semaines, soit 5,625 jours ouvrables, obligatoirement arrondis à 6 jours ouvrables].
Attention : la PFA entre bien dans l'IP, mais pas dans l'ICCP car elle n'est pas assimilée à du travail effectif.

Le brut de notre salarié **est donc pour ce mois** : 3.390 – 953,40 – 1.440 + 520 + 484 + 480,40 = **2.124,40 €**.

En ce qui concerne **le plafond S.S.**, il **est** réduit une première fois pour le temps partiel, soit : 3.666 × 104 / 151,67 = 2.513,77 et une seconde fois pour l'entrée/sortie : 2.513,77 × 8 / 31 = **648,71 €**.
Il y a une régularisation de la tranche 1 à faire : le salaire cumulé (1.600 + 2.080 + 2124,40) 5.804,40 étant supérieur au plafond cumulé (1.865,06 + 2.513,77 + 648,71) 5.027,54, la tranche 1 cumulée est égale au plafond cumulé.
La tranche 1 du mois est donc égale à la tranche 1 cumulée de ce mois (5.027,54) – la tranche 1 cumulée du mois précédent (3.680), soit : **1.347,54 €**.
Il y a aussi une régularisation de la tranche 2 à faire : le salaire cumulé (5.804,40) – le plafond cumulé (5.027,54) = la tranche 2 cumulée du mois : 776,86 La tranche 2 cumulée du mois (776,86) – la tranche 2 cumulée du mois précédent (0) = **la tranche 2 du mois : 776,86 €**.

Enfin, il faut vérifier si notre brut cumulé ne serait pas supérieur à 2,5 SMIC. Les 80 heures travaillées d'octobre + les 104 de novembre et les 32 de décembre font un total de 216 heures travaillées. Les 2,5 SMIC sont donc = 216 heures × 11,27 € × 2,5 = 6.085,80 €. Le cumul salaire (5.804,40 €) reste inférieur aux 2,5 SMIC et par conséquent il ne faut pas déclencher la cotisation patronale de Santé SS Maladie à 6 % ! Et forcément, il est toujours inférieur aux 3,5 SMIC (216 × 11,27 € × 3,5 = 8.520,12 €).

Les lignes des cotisations se décomposent ainsi :
- Santé SS : 2.124,40 × 7 % = **148,71 €**.
- Santé Inc., Inv., Décès : 1.347,54 × 1 % = **13,48 €** en part salariale et 1.347,54 × 2 % = **26,95 €** en part patronale.

- Santé Complémentaire Santé : **50 €** en part salariale et **50 €** en part patronale.
- Accident du Travail – Maladie Prof. : 2.124,40 × 2,50 % = **53,11 €.**
- Retraite S.S. Vieillesse Plafonnée : 1.347,54 × 6,90 % = **92,98 €** pour le salarié et 1.347,54 × 8,55 % = **115,21 €** pour l'employeur.
- Retraite S.S. Vieillesse Déplafonnée : 2.124,40 × 0,40 % = **8,50 €** pour le salarié et 2.124,40 × 1,90 % = **40,36 €** pour l'employeur.
- Retraite Complémentaire /T1 est l'addition des cotisations AGIRC-ARRCO + C.E.G. sur Tr. 1, soit :
  - en part salariale : 1.347,54 × 4,01 % [3,15 % + 0,86 %] = **54,04 €** ;
  - en part patronale : 1.347,54 × 6,01 % [4,72 % + 1,29 %] = **80,99 €**.
- Retraite Complémentaire /T2 est l'addition des cotisations AGIRC-ARRCO + C.E.G. sur Tr. 2, soit :
  - en part salariale : 776,86 × 9,72 % [8,64 % + 1,08 %] = **75,51 €** ;
  - en part patronale : 776,86 × 14,57 % [12,95 % + 1,62 %] = **113,19 €**.
- Contribution d'équilibre Technique (C.E.T) : Le brut cumulé est redevenu supérieur au plafond cumulé, il convient donc de cotiser sur le brut cumulé, soit : 5.804,40 × 0,14 % = **8,13 €** pour le salarié et : 5.804,40 × 0,21 % = **12,19 €** pour l'employeur.
- Famille (Allocations Familiales) : 2.124,40 × 3,45 % = **73,29 €**.
- Le Chômage (TA+TB) est pour l'employeur : 2.124,40 × (4,05 % + 0,15 % d'AGS) = **89,22 €.**
- Les **autres contributions dues par l'employeur** : 2.124,40 × 6,896 % = 146,50 €, somme à la laquelle il faut rajouter le Forfait Social qui est calculé sur la somme des contributions patronales aux prévoyances (26,95 € pour le Décès + 50 € pour les Frais de Santé) à 8 %, soit : 76,95 × 8 % = 6,16 €. Soit un total de : 146,50 € + 6,16 € = **152,66 €**.

La base des C.S.G. et du C.R.D.S. = (2.124,40 € × 98,25 %) 2.087,22 € auquel on rajoute les montants des charges patronales en prévoyance Décès et Frais de Santé, soit : 2.087,22 € + 76,95 € = **2.164,17 €**.

- La CSG Non imposable est égale à : 2.164,17 × 6,80 % = **147,16 €**.
- Les CSG & CRDS imposables sont égales à 2.164,17 × (2,40 % + 0,50 %) = **62,76 €**.

Le Net imposable du mois est le Brut (2.124,40 €) – le total des cotisations et contributions salariales déductibles des impôts (449,80 €) + le montant de la cotisation patronale prévoyance Frais de Santé (50 €), soit : **1.724,60 €.**

Le **Net à payer avant PAS est** le Net imposable (1.724,60 €) + le total des retenues et remboursements divers (– 62,76 €) – le montant patronal de la prévoyance Frais de Santé (50 €), soit : **1.611,84 €.**

Le montant de la ligne « dont évolution… » = (2.124,40 × 3,15 %) – (2.164,17 × 1,7 %), soit : (66,92 – 36,79) **30,13 €.**

La base du PAS est de 1.724,60 € – 701 € = 1.023,60 €. Le taux à appliquer est donc de 0 % et **il n'y a pas de PAS**.

Le **Net à payer est** le Brut (2.124,40 €) – le total des cotisations salariales (449,80 €) – les CSG/CRDS imposables (62,76 €) – le PAS (0,00 €) soit : **1.611,84 €.**

Le « **Total versé par l'employeur** » = brut (2.124,40) + le total des cotisations et contributions patronales (955,88 €), soit : **3.080,28 €**.

Tableaux des régularisations « Maladie – Allocations Familiales » et « Tranche 1 – Tranche 2 » remplis

SMIC 2023 : **11,27 €**

Le brut cumulé est-il < ou > à 3,5 SMIC cumulé ?

Le brut cumulé est-il < ou > à 2,5 SMIC cumulé ?

Mois	Brut du mois	**Brut Cumulé**	**Maladie 7% Cumulée**	Maladie 7% du mois	>/<	**Maladie 6% Cumulée**	Maladie 6% du mois	**Montant 2,5 SMIC Cumulé**	**A.F. 3,45% Cumulée**	A.F. 3,45% du mois	>/<	**A.F.1,8% Cumulée**	A.F. 1,8% du mois	**Montant 3,5 SMIC Cumulé**
Octobre	1 600,00 €	1 600,00 €	1 600,00 €	1 600,00 €	<	0,00 €	0,00 €	2 254,00 €	1 600,00 €	1 600,00 €	<	0,00 €	0,00 €	3 155,60 €
Novembre	2 080,00 €	3 680,00 €	3 680,00 €	2 080,00 €	<	0,00 €	0,00 €	5 184,20 €	3 680,00 €	2 080,00 €	<	0,00 €	0,00 €	7 257,88 €
Décembre	2 124,40 €	5 804,40 €	5 804,40 €	2 124,40 €	<	0,00 €	0,00 €	6 085,80 €	5 804,40 €	2 124,40 €	<	0,00 €	0,00 €	8 520,12 €

Le brut cumulé est-il <ou> au plafond cumulé ?

Mois	Brut du mois	**Brut Cumulé**	**>/<**	**Plafond Cumulé**	**Tranche 1 Cumulée**	Tranche 1 du mois	**Tranche 2 Cumulée**	Tranche2 du mois
Octobre	1 600,00	**1 600,00**	**<**	**1 668,15**	**1 600,00**	1 600,00	**0,00**	0,00
Novembre	2 080,00	**3 680,00**	**<**	**4 018,73**	**3 680,00**	2 080,00	**0,00**	**0,00**
Décembre	2 124,40	**5 804,40**	**>**	**4 701,16**	**4 701,16**	1 021,16	**1 103,24**	1 103,24

Corrigé 52 (Niveau 3)

Reconstituer, pour ce mois de juin 2023, le salaire brut d'un salarié **cadre** ayant un **salaire net avant PAS de 7.000 €** pour 151,67 heures, avec un montant de **Prévoyance « Frais de Santé » de 50 € pour le salarié et l'employeur, ainsi qu'une Prévoyance « Décès » de 2 % sur la tranche 1 pour le salarié et de 3 % sur la tranche 1 pour l'employeur**.

En appliquant les taux en vigueur, nous devrions avoir :

Taux1 = 6,90 % (Assurance Vieillesse Plafonnée) + 0,40 % (Assurance Vieillesse Déplafonnée) + 3,15 % (Retraite/tr.1) + 0,86 % (CEG/tr.1) + 0,14 % (CET/tr.1) + 0,024 % (APEC/tr.A) + 9,53025 % (CSG + CRDS (6,80 + 2,40 + 0,50) × 98,25 %) + 2,00 % (Prévoyance/tr.1) + 0,291 % (Part patronale de prévoyance 3 % par le taux CSG+CRDS à 9,7 %) = **23,29525 %.**

Taux2 = 0,40 % (Assurance Vieillesse Déplafonnée) + 8,64 % (Retraite/tr.2) + 1,08 % (CEG/tr.2) + 0,14 % (CET/tr.2) + 0,024 % (APEC/tr.B) + 9,53025 % (CSG + CRDS) = **19,81425 %.**

Le plafond SS = 3.666 €, donc **la tranche 1 = 3.666 €.**

Le montant salarial de la Prévoyance « Frais de Santé » = 50 €.

La part supplémentaire **des CSG/CRDS** engendrée **par le montant patronal de la Prévoyance « Frais de Santé »** = 50 € × 9,7 % = **4,85 €.**

En appliquant la formule, nous avons :

$$\text{Tr.2} = \frac{(7.000 + 50 + 4{,}85) - [3.666 \times (1 - 0{,}2329525)]}{1 - 0{,}1981425} = \frac{7.054{,}85 - (3.666 \times 0{,}7670475)}{0{,}8018575}$$

$$= 5.291{,}28\ €.$$

Donc le salaire brut = 3.666 + 5.291,28 = **8.957,28 €**

Voir la démonstration page suivante.

Corrigé 52 (Niveau 3)

Bulletin de paie de juin 2023

Libellé des Rubriques	Base	Taux	Montant	Commentaires	
Salaire			**8 957,28**	Plafond S.S. : 3.666 €	
Total Brut			8 957,28		
Cotisations	Base	Salariales		Patronales	
		Taux	Montant	Taux	Montant
Santé					
Sécurité Sociale (Mal, Mat, Inv, Décès)	8 957,28			13,00	1 164,45
Incapacité, Invalidité, Capital Décès (Prév. Décès)	3 666,00	2,00	-73,32	3,00	109,98
Complémentaire Santé (Prév. Frais de Santé)			-50,00		50,00
Accident du Travail - Maladie Prof.	8 957,28			2,50	223,93
Retraite					
Sécurité Sociale (Vieillesse Plafonnée)	3 666,00	6,90	-252,95	8,55	313,44
Sécurité Sociale (Vieillesse Déplafonnée)	8 957,28	0,40	-35,83	1,90	170,19
Complémentaire (AGIRC-ARRCO + CEG /T1)	3 666,00	4,01	-147,01	6,01	220,33
Complémentaire (AGIRC-ARRCO + CEG /T2)	5 291,28	9,72	-514,31	14,57	770,94
Contribution d'Equilibre Technique (CET T1+T2)	8 957,28	0,14	-12,54	0,21	18,81
Famille	8 957,28			5,25	470,26
Assurance Chômage					
Chômage (Chômage + AGS / TA+TB)	8 957,28			4,20	376,21
APEC (Salarié Cadre TA+TB)	8 957,28	0,024	-2,15	0,036	3,22
Autres Contributions dues par l'employeur	8 957,28				540,92
C.S.G. Non Imposable	8 960,51	6,80	-609,31		
Exos, écrêtements & allègements de cotisations					
Total des cotisations et contributions			-1 697,43		4 432,67
Net imposable du mois			7 309,85	Cumul An.	7 309,85
RETENUES ET REMBOURSEMENTS DIVERS					
C.S.G. & C.R.D.S. Imposables	8 960,51	2,90	-259,85		
Total des Retenues et Remboursements			-259,85		
Net à payer avant prélèvement à la source			7 000,00	Cumul An.	7 000,00
dont évolution de la rémunération liée à la suppression des cotisations salariales chômage et maladie			*129,83*		
Prélèvement à la source	**7 309,85**	**20,00%**	**-1 461,97**	**Cumul An.**	**-1 461,97**
		Nat A Payer		**Date de paiement**	
		5 538,03 €		**30 juin 2023**	
		Total versé par l'employeur		Allègement de cotisations	
		13 389,95 €		**0,00 €**	

Il se pourrait que votre entreprise ait aussi des prévoyances salariales et patronales sur tranche 2. Si tel était le cas, il faudrait penser à rajouter le taux salarial prévoyance sur tranche 2 + 9,7 % du taux patronal prévoyance au Taux2.

Corrigé 53 (Niveau 3)

Reconstituer, pour ce mois de juin 2023, le salaire brut d'un salarié **non cadre** ayant un **salaire net avant PAS de 2.000 €** pour 151,67 heures, avec un montant de **prévoyance « Frais de Santé » de 50 €** pour le salarié et l'employeur et une **prévoyance « Décès » de 1 % sur la tranche A** pour le salarié et l'employeur.

En appliquant les taux en vigueur, nous devrions avoir :

Taux1 = 6,90 % (Ass. Vieil. Plaf.) + 0,40 % (Ass.Vieil. Déplaf.) + 3,15 % (Retraite/tr.1) + 0,86 % (CEG/tr.1) + 1,00 % (Prév./tr.1) + 9,53025 % (CSG+CRDS [6,80 + 2,40 + 0,50] × 98,25 %) + 0,097 % (1 % de prévoyance « Décès » soumis aux CSG+CRDS à 9,7 %) = **21,93725 %**
Le montant de la **Prévoyance Salariale** (P.S.) « Frais de Santé » **= 50 €. La part des CSG/CRDS** supplémentaires engendrée par le montant **de la Prévoyance Patronale** (P.P.) = 50 € × 9,7 % = **4,85 €**.
En appliquant la formule, nous avons :

$$\textbf{Salaire brut} = \frac{\textbf{Net + P.S. + (P.P.} \times \textbf{9,7 \%)}}{\textbf{1 – Taux1}} = \frac{\textbf{(2.000 + 50 + 4,85)}}{\textbf{1 – 0,2193725}} = \frac{\textbf{2.054,85}}{\textbf{0,7806275}} = \textbf{2.632,30}$$

Bulletin de démonstration

Libellé des Rubriques	Base	Taux	Montant	Commentaires	
Salaire			**2 632,30**		
Total Brut			2 632,30		
Cotisations	Base	Salariales		Patronales	
		Taux	Montant	Taux	Montant
Santé					
Sécurité Sociale (Mal, Mat, Inv, Décès)	2 632,30			7,00	184,26
Incapacité, Invalidité, Capital Décès (Prév. Décès)	2 632,30	1,00	-26,32	1,00	26,32
Complémentaire Santé (Prév. Frais de Santé)			-50,00		50,00
Accident du Travail - Maladie Prof.	2 632,30			2,50	65,81
Retraite					
Sécurité Sociale (Vieillesse Plafonnée)	2 632,30	6,90	-181,63	8,55	225,06
Sécurité Sociale (Vieillesse Déplafonnée)	2 632,30	0,40	-10,53	1,90	50,01
Complémentaire (AGIRC-ARRCO + CEG /T1)	2 632,30	4,01	-105,56	6,01	158,20
Famille	2 632,30			3,45	90,81
Assurance Chômage					
Chômage (Chômage + AGS / TA+TB)	2 632,30			4,20	110,56
Autres Contributions dues par l'employeur	2 632,30				161,31
C.S.G. Non Imposable	2 662,55	6,80	-181,05		
Exos, écrêtements & allègements de cotisations					-171,45
Total des cotisations et contributions			**-555,09**		**950,89**
Net imposable du mois			2 127,21	Cumul An.	2 127,21
RETENUES ET REMBOURSEMENTS DIVERS					
C.S.G. & C.R.D.S. Imposables	2 662,55	2,90	-77,21		
Total des Retenues et Remboursements			**-77,21**		
Net à payer avant prélèvement à la source			2 000,00	Cumul An.	2 000,00
dont évolution de la rémunération liée à la suppression des cotisations salariales chômage et maladie			*37,65*		
Prélèvement à la source	**2 127,21**	**4,10%**	**-87,22**	Cumul An.	-87,22
		Net A Payer	**1 912,78 €**	**Date de paiement**	**30 juin 2023**
		Total versé par l'employeur	**3 583,19 €**	**Allègement de cotisations**	**171,45 €**

Corrigé 54 (Niveau 2)

Sachant que:

- Un salarié non cadre a un salaire de base contractuel de **2.426,75 €;**
- Son horaire théorique de travail est de 7 h/jour du lundi au vendredi, 35 h/semaine;
- Dans la semaine du lundi 2 au dimanche 8 janvier, il a réalisé 36 heures;
- Dans la semaine du lundi 9 au dimanche 15 janvier, il a réalisé 39 heures;
- Dans la semaine du lundi 16 au dimanche 22 janvier, il a réalisé 46 heures;
- Dans la semaine du lundi 23 au dimanche 28 janvier, il a réalisé 45 heures;
- Le salarié a travaillé 7 heures le lundi 30 et le mardi 31 janvier.
- Son entreprise parisienne (150 salariés) a un **taux Versement Mobilité** de **2,95 %**;
- **Le taux d'accident du travail est** de **2,50 %**;
- **Le montant des cotisations prévoyance « Frais de santé » est** de **100 €** (50 % pour le **salarié** et 50 % pour **l'employeur)**;
- Son taux de prélèvement à la source est le taux neutre.

Pour établir le bulletin de paie de ce salarié pour janvier 2023, il faut d'abord déterminer le montant de ses heures supplémentaires afin d'avoir son brut.

Dans la semaine du lundi 2 au dimanche 8 janvier, le salarié a fait 1 H.S. (1 majorée à 25 %).
Dans la semaine du lundi 9 au dimanche 15 janvier, le salarié a fait 4 H.S. (4 majorées à 25 %).
Dans la semaine du lundi 16 au dimanche 22 janvier, le salarié a fait 11 H.S. (8 majorées à 25 %, 3 à 50 %).
Dans la semaine du lundi 23 au dimanche 28 janvier, le salarié a fait 10 H.S. (8 majorées à 25 %, 2 à 50 %).

Le taux horaire du salarié est de (2.426,75 / 151,67) : 16,00 €.

Les 26 heures supplémentaires valent : 26 × 16,00 = 416,00 €.
Les 21 heures supplémentaires majorées à 25 % valent : 21 × (16,00 × 0,25) = 84,00 €.
Les 5 heures supplémentaires majorées à 50 % valent : 5 × (16,00 × 0,5) = 40,00 €.
Soit un **brut** de cotisations **égal à** : (2.426,75 + 416,00 + 84,00 + 40,00) **2.966,75 €.**

Les lignes des cotisations se décomposent donc ainsi :

- Santé SS : 2.966,75 × 7 % = **207,67 €** pour l'employeur.
- Complémentaire Santé : **50 €** pour le salarié et **50 €** pour l'employeur.
- Accident du Travail = 2.966,75 × 2,50 % = **74,17 €.**
- Retraite S.S. Vieillesse Plafonnée : 2.966,75 × 6,90 % = **204,71 €** pour le salarié et : 2.966,75 × 8,55 % = **253,66 €** pour l'employeur.
- Retraite S.S. Vieillesse Déplafonnée : 2.966,75 × 0,40 % = **11,87 €** pour le salarié et : 2.966,75 × 1,90 % = **56,37 €** pour l'employeur.
- Retraite Complémentaire /T1 est l'addition des cotisations AGIRC-ARRCO + C.E.G. sur Tr. 1, soit :
  - en part salariale : 2.966,75 × 4,01 % [3,15 % + 0,86 %] = **118,97 €**;
  - en part patronale : 2.966,75 × 6,01 % [4,72 % + 1,29 %] = **178,30 €.**
- Famille = 2.966,75 × 3,45 % = **102,35 €** pour l'employeur.
- Chômage = 2.966,75 × 4,20 % = **124,60 €** pour l'employeur.
- Les autres contributions dues par l'employeur : (2.966,75 × 5,896 % = 174,92 €) + le Forfait Social (50 × 8 % = 4 €), soit : 174,92 + 4 = **178,92 €.**

La base des C.S.G. et du C.R.D.S. = (2.426,75 × 98,25 %) : 2.384,28 € + la part patronale de la complémentaire Santé (50 €), soit : 2.384,28 + 50 = **2.434,28 €.**

- La CSG Non imposable est égale à : 2.434,28 × 6,80 % = **165,53 €.**
- Les CSG & CRDS imposables sont égales à 2.434,28 × (2,40 % + 0,50 %) = **70,59 €.**
- Les CSG & CRDS imposables sur les H.S. (416,00 + 84,00 + 40,00) sont égales à (540 × 98,25 %) × (9,70 %) = **51,46 €.**

La réduction générale des charges patronales est calculée comme suit : 2.966,75 × 0,0430 = **– 127,57 €**. Le coefficient de 0,0430 étant obtenu avec l'opération suivante : (0,3231 / 0,6) × [([({151,67 + 26} × 11,27) / 2.966,75] × 1,6) – 1].

L'exonération des cotisations salariales sur les heures supplémentaires est égale à : (416,00 + 84,00 + 40,00) × 11,31 % = **61,07 €**.

Le Net fiscal est le Brut (2.966,75 €) – le total des cotisations et contributions salariales déductibles des impôts (490,01 €) – les heures supplémentaires (540 €) + le montant patronal de la Complémentaire Santé (50 €), soit : **1.986,74 €.**

Le **Net à payer avant PAS est** le net fiscal (1.986,74 €) + le total des retenues et remboursements divers (– 122,05 €) – le montant patronal de la Complémentaire Santé (50 €) + le total des heures supplémentaires (540,00 €), soit : **2.354,69 €.**

Le montant de la ligne « dont évolution… » = (2.966,75 × 3,15 %) – {[(2.966,75 × 98,25 %) + 50] × 1,7 %}, soit : (93,45 – 50,40) **43,05 €.**

Le net fiscal (1.986,74) étant compris entre 1.914 et 2.016, le taux du P.A.S. est de 3,5 %.
Le Prélèvement à la source est donc de 1.986,74 × 3,5 % = **69,54 €**.

Le **Net à payer est** donc égal au Net à payer avant PAS (2.354,69) – le PAS (69,54), soit : **2.258,15 €.**

Le « **Total versé par l'employeur** » = brut (2.966,75) + le total des cotisations et contributions patronales (1.098,17), soit : **4.065,22 €**.

Bulletin de janvier 2023 avec les heures supplémentaires

Libellé des Rubriques	Base	Taux	Montant	Commentaires	
Salaire de base	151,67		**2 426,75**	Bulletin Heures Suppl.	
Heures supplémentaires	26,00	16,00	**416,00**		
Heures supplémentaires majorées à 25%	21,00	4,00	**84,00**		
Heures supplémentaires majorées à 50%	5,00	8,00	**40,00**		
Total Brut			2 966,75		
Cotisations	Base	Salariales		Patronales	
		Taux	Montant	Taux	Montant
Santé					
Sécurité Sociale (Mal, Mat, Inv, Déc.)	2 966,75			7,00	207,67
Incapacité, Invalidité, Capital Décès (Prév. Décès)					
Complémentaire Santé (Prév. Frais de Santé)			-50,00		50,00
Accident du Travail - Maladie Prof.	2 966,75			2,50	74,17
Retraite					
Sécurité Sociale (Vieillesse Plafonnée)	2 966,75	6,90	-204,71	8,55	253,66
Sécurité Sociale (Vieillesse Déplafonnée)	2 966,75	0,40	-11,87	1,90	56,37
Complémentaire (AGIRC-ARRCO + CEG /T1)	2 966,75	4,01	-118,97	6,01	178,30
Famille	2 966,75			3,45	102,35
Assurance Chômage					
Chômage (Chômage + AGS / TA+TB)	2 966,75			4,20	124,60
Autres Contributions dues par l'employeur	2 966,75				178,92
C.S.G. Non Imposable	2 434,28	6,80	-165,53		
Réduction générale des charges patronales					-127,87
Exonération cotisations salariales / Heures Sup.	540,00	11,31	61,07		
Total des cotisations et contributions			-490,01		1 098,17
Net imposable du mois			1 986,74	Cumul An.	1 986,74
RETENUES ET REMBOURSEMENTS DIVERS					
C.S.G. & C.R.D.S. Imposables	2 434,28	2,90	-70,59		
C.S.G. & C.R.D.S. Imposables sur les H.S.	530,55	9,70	-51,46		
Total des Retenues et Remboursements			-122,05		
Net à payer avant prélèvement à la source			2 354,69	Cumul An.	2 354,69
dont évolution de la rémunération liée à la suppression des cotisations salariales chômage et maladie			*43,05*		
Prélèvement à la source du mois	**1 986,74**	**3,50%**	**-69,54**	**Cumul An.**	**-69,54**
Nombre d'heures travaillées :	177,67	**Net A Payer** **2 285,15 €**		**Date de paiement** **31 janvier 2023**	
		Total versé par l'employeur **4 064,92 €**		Allègement de cotisations **127,87 €**	

Corrigé 55 (Niveau 2)

Sachant que :

- Un salarié est **entré le 1er février 2023 en contrat de professionnalisation (CDD de 6 mois) ;**
- **Né le 14 juin 1992**, il prépare, après son Bac Pro, un **examen supérieur** ;
- Son entreprise parisienne (100 salariés) a un taux de **Versement Mobilité** de **2,95 %** ;
- Le **taux accident du travail** est de **1,30 %** ;
- Le montant de la **prévoyance « Frais de Santé »** est de **47,66 €** (50 % pour le salarié et 50 % pour l'employeur) ;
- La **prévoyance « Décès »** est sur **tranche A** avec un taux de **0,95 % pour l'employeur.**
- **Le minimum conventionnel applicable dans cette entreprise est de 2.235,29 €.**

Notre contrat de professionnalisation a 30 ans. **Il est** donc **payé** 85 % du minimum conventionnel soit : 2.235,29 × 85 % = **1.900,00 €**, base sur laquelle il cotisera « normalement » à toutes les cotisations obligatoires.

Les lignes des cotisations se décomposent ainsi :

- Santé SS : 1.900 × 7 % = **133,00 €.**
- Santé Inc., Inv., Décès : 1.900 × 0,95 % = **18,05 €** en part patronale.
- Santé Complémentaire Santé : 47,66 × 50 % = **23,83 €** en part salariale ainsi qu'en part patronale.
- Accident du Travail – Maladie Prof. : 1.900 × 1,30 % = **24,70 €.**
- Retraite S.S. Vieillesse Plafonnée : 1.900 × 6,90 % = **131,10 €** pour le salarié et 1.900 × 8,55 % = **162,45 €** pour l'employeur.
- Retraite S.S. Vieillesse Déplafonnée : 1.900 × 0,40 % = **7,60 €** pour le salarié et 1.900 × 1,90 % = **36,10 €** pour l'employeur.
- Retraite Complémentaire /T1 est l'addition des cotisations AGIRC-ARRCO + C.E.G. sur Tr. 1, soit :
  - en part salariale : 1.900 × 4,01 % [3,15 % + 0,86 %] = **76,19 €** ;
  - en part patronale : 1.900 × 6,01 % [4,72 % + 1,29 %] = **114,19 €.**
- Famille (Allocations Familiales) : 1.900 × 3,45 % = **65,55 €.**
- Le Chômage (TA+TB) est pour l'employeur : 1.900 × (4,05 % + 0,15 % d'AGS) = **79,80 €.**
- Les **autres contributions dues par l'employeur** : 1.900 × 5,896 % = 112,02 €, somme à la laquelle il faut rajouter le Forfait Social qui est calculé sur la somme des contributions patronales aux prévoyances (18,05 € pour le Décès + 23,83 € pour les Frais de Santé) à 8 %, soit : 41,88 × 8 % = 3,35 €. Soit un total de : 112,02 + 3,35 = **115,37 €.**

La base des C.S.G. et du C.R.D.S. = (1.900 € × 98,25 %) 1.866,75 € auquel on rajoute les montants des charges patronales en prévoyance Décès et Frais de Santé, soit : 1.866,75 + 41,88 = **1.908,63 €.**

- La CSG Non imposable est égale à : 1.908,63 × 6,80 % = **129,79 €.**
- Les CSG & CRDS imposables sont égales à 1.908,63 × (2,40 % + 0,50 %) = **55,35 €.**

La Réduction générale des charges sociale est égale à : 1.900 × 0,2366 = **449,54 €.**
Le coefficient de 0,2366 est obtenu avec la formule : (0,3231 / 0,6) × ([(11,27 × 151,667 × 1,6) / 1.900] -1)

Le Net imposable du mois est le Brut (1.900 €) – le total des cotisations et contributions salariales déductibles des impôts (368,51 €) + le montant de la cotisation patronale de prévoyance Frais de Santé (23,83 €), soit : **1.555,32 €.**

Le **Net à payer avant PAS est** le Net imposable du mois (1.555,32 €) + le total des retenues et remboursements divers (–55,35 €) – le montant patronal de la prévoyance Frais de Santé (23,83 €), soit : **1.476,14 €.**

Le montant de la ligne « dont évolution… » = (1.900 × 3,15 %) – (1.908,63 × 1,7 %), soit : (59,85 – 32,45) **27,40 €.**

La base du PAS (1.555,32 €) est comprise entre 1.518 € et 1.577 €. Le taux à appliquer est donc de 0,5 %. **Le Prélèvement à la Source** est alors : 1.555,32 € × 0,5 % = **7,78 €.**

Le **Net à payer est** au final le Net à payer avant PAS (1.476,14) – le PAS (7,78) soit : **1.468,36 €.**

Le « Total versé par l'employeur » = brut (1.900) + le total des cotisations et contributions patronales (323,50), soit : **2.223,50 €.**

Bulletin de paie du contrat de professionnalisation

Libellé des Rubriques	Base	Taux	Montant	Commentaires	
Salaire	151,67		**1 900,00**	Bulletin Contrat Pro	
Total Brut			1 900,00		
Cotisations	Base	Salariales		Patronales	
		Taux	Montant	Taux	Montant
Santé					
Sécurité Sociale (Mal, Mat, Inv, Déc.)	1 900,00			7,00	133,00
Incapacité, Invalidité, Capital Décès (Prév. Décès)	1 900,00			0,95	18,05
Complémentaire Santé (Prév. Frais de Santé)	47,66	50,00	-23,83	50,00	23,83
Accident du Travail - Maladie Prof.	1 900,00			1,30	24,70
Retraite					
Sécurité Sociale (Vieillesse Plafonnée)	1 900,00	6,90	-131,10	8,55	162,45
Sécurité Sociale (Vieillesse Déplafonnée)	1 900,00	0,40	-7,60	1,90	36,10
Complémentaire (AGIRC-ARRCO + CEG /T1)	1 900,00	4,01	-76,19	6,01	114,19
Famille	1 900,00			3,45	65,55
Assurance Chômage					
Chômage (Chômage + AGS / TA+TB)	1 900,00			4,20	79,80
Autres Contributions dues par l'employeur	1 900,00				115,37
C.S.G. Non Imposable	1 908,63	6,80	-129,79		
Exos, écrêtements & allègements de cotisations					-449,54
Total des cotisations et contributions			**-368,51**		**323,50**
Net imposable du mois			1 555,32	Cumul An. :	1 555,32
RETENUES ET REMBOURSEMENTS DIVERS					
C.S.G. & C.R.D.S. Imposables	1 908,63	2,90	-55,35		
Total des Retenues et Remboursements			-55,35		
Net à payer avant prélèvement à la source			1 476,14	Cumul An. :	1 476,14
dont évolution de la rémunération liée à la suppression des cotisations salariales chômage et maladie			27,40		
Prélèvement à la source	**1 555,32**	**0,50%**	-7,78	Cumul An. :	-7,78
Nombre d'heures travaillées :	151,67	Net A Payer **1 468,36 €**		Date de paiement 28 février 2023	
		Total versé par l'employeur **2 223,50 €**		Allègement de cotisations **449,54 €**	

Corrigé 56 (Niveau 2)

Sachant que :

- **Un stagiaire ingénieur** commence son stage de 6 mois le **mercredi 8 mars 2023 ;**
- **Son indemnité de stage est de 2.208,00 € par mois (de 23 jours travaillés)** ;
- Son entreprise parisienne a plus de 100 salariés et un **taux Versement Mobilité** de **2,95 %** ;
- Le **taux accident du travail** est de **2,50 %** ;
- Il y a une **prévoyance « Frais de Santé » de 50 €** (en part salariale et en part patronale) ;
- Il y a aussi une **prévoyance « Décès » de 1 %** (salarié) **et de 2 %** (employeur) sur la **tranche A**.

Ce stagiaire ingénieur a travaillé 18 jours du mercredi 8 au vendredi 31 mars 2023. Sur les 23 jours ouvrés de mars (161 heures), il faut donc lui retenir 5 jours, soit 35 heures (5j × 7 h).
Sa retenue Entrée-Sortie est donc égale à : 2.208 / 161 × 35 = **480,00 €**.
Son Total Brut est alors : 2.208 € – 480 € = **1.728 €**.

La limite d'exonération pour 18 jours de travail est fixée à 27 € × 15 % × (7 h × 18j) = **510,30 €.**
Il faut donc soumettre aux cotisations URSSAF (Santé, Vieillesse Plafonnée, Vieillesse Déplafonnée, Contribution Solidarité Autonomie, Accident du Travail – Maladie professionnelle, Famille, FNAL, CSG et CRDS), l'excédent. Soit (1.728 – 510,30) : **1.217,70 €**.

Pour un stagiaire, il n'y a pas de prévoyance « Frais de Santé », ni de prévoyance « Décès » (et pas de Forfait Social par conséquent), ni de retraite complémentaire, ni de cotisations chômage (un stagiaire n'est pas un salarié) et ni de réduction générale des charges.
Quant aux taux Santé SS et Famille, « *faute d'avoir la qualité de salarié, le stagiaire n'ouvre pas droit au taux réduit* » (Lettre-circ. ACOSS 2015-42 du 2 juillet 2015, § III-A-4), ils sont ceux de droit commun (soit, respectivement 13 % et 5,25 %).

Les lignes des cotisations se décomposent ainsi :

- Santé SS : 1.217,70 × 13 % = **158,30 €.**
- Accident du Travail = 1.217,70 × 2,50 % = **30,44 €.**
- Retraite S.S. Vieillesse Plafonnée : 1.217,70 × 6,90 % = **84,02 €** pour le salarié et : 1.217,70 × 8,55 % = **104,11 €** pour l'employeur.
- Retraite S.S. Vieillesse Déplafonnée : 1.217,70 × 0,40 % = **4,87 €** pour le salarié et : 1.217,70 × 1,90 % = **23,14 €** pour l'employeur.
- Famille = 1.217,70 × 5,25 % = **63,93 €.**
- Les autres contributions dues par l'employeur ne sont finalement que le Versement Mobilité (2,95 %) + la Contribution Solidarité Autonomie (0,30 %) + le FNAL (0,50 %), soit un taux global de 3,75 % applicable sur la somme soumise aux cotisations. Le montant de cette rubrique est : 1.217,70 × 3,75 % = **45,66 €.**

La base des C.S.G. et du C.R.D.S. = (1.217,70 × 98,25 %) : **1.196,39 €.**

- La CSG Non imposable est égale à : 1.196,39 × 6,80 % = **81,35 €.**
- Les CSG & CRDS imposables sont égales à 1.196,39 × (2,40 % + 0,50 %) = **34,70 €.**

Le Net imposable du mois est le Brut (1.728,00 €) – le total des cotisations et contributions salariales déductibles des impôts (170,24 €), soit : **1.557,76 €.**

Le **Net à payer avant PAS est** le Net imposable du mois (1.557,76 €) + le total des retenues et remboursements divers (– 34,70 €), soit : **1.523,06 €.**

Le montant de la ligne « dont évolution… » = (1.217,70 × 0,75 %) – (1.196,39 × 1,7 %), soit : 9,13 – 20,34 = **– 11,21 €.** (Puisque le stagiaire n'était pas soumis à la cotisation chômage, l'augmentation de la CSG n'est compensée que par la suppression de la cotisation Santé Maladie, ce qui implique une hausse de ses cotisations et non pas la baisse attendue).

Le stagiaire n'étant pas soumis aux impôts dans la limite du Smic annuel, il n'y a pas de P.A.S.
Le **Net à payer est** donc égal au Net à payer avant PAS, soit : **1.523,06 €.**

Le « **Total versé par l'employeur** » = brut (1.728,00) + le total des cotisations et contributions patronales (425,59), soit : **2.153,59 €.**

Bulletin de paie du stagiaire

Libellé des Rubriques	Base	Taux	Montant	Commentaires	
Indemnité de Stage	161,00		2 208,00	Bulletin STAGIAIRE	
Retenue Entrée/Sortie *(en heures réelles)*	35,00	13,714	-480,00		
Total Brut			1 728,00		
Cotisations	Base	Salariales		Patronales	
		Taux	Montant	Taux	Montant
Santé					
Sécurité Sociale (Mal, Mat, Inv, Déc.)	1 217,70			13,00	158,30
Incapacité, Invalidité, Capital Décès (Prév. Décès)					
Complémentaire Santé (Prév. Frais de Santé)					
Accident du Travail - Maladie Prof.	1 217,70			2,50	30,44
Retraite					
Sécurité Sociale (Vieillesse Plafonnée)	1 217,70	6,90	-84,02	8,55	104,11
Sécurité Sociale (Vieillesse Déplafonnée)	1 217,70	0,40	-4,87	1,90	23,14
Complémentaire (AGIRC-ARRCO + CEG /T1)					
Famille	1 217,70			5,25	63,93
Assurance Chômage					
Chômage (Chômage + AGS / TA+TB)					
Autres Contributions dues par l'employeur	1 217,70			3,75	45,66
C.S.G. Non Imposable	1 196,39	6,80	-81,35		
Total des cotisations et contributions			-170,24		425,59
Net imposable du mois			1 557,76	Cumul An. :	1 557,76
RETENUES ET REMBOURSEMENTS DIVERS					
C.S.G. & C.R.D.S. Imposables	1 196,39	2,90	-34,70		
Total des Retenues et Remboursements			-34,70		
Net à payer avant prélèvement à la source			1 523,06	Cumul An. :	1 523,06
dont évolution de la rémunération liée à la suppression des cotisations salariales chômage et maladie			*-11,21*		
Prélèvement à la source	1 557,76	0,00%	0,00	Cumul An. :	0,00
Nombre d'heures travaillées :	126,00	Net A Payer 1 523,06 €		Date de paiement 31 mars 2023	
		Total versé par l'employeur 2 153,59 €		Allègement de cotisations 0,00 €	

Corrigé 57 – 1ère partie (Niveau 1)

Un **apprenti** né le 22 février 2002 a été embauché le 1er septembre 2020 au sein d'une entreprise de la région parisienne qui comporte 100 salariés. Il terminera sa troisième année d'apprentissage le 31 août 2023. Il bénéficie déjà d'une Complémentaire Santé Solidaire. **Établir son bulletin** du mois **de janvier 2023** sachant que le taux A.T. de l'entreprise est de 2,50 %.

Notre apprenti a 20 ans. Puisque c'est sa troisième année d'apprentissage et son contrat a été signé en septembre 2020, **sa rémunération** est donc de 67 % du SMIC soit : 11,27 € × 151,667 heures × 67 % = **1.145,22 €**. Depuis le 1er janvier 2019, l'employeur de cet apprenti ne bénéficie plus des anciennes minorations de charges en échange de la réduction générale des charges patronales. Donc, si le salarié bénéficie toujours de ses allègements de cotisations salariales (sur les taux minimums légaux), l'employeur cotise pour lui aux taux légaux et sur la base de son brut. La réduction générale des charges est calculée ainsi : 1.145,22 € × 0,3231 = **370,02 €** (le coefficient de 0,3231 est le coefficient maximum pour un salarié inférieur au Smic dans les entreprises > 50 salariés).

Bulletin de paie de l'apprenti

Libellé des Rubriques	Base	Taux	Montant	Commentaires	
Salaire	151,67		**1 145,22**	Bulletin APPRENTI	
Total Brut			1 145,22		
Cotisations	Base	Salariales		Patronales	
		Taux	Montant	Taux	Montant
Santé					
Sécurité Sociale (Mal, Mat, Inv, Décès)	1 145,22			7,00	80,17
Incapacité, Invalidité, Capital Décès (Prév. Décès)					
Complémentaire Santé (Prév. Frais de Santé)					
Accident du Travail - Maladie Prof.	1 145,22			2,50	28,63
Retraite					
Sécurité Sociale (Vieillesse Plafonnée)	1 145,22			8,55	97,92
Sécurité Sociale (Vieillesse Déplafonnée)	1 145,22			1,90	21,76
Complémentaire (AGIRC-ARRCO + CEG /T1)	1 145,22			6,01	68,83
Famille	1 145,22			3,45	39,51
Assurance Chômage					
Chômage (Chômage + AGS / TA+TB)	1 145,22			4,20	48,10
Autres Contributions dues par l'employeur	1 145,22				67,52
C.S.G. Non Imposable					
Exos, écrêtements & allègements de cotisations					-370,02
Total des cotisations et contributions			0,00		**82,41**
Net imposable du mois			1 145,22	Cumul An. :	1 145,22
RETENUES ET REMBOURSEMENTS DIVERS					
C.S.G. & C.R.D.S. Imposables					
Total des Retenues et Remboursements			0,00		
Net à payer avant prélèvement à la source			1 145,22	Cumul An. :	1 145,22
dont évolution de la rémunération liée à la suppression des cotisations salariales chômage et maladie			*0,00*		
Prélèvement à la source	**1 145,22**	**0,00%**	0,00	Cumul An. :	0,00
		Net A Payer	**1 145,22 €**	**Date de paiement**	**31 janvier 2023**
		Total versé par l'employeur	**1 227,63 €**	**Allègement de cotisations**	**370,02 €**

Corrigé 57 – 2ème partie (Niveau 2)

Supposons que l'**apprenti** de la 1ère partie, né le 22 février 2002 et **embauché le 1er septembre 2020** ait réalisé **9 heures supplémentaires majorées à 25 %** au mois de mars 2023.

Selon le tableau de la rémunération minimale due aux apprentis dont le contrat a été signé après le 1er janvier 2019, notre apprenti ayant 21 ans et effectuant sa troisième année d'apprentissage, **sa rémunération** est donc de 78 % du SMIC soit : 11,27 € × 78 % × 151,667 heures = **1.333,24 €**.

Selon le même tableau, son taux horaire est de 8,79 €. Ce taux majoré de 25 % pour les H.S. donne : 8,79 € × 1,25 = 10,9875 €. La ligne des **heures supplémentaires** est donc de : 9 heures × 10,99 € = **98,89 €.**

Toutes les charges patronales se calculent sur la base de son brut, soit : (1.333,24 + 98,89) = **1.432,13 €.**

En revanche, sa rémunération brute dépassant 79 % du SMIC mensuel (1.350,34 €), se déclenchent **les cotisations salariales de Vieillesse** (plafonnée et déplafonnée) e**t de Retraite Complémentaire sur la base de** (1.432,13 – 1.350,34) **81,79 €.**

Les lignes des cotisations se décomposent ainsi :

- Santé SS : 1.432,13 × 7 % = **100,25 €.**
- Accident du Travail – Maladie Prof. : 1.432,13 × 2,50 % = **35,80 €.**
- Retraite S.S. Vieillesse Plafonnée :
  - en part salariale : 81,79 × 6,90 % = **5,64 €** ;
  - en part patronale : 1.432,13 × 8,55 % = **122,45 €.**
- Retraite S.S. Vieillesse Déplafonnée :
  - en part salariale : 81,79 × 0,40 % = **0,33 €** ;
  - en part patronale : 1.432,13 × 1,90 % = **27,21 €.**
- Retraite Complémentaire /T1 est l'addition des cotisations AGIRC-ARRCO + C.E.G. sur Tr. 1, soit :
  - en part salariale : 81,79 × 4,01 % [3,15 % + 0,86 %] = **3,28 €** ;
  - en part patronale : 1.432,13 × 6,01 % [4,72 % + 1,29 %] = **86,07 €.**
- Famille (Allocations Familiales) : 1.432,13 × 3,45 % = **49,41 €.**
- Le Chômage (TA+TB) est pour l'employeur : 1.432,13 × (4,05 % + 0,15 % d'AGS) = **60,15 €.**
- Les **autres contributions dues par l'employeur** : 1.432,13 × 5,896 % = **84,44 €** (puisqu'il n'y a ni prévoyance Décès, ni Frais de Santé, il n'y a pas de forfait social à rajouter).

L'apprenti en étant exonéré, aucune cotisation n'est due au titre des C.S.G. et du C.R.D.S.

La réduction générale des charges est calculée ainsi : 1.432,13 € × 0,3231 = **462,72 €** (le coefficient de 0,3231 étant le coefficient maximum pour un salarié inférieur au Smic dans les entreprises > 50 salariés).

La grosse complication arrive avec l'exonération des heures supplémentaires.

1. La base de l'exonération :

Le salarié étant exonéré de cotisations jusqu'à 1.350,34 €, seule la partie du salaire qui dépasse ce montant peut ouvrir droit à une exonération supplémentaire de cotisations, soit : 1.432,13 – 1.350,34 = **81,79 €.**

2. Le taux de l'exonération :

Conformément à l'explication donnée dans la partie des exercices, **la rémunération des heures supplémentaires représente** dans le cas présent : (9 × 1,25) / (151,67 + (9 × 1,25)). Soit : 11,25 / 162,92 = **6,91 % de la rémunération totale**.

3. Le montant de l'exonération :

La rémunération excédant le plafond de 79 % du SMIC de 81,79 €, **l'exonération au titre des heures supplémentaires** ne s'appliquera que sur 6,91 % de celle-ci, soit : 81,79 € × 6,91 % = **5,65 €**.

Bulletin de paie de l'apprenti

Libellé des Rubriques	Base	Taux	Montant	Commentaires	
Salaire	151,67		**1 333,24**	Bulletin APPRENTI	
Heues Supplémentaires (125%)	9,00	10,9875	**98,89**	79% SMIC = 1 350,34 €	
Total Brut			1 432,13		
Cotisations	Base	Salariales		Patronales	
		Taux	Montant	Taux	Montant
Santé					
Sécurité Sociale (Mal, Mat, Inv, Décès)	1 432,13			7,00	100,25
Incapacité, Invalidité, Capital Décès (Prév. Décès)					
Complémentaire Santé (Prév. Frais de Santé)					
Accident du Travail - Maladie Prof.	1 432,13			2,50	35,80
Retraite					
Sécurité Sociale (Vieillesse Plafonnée)	81,79	6,90	-5,64		
Sécurité Sociale (Vieillesse Plafonnée)	1 432,13			8,55	122,45
Sécurité Sociale (Vieillesse Déplafonnée)	81,79	0,40	-0,33		
Sécurité Sociale (Vieillesse Déplafonnée)	1 432,13			1,90	27,21
Complémentaire (AGIRC-ARRCO + CEG /T1)	81,79	4,01	-3,28		
Complémentaire (AGIRC-ARRCO + CEG /T1)	1 432,13			6,01	86,07
Famille	1 432,13			3,45	49,41
Assurance Chômage					
Chômage (Chômage + AGS / TA+TB)	1 432,13			4,20	60,15
Autres Contributions dues par l'employeur	1 432,13				84,44
C.S.G. Non Imposable					
Exos, écrêtements & allègements de cotisations					-462,72
Exonération sur les Heures Supplémentaires	81,79	6,91	5,65		
Total des cotisations et contributions			-3,60		**103,06**
Net imposable du mois			1 428,53	Cumul An. :	3 718,97
RETENUES ET REMBOURSEMENTS DIVERS					
C.S.G. & C.R.D.S. Imposables					
Total des Retenues et Remboursements			0,00		
Net à payer avant prélèvement à la source			1 428,53	Cumul An. :	3 718,97
dont évolution de la rémunération liée à la suppression des cotisations salariales chômage et maladie			*0,00*		
Prélèvement à la source	**1 428,53**	**0,00%**	0,00	Cumul An. :	0,00

Nombre d'heures travaillées du mois :	160,67	**Net A Payer** **1 428,53 €**	**Date de paiement** **31 mars 2023**
Cumul annuel des heures travaillées :	464,01	Total versé par l'employeur **1 535,18 €**	Allègement de cotisations **462,72 €**

Corrigé 58 – 1ère partie (Niveau 2)

Un figurant, artiste non cadre, a été mis en scène par une petite boite de production (moins de 10 salariés) afin de soutenir le show d'un comédien lors d'une émission de télévision ce samedi 25 février 2023. C'est la seule prestation qu'il a réalisée avec cet employeur ce mois-ci pour un **cachet de 200 €.**

Sa profession ne donne **pas droit à déduction pour frais professionnels.**

Le taux d'accident du travail est de 1,2 % dans cette boite de production, le taux de prévoyance incapacité/invalidité/décès est le taux minimum mais la **prévoyance « frais de santé » est au taux de 0,45 % sur le brut** pour les non cadres. Son taux de prélèvement à la source est le taux neutre.

Intermittent – Bulletin d'un figurant en février 2023

Libellé des Rubriques	Base	Taux	Montant	Commentaires	
Cachet du 25 février 2023			**200,00**	Figurant	
Total Brut			200,00		
Total Brut Abattu			200,00		
Cotisations	Base	Salariales		Patronales	
		Taux	Montant	Taux	Montant
Santé					
Sécurité Sociale (Mal, Mat, Inv, Déc.)	200,00			4,90	9,80
Incapacité, Invalidité, Capital Décès (Prév. Décès)	200,00			0,22	0,44
Complémentaire Santé (Prév. Frais de Santé)	200,00			0,45	0,90
Accident du Travail - Maladie Prof.	200,00			0,84	1,68
Retraite					
Sécurité Sociale (Vieillesse Plafonnée / TA)	200,00	4,83	-9,66	5,99	11,98
Sécurité Sociale (Vieillesse Déplafonnée / Brut)	200,00	0,28	-0,56	1,33	2,66
Complémentaire (AGIRC-ARRCO + CEG /T1)	200,00	5,30	-10,60	5,74	11,48
Famille (Tous salaires)	200,00			2,42	4,84
Assurance Chômage					
Chômage (Chômage + AGS / TA+TB)	200,00	2,40	-4,80	9,20	18,40
Majoration pour CDD d'usage	200,00			0,50	1,00
Congés Spectacles	200,00			15,40	30,80
Autres Contributions dues par l'employeur					7,14
C.S.G. Non Imposable	197,84	6,80	-13,45		
Total des cotisations et contributions			-39,07		**101,12**
Net imposable du mois			**161,83**	Cumul An. :	161,83
RETENUES ET REMBOURSEMENTS DIVERS					
C.S.G. & C.R.D.S. Imposables	197,84	2,90	-5,74		
Total des Retenues et Remboursements			-5,74		
Net à payer avant prélèvement à la source			**155,19**	Cumul An. :	155,19
dont évolution de la rémunération liée à la suppression des cotisations salariales chômage et maladie			*-1,86*		
Prélèvement à la source	**0,00**	**0,00**	0,00	Cumul An. :	
			Net A Payer **155,19 €**	**Date de paiement** **28 février 2023**	
			Total versé par l'employeur **301,12 €**	Allègement de cotisations	

Corrigé 58 – 1ère partie (Niveau 2) Explications du bulletin de paie

Pour cet exercice, nous avons simplifié au maximum le brut puisqu'il ne contient qu'un cachet, de 12 heures de travail, pour un montant de 200 €. La profession de l'artiste rémunéré ne donnant pas droit à abattement, le total brut abattu est le même que le total brut.

Son salaire est inférieur au plafond [200 € < 324 € (*27 € de plafond horaire × 12 heures*)], il ne cotise donc pas sur la tranche 2. Puisqu'il est également inférieur à 2,5 SMIC [(200 € / 12 =) 16,67 € < 28,18 € (= 2,5 × 11,27 €)], il ne cotise donc pas non plus sur le complément maladie et encore moins sur le complément allocations familiales. Toutes ses bases de cotisations sont sur la base de son brut [200 €] sauf :

- **Les bases des CSG/CRDS** [196,50 € *(*200 € × 98,25 %) + 0,44 € *(*Mt pat. Prév. Inc. Inv. Déc.) + 0,90 € (Mt pat. Mutuelle) = **197,84 €**],
- **Les bases du FNAL et de la taxe d'apprentissage** (à intégrer dans les « autres contributions dues par l'employeur ») [200 € × 111,5 % = **223,00 €**].

Le point de vigilance est sur les taux réduits à 70 % par rapport aux taux communs :

- **Maladie** [7 % × 70 % = **4,90 %**] ;
- **AT/MP** [1,20 % × 70 % = **0,84 %**] ;
- **Vieillesse plafonnée** part salariale [6,90 % × 70 % = **4,83 %**], part patronale [8,55 % × 70 % = **5,99 %**] ;
- **Vieillesse déplafonnée** part salariale [0,40 % × 70 % = **0,28 %**], part patronale [1,90 % × 70 % = **1,33 %**] ;
- **Allocations familiales** [3,45 % × 70 % = **2,42 %**] ;
- **FNAL** qui est intégré aux « autres contributions dues par l'employeur » [0,1 % × 70 % = **0,07 %**].

La prévoyance incapacité, invalidité, décès est au taux minimum pour les non cadres de **0,22 %** tandis que la complémentaire santé ou prévoyance « **frais de santé** » est au taux donné dans l'énoncé de **0,45 %**.

Pour **la retraite complémentaire**, il fallait se référer au tableau de cotisations spécifiques et bien penser à rajouter la Contribution d'Equilibre Générale (CEG) :

- **Tranche 1** part salariale [4,44 % + 0,86 % = **5,30 %**], part patronale [4,45 % + 1,29 % = **5,74 %**],

Il suffisait ensuite de recopier les montants du tableau de cotisations spécifiques pour les cotisations de :

- **Chômage + AGS** [part salariale **2,40 %**, part patronale 9,05 % + 0,15 % = **9,20 %**] ;
- **Majoration pour CDD d'usage** [**0,50 %** part patronale] ;
- **Congés Spectacles** [**15,40 %**] ;
- **CSG/CRDS** qui sont les mêmes que les taux communs [**6,80 %** pour la CSG déductible et **2,90 %** pour les CSG/CRDS imposables (2,40 % de CSG + 0,50 % de CRDS)].

Pour les autres taux, il suffisait de recopier ceux du tableau de cotisations spécifiques, en prenant garde de bien choisir les cotisations qui correspondent à notre figurant.

Les lignes de cotisations se décomposent donc ainsi :

- **Santé SS (maladie)** : 200 € × 4,90 % = **9,80 €.**
- **Prévoyance Inc., Inv., Déc.** : 200 € × 0,22 % (taux mini. intermittent) = **0,44 €.**

- **Complémentaire santé**: 200 € × 0,45 = **0,90 €.**
- **Accident du Travail**: 200 € × 0,84 % = **1,68 €.**
- **Retraite S.S. Vieillesse plafonnée**: 200 € × 4,83 % = **9,66 €** pour le salarié et 200 € × 5,99 % = **11,98 €** pour l'employeur.
- **Retraite S.S. Vieillesse déplafonnée**: 200 € × 0,28 % = **0,56 €** pour le salarié et 200 € × 1,33 % = **2,66 €** pour l'employeur.
- **La Retraite Complémentaire /T1** est l'addition des cotisations AGIRC-ARRCO + C.E.G. sur Tr. 1, soit:
  - En part salariale: 200 € × 5,30 % [4,44 % + 0,86 %] = **10,60 €**;
  - En part patronale: 200 € × 5,74 % [4,45 % + 1,29 %] = **11,48 €.**
- **Famille** (Allocations Familiales): 200 € × 2,42 % = **4,84 €.**
- **Le Chômage** (TA+TB) a une part salariale [200 € × 2,40 % = **4,80 €**] et une part employeur [200 € × (9,05 % + 0,15 %) d'AGS] = **18,40 €.**
- **La majoration pour CDD d'usage**: 200 € × 0,50 % = **1,00 €.**
- **Les Congés Spectacles**: 200 € × 15,40 % = **30,80 €.**
- **Les autres contributions dues par l'employeur**: 200 € × 2,736 % (0,30 % de solidarité autonomie + 0,016 % de contribution au dialogue social + 2,10 % de participation à la formation + 0,32 % de médecine du travail) = 5,47 €, montant auquel il faut ajouter les contributions dont la base est majorée de 11,5 % (200 € × 111,5 % = 223 €), soit: 223 € × 0,75 % (0,07 % de FNAL + 0,68 % de taxe d'apprentissage) = 1,67 €. Ce qui nous donne un total de: 5,47 € + 1,67 € = **7,14 €**.
- **La CSG non imposable**: 197,84 € × 6,80 % = **13,45 €.**
- **Les CSG & CRDS imposables**: 197,84 € × 2,90 % [2,40 % + 0,50 %] = **5,74 €.**

Le Net imposable du mois est égal à la somme du Total brut, du Total des cotisations et contributions salariales et de la part patronale de la prévoyance « frais de santé » (200 € – 39,07 + 0,90) = **161,83 €**. Ce montant étant bien inférieur à la réduction de 701 € pour contrat de moins de 2 mois, le net imposable ainsi que le prélèvement à la source sont nuls.

De ce fait, le **Net à payer avant prélèvement à la source** est le Total Brut, auquel on enlève le Total des cotisations et contributions salariales et le Total des retenues et remboursements salariaux, soit: (200 € – 39,07 – 5,74) = **155,19 €**.

Nous avons laissé **la ligne « dont évolution ... »** qui est toujours négative puisque la cotisation salariale Chômage à 2,40 % est toujours présente et que, de ce fait, l'augmentation de la CSG n'est pas compensée (200 € × 0,75 % – 197,84 × 1,7 %) = **– 1,96 €**.

Le **Total versé par l'employeur** est donc la somme du brut avant abattement (ici le même que le brut) et du total des cotisations et contributions patronales (200 € + 101,12) = **301,12 €**.

Les artistes n'ont **jamais** d'allègement **de** cotisations, alloué par la **réduction générale des charges patronales**, du fait de leurs taux réduits (ce qui est déjà un allègement en soi).

Corrigé 58 – 2ème partie (Niveau 2)

Établir le bulletin de salaire du comédien, artiste non cadre également dont la profession le conduit à avoir une **déduction professionnelle de 25 %** et rémunéré par un unique **cachet de 1.000 € ce mois de février 2023.** Ses taux sont les mêmes que pour son confrère figurant.

Libellé des Rubriques	Base	Taux	Montant	Commentaires	
Cachet du 25 février 2023			**1 000,00**	Comédien	
Total Brut			1 000,00		
Total Brut Abattu			750,00		
Cotisations	**Base**	**Salariales**		**Patronales**	
		Taux	**Montant**	**Taux**	**Montant**
Santé					
Sécurité Sociale (Mal, Mat, Inv, Déc.)	750,00			4,90	36,75
Sécurité Sociale (Mal, Mat, Inv, Déc. >2,5 SMIC)	750,00			4,20	31,50
Incapacité, Invalidité, Capital Décès (Prév. Décès)	202,00			0,22	0,44
Complémentaire Santé (Prév. Frais de Santé)	202,00			0,45	0,91
Accident du Travail - Maladie Prof.	750,00			0,84	6,30
Retraite					
Sécurité Sociale (Vieillesse Plafonnée / TA)	324,00	4,83	-15,65	5,99	19,41
Sécurité Sociale (Vieillesse Déplafonnée / Brut)	750,00	0,28	-2,10	1,33	9,98
Complémentaire (AGIRC-ARRCO + CEG /T1)	750,00	5,30	-39,75	5,74	43,05
Famille (Tous salaires)	750,00			2,42	18,15
Famille (> 3,5 SMIC)	750,00			1,26	9,45
Assurance Chômage					
Chômage (Chômage + AGS / TA+TB)	1 000,00	2,40	-24,00	9,20	92,00
Majoration pour CDD d'usage	1 000,00			0,50	5,00
APEC (Salarié Cadre TA+TB)					
Congés Spectacles	1 000,00			15,40	154,00
Autres Contributions dues par l'employeur					26,46
C.S.G. Non Imposable	983,85	6,80	-66,90		
Total des cotisations et contributions			**-148,40**		**453,40**
Net imposable du mois			**851,60**	Cumul An. :	851,60
RETENUES ET REMBOURSEMENTS DIVERS					
C.S.G. & C.R.D.S. Imposables	983,85	2,90	-28,53		
Total des Retenues et Remboursements			**-28,53**		
Net à payer avant prélèvement à la source			**823,07**	Cumul An. :	823,07
dont évolution de la rémunération liée à la suppression des cotisations salariales chômage et maladie			*-11,10*		
Prélèvement à la source	**150,60**	**0,00**	**0,00**	Cumul An. :	
		Net A Payer **823,07 €**		**Date de paiement** **28 février 2023**	
		Total versé par l'employeur **1 453,40 €**		**Allègement de cotisations**	

Corrigé 58 – 2ème partie (Niveau 2) Explication du bulletin

Comme pour la 1ère partie, le brut ne contient qu'un cachet, cette fois de 1.000 € avec abattement de 25 %, donc **le Total brut abattu** est égal à (1.000 € × 75 %) = **750 €**.

Ce Total brut abattu est supérieur au plafond horaire [750 € > 324 € (27 € × 12 heures)], au plafond journalier (202 €), à 2,5 SMIC (2,5 × 11,27 € × 12 heures = 338,10 €) et même à 3,5 SMIC (3,5 × 11,27 € × 12 heures = 473,34 €).

Nous avons, par conséquent, des bases de **cotisations** différentes. Celles qui sont **assises** sur :

- **le brut à 1.000 €** :
  - Chômage ;
  - Majoration pour CDD d'usage ;
  - Caisse des Congés Spectacles ;
- **le brut abattu à 750 €** :
  - Sécurité Sociale (Mal, Mat, Inv, Décès) ;
  - Sécurité Sociale (Mal, Mat, Inv, Décès) (si > 2,5 SMIC) ;
  - Sécurité Sociale (Vieillesse Déplafonnée / Brut) ;
  - Accident du Travail ;
  - Famille ;
  - Famille (si > 3,5 SMIC) ;
  - Retraite Complémentaire (AGIRC-ARRCO + CEG / T1) ;
  - et les Contribution Solidarité Autonomie, Contribution au Dialogue Social, Participation à la Formation, Médecine du Travail (ces 4 dernières incluses dans Autres contributions dues par l'employeur) ;
- **le brut abattu majoré de 11,5 %** (pour inclure les indemnités de congés payés versés par la caisse des Congés Spectacle) **à 836,25 €** :
  - le FNAL et la Taxe d'apprentissage (incluses dans Autres Contributions dues par l'employeur) ;
- **le plafond horaire à 324 €** :
  - Sécurité Sociale (Vieillesse Plafonnée) ;
- **le plafond journalier à 202 €** :
  - les deux prévoyances : Décès et Frais de Santé ;
- **les CSG/CRDS sur** 98,25 % du brut (982,50 €) majorées de la part patronale des prévoyances décès (0,44 €) et Frais de santé (0,91 €), soit ; (982,50 € + 0,44 € + 0,91 €) = **983,85 €**.

Il n'a aucune cotisation assise sur la tranche 2 puisqu'il est non cadre, et que le plafond pour déclencher le tranche 2 de retraite complémentaire est le plafond annuel (43.992 €).

Les taux de cotisations et contributions sont exactement les mêmes que ceux vu à la partie précédente puisque nous avions même détaillé ceux sur lesquels notre figurant ne cotisait pas.

Les lignes de cotisations se décomposent donc ainsi :

- Santé SS (maladie) : 750 € × 4,90 % = **36,75 €**.
- Santé SS (complément maladie) : 750 € × 4,20 % = **31,50 €**.
- Prévoyance Inc., Inv., Déc. : 202 € × 0,22 % (taux mini. intermittent) = **0,44 €**.
- Complémentaire santé : 202 € × 0,45 = **0,91 €**.
- Accident du Travail : 750 € × 0,84 % = **6,30 €**.

- Retraite S.S. Vieillesse plafonnée : 324 € × 4,83 % = **15,65 €** pour le salarié et 324 € × 5,99 % = **19,41 €** pour l'employeur.
- Retraite S.S. Vieillesse déplafonnée : 750 € × 0,28 % = **2,10 €** pour le salarié et 750 € × 1,33 % = **9,98 €** pour l'employeur.
- La Retraite Complémentaire T1 est l'addition des cotisations AGIRC-ARRCO + C.E.G. sur Tr 1, soit :
  - En part salariale : 750 € × 5,30 % [4,44 % + 0,86 %] = **39,75 € ;**
  - En part patronale : 750 € × 5,74 % [4,45 % + 1,29 %] = **43,05 €.**
- Famille (Allocations Familiales) : 750 € × 2,42 % = **18,15 €.**
- Famille (> 3,5 SMIC) : 750 € × 1,26 = **9,45 €.**
- Le Chômage (TA+TB) a une part salariale [1.000 € × 2,40 %] = **24,00 €** et une part employeur [1.000 € × (9,05 % + 0,15 % d'AGS] = **92,00 €.**
- La majoration pour CDD d'usage : 1.000 € × 0,50 % = **5,00 €.**
- Les Congés Spectacles : 1.000 € × 15,40 % = **154,00 €.**
- Les autres contributions dues par l'employeur : 750 € × 2,736 % (0,30 % de solidarité autonomie + 0,016 % de contribution au dialogue social + 2,10 % de participation à la formation + 0,32 % de médecine du travail) = 20,52 €, montant auquel il faut ajouter la taxe d'apprentissage dont la base est majorée de 11,5 % pour inclure les indemnités de congés payés (750 € × 111,5 % = 836,25 €), soit : 836,25 € × 0,68 % = 5,69 €, ainsi que la contribution au FNAL dont le brut abattu est limité au plafond horaire puis majoré également de 11,5 % (324 € × 111,5 % = 361,26 €) et où le taux est diminué de 30 % (361,26 € × 0,07 % = 0,25 €). Ce qui nous donne un total de : 20,52 € + 5,69 € + 0,25 € = **26,46 €.**
- Les CSG & CRDS imposables : 983,85 € × 2,90 % [2,40 % + 0,50 %] = **66,90 €.**

Le **Net imposable du mois** est le Total Brut (1.000 €) auquel on enlève le Total des cotisations et contributions salariales (148,40 €), soit : (1.000 € – 148,40 €) = **851,60 €** (Ne pas rajouter la part patronale de prévoyance « Frais de Santé », comme nous l'avons précédemment expliqué), montant auquel il faut retirer les 701 € de déduction pour contrat court afin de trouver la base du prélèvement à la source (851,60 € – 701 € = **150,60 €**).
Ce montant étant bien inférieur à celui qui déclenche le taux neutre minimum (1.518 €), notre comédien a un taux de prélèvement à la source de 0 % et son montant est donc également nul.

Le Net à payer est alors égal au net à payer avant prélèvement à la source, qui est la somme du brut, du total des cotisations et contributions salariales ainsi que du total des retenues et remboursements salariaux (1.000 € – 148,40 € – 28,53 € = **823,07 €.**

Le Total versé par l'employeur est toujours la somme du brut, du total des cotisations et contributions patronales, soit : (1.000 € + 453,40 €) = **1.453,40 €.**

Comme notre figurant, de même que tous les artistes, ce comédien n'a pas d'allègement de cotisations patronales.

Corrigé 59 (Niveau 2)

Une entreprise de **travaux de menuiserie métallique et serrurerie (Bâtiment)** de 9 salariés située dans les Yvelines (région parisienne) vous demande d'établir un bulletin de paie en janvier 2023 pour son salarié, ouvrier professionnel (Niveau 1, Position 1, Coefficient 150). Ce salarié travaille 35 heures par semaine du lundi au vendredi, il se déplace tous les jours sur des chantiers et n'est pas imposable. Son **taux horaire de base** s'élève à **12,00 €**.

BTP - Bulletin de l'ouvrier professionnel de janvier 2023

Libellé des Rubriques	Base	Taux	Montant	Commentaires
Salaire	151,67	12,000	**1 820,04**	
Indemnités trajet Zone II soumises	22,00	2,740	**60,28**	
Indemnités transport Zone II non soumises	22,00	2,670	**58,74**	
Indemnités repas hors locaux (chantier) soumises	22,00	1,100	**24,20**	
Indemnités repas hors locaux (chantier) non soumises	22,00	9,900	**217,80**	
Total Brut			2 181,06	
Total Brut Abattu			1 962,95	

Cotisations	Base	Salariales Taux	Salariales Montant	Patronales Taux	Patronales Montant
Santé					
Sécurité Sociale (Mal, Mat, Inv, Décès)	1 962,95			7,00	137,41
Incapacité, Invalidité, Capital Décès (Prév. Décès)	1 962,95	0,87	-17,08	1,72	33,76
Frais de santé			-60,00		60,00
Accident du Travail - Maladie Prof.	1 962,95			6,70	131,52
Retraite					
Sécurité Sociale (Vieillesse Plafonnée)	1 962,95	6,90	-135,44	8,55	167,83
Sécurité Sociale (Vieillesse Déplafonnée)	1 962,95	0,40	-7,85	1,90	37,30
Complémentaire (AGIRC-ARRCO + CEG /T1)	1 962,95	4,01	-78,71	6,01	117,97
Famille	1 962,95			3,45	67,72
Assurance Chômage					
Chômage (Chômage + AGS / TA+TB)	1 962,95			4,20	82,44
BTP - Caisse de Congés Payés	1 820,04			19,80	360,37
BTP - OPPBTP	2 059,19			0,11	2,27
Autres Contributions dues par l'employeur					41,88
C.S.G. Non Imposable	1 950,82	6,80	-132,66		
Exos, écrêtements & allègements de cotisations					-456,19
Total des cotisations et contributions			**-431,74**		**784,27**
Net imposable du mois			1 532,78	Cumul An.	1 532,78
RETENUES ET REMBOURSEMENTS DIVERS					
C.S.G. & C.R.D.S. Imposables	1 950,82	2,90	-56,57		
Total des Retenues et Remboursements			-56,57		
Net à payer avant prélèvement à la source			1 692,75	Cumul An.	1 692,75
dont évolution de la rémunération liée à la suppression des cotisations salariales chômage et maladie			*28,67*		
Prélèvement à la source	**1 532,78**	**0,00%**	0,00	**Cumul An.**	**0,00**

Nombre d'heures travaillées du mois :	151,67	**Net A Payer** 1 692,75 €	**Date de paiement** 31 janvier 2023
Cumul annuel des heures travaillées :	151,67	**Total versé par l'employeur** 2 965,33 €	**Allègement de cotisations** 456,19 €

Corrigé 59 (Niveau 2) Explications du bulletin

La première ligne correspond à son **salaire de base** : 151,67 h × 12,00 € = **1.820,04 €.**

Il convient de déclencher les Indemnités de Petits déplacements pour ce salarié soit pour les 22 jours ouvrés en janvier 2023 :

- 22 **indemnités de trajet en Zone II soumises** : 22 × 2,74 = **60,28 €** ;
- 22 **indemnités de transport en Zone II non soumises** : 22 × 2,67 = **58,74 €** ;
- 22 **indemnités de repas soumises** : 22 × (11,00 – 9,90) = **24,20 €** ;
- 22 **indemnités de repas non soumises** : 22 × 9,90 = **217,80 €.**

Puisque le salarié bénéficie de l'abattement de son brut de 10 %, il n'y a pas d'exonération au niveau de l'URSSAF pour les repas pris hors locaux (paniers de déplacement) et pour l'indemnité de transport. Néanmoins, parce qu'il n'y aura pas de CSG/CRDS sur la partie théoriquement exonérée de cotisations, il faut diviser le montant de l'indemnité repas pris hors locaux en montant soumis et non soumis, soit 9,90 € pour la partie exonérée et 1,10 € pour la partie soumise.

Son **Total Brut** est alors de : 1.820,04 + 60,28 + 58,74 + 24,20 + 217,80 = **2.181,06 €.**
Son **Total Brut Abattu** est alors de : 2.181,06 € – 10 % = **1.962,95 €.**

Les lignes de cotisations se décomposent ainsi :

- Santé SS (Mal. Mat. Inv. Décès) en part patronale : 1.962,95 × 7 % = **137,41 € ;**
- Santé Inc., Inv., Décès : 1.962,95 × 0,87 % = **17,08 €** en part salariale et 1.962,95 × 1,72 % = **33,76 €** en part patronale ;
- Frais de santé : 120 * 50 % = **60,00 €** en part salariale et 120 * 50 %= **60,00 €** en part patronale ;
- A.T. – Maladie Prof. : 1.962,95 × 6,70 % = **131,52 €** ;
- Retraite S.S. Vieillesse Plafonnée : 1.962,95 × 6,90 % = **135,44 €** pour le salarié et : 1.962,95 × 8,55 % = **167,83 €** pour l'employeur ;
- Retraite S.S. Vieillesse Déplafonnée : 1.962,95 × 0,40 % = **7,85 €** pour le salarié et : 1.962,95 × 1,90 % = **37,30 €** pour l'employeur ;
- Ret. Compl. /T1 est l'addition des cotisations AGIRC-ARRCO + C.E.G. sur Tr. 1, soit :
  - en part salariale : 1.962,95 × 4,01 % [3,15 % + 0,86 %] = **78,71 €** ;
  - en part patronale : 1.962,95 × 6,01 % [4,72 % + 1,29 %] = **117,97 € ;**
- Allocations Familiales (salaire inférieur à 3,5 SMIC mensuel) : 1.962,95 × 3,45 % = **67,72 € ;**
- Le Chômage est pour l'employeur : 1.962,95 × (4,05 % + 0,15 % d'AGS) = **82,44 €.**

Hormis le fait d'avoir un brut abattu de 10 %, jusqu'à présent le bulletin ressemblait à celui d'un salarié non BTP. Mais voici à présent les particularités de cette convention collective :

- **BTP – Caisse des Congés Payés** : La base est le salaire de base soit 1.820,04 € Hors particularité liée à certaines entreprises, le taux est de 19,80 %. Le montant est donc : 1.820,04 × 19,80 % = **360,37 €.**
- **BTP – OPPBTP** : L'assiette de la cotisation OPPBTP correspond à la masse salariale brute déclarée pour le calcul de la cotisation congés payés, augmentée forfaitairement d'un coefficient de majoration de 1,1314, soit : 1.820,04 × 1,1314 = 2.059,19 €. Le montant est donc : 2.059,19 × 0,11 % = **2,27 €.**

- Les Autres Contributions dues par l'employeur regroupent :
  - Des charges patronales assises sur le Total Brut Abattu (1.962,95 €). Ce sont la Contribution Solidarité Autonomie au taux de 0,30 % et la Contribution au Dialogue Social au taux de 0.016 %. Le Total de ces deux contributions : 1.962,95 € × 0,316 % = **6,20 €.**
  - Des charges patronales assises sur le Total Brut Abattu majoré de 11,5 % (2.188,69 €). Ce sont le FNAL au taux de 0,10 % (entreprise dont l'effectif est inférieur à 50 salariés), la Taxe

d'apprentissage au 0,68 %, la formation continue à 0,85 % (pour la contribution légale 0,55 % + CCCA 0,30 %, effectif inférieur à 11 salariés).
Le versement mobilité, l'effort Construction ne sont pas dus puisque l'effectif de la société est inférieur à 50 salariés.
Le Total de ces cotisations : 2.188,69 € × 1,63 % = **35,68 €**

- Le forfait social à 8 % sur la prévoyance qui se calcule sur le salaire brut abattu × 1 % × 8 % **n'est pas dû puisque l'effectif de l'entreprise est inférieur à 11 salariés.**

Le Total des **autres contributions dues par l'employeur** est donc de : 6,20 € + 35,68 € **= 41,88 €.**

La base des C.S.G. et du C.R.D.S. est le total brut augmenté de la part des indemnités repas soumises et des indemnités trajet soumises, multiplié par 98,25 %, auquel on rajoute la part patronale des Prévoyance Frais de santé et Décès, soit : ([1.820,04 + 24,20 + 60,28) × 98,25 %] + 60 + (1.962,95 € × 1 %) = **1.950,82 €.**

- La CSG Non imposable est égale à : 1.950,82 × 6,80 % = **132,66 € ;**
- Les CSG & CRDS imposables sont égales à 1.950,82 × (2,40 % + 0,50 %) = **56,57 €.**

Pour le montant de la **Réduction générale des charges** il faut contrôler que le montant calculé en tenant compte de la déduction forfaitaire spécifique est bien plafonné à 130 % du montant calculé si l'entreprise n'applique pas la déduction forfaitaire spécifique.

On calcule en premier lieu la réduction générale sans tenir compte de la DFS. Il faut donc sortir du brut les frais professionnels exonérés. Le salaire à retenir est donc de : 1.820,04 + 60,28 + 24,20 = 1. 904,52 €.
La Réduction générale est donc égale à 1.904,52 € × {[(0,3191 / 0,6) × [(151,67 heures × 11,27 € × 1,6) / 1.904,52 €] – 1] × 100 / 90} = 490,79 €.
Précisions : Le taux est de 0,3231 car l'entreprise à une cotisation FNAL à 0,10 % et il faut appliquer le correctif « x 100 / 90 » car il ne faut pas oublier cette particularité liée aux entreprises de BTP.
L'entreprise appliquant une DFS, le montant de la réduction générale des charges ne pourra pas excéder 490,79 × 1,30 = 638,03 €.

On calcule en deuxième lieu le montant de la réduction générale en tenant compte de la DFS.
La réduction générale est donc égale à 1.962,95 € × {[(0,3191 / 0,6) × [(151,67 heures × 11,27 € × 1,6) / 1.962,95 €] – 1] × 100 / 90} = **456,19 €.**

Ce deuxième montant peut être appliqué sur le bulletin de paie car il est bien inférieur à 638,03 €.

Le Net imposable du mois est le Total Brut (2.181,06 €) – le montant des indemnités de transport non soumises 58,74 € – le montant des indemnités de repas non soumises 217,80 € – le total des cotisations et contributions salariales déductibles des impôts (431,74 €) + les montants des cotisations patronales de frais de santé 60,00 € soit : **1.532,78 €.**

Le Net à payer avant PAS est le Total brut (2.181,06 €) – le montant des cotisations salariales – le total des retenues et remboursements, soit : 2.181,06 – 431,74 – 56,57 = **1.692,75 €.**

Le montant de la ligne « dont évolution… » = (1.962,95 × 3,15 %) – (1.950,82 × 1,7 %) = **28,67 €.**

N'ayant pas de Prélèvement A la Source, le Net à payer est le même que le Net à payer avant PAS.

Le « Total versé par l'employeur » = brut (2.181,06 €) + total des cotisations et contributions patronales (864,57 €), soit : 2.181,06 + 864,57= **3.045,63 €.**

Corrigé 60 (Niveau 1)

Première approche de la maladie par le calcul des I.J.S.S. D'abord, 3 exercices simples à condition de se rappeler de la formule et de bien faire attention au montant maximum des I.J.S.S. (SMIC mensuel × 1,8), globalement dans le deuxième exercice, et mois par mois dans le troisième exercice.

1. Un salarié ayant 10 ans d'ancienneté dans une entreprise perçoit un salaire inchangé depuis 1 an de 2.737,50 €.

Calculer le montant de ses I.J.S.S. (Indemnités Journalières de Sécurité Sociale) **brutes et nettes** s'il est **malade** (hors coronavirus) **15 jours** ce mois de **mai 2023.**

Montant des I.J.S.S. brutes

D'abord, il faut déterminer le gain journalier : 2.737,50 € × 3 mois (mai, avril, mars) / 91,25 = 90 €.
Puis valoriser ce résultat par le taux de 50 %, soit : 90 € × 50 % = 45 €.
Et enfin, multiplier le nombre de jours à indemniser par ce montant journalier : 15 jours d'arrêt de travail – 3 jours de carence = 12 jours × 45 € **= 540,00 €.**

Montant des I.J.S.S. nettes

Pour passer des IJSS brutes aux IJSS nettes, il faut enlever la part de la CSG à 6,20 %, puis celle de la CRDS à 0,50 %, soit : **CSG** = 540 € × 6,20 % = **33,48 €** et **CRDS** = 540 € × 0,50 % = **2,70 €.**
Le montant des I.J.S.S. nettes est donc = 540 € – 33,48 € – 2,70 € **= 503,82 €.**

Nota Bene : la CPAM pratique ainsi : une première ligne pour la CSG et une seconde pour la CRDS, les deux montants étant arrondis au centime supérieur.

2. Un salarié ayant 10 ans d'ancienneté dans une entreprise perçoit un salaire inchangé depuis 1 an de 4.000,00 €.

Calculer le montant de ses I.J.S.S. brutes et nettes s'il est **malade** (hors coronavirus) **12 jours** ce mois de **mai 2023.**

$$\textbf{Montant des I.J.S.S. brutes} = \frac{(3.076{,}70 \times 3)}{91{,}25} \times 50\,\% \times (12\text{ j} - 3\text{ j de carence}) = \mathbf{455{,}22\ €.}$$

Puisque les salaires mensuels de 4.000 € dépassent tous les mois largement le 1,8 SMIC mensuel, il faut limiter le brut de chaque mois à 1,8 SMIC (soit : 11,27 € × 151,67 h × 1,8 = **3.076,70 €**). A noter que le résultat aurait été le même si nous avions simplifié notre calcul en prenant directement le montant maximum des I.J.S.S. 2023 (50,58 €) × 9 jours.

Montant des I.J.S.S. nettes

Le montant des IJSS nettes est égal au montant des IJSS brutes moins la CSG et moins la CRDS, soit : **IJSS brutes** (455,22 €) – **CSG** (455,22 € × 6,20 % = **28,22 €**) – **CRDS** = (455,22 € × 0,50 % = **2,27 €**) = **424,73 €.**

3. Un salarié ayant 10 ans d'ancienneté dans une entreprise a perçu un salaire de 4.400,00 € en décembre 2022 et de 2.200 € en janvier et février 2023. Ayant été identifié par l'Assurance Maladie comme « cas contact » et ne pouvant pas télétravailler, il est en arrêt de travail à compter du 15 mars 2023. Finalement, son test se révèle négatif et le salarié peut reprendre son travail le 25 mars 2023.

Calculer le montant de ses I.J.S.S. brutes et nettes pour ce mois de **mars 2023**.

Attention : Dans le cas des « cas contact », au moins jusqu'au 31 décembre 2023, il n'y a pas de carence. Donc, les 10 jours (du 15 au 24 mars inclus) sont à prendre en compte.

Montant des I.J.S.S. brutes

Pour le brut à prendre en compte, nous avons :
Décembre 2022 : 4.400 € limité à 1,8 SMIC mensuel, soit : 3.076,70 €.
Janvier 2023 : 2.200 €.
Février 2023 : 2.200 €.

Le gain journalier est donc de : (3.076,70 + 2.200 + 2.200) 7.476,70 € / 91,25 = 81,93 €.
Puis valoriser ce résultat par le taux de 50 %, soit : 81,93 € × 50 % = 40,96 €.
Et enfin, multiplier le nombre de jours à indemniser par ce montant journalier : 10 jours d'arrêt de travail × 40,96 € = **409,60 €.**

Montant des I.J.S.S. nettes

Le montant des IJSS nettes est égal au montant des IJSS brutes moins la CSG et moins la CRDS, soit : **IJSS brutes** (409,60 €) – **CSG** (409,60 € × 6,20 % = **25,40 €**) – **CRDS** = (409,60 € × 0,50 % = **2,05 €**) = **382,15 €.**

Corrigé 61 (Niveau 1)

Une salariée ayant 6 ans d'ancienneté dans une entreprise qui **ne pratique pas la subrogation** et percevant un salaire inchangé depuis 1 an de **4.200,00 €**, va s'absenter pour **maternité** (sachant qu'elle **a déjà deux enfants à charge et qu'elle attend des jumeaux pour le 1er Juillet 2023**). Avant de partir, elle vous demande de calculer **le montant total des I.J. maternité qu'elle va percevoir** chez elle.

Suivant le tableau de la durée d'indemnisation de la part de la Sécurité Sociale, cette salariée a droit à 12 semaines avant l'accouchement et à 22 semaines après. Soit **34 semaines au total**.

Ces 34 semaines (soit 238 jours car 34 semaines × 7 jours = 238) seront indemnisées sur la base calculée avec son salaire de référence limité au plafond (sa rémunération mensuelle de 4.200 € est supérieure au plafond SS [3.666 € en 2023]) diminué de 21 % (forfait global au titre des cotisations salariales) soit :

95,22 € × 238 jours = 22.662,36 – 6,7 % = **21.143,98 €.**

Corrigé 62 (Niveau 2)

Pour ce mois de **juin 2023**, établir les deux bulletins de salaire d'un salarié ayant un **salaire de 2.940 €** mensuel (constant depuis plusieurs mois) pour 151,67 heures, le premier quand il a un arrêt **maladie** indemnisé à 100 % **de 13 jours avec** une **garantie conventionnelle** (à gauche) et le second quand il travaille normalement (à droite) pour vérifier que vous avez bien le même net à payer avant PAS.

La prévoyance « Frais de Santé » est de 100 € (50 % pour le salarié et 50 % pour l'employeur).
La prévoyance « Décès » est de 1 % (part salariale) et de 2 % (part patronale) sur la tranche A.

	Salarié en absence maladie			Salarié présent sans maladie		
Libellé des Rubriques	**Base**	**Taux**	**Montant**	**Base**	**Taux**	**Montant**
Salaire	151,67		**2 940,00**	151,67		**2 940,00**
Absence Maladie	13,00	98,000	**-1 274,00**			
Paiement Maladie	13,00	98,000	**1 274,00**			
I.J.S.S. "Brutes"	10,00	48,320	**-483,20**			
Garantie Conventionnelle			**-95,04**			
Total Brut			2 361,76			2 940,00
Cotisations	**Base**	**Salariales – Taux**	**Salariales – Montant**	**Base**	**Salariales – Taux**	**Salariales – Montant**
Santé						
Inc., Inv., Capital Décès	2 361,76	1,00	-23,62	2 940,00	1,00	-29,40
Complémentaire Santé			-50,00			-50,00
Retraite						
S.S. (Vieillesse Plaf.)	2 361,76	6,90	-162,96	2 940,00	6,90	-202,86
S.S. (Vieillesse Déplaf.)	2 361,76	0,40	-9,45	2 940,00	0,40	-11,76
Complémentaire (/T1)	2 361,76	4,01	-94,71	2 940,00	4,01	-117,89
C.S.G. Non Imposable	2 417,66	6,80	-164,40	2 997,35	6,80	-203,82
Total des cotisations et contributions			**-505,14**			**-615,73**
Net imposable du mois			**1 906,62**			**2 374,27**
RETENUES ET REMBOURSEMENTS DIVERS						
C.S.G. & C.R.D.S. Imp.	2 417,66	2,90	-70,11	2 997,35	2,90	-86,93
I.J.S.S. "Nettes"	10,00	45,083	450,83			
Total des Retenues et Remboursements			**380,72**			**-86,93**
Net à payer avant prélèvement à la source			**2 237,34**		=	**2 237,34**

Il faut calculer le **Taux1** de la formule : 6,90 % (Ass. Vieil. Plaf.) + 0,40 % (Ass. Vieil Déplaf.) + 4,01 % (Retraite Compl.) + 1 % (Prév. « Décès ») + 9,53025 % [CSG (6,80 % + 2,40 %) + CRDS (0,50 %) × 98,25 %] + 0,194 % [Part patronale de prévoyance « Décès » (2 %) × le % total des CSG et CRDS (9,7 %)] = 22,03425 %, soit : **0,2203425.**
Ensuite, il faut calculer **1 – Taux1** (1 – 0,2203425) = **0,7796575.**
Les IJSS brutes sont calculées comme vu précédemment [(([(2.940 € × 3) / 91,25] × 50 %) × (13j – 3j de carence)] = **483,20 €**.
Puis, on applique tout simplement la formule pour trouver **le montant de la garantie conventionnelle** :

$$483{,}20 \times \frac{0{,}2203425 - 0{,}067}{0{,}7796575} = \mathbf{95{,}04\ €}$$

Enfin, **les I.J.S.S. nettes** sont les I.J.S.S. – la C.S.G et la C.R.D.S, soit : 483,20 € – 6,7 % = **450,83 €.**
Les 2 montants du « Net à payer avant prélèvement à la source » sont bien égaux !

Corrigé 63 (Niveau 2)

Pour ce mois d'**avril 2023**, établir les deux bulletins de salaire d'un salarié **cadre** ayant un **salaire de 6.000 €** mensuel (constant depuis plusieurs mois) pour 151,67 heures, le premier quand il a un arrêt **maladie** indemnisé à 100 % **de 15 jours avec** une **garantie conventionnelle** (à gauche) et le second quand il travaille normalement (à droite) pour vérifier que vous avez bien le même net à payer avant PAS.
La prévoyance « Frais de Santé » est de 100 € (50 % pour le salarié et 50 % pour l'employeur).
La prévoyance « Décès » est au strict minimum légal (1,5 % pour l'employeur sur Tr. A).

	Salarié en absence maladie			Salarié présent sans maladie		
Libellé des Rubriques	Base	Taux	Montant	Base	Taux	Montant
Salaire	151,67		**6 000,00**	151,67		**6 000,00**
Absence Maladie	15,00	200,000	**-3 000,00**			
Paiement Maladie	15,00	200,000	**3 000,00**			
I.J.S.S. "Brutes"	12,00	50,580	**-606,96**			
Garantie Conventionnelle			**-99,27**			
Total Brut			**5 293,77**			**6 000,00**
Cotisations	Base	Salariales Taux	Salariales Montant	Base	Salariales Taux	Salariales Montant
Santé						
Complémentaire Santé			-50,00			-50,00
Retraite						
S.S. (Vieillesse Plaf.)	3 428,00	6,90	-236,53	3 428,00	6,90	-236,53
S.S. (Vieillesse Déplaf.)	5 293,77	0,40	-21,18	6 000,00	0,40	-24,00
Complémentaire (/T1)	3 428,00	4,01	-137,46	3 428,00	4,01	-137,46
Complémentaire (/T2)	1 865,77	9,72	-181,35	2 572,00	9,72	-250,00
CET (T1+T2)	5 293,77	0,14	-7,41	6 000,00	0,14	-8,40
APEC (TA+TB)	5 293,77	0,024	-1,27	6 000,00	0,024	-1,44
C.S.G. Non Imposable	5 302,55	6,80	-360,57	5 996,42	6,80	-407,76
Total des cotisations et contributions			**-995,77**			**-1 115,59**
Net imposable du mois			**4 348,00**			**4 934,41**
RETENUES ET REMBOURSEMENTS DIVERS						
C.S.G. & C.R.D.S. Imp.	5 302,55	2,90	-153,77	5 996,42	2,90	-173,90
I.J.S.S. "Nettes"	12,00	47,190	566,28			
Total des Retenues et Remboursements			**412,51**			**-173,90**
Net à payer avant prélèvement à la source			**4 710,51**	=		**4 710,51**

Il faut calculer le **Taux2** de la formule : 0,40 % (Ass. Vieil Déplaf.) + 9,72 % (Retraite Compl./T2) + 0,14 % (CET/T1+T2) + 0,024 % (APEC/TA+TB) + 9,53025 % [CSG (6,80 % + 2,40 %) + CRDS (0,50 %) × 98,25 %] = 19,81425 % soit : **0,1981425.** Ensuite, il faut calculer **1 – Taux2** (1 – 0,1981425) = **0,8018575**
Les IJSS sont calculées comme vu précédemment [(50,58 € {Montant maximum au 1er janvier 2023 pour les bruts dépassant 1,8 SMIC mensuel} × (15j – 3j de carence)] = **606,96 €**.
Puis, on applique tout simplement la formule pour trouver **le montant de la garantie conventionnelle** :

$$606{,}96 \times \frac{0{,}1981425 - 0{,}067}{0{,}8018575} = \mathbf{99{,}27\ €}$$

Enfin, **les I.J.S.S. nettes** sont les I.J.S.S. – la C.S.G et la C.R.D.S, soit : 606,96 € – 6,7 % = **566,28 €.**
Les 2 montants du « Net à payer avant prélèvement à la source » sont bien égaux !

Corrigé 64 (Niveau 3)

Pour ce mois de **janvier 2023**, établir les deux bulletins de salaire d'un salarié **cadre** ayant un **salaire de 3.720 €** mensuel (constant depuis plusieurs mois) pour 151,67 heures, le premier quand il a un arrêt **maladie** indemnisé à 100 % **de 12 jours avec** une **garantie conventionnelle** (à gauche) et le second quand il travaille normalement (à droite) pour vérifier que vous avez bien le même net à payer avant PAS.

La prévoyance « Frais de Santé » est de 100 € (50 % pour le salarié et 50 % pour l'employeur).
La prévoyance « Décès » est au strict minimum légal (1,5 % pour l'employeur sur Tr. A).

	Salarié en absence maladie			Salarié présent sans maladie		
Libellé des Rubriques	**Base**	**Taux**	**Montant**	**Base**	**Taux**	**Montant**
Salaire	151,67		**3 720,00**	151,67		**3 720,00**
Absence Maladie	12,00	120,000	**-1 440,00**			
Paiement Maladie	12,00	120,000	**1 440,00**			
I.J.S.S. "Brutes"	9,00	49,680	**-447,12**			
Garantie Conventionnelle			**-86,68**			
Total Brut			**3 186,20**			**3 720,00**
Cotisations	**Base**	**Salariales**		**Base**	**Salariales**	
		Taux	**Montant**		**Taux**	**Montant**
Santé						
Complémentaire Santé			-50,00			-50,00
Retraite						
S.S. (Vieillesse Plaf.)	3 186,20	6,90	-219,85	3 666,00	6,90	-252,95
S.S. (Vieillesse Déplaf.)	3 186,20	0,40	-12,74	3 720,00	0,40	-14,88
Complémentaire (/T1)	3 186,20	4,01	-127,77	3 666,00	4,01	-147,01
Complémentaire (/T2)	0,00	9,72	0,00	54,00	9,72	-5,25
CET (T1+T2)	0,00	0,14	0,00	3 720,00	0,14	-5,21
APEC (TA+TB)	3 186,20	0,024	-0,76	3 720,00	0,024	-0,89
C.S.G. Non Imposable	3 228,23	6,80	-219,52	3 759,89	6,80	-255,67
Total des cotisations et contributions			**-630,64**			**-731,86**
Net imposable du mois			**2 605,56**			**3 038,14**
RETENUES ET REMBOURSEMENTS DIVERS						
C.S.G. & C.R.D.S. Imp.	3 228,23	2,90	-93,62	3 759,89	2,90	-109,04
I.J.S.S. "Nettes"	9,00	46,351	417,16			
Total des Retenues et Remboursements			**323,54**			**-109,04**
Net à payer avant prélèvement à la source			**2 879,10**	**=**		**2 879,10**

Il faut calculer le **Taux1** de la formule : 6,90 % (Ass. Vieil. Plaf.) + 0,40 % (Ass. Vieil Déplaf.) + 4,01 % (Retraite Compl./T1) + 0,024 % (APEC/TA) + 9,53025 % [CSG+CRDS (9,7 %) × 98,25 %] + 0,1455 % [1,50 % de la cotisation patronale de prévoyance « Décès » obligatoire pour les cadres × 9,7 % (des CSG et CRDS)] = 21,00975 % soit : **0,2100975.** Ensuite, il faut calculer **1 – Taux1** (1 – 0,2100975) **= 0,7899025.**

Puis le **Taux2** de la formule : 0,40 % (Ass. Vieil Déplaf.) + 9,72 % (Retr Compl./T2) + 0,024 % (APEC/TB) + 9,7 % × 98,25 % (CSG + CRDS) = 19,67425 % soit : **0,1967425**. **1 – Taux2** (1 – 0.1967425) = **0,8032575**.

Les IJSS sont calculées avec l'IJ maxi du 1er août 2022 au 31 décembre 2022 (compte tenu de l'augmentation du SMIC au 1er août 2022 à 11,07 €), car les 3 mois précédant l'arrêt sont Octobre, Novembre et Décembre 2022 [49,68 € × (12j – 3j de carence)] = **447,12 €.**

Pour un salarié qui perçoit habituellement 3.720 €, **la tranche 2 est de** (3.720 € – 3.666 €) : **54 €.**

On applique la formule pour trouver **le montant de la garantie conventionnelle** :

$$\frac{447{,}12 \times (0{,}2100975 - 0{,}067) - 54 \times (0{,}2100975 - 0{,}1967425)}{0{,}7899025} + \frac{3.720 \times 0{,}0014}{0{,}8032575} = \mathbf{86{,}68\ €}$$

Enfin, **les I.J.S.S. nettes** sont les I.J.S.S. – la C.S.G et la C.R.D.S, soit : 447,12 € – 6,7 % = **417,16 €.**

Les 2 montants du « Net à payer avant prélèvement à la source » sont bien égaux !

Corrigés des exercices

Corrigé 65 (Niveau 3)

Un salarié CDI (non cadre) père de 4 enfants à charge, perçoit un salaire de base de 2.520 € mensuel. Il a droit à un treizième mois chaque année avec sa paie de décembre. Depuis plus d'un an il n'a eu aucune absence particulière à signaler. L'entreprise reçoit un **arrêt de travail pour maladie (hors coronavirus) non professionnelle débutant le 6 février 2023**. Cette entreprise parisienne (520 salariés) pratique la **subrogation** pendant 90 jours avant de passer le relai à la prévoyance. Le salarié n'a toujours **pas repris son travail au 30 avril 2023**. La prévoyance « Frais de Santé » est de 100 € (50 % pour le salarié et 50 % pour l'employeur). La prévoyance « Décès » est de 1 % pour le salarié et de 2 % pour l'employeur, sur Tr. A. Le taux d'accident du travail est de 2,50 %. Le taux Versement Mobilité est 2,95 %. Le taux de prélèvement à la source est le taux neutre.

Bulletin de janvier 2023

Libellé des Rubriques	Base	Taux	Montant	Commentaires	
Salaire	151,67		**2 520,00**	Plafond du mois : 3.666 €	
Total Brut			2 520,00		
Cotisations	Base	Salariales		Patronales	
		Taux	Montant	Taux	Montant
Santé					
Sécurité Sociale (Mal, Mat, Inv, Déc.)	2 520,00			7,00	176,40
Incapacité, Invalidité, Capital Décès (Prév. Décès)	2 520,00	1,00	-25,20	2,00	50,40
Complémentaire Santé (Prév. Frais de Santé)			-50,00		50,00
Accident du Travail - Maladie Prof.	2 520,00			2,50	63,00
Retraite					
Sécurité Sociale (Vieillesse Plafonnée)	2 520,00	6,90	-173,88	8,55	215,46
Sécurité Sociale (Vieillesse Déplafonnée)	2 520,00	0,40	-10,08	1,90	47,88
Complémentaire (AGIRC-ARRCO + CEG /T1)	2 520,00	4,01	-101,05	6,01	151,45
Complémentaire (AGIRC-ARRCO + CEG /T2)					
Contribution d'Equilibre Technique (CET T1+T2)					
Famille	2 520,00			3,45	86,94
Assurance Chômage					
Chômage (Chômage + AGS / TA+TB)	2 520,00			4,20	105,84
Autres Contributions dues par l'employeur	2 520,00				156,61
C.S.G. Non Imposable	2 576,30	6,80	-175,19		
Exos, écrêtements & allègements de cotisations					-115,67
Total des cotisations et contributions			-535,40		988,31
Net imposable du mois			2 034,60	Cumul An. :	2 034,60
RETENUES ET REMBOURSEMENTS DIVERS					
C.S.G. & C.R.D.S. Imposables	2 576,30	2,90	-74,71		
Total des Retenues et Remboursements			-74,71		
Net à payer avant prélèvement à la source			1 909,89	Cumul An. :	1 909,89
dont évolution de la rémunération liée à la suppression des cotisations salariales chômage et maladie			35,58		
Prélèvement à la source	2 034,60	3,50%	-71,21	Cumul An. :	-71,21
Nombre d'heures travaillées du mois :	151,67	Net A Payer	1 838,68 €	Date de paiement	31 janvier 2023
Cumul annuel des heures travaillées :	151,67	Total versé par l'employeur	3 508,31 €	Allègement de cotisations	115,67 €

Aucune difficulté. On note que le Net à payer avant PAS est de **1.909,89 €.**

Explications pour le bulletin de février 2023

Du 6 au 28 février 2023, il y a 23 jours d'absence maladie.
Ces 23 jours sont décomptés avec le taux des jours calendaires réels, soit : 2.520 / 28 = 90,00 €.
Son **absence maladie et son maintien** sont donc valorisés à : 23 jours × 90,00 € = **2.070,00 €.**

Pour calculer le taux des IJSS, il faut prendre le montant du brut des 3 mois précédant l'arrêt, soit :

- Janvier : 2.520 €.
- Décembre : 3.076,78 €. Ne pas oublier de limiter le brut de décembre (5.040 € à cause du treizième mois) à 1,8 SMIC (11,27 € × 151,67 × 1,8 = 3.076,78 €).
- Novembre : 2.520 €.

Ce brut de 8.116,78 € (2.520 € + 3.076,78 € + 2.520 €) est ensuite divisé par 91,25, soit : 88,95 €.
Ce taux journalier est ensuite valorisé à 50 % soit : 44,47 € (arrondi au centime inférieur, selon la règle de la Sécurité sociale).
Le montant des IJSS brutes est donc : (23 jours – 3 jours de carence) × 44,47 € = **889,40 €.**

Puis, on applique tout simplement la formule pour trouver **le montant de la garantie conventionnelle** :

$$889{,}40 \times \frac{0{,}2203425 - 0{,}067}{0{,}7796575} = \mathbf{174{,}93\ €}$$

Le brut est donc de : 2.520 – 2.070 + 2.070 – 889,40 – 174,93 = **1.455,67 €.**

Les lignes des cotisations se décomposent comme vues précédemment.

Pour **la réduction générale des charges patronales**, il faut d'abord calculer celle de janvier, comme suit : 2.520 × 0,0459 = **115,67**. Le coefficient de 0,0459 étant obtenu avec l'opération suivante : (0,3231 / 0,6) × [([151,667 × 11,27) / 2.520] × 1,6) – 1]. Puis, on calcule celle de février en cumulant le brut de janvier (2.520) et celui de février (1.455,67), soit un cumul brut de : 3.975,67 €. La formule devient donc : (0,3231 / 0,6) × [([{(303,334 × 11,27) × (3.975,67 / 5.040)} / 3.975,67] × 1,6) – 1]. Penser à réduire le Smic lors d'une absence partiellement rémunérée. Le coefficient est 0,0459. Le cumul brut (3.975,67) × 0,0459 = 182,48 €. La réduction cumulée – la réduction de janvier = 182,48 – 115,67 = **66,81 €.**

Le montant des IJSS nettes est le montant des IJSS brutes diminué de 6,70 % (CSG+CRDS), soit : **829,81 €.**

Le Net imposable du mois est le brut (1.455,67 €) – le total des cotisations et contributions salariales déductibles des impôts (331,82 €) + le montant patronal de la Complémentaire Santé (50 €), soit : **1.173,85 €.**

Le **Net à payer avant PAS est** le brut (1.455,67 €) – le total des cotisations et contributions salariales déductibles des impôts (331,82 €) + le total des retenues et remboursements divers (786,04 €), soit : **1.909,89 €.**

Le montant de la ligne « dont évolution… » = (1.455,67 × 3,15 %) – (1.509,31 × 1,7 %), soit : (45,85 – 25,66) **20,19 €.**

La base du PAS est le net imposable du mois augmenté du montant des IJSS brutes diminuées de 3,80 %, soit : 1.173,85 + (889,40 – 3,80 % = 855,60) = 2.029,45 €. Ce montant étant compris entre 2.016 et 2.150, le taux du P.A.S. est de 4,1 %.
Le Prélèvement à la source est donc de 2.029,45 × 4,1 % = **82,21 €.**

Le **Net à payer est** donc égal au Net à payer avant PAS (1.909,89) – le PAS (83,21), soit : **1.826,68 €.**

Bulletin de février 2023

Libellé des Rubriques	Base	Taux	Montant	Commentaires
Salaire	151,67		**2 520,00**	**Plafond du mois : 3.666 €**
Abs. Maladie *(en jours calendaires réels)*	23,00	90,000	**-2 070,00**	
Ind. Maladie *(en jours calendaires réels)*	23,00	90,000	**2 070,00**	
I.J.S.S. "Brutes"	20,00	44,470	**-889,40**	
Garantie Conventionnelle			**-174,93**	
Total Brut			1 455,67	

Cotisations	Base	Salariales		Patronales	
		Taux	Montant	Taux	Montant
Santé					
Sécurité Sociale (Mal, Mat, Inv, Déc.)	1 455,67			7,00	101,90
Incapacité, Invalidité, Capital Décès (Prév. Décès)	1 455,67	1,00	-14,56	2,00	29,11
Complémentaire Santé (Prév. Frais de Santé)			-50,00		50,00
Accident du Travail - Maladie Prof.	1 455,67			2,50	36,39
Retraite					
Sécurité Sociale (Vieillesse Plafonnée)	1 455,67	6,90	-100,44	8,55	124,46
Sécurité Sociale (Vieillesse Déplafonnée)	1 455,67	0,40	-5,82	1,90	27,66
Complémentaire (AGIRC-ARRCO + CEG /T1)	1 455,67	4,01	-58,37	6,01	87,49
Complémentaire (AGIRC-ARRCO + CEG /T2)					
Contribution d'Equilibre Technique (CET T1+T2)					
Famille	1 455,67			3,45	50,22
Assurance Chômage					
Chômage (Chômage + AGS / TA+TB)	1 455,67			4,20	61,14
Autres Contributions dues par l'employeur	1 455,67				92,16
C.S.G. Non Imposable	1 509,31	6,80	-102,63		
Exos, écrêtements & allègements de cotisations					-66,81
Total des cotisations et contributions			-331,82		593,72
Net imposable du mois			1 173,85	Cumul An. :	3 208,45
RETENUES ET REMBOURSEMENTS DIVERS					
C.S.G. & C.R.D.S. Imposables	1 509,31	2,90	-43,77		
I.J.S.S. "Nettes"	20,00	41,491	829,81		
Total des Retenues et Remboursements			786,04		
Net à payer avant prélèvement à la source			1 909,89	Cumul An. :	3 819,78
dont évolution de la rémunération liée à la suppression des cotisations salariales chômage et maladie			*20,19*		
Prélèvement à la source	2 029,45	4,10%	-83,21	Cumul An. :	-154,42

Nombre d'heures travaillées du mois :	21,00	**Net A Payer**	**Date de paiement**
Cumul annuel des heures travaillées :	172,67	**1 826,68 €**	**28 février 2023**
		Total versé par l'employeur	**Allègement de cotisations**
		2 049,39 €	**66,81 €**

Explications pour le bulletin de mars 2023

Du 1er au 31 mars 2023, notre salarié étant toujours en arrêt maladie, il y a 31 jours d'absence maladie.
Ces 31 jours sont décomptés avec le taux des jours calendaires réels, soit : 2.520 / 31 = 81,290 €.
Son **absence maladie et son maintien** sont donc valorisés à : 31 jours × 81,290 € **= 2.520 €.**

Le mois de mars ayant 31 jours, **le montant des IJSS brutes est** donc de : (44,47 × 31) = **1.378,57 €.**

Le montant de la garantie conventionnelle est :

$$1.378,57 \times \frac{0,2203425 - 0,067}{0,7796575} = \mathbf{271,14\ €}$$

Le brut est donc de : 2.520 – 2.520 + 2.520 – 1.378,57 – 271,14 **= 870,29 €.**

Les lignes des cotisations se décomposent comme vues précédemment.

Pour **la réduction générale des charges patronales**, on cumule le brut de janvier (2.520), de février (1.455,67) et de mars (870,29), soit un cumul brut de : 4.845,96 €.
La formule devient donc : (0,3231 / 0,6) × [(([({455 × 11,27) × (4.845,96 / 7.560)} / 4.845,96] × 1,6) – 1].
Le coefficient est 0,0459.
Le cumul brut (4.845,96) × 0,0459 = 222,43 €.
La réduction cumulée de mars – la réduction cumulée de février = 222,43 – 182,48 = **39,95 €**

Le montant des IJSS nettes est le montant des IJSS brutes diminué de 6,70 % (CSG+CRDS), soit : **1.286,21 €.**

Le Net imposable du mois est le brut 870,29 €) – le total des cotisations et contributions salariales déductibles des impôts (219,86 €) + le montant patronal de la Complémentaire Santé (50 €), soit : **700,43 €.**

Le **Net à payer avant PAS est** le brut (870,29 €) – le total des cotisations et contributions salariales déductibles des impôts (219,86 €) + le total des retenues et remboursements divers (1.259,46 €), soit : **1.909,89 €.**

Le montant de la ligne « dont évolution… » = (870,29 × 3,15 %) – (922,47 × 1,7 %), soit : (27,41 – 15,68) **11,73 €.**

La base du PAS est le net imposable du mois augmenté du montant des IJSS brutes diminuées de 3,80 %, soit : 700,43 + (1.378,57 – 3,80 % = 1.326,18) = 2.026,61 €.
Ce montant étant compris entre 2.016 et 2.150, le taux du P.A.S. est de 4,1 %.
Le Prélèvement à la source est donc de 2.026,61 × 4,1 % **= 83,09 €.**

Le **Net à payer est** donc égal au Net à payer avant PAS (1.909,89) – le PAS (83,09), soit : **1.826,80 €.**

Bulletin de mars 2023

Libellé des Rubriques	Base	Taux	Montant	Commentaires
Salaire	151,67		**2 520,00**	Plafond du mois : 3.666 €
Abs. Maladie *(en jours calendaires réels)*	31,00	81,290	-2 520,00	
Ind. Maladie *(en jours calendaires réels)*	31,00	81,290	**2 520,00**	
I.J.S.S. "Brutes"	31,00	44,470	-1 378,57	
Garantie Conventionnelle			-271,14	
Total Brut			870,29	

Cotisations	Base	Salariales Taux	Salariales Montant	Patronales Taux	Patronales Montant
Santé					
Sécurité Sociale (Mal, Mat, Inv, Déc.)	870,29			7,00	60,92
Incapacité, Invalidité, Capital Décès (Prév. Décès)	870,29	1,00	-8,70	2,00	17,41
Complémentaire Santé (Prév. Frais de Santé)			-50,00		50,00
Accident du Travail - Maladie Prof.	870,29			2,50	21,76
Retraite					
Sécurité Sociale (Vieillesse Plafonnée)	870,29	6,90	-60,05	8,55	74,41
Sécurité Sociale (Vieillesse Déplafonnée)	870,29	0,40	-3,48	1,90	16,54
Complémentaire (AGIRC-ARRCO + CEG /T1)	870,29	4,01	-34,90	6,01	52,30
Complémentaire (AGIRC-ARRCO + CEG /T2)					
Contribution d'Equilibre Technique (CET T1+T2)					
Famille	870,29			3,45	30,03
Assurance Chômage					
Chômage (Chômage + AGS / TA+TB)	870,29			4,20	36,55
Autres Contributions dues par l'employeur	870,29				56,71
C.S.G. Non Imposable	922,47	6,80	-62,73		
Exos, écrêtements & allègements de cotisations					-39,95
Total des cotisations et contributions			-219,86		376,68
Net imposable du mois			700,43	Cumul An. :	3 908,88
RETENUES ET REMBOURSEMENTS DIVERS					
C.S.G. & C.R.D.S. Imposables	922,47	2,90	-26,75		
I.J.S.S. "Nettes"	31,00	41,491	1 286,21		
Total des Retenues et Remboursements			1 259,46		
Net à payer avant prélèvement à la source			1 909,89	Cumul An. :	5 729,67
dont évolution de la rémunération liée à la suppression des cotisations salariales chômage et maladie			*11,73*		
Prélèvement à la source	**2 026,61**	**4,10%**	-83,09	Cumul An. :	-237,51

Nombre d'heures travaillées du mois :	0,00	**Net A Payer** **1 826,80 €**	**Date de paiement** **31 mars 2023**
Cumul annuel des heures travaillées :	172,67	**Total versé par l'employeur** **1 246,97 €**	**Allègement de cotisations** **39,95 €**

Explications pour le bulletin d'avril 2023

Du 1er au 30 avril 2023, notre salarié étant toujours en arrêt maladie, il y a 30 jours d'absence maladie. Ces 30 jours sont décomptés avec le taux des jours calendaires réels, soit : 2.520 / 30 = 84,00 €. Son **absence maladie et son maintien** sont donc valorisés à : 30 jours × 84,00 € = **2.520 €.**

Le montant des IJSS brutes est donc : 30 jours × 44,47 € = **1.334,10 €**. (Pour l'explication des 44,47 €, voir le mois de février).

Le montant de la garantie conventionnelle :

$$1.334,10 \times \frac{0,2203425 - 0,067}{0,7796575} = \mathbf{262,39\ €}$$

Le brut est donc de : 2.520 – 2.520 + 2.520 – 1.334,10 – 262,39 = **923,51 €.**

Les lignes des cotisations se décomposent comme vues précédemment.

Pour **la réduction générale des charges patronales**, on cumule le brut de janvier (2.520), de février (1.455,67), de mars (870,29) et d'avril (923,51), soit un cumul brut de : 5.769,47 €. La formule devient donc : (0,3231 / 0,6) × [([({606,667 × 11,27) × (5.769,47 / 10.080)} / 5.769,47] × 1,6) – 1]. Le coefficient est 0,0459. Le cumul brut (5.769,47) × 0,0459 = 264,82 €. La réduction cumulée d'avril – la réduction cumulée de mars = 264,82 – 222,43 = **42,39 €.**

Le montant des IJSS nettes est le montant des IJSS brutes diminué de 6,70 % (CSG+CRDS), soit : **1.244,72 €.**

Le Net imposable du mois est le brut (923,51 €) – le total des cotisations et contributions salariales déductibles des impôts (230,04 €) + le montant patronal de la Complémentaire Santé (50 €), soit : **743,47 €.**

Le **Net à payer avant PAS** est le brut (923,51 €) – le total des cotisations et contributions salariales déductibles des impôts (230,04 €) + le total des retenues et remboursements divers (1.216,42 €), soit : **1.909,89 €.**
A noter que malgré l'absence maladie, les montants des IJSS et de la garantie conventionnelle différents sur les 3 mois consécutifs, le net à payer est toujours identique, ce qui est bien sûr l'objectif de la garantie conventionnelle.

Le montant de la ligne « dont évolution… » = (923,51 × 3,15 %) – (975,82 × 1,7 %), soit : (29,09 – 16,59) **12,50 €.**

La base du PAS est le net imposable du mois augmenté du montant de **6 IJSS brutes diminuées de 3,80 %**, soit : 743,47 + ([6 × 44,47] – 3,80 % = 256,68) = **1.000,15 €.**
Ce montant étant inférieur à 1.440 €, le taux du P.A.S. est de 0 %. Il n'y donc **pas de Prélèvement à la source.**

Il n'y a que 6 IJSS car si on additionne les 23 jours à partir de l'arrêt maladie de février aux 31 jours de maladie de mars, il ne faut plus que 6 jours pour arriver à la limite des 60 jours à réintroduire dans la base du PAS. Les 24 IJSS restantes ne sont donc pas soumises au PAS dans cette entreprise car leur soumission se fera directement par les CPAM.

Le **Net à payer est** donc égal au Net à payer avant PAS, soit : **1.909,89 €.**

Bulletin d'avril 2023

Libellé des Rubriques	Base	Taux	Montant	Commentaires	
Salaire	151,67		**2 520,00**	Plafond du mois : 3.666 €	
Abs. Maladie *(en jours calendaires réels)*	30,00	84,000	**-2 520,00**		
Ind. Maladie *(en jours calendaires réels)*	30,00	84,000	**2 520,00**		
I.J.S.S. "Brutes"	30,00	44,470	**-1 334,10**		
Garantie Conventionnelle			**-262,39**		
Total Brut			**923,51**		
Cotisations	**Base**	**Salariales**		**Patronales**	
		Taux	**Montant**	**Taux**	**Montant**
Santé					
Sécurité Sociale (Mal, Mat, Inv, Déc.)	923,51			7,00	64,65
Incapacité, Invalidité, Capital Décès (Prév. Décès)	923,51	1,00	-9,24	2,00	18,47
Complémentaire Santé (Prév. Frais de Santé)			-50,00		50,00
Accident du Travail - Maladie Prof.	923,51			2,50	23,09
Retraite					
Sécurité Sociale (Vieillesse Plafonnée)	923,51	6,90	-63,72	8,55	78,96
Sécurité Sociale (Vieillesse Déplafonnée)	923,51	0,40	-3,69	1,90	17,55
Complémentaire (AGIRC-ARRCO + CEG /T1)	923,51	4,01	-37,03	6,01	55,50
Complémentaire (AGIRC-ARRCO + CEG /T2)					
Contribution d'Equilibre Technique (CET T1+T2)					
Famille	923,51			3,45	31,86
Assurance Chômage					
Chômage (Chômage + AGS / TA+TB)	923,51			4,20	38,79
Autres Contributions dues par l'employeur	923,51				59,93
C.S.G. Non Imposable	975,82	6,80	-66,36		
Exos, écrêtements & allègements de cotisations					-42,39
Total des cotisations et contributions			**-230,04**		**396,41**
Net imposable du mois			**743,47**	Cumul An. :	4 652,35
RETENUES ET REMBOURSEMENTS DIVERS					
C.S.G. & C.R.D.S. Imposables	975,82	2,90	-28,30		
I.J.S.S. "Nettes"	30,00	41,491	1 244,72		
Total des Retenues et Remboursements			**1 216,42**		
Net à payer avant prélèvement à la source			**1 909,89**	Cumul An. :	7 639,56
dont évolution de la rémunération liée à la suppression des cotisations salariales chômage et maladie			*12,50*		
Prélèvement à la source	**1 000,15**	**0,00%**	**0,00**	Cumul An. :	-237,51
Nombre d'heures travaillées du mois :	**0,00**	**Net A Payer**		**Date de paiement**	
Cumul annuel des heures travaillées :	**172,67**	**1 909,89 €**		**30 avril 2023**	
		Total versé par l'employeur		**Allègement de cotisations**	
		1 319,92 €		**42,39 €**	

Corrigé 66 (Niveau 3)

Une entreprise (dont l'effectif est de 312 salariés) a un salarié cadre (10 ans d'ancienneté) qui a absent pour maladie du lundi 26 septembre au vendredi 31 décembre 2022. Début janvier 2023, il est revenu en «**temps partiel thérapeutique**». Ses horaires aménagés sont relativement simples: il ne vient travailler que les matins **3 heures et demi du lundi au vendredi.** Depuis son retour, il est très assidu et n'a eu aucune absence. Mais ce mois d'avril 2023, il a eu un arrêt **maladie** (sans lien avec le premier arrêt) d'une semaine (**du lundi 3 au dimanche 9**) et il a également pris **une semaine de congés payés (du lundi 24 au vendredi 28 inclus). Son salaire forfaitaire à temps plein est de 3.520 €.** La convention collective lui octroie une prime d'ancienneté de 10% assise sur sa rémunération. Le taux accident du travail est de 2,50%. Le taux Versement Mobilité est de 2,95%. La prévoyance «Frais de Santé» est de 100 € (50% pour le salarié et 50% pour l'employeur). La prévoyance «Décès» est de 1% pour le salarié et de 2% pour l'employeur, sur la tranche A. L'entreprise maintient le salaire à 100% sans carence et pratique la subrogation pendant la maladie (pendant 60 jours). Elle calcule les congés payés en jours ouvrés et applique la règle du maintien au moment de l'absence (le dixième étant éventuellement régularisé en fin de période de prise des congés payés). Voici son calendrier pour avril 2023:

S	D	L	M	M	J	V	S	D	L	M	M	J	V	S	D	L	M	M	J	V	S	D	L	M	M	J	V	S	D
1	2	3	4	5	6	7	8	9	10	11	12	13	14	15	16	17	18	19	20	21	22	23	24	25	26	27	28	29	30
		Mal	Mal	Mal	Mal	Mal	Mal	Mal	JF														CP	CP	CP	CP	CP		

Commençons par le début: **Y a-t-il réduction du plafond pour temps partiel?** Réponse: **non! Son plafond du mois est** et reste **3.666 €** (et non pas 1.833 € comme l'aurait été celui pour un «vrai» temps partiel à mi-temps).

La première ligne est donnée: **Salaire Forfaitaire: 3.520 €.** Bien évidemment, le fait qu'il soit en «temps partiel thérapeutique» ne lui fait pas changer de salaire! Il faut toujours prendre le même salaire contractuel. Il est également hors de question de lui changer de salaire à chaque changement d'aménagement d'horaire pour suivre son traitement médical.
La deuxième ligne est guère plus compliquée: **Prime d'ancienneté**: 3.520 € × 10% = **352 €.**

Arrive **l'absence pour son temps partiel thérapeutique**: Les jours de maladie, de congés payés et le jour férié (le lundi 10 avril 2023 est le lundi de Pâques) suspendant le TPT, le nombre de jours travaillés = 9. Soit 9 jours × 3 h 50 = 31,50 heures. Pour la valorisation de ces 31,50 heures, il faut prendre la méthode indiquée par la Cour de cassation (et expressément recommandée par la CPAM): la méthode des heures réelles. Le mois d'avril 2023 comportant 20 jours théoriquement travaillés, donc il faut retenir par heures (3.520 + 352) / 140 heures (20 jours × 7 heures théoriquement travaillées), soit 27,657 €. Ces 31,50 heures réduisent donc le brut de (31,50 h × 27,657 €): **871,20 €.**

Pour le jour férié (lundi de Pâques), peut-être que certaines entreprises ne le font pas figurer sur le bulletin de paie. Mais, nous considérons que c'est un montant qui doit être calculé pour le bon fonctionnement de la comptabilité analytique. Son calcul doit bien sûr s'effectuer en jours ouvrés moyens (21,67^{ème}), le montant d'une journée payée ne pouvant pas fluctuer en fonction du nombre de jours théoriquement travaillés ce mois-là. Son absence jour férié, interrompant le TPT (il ne peut pas être «en reprise d'activité» et absent la journée entière), est valorisée à: ([3.520 € + 352 €] / 21,67) = **178,68 €.** Evidemment, cette absence lui est intégralement indemnisée sur la ligne suivante.

Pour les congés payés, on compte en jours ouvrés moyens (21,67^{ème}). Son absence CP, interrompant le TPT (il ne peut pas être « en reprise d'activité » et absent toute une semaine !), est de 5 jours ouvrés, soit une absence valorisée à : 5 jours × ([3.520 €+ 352 €] / 21,67) = **893,40 €**. Si besoin était de le repréciser, un salarié en TPT a les mêmes droits en matière de congés payés qu'un salarié à temps plein. Pour le paiement, il suffit de repayer la même somme. (Le dixième étant éventuellement régularisé en fin de période de prise des congés payés, selon l'énoncé de cet exercice.)

Pour la maladie, il faut compter en jours calendaires (comme l'a ordonné le médecin), même s'il ne travaille pas les samedis et dimanches. Son absence est donc de 7 jours. Quant à son taux journalier, c'est la méthode des jours calendaires réels qu'il faut appliquer, soit (3.520 € + 352 €) / 30 (nombre de jours calendaires d'avril) : 129,067 €. Son absence et son paiement (puisque l'entreprise applique le maintien de salaire à 100 % sont donc valorisés à : 7 j × 129,067 € = **903,47 €**.

Pour les I.J.S.S., l'entreprise a reconstitué son salaire brut à temps plein, soit : 3.872 € (3.520 € + 352 €). Notre salarié dépassant largement le 1,8 SMIC mensuel, les I.J.S.S. sont donc calculées en prenant le montant maximum : 50,58 € par jour indemnisé par la CPAM. Soit [7 j – 3 j (carence)] × 50,58 € = **202,32 €**. A noter que c'est l'entreprise qui indemnise la maladie sans carence, la Sécurité Sociale applique toujours les 3 jours de carence (sauf en cas de prolongation).

En revanche, **la garantie conventionnelle** est calculée sur un brut théorique de : (3.520 + 352 – 871,20) **3.000,80 €**. Ce brut théorique étant inférieur au plafond, il faut prendre la première formule de la garantie du net, mais en modifiant légèrement le calcul du T1 puisque le salarié est cadre.
Le **Taux1** = 6,90 % (Ass. Vieil. Plaf.) + 0,40 % (Ass. Vieil Déplaf.) + 4,01 % (Retraite Compl.) + 1 % (Prév. « Décès ») + 9,7 % × 98,25 % [CSG (6,80 % + 2,40 %) + CRDS (0,50 %)] + 0,194 % [Part patronale de prévoyance « Décès » (2 %) × le % total des CSG et CRDS (9,7 %) = 0,194 %] + **0,024 (APEC)** = 22,05825 % soit : **0,2205825**
Ensuite, il faut calculer **1 – Taux1** (1 – 0,2205825) = **0,7794175**
Puis, on applique tout simplement la formule pour trouver **le montant de la régularisation sur le net** :

$$202{,}32 \times \frac{0{,}2205825 - 0{,}067}{0{,}7794175} = \mathbf{39{,}87\ €}$$

La garantie conventionnelle est donc de **39,87 €**.

Le brut est donc de : (3.520 + 352 – 871,20 – 202,32 – 39,87) **2.758,61 €**.

Les cotisations assises sur le brut, la tranche 1 et la tranche A + B sont sur son brut du mois, soit : **2.758,61 €.**

Les lignes des cotisations se décomposent selon les modalités déjà vues précédemment.

Il ne vous avait pas échappé que le salarié est un **cadre**. Donc se déclenche la cotisation **APEC en plus** des autres cotisations habituelles.

Ne pas oublier, bien sûr, de lui « rendre » les **I.J.S.S. nettes**, soit : 202,32 € – 6,7 % = **188,76 €**.

Enfin, pour **la base du PAS**, comme pour l'exercice précédent, prendre le net imposable du mois augmenté du montant des IJSS maladie diminuées de 3,80 %, soit : 2.226,92 + (202,32 – 3,80 %) = **2.421,55 €.**

Les bruts de janvier, février et mars étant de 1.936,00 €, chaque mois les nets imposables sont de 1.561,85 €, les nets à payer avant PAS sont de 1.454,12 € et les prélèvements à la source sont de – 7,81 €. Ce qui nous donne en cumul annuels :

- Net imposable du mois : (1.561,85 × 3) + 2.226,92 = 6.912,47 € ;
- Net à Payer avant PAS : (1.454,12 × 3) + 2.284,03 = 6.646,39 € ;
- Prélèvement à la source : (–7,81 × 3) + –128,34 = –151,77 €.

Et pour les heures travaillées : 22 jours de janvier + 20 jours de février + 23 jours de mars = 65 jours × 3,50 = 227,50 heures, auxquelles on rajoute les 31,50 heures d'avril (9 jours × 3,50), soit : 227,50 + 31,50 = 259 heures.

Voici le bulletin que notre salarié reçoit pour avril 2023

Libellé des Rubriques	Base	Taux	Montant	Commentaires
Salaire Forfaitaire	151,67		**3 520,00**	**Bulletin Temps Partiel**
Prime d'ancienneté	3 520,00	10,000	**352,00**	**Thérapeutique**
Abs. Tps Partiel Thérapeutique *(en heures réelles)*	31,50	27,657	**-871,20**	
Abs. Jour Férié *(en jours ouvrés moyens)*	1,00	178,680	**-178,68**	**Plafond S.S. : 3.666 €**
Ind. Jour Férié *(en jours ouvrés moyens)*	1,00	178,680	**178,68**	
Abs.Congés Payés *(en jours ouvrés moyens)*	5,00	178,680	**-893,40**	
Ind. Congés Payés *(en jours ouvrés moyens)*	5,00	178,680	**893,40**	
Abs. Maladie *(en jours calendaires réels)*	7,00	129,067	**-903,47**	
Ind. Maladie *(en jours calendaires réels)*	7,00	129,067	**903,47**	
I.J.S.S. "Brutes"	4,00	50,580	**-202,32**	
Garantie Conventionnelle			**-39,87**	
Total Brut			**2 758,61**	

Cotisations	Base	Salariales		Patronales	
		Taux	Montant	Taux	Montant
Santé					
Sécurité Sociale (Mal, Mat, Inv, Décès)	2 758,61			7,000	193,10
Incapacité, Invalidité, Capital Décès (Prév. Décès)	2 758,61	1,000	-27,59	2,000	55,17
Complémentaire Santé (Prév. Frais de Santé)			-50,00		50,00
Accident du Travail - Maladie Prof.	2 758,61			2,500	68,97
Retraite					
Sécurité Sociale (Vieillesse Plafonnée)	2 758,61	6,900	-190,34	8,550	235,86
Sécurité Sociale (Vieillesse Déplafonnée)	2 758,61	0,400	-11,03	1,900	52,41
Complémentaire (AGIRC-ARRCO + CEG /T1)	2 758,61	4,010	-110,62	6,010	165,79
Famille	2 758,61			3,450	95,17
Assurance Chômage					
Chômage (Chômage + AGS / TA+TB)	2 758,61			4,200	115,86
APEC (Salarié Cadre TA+TB)	2 758,61	0,024	-0,66	0,036	0,99
Autres Contributions dues par l'employeur	2 758,61				171,06
C.S.G. Non Imposable	2 815,50	6,800	-191,45		
Total des cotisations et contributions			**-581,69**		**1 204,38**
Net imposable du mois			**2 226,92**	Cumul An. :	6 912,47
RETENUES ET REMBOURSEMENTS DIVERS					
C.S.G. & C.R.D.S. Imposables	2 815,50	2,900	-81,65		
I.J.S.S. "Nettes"	4,00	47,191	188,76		
Total des Retenues et Remboursements			**107,11**		
Net à payer avant prélèvement à la source			**2 284,03**	Cumul An. :	6 646,39
dont évolution de la rémunération liée à la suppression des cotisations salariales chômage et maladie			*39,03*		
Prélèvement à la source	**2 421,55**	**5,30%**	**-128,34**	Cumul An. :	-151,77
Nombre d'heures travaillées du mois :	**31,50**	**Net A Payer**	**2 155,69 €**	**Date de paiement**	**30 avril 2023**
Cumul annuel des heures travaillées :	**259,00**	**Total versé par l'employeur**	**3 962,99 €**	**Allègement de cotisations**	

Corrigé 67 (Niveau 3)

Ce salarié CDI (non cadre), perçoit un salaire de base de **3.000 €** pour 151,67 heures, dans une entreprise de la Seine Saint-Denis, ayant un **effectif de 15 salariés.** Il a été décidé d'une **fermeture administrative pour une semaine** (du 13 au 19 février 2023). Sachant que, la prévoyance « Frais de Santé » est de 100 € (50 % pour le salarié et 50 % pour l'employeur), que la prévoyance « Décès » est de 1 % pour le salarié et de 2 % pour l'employeur, sur Tr. A, que le taux d'accident du travail est de 2,50 %, celui du versement mobilité est 2,95 %, et celui du prélèvement à la source est le taux neutre.

1. Établir d'abord un bulletin de paie de février 2023 sans activité partielle pour ce salarié.

Libellé des Rubriques	Base	Taux	Montant	Commentaires	
Salaire de base	151,67		**3 000,00**	Plafond du mois : 3.666,00 €	
Total Brut			3 000,00		
Cotisations	Base	Salariales		Patronales	
		Taux	Montant	Taux	Montant
Santé					
Sécurité Sociale (Mal, Mat, Inv, Déc.)	3 000,00			7,00	210,00
Incapacité, Invalidité, Capital Décès (Prév. Décès)	3 000,00	1,00	-30,00	2,00	60,00
Complémentaire Santé (Prév. Frais de Santé)			-50,00		50,00
Accident du Travail - Maladie Prof.	3 000,00			2,50	75,00
Retraite					
Sécurité Sociale (Vieillesse Plafonnée)	3 000,00	6,90	-207,00	8,55	256,50
Sécurité Sociale (Vieillesse Déplafonnée)	3 000,00	0,40	-12,00	1,90	57,00
Complémentaire (AGIRC-ARRCO + CEG /T1)	3 000,00	4,01	-120,30	6,01	180,30
Famille	3 000,00			3,45	103,50
Assurance Chômage					
Chômage (Chômage + AGS / TA+TB)	3 000,00			4,20	126,00
Autres Contributions dues par l'employeur	3 000,00				151,18
C.S.G. Non Imposable	3 057,50	6,80	-207,91		
Total des cotisations et contributions			**-627,21**		**1 269,48**
Net imposable du mois			**2 422,79**	Cumul An.	4 845,58
RETENUES ET REMBOURSEMENTS DIVERS					
C.S.G. & C.R.D.S. Imposables	3 057,50	2,90	-88,67		
Total des Retenues et Remboursements			**-88,67**		
Net à payer avant prélèvement à la source			**2 284,12**	Cumul An.	4 568,24
dont évolution de la rémunération liée à la suppression des cotisations salariales chômage et maladie			*42,52*		
Prélèvement à la source	**2 422,79**	**5,30%**	**-128,41**	Cumul An.	-256,82
Nombre d'heures travaillées du mois :	**151,67**	**Net A Payer** **2 155,71 €**		**Date de paiement** **28 février 2023**	
Cumul annuel des heures travaillées :	**303,34**	**Total versé par l'employeur** **4 269,48 €**		**Allègement de cotisations** **0,00 €**	

C'est un bulletin de paie « classique ». Néanmoins faites **attention aux Autres Contributions dues par l'employeur** : Le FNAL est à 0,10 % sur la tranche 1 et il n'y a pas de Participation à la Construction car l'entreprise a un effectif compris entre 11 et 50 salariés.

Corrigé 67 (Niveau 3)

2. Établir son bulletin de paie de février 2023 avec l'activité partielle à l'aide du bulletin suivant :

Libellé des Rubriques	Base	Taux	Montant	Commentaires
Salaire de base	151,67		**3 000,00**	Plafond du mois : 2.749,50 €
Absence Activité Partielle	35,00	19,780	-692,30	
Allocation Spécifique	35,00	8,030	**281,05**	
Allocation Complémentaire	35,00	3,840	**134,40**	
Total Brut			2 723,15	

Cotisations	Base	Salariales Taux	Salariales Montant	Patronales Taux	Patronales Montant
Santé					
Sécurité Sociale (Mal, Mat, Inv, Déc.)	2 307,70			7,00	161,54
Incapacité, Invalidité, Capital Décès (Prév. Décès)	2 307,70	1,00	-23,08	2,00	46,15
Complémentaire Santé (Prév. Frais de Santé)			-50,00		50,00
Accident du Travail - Maladie Prof.	2 307,70			2,50	57,69
Retraite					
Sécurité Sociale (Vieillesse Plafonnée)	2 307,70	6,90	-159,23	8,55	197,31
Sécurité Sociale (Vieillesse Déplafonnée)	2 307,70	0,40	-9,23	1,90	43,85
Complémentaire (AGIRC-ARRCO + CEG /T1)	2 307,70	4,01	-92,54	6,01	138,69
Famille	2 307,70			3,45	79,62
Assurance Chômage					
Chômage (Chômage + AGS / TA+TB)	2 307,70			4,20	96,92
Autres Contributions dues par l'employeur	2 307,70				117,22
C.S.G. Non Imposable	2 363,47	6,80	-160,72		
C.S.G. Non Imposable / Activité Partielle	408,18	3,80	-15,51		
Total des cotisations et contributions			-510,31		988,99
Net imposable du mois			2 262,84	Cumul An.	4 546,96
RETENUES ET REMBOURSEMENTS DIVERS					
C.S.G. & C.R.D.S. Imposables	2 771,65	2,90	-80,38		
Total des Retenues et Remboursements			-80,38		
Net à payer avant prélèvement à la source			2 132,46	Cumul An.	4 416,58
dont évolution de la rémunération liée à la suppression des cotisations salariales chômage et maladie			*32,51*		
Prélèvement à la source	**2 262,84**	**5,30%**	-119,93	Cumul An.	-248,34

Nombre d'heures travaillées du mois :	116,67	**Net A Payer** **2 012,53 €**	**Date de paiement** **28 février 2023**
Cumul annuel des heures travaillées :	268,34	Total versé par l'employeur **3 431,09 €**	**Allègement de cotisations** **0,00 €**

Explication du bulletin de paie de février 2023 pour l'activité partielle

Commençons par le début : **Y a-t-il réduction du plafond pour activité partiel ?** Réponse : **oui** ! L'activité partielle durant 7 jours calendaires, le salarié est présent les 28 jours calendaires de février – les 7 jours de fermeture administrative, soit : 21 jours. **Son plafond du mois est :** 3.666 € × 21 / 28 = **2.749,50 €.**

La première ligne est donnée : **Salaire Forfaitaire : 3.000 €**. Bien évidemment, le fait qu'il soit en « activité partielle » ne lui fait pas changer de salaire ! Il faut toujours prendre le même salaire contractuel.

Arrive **l'absence pour son activité partielle** : Pour une absence indemnisée en heures, on peut raisonner en heures réelles ou en heures moyennes. Mais puisque l'Etat appliquera la méthode des heures moyennes pour le calcul de l'allocation spécifique, il faut retenir par heures : 3.000 / 151,67 heures, soit 19,78 €. Du 13 au 19 février, il y a 5 jours ouvrés non travaillés, soit 35 heures d'activité partielle. Ces 35 heures réduisent donc le brut de (35 h × 19,78 €) : **692,30 €.**

Ces 35 heures d'absence activité partielle sont d'abord indemnisées par l'Etat (sous le terme d'« **Allocation Spécifique** ») au taux de 8,03 €, soit : 35 h × 8,03 € = **281,05 €.**

Vient le complément de l'allocation spécifique avec la rubrique « Allocation Complémentaire » qui porte l'indemnisation totale du salarié à hauteur de 60 % de son salaire, soit : [(19,78 € × 60 %) – 8,03 €] = 3,84 € de l'heure. Ces 35 heures d'allocation complémentaire sont donc payées : 35 h × 3,84 € = **134,40 €.**

Le brut du salarié est donc : (3.000 – 692,30 + 281,05 + 134,40) = **2.723,15 €.**

Mais, les allocations n'étant soumises qu'aux seules CSG et CRDS, **la base des cotisations « habituelles » sur le brut est** sur le salaire de base diminué de l'absence activité partielle, soit : (3.000 – 692,30) = **2.307,70 €.**

Pour la **CSG non imposable**, il faut 2 lignes, car **la première est** sur le taux « normal » **de 6,80 %** calculée **sur la** même **base** que les autres cotisations à 98,25 %, augmentée des montants patronaux des prévoyances Décès et Frais de Santé, [soit : (2.307,70 × 98,25 % = 2.267,32) + 46,15 + 50 = **2.363,47**] et **la seconde** calculée **sur la base des allocations** à 98,25 % **au taux particulier de 3,80 %** (comme pour toutes les indemnités de remplacement, telles les IJSS vues précédemment), soit : (281,05 + 134,40) × 98,25 % = **408,18 €.**
Pour **les CSG et CRDS imposables**, on prend le brut à 98,25 %, augmenté des montants patronaux des prévoyances Décès et Frais de Santé au taux habituel de 2,90 %, soit : **2.771,65 €.**

Pour **le « total versé par l'employeur »**, l'employeur étant remboursé de l'allocation spécifique, le montant est donc égal au brut diminué de l'allocation spécifique et augmenté des charges patronales, soit 2.723,15 – 281,05 + 988,99 = **3.431,09 €.**

3. Déterminer la perte en Net A Payer pour le salarié induite par l'activité partielle et le gain pour l'employeur via la différence entre les « totaux versés par l'employeur ».

Avec le taux de prélèvement à la source neutre, **la perte en Net A Payer** n'est que de : 2.155,71 € (Net de février sans activité partielle) – 2.012,53 € (Net de février avec activité partielle) = **143,18 €.** Tandis que, **le gain pour l'employeur** via la différence des « totaux versés par l'employeur » est assez conséquente : 4.269,48 € (février sans activité partielle) – 3.431,09 € (février avec activité partielle) = **838,39 €** !

Corrigé 68 (Niveau 1)

1. Quel est le montant de la saisie-arrêt en mars 2023 pour un salarié ayant 1 personne à charge, une dette de 2.000 € et un salaire net soumis à saisie-arrêt de 1.700 € ?

Il y a **deux façons de calculer** le montant de la saisie-arrêt de ce salarié :

1) Avec le tableau de simplification :
Dans ce tableau, on se projette dans la partie « Avec une personne à charge ».
Ensuite on cherche le niveau où se situe le salaire net soumis à saisie-arrêt : 1.700 € se trouve sur la quatrième ligne entre 1.474,18 et 1.805,00. Dans la deuxième colonne, il est écrit que le montant de la saisie-arrêt sera de **205,95 €** + 1/3 au-delà de 1.474,18 (et forcément jusqu'à 1.700 €). 1.700 – 1.474,18 = 225,82 €. On en prend donc le tiers (225,82 / 3 = **75,27 €**) qu'on rajoute à 205,95 €. Le montant de la saisie-arrêt est donc de 205,95 + 75,27 = **281,22 €**.

2) En découpant le salaire net soumis à saisie-arrêt en tranches comme le demande l'administration fiscale :
1 enfant à charge signifie qu'il faut augmenter la 1ère tranche de 134,17 € (soit : 347,50 € + 134,17 € = 481,67 €) et laisser ensuite cette augmentation sur toutes les tranches.

De 0,01 à 481,67 € on prend 1/20 soit :	24,08 €
De 481,68 à 812,50 € on prend 1/10 soit :	35,08 €
De 812,51 à 1.145,00 € on prend 1/5 soit :	66,50 €
De 1.145,01 à 1.474,17 € on prend 1/4 soit :	82,29 €
De 1.474,18 à 1.700,00 € on prend 1/3 soit :	75,27 €
Total saisi :	**281,22 €**

2. Quel est le montant de la saisie-arrêt en mars 2023 pour un salarié ayant 3 personnes à charge, une dette de 3.000 € et un salaire net soumis à saisie-arrêt de 2.300 € ?

Selon la méthode que vous avez choisie, vous devez trouver une saisie-arrêt d'un montant = **480,74 €**

3. Quel est le montant de la saisie-arrêt en mars 2023 pour un salarié sans personne à charge, une dette de 4.000 € et un salaire net soumis à saisie-arrêt de 4.000 € ?

Selon la méthode que vous avez choisie, vous devez trouver une saisie-arrêt d'un montant = **2.526,46 €**

Corrigé 69 (Niveau 3)

Ce mois de d'avril 2023, le service paie d'une grande entreprise parisienne vient de sortir les bulletins de paie « 1er jet » (c'est-à-dire : les bulletins à vérifier avant le passage définitif qui éditera les « vrais » bulletins de paie) quand la D.R.H. l'informe qu'une saisie arrêt d'un montant de 2.890 € concernant un salarié (avec 2 personnes à charge) vient d'arriver.

Déterminer la somme soumise à saisie-arrêt et le montant de sa saisie-arrêt pour ce mois d'avril 2023.

Selon l'art. L.3252-3, al. 1 du C. du trav., « Pour la détermination de la fraction insaisissable, il est tenu compte du montant de la rémunération, de ses accessoires ainsi que, le cas échéant, de la valeur des avantages en nature, après déduction des cotisations sociales obligatoires ».

Sa rémunération habituelle est de 2.890 € (Salaire) + 144,50 € (Prime d'ancienneté) = **3.034,50 €**.

Ce mois, il est malade mais l'entreprise pratiquant le maintien de salaire à 100 % (et la subrogation avec le maintien du net), il faut rester sur son brut habituel. En effet, si on partait de son brut de ce mois (2.421,09 €) la saisie-arrêt se trouverait diminuée du fait de ses I.J.S.S. Or, la circulaire du 23/12/1992 indique clairement qu'entrent dans le champ de la saisie « les prestations ayant vocation à remplacer le salaire (allocations de chômage, indemnités journalières de maladie et de maternité, indemnités journalières de l'incapacité temporaire due à un accident de travail) ».

Il faut donc déduire « **les cotisations sociales obligatoires** » de son brut de 3.034,50 €.
Grâce au tableau des cotisations sociales nous connaissons le taux applicable en tranche 1 (et A) : 20,84 % + le 1 % de la prévoyance « Décès », soit : 21,84 %. Les 2 % employeur de la prévoyance « Décès » entrent également dans le calcul des CSG / CRDS, soit : 2 % × 9,7 % = 0,194 %. Le taux global devient donc : **22,034 %**. Si on applique ce taux global de cotisations à sa rémunération brute, on trouve un montant de cotisations (3.034,50 € × 22,034 %) = 668,62 €. Montant auquel on ajoute la part patronale de la prévoyance qui est de 50 € à 9,7 % = 4,85 €, soit : (668,62 € + 4,85 €) 673,47 €. Enfin, il faut encore ajouter le montant de la part salariale de la prévoyance « Frais de Santé » de 50 €. Ce qui nous amène au montant total de (673,47 € + 50 €) : **723,47 €.**

On pourrait en déduire que la fraction saisissable est : 3.034,50 € – 723,47 € = 2.311,03 €.
Mais, il y a encore un point qui ne vous a pas échappé : notre salarié a en plus une pension alimentaire prélevée directement sur son salaire de 250 €. Or cette pension alimentaire est insaisissable (Cass. civ. du 22/05/1995 n° 93-13941, inédit) car elle est la première dette du salarié. Il faut donc retirer ces 250 € des 2.311,03 € pour enfin trouver **la fraction saisissable**. Soit : 2.311,03 € – 250 € **= 2.061,03 €**.

Enfin, les plus « débrouillards » d'entre vous auront fait beaucoup plus simple : il suffisait de prendre le net à payer avant prélèvement à la source (1.561,01 €) et de rajouter simplement l'acompte (500 €) pour trouver le salaire net soumis à saisie-arrêt : 1.561,01 € + 500,00 € = **2.061,01 €**. (La différence des deux centimes d'écart s'expliquant par le taux global des cotisations pris lors de la première solution (22,034 %), alors que les cotisations sont détaillées taux par taux dans la seconde solution.)

Pour connaître **le montant de sa saisie-arrêt**, comme vu précédemment, on se reporte au tableau « avec 2 personnes à charges ». Sur l'avant dernière ligne (puisque les 2.061,03 € sont compris entre 1.939,18 € et 2.275,84 €), on prend 322,94 € + les 2/3 de (2.061,03 € – 1.939,18 € = 81,23 €), soit : 322,94 € + 81,23 € = **404,17 €**.

Corrigé 70 (Niveau 3)

Un salarié **NON Cadre** âgé de 30 ans est **embauché en CDD pour surcroît temporaire d'activité le lundi 4 septembre 2023** dans une entreprise parisienne (taux Versement Mobilité : 2,95 %) de 100 salariés. Son **salaire** de base mensuel est **de 3.080 €** pour **151,67 heures** (7 heures par jour). Ses droits à **congés payés sont de 27 jours ouvrés par année civile.** Il acquiert **0,5 jour de RTT toutes les 4 semaines.** Il a droit à des **titres restaurant d'une valeur faciale de 10 €** pour une **participation salariale de 3,00 €.** L'entreprise a un taux accident du travail de 2,50 %, une prévoyance mensuelle « Frais de Santé » de 100 € (50 % en part salariale et 50 % en part patronale) ainsi qu'une prévoyance « Décès » basée sur la tranche A au taux de 1 % pour le salarié et de 2 % pour l'employeur. **Son contrat se termine le soir du vendredi 27 octobre 2023.** Le taux du PAS est le taux neutre. Faire les 2 bulletins de paie avec les modèles suivants :

Bulletin de paie de septembre 2023

Libellé des Rubriques	Base	Taux	Montant	Commentaires
Salaire	151,67		**3 080,00**	Bulletin C.D.D.
Retenue Entrée-Sortie	7,00	20,952	-146,67	Plafond S.S. : 3.299,40 €
Avantage Nature Titres-Restaurant	20,00	7,00	**140,00**	septembre 2023
Total Brut			3 073,33	

Cotisations	Base	Salariales Taux	Salariales Montant	Patronales Taux	Patronales Montant
Santé					
Sécurité Sociale (Mal, Mat, Inv, Décès)	3 073,33			7,00	215,13
Incapacité, Invalidité, Capital Décès (Prév. Décès)	3 073,33	1,00	-30,73	2,00	61,47
Complémentaire Santé (Prév. Frais de Santé)			-50,00		50,00
Accident du Travail - Maladie Prof.	3 073,33			2,50	76,83
Retraite					
Sécurité Sociale (Vieillesse Plafonnée)	3 073,33	6,90	-212,06	8,55	262,77
Sécurité Sociale (Vieillesse Déplafonnée)	3 073,33	0,40	-12,29	1,90	58,39
Complémentaire (AGIRC-ARRCO + CEG /T1)	3 073,33	4,01	-123,24	6,01	184,71
Famille	3 073,33			3,45	106,03
Assurance Chômage					
Chômage (Chômage + AGS / TA+TB)	3 073,33			4,20	129,08
Autres Contributions dues par l'employeur	3 073,33				220,86
C.S.G. Non Imposable	3 131,02	6,80	-212,91		
Exos, écrêtements & allègements de cotisations					
Total des cotisations et contributions			**-641,23**		**1 365,27**
Net imposable du mois			**2 482,10**	Cumul An. :	2 482,10
RETENUES ET REMBOURSEMENTS DIVERS					
C.S.G. & C.R.D.S. Imposables	3 131,02	2,90	-90,80		
Reprise Avantage Nature Titres-Restaurant	20,00	7,000	-140,00		
Retenue Titres-Restaurant	20,00	3,000	-60,00	7,00	140,00
Total des Retenues et Remboursements			**-290,80**		**140,00**
Net à payer avant prélèvement à la source			**2 141,30**	Cumul An. :	2 141,30
dont évolution de la rémunération liée à la suppression des cotisations salariales chômage et maladie			*43,58*		
Prélèvement à la source	**1 781,10**	**2,10%**	**-37,40**	Cumul An. :	-37,40

Nombre d'heures travaillées du mois :	**140,00**	**Net A Payer** **2 103,90 €**	**Date de paiement** **30 septembre 2023**
Cumul annuel des heures travaillées :	**140,00**	**Total versé par l'employeur** **4 438,60 €**	**Allègement de cotisations** **0,00 €**

Corrigé 70 (Niveau 3) Explication des lignes du brut et des cotisations de septembre 2023

Première difficulté : la **retenue "entrée/sortie"** : arrivé le lundi 4 septembre ; le salarié se voit retenir la journée du vendredi 1er septembre (7 h) sur les 147 h normalement travaillées ce mois. Donc cette rubrique = 7 h × (3.080 € / 147 h = 20,952 €) = **– 146,67 €**.

Deuxième difficulté : **le plafond SS** : le salarié étant présent dans l'entreprise 27 jours calendaires sur les 30 possibles de septembre, le plafond est réduit à hauteur de : **3.666 € × 27 / 30 = 3.299,40 €.**

Troisième difficulté : il faut vous souvenir de la logique des titres-restaurant (abordée lors de l'exercice 11), car **le montant de la participation patronale aux Titres Restaurant**, étant supérieur à la fois à 60 % de la valeur faciale et à 6,50 € (valeur 2023), **est à intégrer en totalité en Avantage en Nature.** Etant entré dans l'entreprise le 4 septembre, le salarié a droit à 20 titres-restaurant sur les 21 jours ouvrés de septembre).
L'avantage en nature Titre Restaurant est donc de : 20 j × 7 € = 140 €.

Le brut du salarié (3.080 – 146,67 + 140 = **3.073,33 €**) étant inférieur au plafond (3.299,40 €), c'est donc **le brut** qui **est la tranche 1** (ou A), **et il n'y a** évidemment **pas de tranche 2** (ou B).

Les lignes des cotisations se décomposent comme vu précédemment. A noter toutefois que le brut du mois (3.073,33 €) est inférieur à 2,5 Smic (11,27 € × 140 heures travaillées × 2,5 = 3.944,50 €) et bien évidemment à 3,5 Smic (5.522,30 €) et que, par conséquent, les taux en Santé S.S. Maladie et Famille sont respectivement de 7 % et de 3,45 %. (Au moment où nous concevons cet exercice, nous ne connaissons que le Smic au 1er janvier 2023. S'il augmente d'ici septembre, remplacez les 11,27 € par la nouvelle valeur. Mais ça ne changera pas le raisonnement ; le salaire sera toujours inférieur à 2,5 Smic).

Dans les **Autres Contributions dues par l'employeur**, ne pas oublier d'ajouter 1 % aux 5,896 % (déjà expliqué précédemment) pour la formation CPF des CDD. Le montant de cette rubrique est = (3.073,33 × 6,896 %) + ([61,47 + 50] × 8 %), soit : 211,94 + 8,92 = **220,86 €.**

Le salarié ayant un brut supérieur à 1,6 SMIC ne peut **pas** faire bénéficier l'entreprise **de** la **Réduction Générale des charges.**

Ne pas oublier, bien sûr, de « **reprendre** » **les avantages en nature Titres-Restaurant : – 140,00 €.** Ni de **retenir la part salariale des Titres-Restaurant** : 3 € × 20 jours = **60 €.** On en profite pour **indiquer le montant de la participation patronale des Titres-Restaurant** (7 € × 20 jours = **140,00 €**).

Le salarié étant un CDD inférieur à 2 mois, pour la **base du prélèvement à la source**, il bénéficie de **l'abattement de 50 % du Smic net sur la base du PAS**, soit : 2.482,10 € (le Net imposable du mois) – 701 € (50 % du Smic net) = **1.781,10 €.**
La base du prélèvement à la source étant compris entre 1.678 € et 1.791 €, le taux est de 2,1 %.
Le montant du prélèvement à la source est donc : 1.781,10 € × 2,1 % = **37,40 €.**

Le Net A Payer est donc le Net à payer avant le PAS – le PAS, soit : 2.141,30 € – 37,40 € **= 2.103,90 €.**

Le Total versé par l'employeur est le Brut + le Total des charges patronales + le Total des retenues et remboursements, soit : 3.073,33 + 1.365,27 = **4.438,60 €** (Attention à ne pas prendre les 140 € des Titres-Restaurant car ils sont déjà dans le brut soumis à cotisations !).

Bulletin de paie d'octobre 2023

Libellé des Rubriques	Base	Taux	Montant	Commentaires
Salaire	151,67		**3 080,00**	**Bulletin C.D.D.**
Retenue Entrée-Sortie (*en heures réelles*)	14,00	20,000	**-280,00**	**Date de sortie : 27 / 10 / 2023**
Avantage Nature Titres-Restaurant	20,00	7,00	**140,00**	**Plafond S.S. : 3.192,97 €**
Indemnité Compensatrice RTT	1,00	142,13	**142,13**	
Indemnité Précarité	6 155,46	10,00	**615,55**	
Indemnité Compensatrice Congés Payés	5,00		**731,27**	
Total Brut			**4 428,95**	

Cotisations	Base	Salariales Taux	Salariales Montant	Patronales Taux	Patronales Montant
Santé					
Sécurité Sociale (Mal, Mat, Inv, Décès)	4 428,95			7,00	310,03
Incapacité, Invalidité, Capital Décès (Prév. Décès)	3 419,04	1,00	-34,19	2,00	68,38
Complémentaire Santé (Prév. Frais de Santé)			-50,00		50,00
Accident du Travail - Maladie Prof.	4 428,95			2,50	110,72
Retraite					
Sécurité Sociale (Vieillesse Plafonnée)	3 419,04	6,90	-235,91	8,55	292,33
Sécurité Sociale (Vieillesse Déplafonnée)	4 428,95	0,40	-17,72	1,90	84,15
Complémentaire (AGIRC-ARRCO + CEG /T1)	3 419,04	4,01	-137,10	6,01	205,48
Complémentaire (AGIRC-ARRCO + CEG /T2)	1 009,91	9,72	-98,16	14,57	147,14
Contribution d'Equilibre Technique (CET T1+T2)	7 502,28	0,14	-10,50	0,21	15,75
Famille	4 428,95			3,45	152,80
Assurance Chômage					
Chômage (Chômage + AGS / TA+TB)	4 428,95			4,20	186,02
Autres Contributions dues par l'employeur	4 428,95				314,89
C.S.G. Non Imposable	4 469,82	6,80	-303,95		
Exos, écrêtements & allègements de cotisations					
Total des cotisations et contributions			**-887,53**		**1 937,69**
Net imposable du mois			**3 591,42**	Cumul An. :	6 073,52
RETENUES ET REMBOURSEMENTS DIVERS					
C.S.G. & C.R.D.S. Imposables	4 469,82	2,90	-129,62		
Reprise Avantage Nature Titres-Restaurant	20,00	7,00	-140,00		
Retenue Titres-Restaurant	20,00	3,00	-60,00	7,00	140,00
Total des Retenues et Remboursements			**-329,62**		**140,00**
Net à payer avant prélèvement à la source			**3 211,80**	Cumul An. :	5 353,10
dont évolution de la rémunération liée à la suppression des cotisations salariales chômage et maladie			*63,52*		
Prélèvement à la source	**2 890,42**	**7,50%**	**-216,78**	Cumul An. :	-254,18

Nombre d'heures travaillées du mois :	**140,00**	**Net A Payer** **2 995,02 €**	**Date de paiement** **27 octobre 2023**
Cumul annuel des heures travaillées :	**280,00**	**Total versé par l'employeur** **6 366,64 €**	**Allègement de cotisations** **0,00 €**

Corrigé 70 (Niveau 3) Explication des lignes du brut et des cotisations d'octobre 2023

La retenue Entrée/Sortie est de 14 heures (les 30 et 31 octobre × 7 heures) sur les 154 heures théoriquement travaillés (22 jours ouvrés d'octobre 2023 × 7 heures). Donc, la retenue E/S = 3.080 € / 154 × 14 = **280,00 €** (résultat identique si on raisonne en jours ouvrés réels : 3.080 / 22 × 2).

Pour les **Avantages en nature des titres-restaurant**, même logique qu'en septembre (22 jours ouvrés – 2 jours de retenue E/S = 20 jours. Ces 20 jours × 7 € (montant de la participation patronale) = **140,00 €.**

Si le salarié a droit à 0,5 jour de RTT toutes les 4 semaines, étant présent exactement 8 semaines, **son indemnité compensatrice RTT** sera d'1 jour calculée avec la méthode des jours ouvrés moyens (21,67). Soit : 3.080 € / 21,67 × 1 = **142,13 €**.

Le montant de l'indemnité Précarité est tout simplement 10 % de tout ce qu'il gagné depuis le 4 septembre. Soit : (3.080 – 146,67 + 140 + 3.080 – 280 + 140 + 142,13) × 10 % = **615,55 €.**

Quant à **l'indemnité compensatrice de Congés Payés**, il a droit à (27 jours ouvrés / 12) 2,25 jours ouvrés par période de 4 semaines. Etant présent 8 semaines, ce salarié a droit à : 2,25 jours × 2 = 4,50 arrondis à **5 jours ouvrés**.
Avec la règle du dixième (qui comprend l'indemnité de précarité) cela fait : 3.080 – 146,67 + 140 + 3.080 – 280 + 140 + 142,13 + 615,55) × 10 % × 27 / 25 = 731,27 €.
Avec la règle du maintien, nous avons : 3.080 / 21,67 × 5 = 710,66 €.
Le montant calculé avec la règle du dixième étant plus avantageux, c'est celui qui devient le montant de **l'ICCP = 731,27 €**.

Le brut d'octobre est donc : 3.080 – 280 + 140 + 142,13 + 615,55 + 731,27 = **4.428,95 €**.

Etant présent du 1er au 27 octobre, **le plafond SS est** bien sûr de 27/30èmes de 3.666 €, soit **3.192,97 €**.

Le cumul plafond est : (3.299,40 € de septembre + 3.192,97 € d'octobre) 6.492,37 €.
Le cumul brut est : (3.073,33 € de septembre + 4.428,95 d'octobre) 7.502,28 €.
Le cumul brut étant supérieur au cumul plafond, le cumul plafond devient notre tranche 1 cumulée.
La tranche 1 de septembre est donc égale à la différence entre notre tranche 1 cumulée – la tranche 1 cumulée du mois d'août, soit : 6.492,37 – 3.073,33 = **3.419,04 €**.

La tranche 2 cumulée est égale à la différence entre le cumul brut – le cumul plafond, soit : 7.502,28 – 6.492,37 = 1.009,91 €. Puisqu'il n'y avait pas de tranche 2 le mois dernier, **la tranche 2 de septembre est** donc égale à **1.009,91 €**.

Attention au déclenchement de la **Contribution d'Equilibre Technique** qui se déclenche **sur le total brut septembre + octobre**, puisque notre salarié est passé en tranche 2.

Le cumul brut (7.502,28 €) est inférieur à 2,5 SMIC cumulé sur les 2 mois ([140 h + 140 h] × 11,27 € × 2,5 = 7.889 €), donc le taux de la Maladie reste à 7 % (et celui de la Famille à 3,45 %).

Le reste du bulletin est « classique », à condition de ne pas oublier l'abattement de 701 € (50 % du Smic net) sur la base du PAS.

Corrigé 71 (Niveau 3)

Un salarié **NON Cadre** a été embauché en CDI le lundi 1er octobre 2007 dans une entreprise parisienne de 100 salariés. Son **licenciement pour motif économique** lui a été notifié **le 1er juillet 2022**. Il doit bénéficier de **3 mois de préavis mais il est dispensé par son employeur de l'effectuer à partir du 1er août. Son salaire de base depuis le 1er janvier 2022 est de 3.000 €.** Depuis cette date, il n'a eu aucune absence et hormis la prime de vacances (équivalente à un salaire de base) habituellement versée fin juillet, il n'a bénéficié d'aucune autre prime. **Au 1er juillet 2023**, suite à des négociations salariales signées en avril, **son salaire de base est passé à 3.200 €.** Son entreprise donne 2 jours ouvrés de plus que la loi. Au moment de son départ (le 31 juillet), ses droits aux congés payés 2022/2023, calculés en jours ouvrés, n'étaient pas consommés. Le taux A.T. est de 2,50 %. Le taux Versement Mobilité est de 2,95 %. La prévoyance « Frais de Santé » est de 100 € par mois (50 % pour le salarié et 50 % pour l'entreprise). La prévoyance Décès est de 1 % pour le salarié et de 2 % pour l'employeur sur la tranche A. Le taux du PAS est le taux neutre.

Bulletin de paie « solde de tout compte » de juillet 2023

Libellé des Rubriques	Base	Taux	Montant	Commentaires
Salaire	151,67		**3 200,00**	
Prime de Vacances			**3 200,00**	
Préavis Non Effectué Payé *(en mois calendaires)*	2,00	3 200,00	**6 400,00**	
Indemnité Comp. Congés Payés "écoulés"	27,00	147,670	**3 987,08**	
Indemnité Comp. Congés Payés "en cours"	10,00	147,670	**1 476,70**	
Total Brut			18 263,78	

Cotisations	Base	Salariales		Patronales	
		Taux	Montant	Taux	Montant
Santé					
Sécurité Sociale (Mal, Mat, Inv, Décès)	18 263,78			7,00	1 278,46
Incapacité, Invalidité, Capital Décès (Prév. Décès)	14 994,00	1,00	-149,94	2,00	299,88
Complémentaire Santé (Prév. Frais de Santé)			-150,00		150,00
Accident du Travail - Maladie Prof.	18 263,78			2,50	456,59
Retraite					
Sécurité Sociale (Vieillesse Plafonnée)	14 994,00	6,90	-1 034,59	8,55	1 281,99
Sécurité Sociale (Vieillesse Déplafonnée)	18 263,78	0,40	-73,06	1,90	347,01
Complémentaire (AGIRC-ARRCO + CEG /T1)	14 994,00	4,01	-601,26	6,01	901,14
Complémentaire (AGIRC-ARRCO + CEG /T2)	3 269,78	9,72	-317,82	14,57	476,41
Contribution d'Equilibre Technique (CET T1+T2)	36 263,78	0,14	-50,77	0,21	76,15
Famille	18 263,78			3,45	630,10
Assurance Chômage					
Chômage (Chômage + AGS / TA+TB)	18 263,78			4,20	767,08
Autres Contributions dues par l'employeur	18 263,78				1 112,82
C.S.G. Non Imposable	18 394,04	6,80	-1 250,79		
Exos, écrêtements & allègements de cotisations					
Total des cotisations et contributions			-3 628,23		7 777,63
Net imposable du mois			14 785,55	Cumul An. :	29 322,29
RETENUES ET REMBOURSEMENTS DIVERS					
C.S.G. & C.R.D.S. Imposables	18 394,04	2,90	-533,43		
Indemnité de licenciement			17 100,00		
Total des Retenues et Remboursements			16 566,57		
Net à payer avant prélèvement à la source			31 202,12	Cumul An. :	44 906,84
dont évolution de la rémunération liée à la suppression des cotisations salariales chômage et maladie			*262,61*		
Prélèvement à la source	**14 785,55**	**28,00%**	**-4 139,95**	Cumul An. :	-4 910,41

Nombre d'heures travaillées du mois :	**455,00**	**Net A Payer** **27 062,17 €**	**Date de paiement** **31 juillet 2023**
Cumul annuel des heures travaillées :	**1 650,00**	**Total versé par l'employeur** **43 141,41 €**	**Allègement de cotisations** **0,00 €**

Corrigé 71 (Niveau 3) Explication des lignes du brut et des cotisations de juillet 2023

L'augmentation de son salaire ayant été négociée bien avant son départ, notre salarié doit bien sûr en bénéficier. **Son salaire de base est** donc : **3.200 €**

Chaque année, avec la paie de juillet, il a droit à une prime de vacances dont le montant est égal à son salaire de base. La deuxième ligne du bulletin est donc : **Prime de vacances** d'un montant de **3.200 €.**

Son entreprise le dispense d'effectuer ses 2 derniers mois de préavis, mais il faut les lui payer. La troisième ligne est donc : **Préavis non effectué payé** avec le montant des 2 mois. Soit : 3.200 € × 2 = **6.400 €.**

Devant certainement partir en congés payés à partir du mois d'août, ses droits sont entiers, soit les 27 jours ouvrés prévus. Avec la règle du maintien, chaque jour de congé = (3.200 / 21,67) 147,67 €. Les 27 jours représentent donc : 27 j × 147,67 € = 3.987,09 €.
Avec la règle du dixième, ils valent : [(3.000 € × 12) /10] × (27 / 25) = 3.888,00 €. (La prime de vacances n'est pas du travail effectif et ne rentre pas par conséquent dans la rémunération brute totale servant au calcul. Ne pas oublier aussi la revalorisation du dixième, compte tenu des jours supplémentaires de CP).
La règle du maintien de salaire étant plus favorable, **l'indemnité compensatrice des congés payés « période écoulée » = 3.987,09 €.**

Le fait qu'il soit en préavis non effectué payé, lui fait « gagner » des droits à congés jusqu'à sa date « réelle » de sortie des effectifs, soit jusqu'au 30 septembre 2023. Il y a 122 jours calendaires du 1er juin au 30 septembre. Ses droits à congés en cours d'acquisition sont donc de : [(27/25) × 2,08] × (122/28) = 9,80 jours arrondis obligatoirement à 10 jours. Ces 10 jours calculés avec la règle du maintien donnent : 10 j × 147,67 € = 1.476,70 € et avec la règle du dixième : [3.000 € (juin) + 3.200 € (juillet) + 3.200 € (août) + 3.200 € (septembre)] /10 × (27/25) = 1.360,80 €.
La règle du maintien de salaire étant plus favorable, **l'indemnité compensatrice des congés payés « période en cours » = 1.476,70 €.**

Son total brut est donc **de** : (3.200 € + 3.200 € + 6.400 € + 3.987,08 € + 1.476,70 €) **18.263,78 €.**

Il est l'heure de se poser la question à propos du plafond : les 2 mois de préavis non effectué payé sont considérés comme du travail effectif et doivent bénéficier d'un plafond SS chacun. **Le plafond du mois de juillet** est donc dans ce cas : 3.666 € × 3 (juillet + août + septembre) = **10.998 €**. Est-ce que pour autant, notre salarié a une **tranche 2** ? Le tableau de régularisation mensuelle progressive nous répond : **oui** !

Le brut cumulé est-il <ou> au plafond cumulé ?

Mois	Brut du mois	**Brut Cumulé**	>/<	Nb 30èmes	Plafond du mois	**Plafond Cumulé**	**Tranche 1 Cumulée**	Tranche 1 du mois	**Tranche 2 Cumulée**	Tranche 2 du mois
Janvier	3 000,00	3 000,00	<	30,00	3 666,00	3 666,00	3 000,00	3 000,00	**0,00**	0,00
Février	3 000,00	6 000,00	<	30,00	3 666,00	7 332,00	6 000,00	3 000,00	**0,00**	0,00
Mars	3 000,00	9 000,00	<	30,00	3 666,00	10 998,00	9 000,00	3 000,00	**0,00**	0,00
Avril	3 000,00	12 000,00	<	30,00	3 666,00	14 664,00	12 000,00	3 000,00	**0,00**	0,00
Mai	3 000,00	15 000,00	<	30,00	3 666,00	18 330,00	15 000,00	3 000,00	**0,00**	0,00
Juin	3 000,00	18 000,00	<	30,00	3 666,00	21 996,00	18 000,00	3 000,00	**0,00**	0,00
Juillet	18 263,78	36 263,78	>	90,00	10 998,00	32 994,00	32 994,00	14 994,00	**3 269,78**	3 269,78

Le montant de la **prévoyance « Frais de Santé »** est également triplé : 50 € × 3 = **150 €**.

Pendant les 6 premiers mois de l'année, notre salarié ne bénéficiait **pas de** la **réduction générale des charges**, le brut de 3.000 € étant supérieur à 1,6 fois le smic mensuel (2.733,26 €).

Pour l'indemnité de licenciement, il faut faire 2 calculs et prendre le plus favorable entre, soit le douzième de la rémunération des 12 derniers mois précédant le licenciement, soit le tiers des 3 derniers mois précédant la sortie effective du salarié.

- Calcul du salaire brut moyen des 12 derniers mois : 1/12 × (3.000 × 13) = 3.250 €.
- Calcul du salaire brut moyen des 3 derniers mois : 1/3 × [(3.200 × 3) + (3/12 × 3.200)] = 3.800 €.

Donc le salaire brut moyen des 3 derniers mois est celui qu'il faut prendre. Enfin, ce salarié a 16 ans d'ancienneté le 30 septembre. Il a donc droit à 10 ¼ de mois par année d'ancienneté plus un supplément de 6 tiers de mois par année d'ancienneté au-delà de 10 ans. Cela donne : (2,5) + (6 / 3), soit 4,5 mois de salaire. **Son indemnité de licenciement est** donc **de** 3.800 € × 4,5 = **17.100 €**. Cette indemnité étant calculée sur la base des règles du code du travail (indemnité légale), elle est exonérée de cotisations sociales, de CSG et CRDS et est exonérée d'impôt sur le revenu. Elle apparait donc en bas de bulletin.

Nota Bene : Suite à une demande d'un lecteur et pour être tout à fait complet sur ce sujet, il faut savoir que la Cour de cassation dans un unique arrêt (Cass. soc., 11 mars 2009, n° 07-40.146, inédit) semblait indiquer qu'il ne faudrait pas tenir compte de l'indemnité compensatrice de préavis dans l'assiette de calcul de l'indemnité de licenciement.
Jusqu'à cet arrêt, les règles étaient claires ; « traditionnellement » on prenait le brut des 12 derniers mois précédant la notification de licenciement, ou bien celui des trois derniers mois précédant la sortie de l'effectif si ce dernier calcul était plus favorable pour le salarié, comme le précisait l'ancien article R. 1234-4 du Code du travail).
De plus, en cas de réduction du salaire au cours de la période de référence de calcul (exemple : la maladie), l'employeur doit toujours retenir le salaire théorique qui aurait été perçu en l'absence de cessation ou réduction d'activité et non le salaire réduit (Cass. soc. 3 novembre 1993, n° 92-40365D).
En effet, **l'article L.1234-5 du Code du travail indique que** « *L'inexécution du préavis, notamment en cas de dispense par l'employeur, n'entraîne aucune diminution des salaires et avantages que le salarié aurait perçus s'il avait accompli son travail jusqu'à l'expiration du préavis, indemnité de congés payés comprise.* ***L'indemnité compensatrice de préavis se cumule avec l'indemnité de licenciement*** *et avec l'indemnité prévue à l'article L. 1235-2.* »

Afin d'être exhaustif, d'autres jurisprudences confirmaient également que :

- le préavis non effectué est du temps de travail effectif (Cass. soc., 24 nov. 1992, n° 90-42.764),
- il doit être pris en compte dans le calcul de l'ancienneté du salarié pour la détermination du nombre de mois,
- il doit être pris en compte dans le calcul des congés payés,
- il doit être pris en compte pour l'acquisition de jour de RTT (Cass. soc., 8 avril 2009, n° 07-44.068),
- et il n'entraîne pas automatiquement la disparition des avantages en nature dont bénéficiait le salarié (Cass. soc., 25 octobre 2007, n° 04-43.320 D).

Alors comment expliquer rationnellement que le préavis ne serait plus du temps de travail effectif pour le calcul du brut perçu par le salarié afin de déterminer le montant de son indemnité de licenciement ?

Depuis cette jurisprudence du 11 mars 2009, le Code du travail a été modifié le 25 septembre 2017 et met définitivement fin à la polémique puisqu'il précise bien dans son nouvel article R.1234-4 :

« Le salaire à prendre en considération pour le calcul de l'indemnité de licenciement est, selon la formule la plus avantageuse pour le salarié :

- ***soit le douzième de la rémunération des douze derniers mois précédant le licenciement** ou si la durée de service est inférieure à 12 mois, la moyenne mensuelle de la rémunération de l'ensemble des mois précédant le licenciement ;*
- ***soit le tiers des trois derniers mois**. Dans ce cas, toute prime ou gratification de caractère annuel ou exceptionnel, versée au salarié pendant cette période, n'est prise en compte que dans la limite d'un montant calculé à due proportion. »*

Donc, il ne peut plus y avoir de litige !

Les lignes des cotisations se décomposent comme vues précédemment.

Et pour finir, le prélèvement à la source ne se calcule que sur le Net imposable du mois (17.785,55 €), le montant de cette indemnité de licenciement (17.100 €) n'étant pas soumis aux impôts et 17.785,55 € étant compris entre 11.333 € et 15.349 €, le taux du PAS est de 28 %.

Les zones de cumul du bulletin

De janvier à juin, le salarié percevait 3.000 € de brut chaque mois (hypothèse sans absence ou primes particulières).

- Le Net imposable du mois était alors de 2.422,79 € ;
- Le Net à payer avant PAS était alors de 2.284,12 € ;
- Le Prélèvement à la source était alors de 128,41 € (taux neutre à 5,3 %) ;
- Le nombre d'heures travaillées du mois était de 151,67.

Pour trouver les cumuls de juillet, il suffit donc d'additionner les 7 mois de présence du salarié. Ainsi :

- Net imposable : [(2.422,79 € x 6) + 14.785,55] = 29.322,29 € ;
- Net a payer avant PAS : [(2.284,12 € x 6) + 31.202,12] = 44.906,84 € ;
- Le Prélèvement à la source : [(128,41 € × 6) + 4.139,95] = 4.910,41 € ;
- Le nombre annuel des heures travaillées : 151,67 × 9 = 1.650 (ne pas oublier août et septembre).

Notes des auteurs : Si on avait laissé le salarié percevoir son « double mois » de juillet, son mois d'août « normal » et solder « simplement » son compte en septembre, nous aurions eu en prélèvement à la source respectivement : 817,25 € + 128,41 € + environ 1.100 € = un peu plus de 2.000 €. Une somme inférieure de moitié environ aux 4.139,95 € trouvés lorsqu'on fait un bulletin regroupant les 3 mois.

Bien que le Service des Impôts régularisera le PAS de ce salarié en fin d'année, c'est une raison supplémentaire pour ne pas faire ce genre de bulletin « cumulé sur 3 mois ».

Les autres raisons sont qu'il faut :

- Penser à rajouter manuellement 60 trentièmes de plafond ;
- Penser à rajouter manuellement le préavis non effectué payé de 2 mois ;
- Forcer la date de sortie au 31 juillet lors de l'établissement de la paie de juillet, afin que l'attestation Pôle Emploi sorte au 31 juillet ;
- Modifier cette date de sortie pour remettre la bonne date au 30 septembre après la paie de septembre ;
- Calculer manuellement l'indemnité compensatrice de congés en cours d'acquisition ;
- Calculer manuellement l'indemnité de licenciement.

Bref, tous ces risques d'erreurs pourraient être évités si on laissait le système informatique (et sa programmation) établir « tranquillement » les bulletins de juillet, août et septembre lors de leur passage prévu.

Corrigé 72 (Niveau 9 ☺)

Un salarié **cadre,** embauché le 1er septembre 2012 dans une entreprise parisienne (taux Versement Mobilité : 2,95 %, taux de prévoyance « Décès » de 5 % sur T1 réparti en 40 % pour le salarié, 60 % pour l'employeur, montant de prévoyance « Frais de Santé » de 100 € réparti en 50 % pour le salarié et 50 % pour l'employeur, taux Accident du travail : 2,50 %), a été licencié le 30 octobre 2022.
Suite à un accord, il a soldé tous ses congés payés à prendre au cours des deux premiers mois de préavis effectués du 1er novembre au 31 décembre 2022. En janvier 2023, il effectue son dernier mois de préavis.
Son salaire forfaitaire est de 4.000 € par mois depuis le 1er janvier 2022. Il n'a bénéficié d'aucune prime *(soit une rémunération brute annuelle 2022 = 48.000 €).*
Son indemnité de licenciement conventionnelle est d'un mois de salaire par année complète d'ancienneté.
Une **indemnité transactionnelle** lui a été accordée en supplément *(de son indemnité de licenciement conventionnelle)* pour un montant **de 52.000 €.**

Avant de voir le bulletin corrigé, quelques explications :

Son indemnité de licenciement conventionnelle est de 4.000 × 10 (ans) = 40.000 €.
D'abord calculer la limite fiscale.
Il faut prendre le plus élevé entre :

- Soit 50 % du montant versé au salarié (40.000 € + 52.000 € = 92.000 €), ainsi : 92.000 × 50 % = 46.000 € ;
  Ou 2 fois la rémunération annuelle brute perçue par le salarié l'année civile précédant la rupture (48.000 € × 2) = 96.000 €.
- Soit le montant de l'indemnité légale ou conventionnelle, 40.000 €.

La limite fiscale retenue est de 96.000 € et donc **l'indemnité totale** (40.000 € + 52.000 € = 92.000 €) **est exonérée d'impôt.** C'est pourquoi, on retrouvera la partie soumise à cotisations Sécurité sociale entre le Total des cotisations et le Net imposable du mois. Cette ligne est assez inhabituelle et c'est sans doute la raison pour laquelle certains logiciels de paie déduisent directement cette partie soumise du Net imposable du mois, mais nous trouvons que c'est moins compréhensible pour le salarié.

Ensuite calculer la limite sociale.
Il faut prendre la plus petite des limites suivantes :

- Soit la limite fiscale retenue (96.000 €)
- Soit 2 plafonds annuels de Sécurité sociale, soit 87.984 €.

La limite sociale d'exonération retenue est donc 87.984 € et sa différence avec le montant total des indemnités est **soumise à cotisations**, soit : 92.000 – 87.984 **= 4.016 €.**

Enfin, la limite d'exonération des CSG/CRDS.
Il faut prendre la plus petite des limites suivantes :

- Soit la limite sociale retenue (87.984 €)
- Soit le montant de l'indemnité légale ou conventionnelle de licenciement (40.000 €)

La limite d'exonération des CSG/CRDS est donc 40.000 € et sa différence avec le montant total des indemnités est **soumise à CSG/CRDS**, soit : 92.000 – 40.000 = **52.000 €.**

Pour les lignes de cotisations assises sur **le brut**, il faut prendre le montant du préavis (4.000 €) et le montant des indemnités soumises à cotisations (4.016 €), soit : 4.000 € + 4.016 € **= 8.016 €.**
Celles sur la **tranche 1** sont **sur 3.666 €** et celles sur la **tranche 2** sont **sur 4.350 €.**

Pour la CSG déductible (à 6,80 %), il faut la diviser en 2 lignes :

- La première porte sur le salaire (4.000 € × 98,25 %), montant augmenté du montant patronal des prévoyances (frais de santé : 50 € et décès : 109,98 €), soit : 3.930 + 50 + 109,98 = **4.089,98 €** ;
- La seconde porte uniquement sur la partie de l'indemnité soumise à cotisations (**4.016 €**) à 100 %.

Il faut appliquer la même logique à la CSG et la CRDS non déductibles.
Enfin, la CSG/CRDS à 9,7 % porte sur (52.000 € – 4.016 €) **47.984 €** et est intégralement non déductible.

Bulletin de paie « solde de tout compte » de janvier 2023

Libellé des Rubriques	Base	Taux	Montant	Commentaires	
Salaire Frofaitaire	151,67		**4 000,00**	Bulletin	
Indemnités de rupture soumises à cotisations			**4 016,00**	Solde de tout compte	
Total Brut			8 016,00		
Cotisations	Base	Salariales		Patronales	
		Taux	Montant	Taux	Montant
Santé					
Sécurité Sociale (Mal, Mat, Inv, Décès)	8 016,00			7,00	561,12
Sécurité Sociale (Mal, Mat, Inv, Décès) (> 2,5 SMIC)	8 016,00			6,00	480,96
Incapacité, Invalidité, Capital Décès (Prév. Décès)	3 666,00	2,00	-73,32	3,00	109,98
Complémentaire Santé (Prév. Frais de Santé)			-50,00		50,00
Accident du Travail - Maladie Prof.	8 016,00			2,50	200,40
Retraite					
Sécurité Sociale (Vieillesse Plafonnée)	3 666,00	6,90	-252,95	8,55	313,44
Sécurité Sociale (Vieillesse Déplafonnée)	8 016,00	0,40	-32,06	1,90	152,30
Complémentaire (AGIRC-ARRCO + CEG /T1)	3 666,00	4,01	-147,01	6,01	220,33
Complémentaire (AGIRC-ARRCO + CEG /T2)	4 350,00	9,72	-422,82	14,57	633,80
Contribution d'Equilibre Technique (CET T1+T2)	8 016,00	0,14	-11,22	0,21	16,83
Famille	8 016,00			3,45	276,55
Assurance Chômage					
Chômage (Chômage + AGS / TA+TB)	8 016,00			4,20	336,67
APEC (Salarié Cadre TA+TB)	8 016,00	0,024	-1,92	0,036	2,89
Autres Contributions dues par l'employeur	8 016,00				485,42
C.S.G. Non Imposable (sur salaire)	4 089,98	6,80	-278,12		
C.S.G. Non Imposable (sur Ind. Rupture)	4 016,00	6,80	-273,09		
Total des cotisations et contributions			-1 542,51		3 840,69
Reprise Ind. de rupture soumises à cotisations			-4 016,00		
Net imposable du mois			2 507,49	Cumul An. :	2 507,49
RETENUES ET REMBOURSEMENTS DIVERS					
C.S.G. & C.R.D.S. Imposables (sur salaire)	4 089,98	2,90	-118,61		
C.S.G. & C.R.D.S. Imposables (sur Ind. Rupture)	4 016,00	2,90	-116,46		
C.S.G. & C.R.D.S. Imposables (sur Ind. Rupture)	47 984,00	9,70	-4 654,45		
Indemnités de rupture (soumises à cotisations)			4 016,00		
Indemnités de rupture (non soumises à cotisations)			87 984,00		
Total des Retenues et Remboursements			87 110,48		
Net à payer avant prélèvement à la source			89 567,97	Cumul An. :	89 567,97
dont évolution de la rémunération liée à la suppression des cotisations salariales chômage et maladie			*182,97*		
Prélèvement à la source	2 507,49	7,50%	-188,06	Cumul An. :	-188,06

Nombre d'heures travaillées du mois :	151,67	Net A Payer **89 379,91 €**	Date de paiement 31 janvier 2023
Cumul annuel des heures travaillées :	151,67	Total versé par l'employeur 99 840,69 €	Allègement de cotisations

Corrigé 73 (Niveau 1, ou 2, ou 3, ou 9 ☺)

Bulletin juste

BULLETIN DE PAIE

Période du 1 Mars 2023 au 31 Mars 2023

Employeur	Salarié
Raison Sociale : STEC Provence	**Nom** : DUPONT **Prénom** : Marcel
Adresse : ZAC Les Rives Bleues, 130015 Marseille	**Adresse** : 12 allée des cerisiers, 13001 Marseille
N° SIRET : 381 524 629 00020 **Code NAF** : 2423Z	**N° SS** : 1690513356589
URSSAF : 20 av. Viton, 13009 Marseille **N° de cotisant** : 130015879123	**Emploi** : Comptable **Classif.** : N2E2
Convention collective : Industries métallurgiques des Bouches du Rhône	**Date d'ancienneté** : 01/06/2012

Libellé des Rubriques	Base	Taux	Montant	Commentaires
Salaire	151,67		**3 600,00**	
Prime d'ancienneté	3 600,00	10,000	**360,00**	
Absence Non Payée	7,00	**25,714**	-180,00	
Avantage Nature Titres-Restaurant	17,00	6,500	**110,50**	
Absence Congés Payés	5,00	**182,741**	-913,71	
Paiement Congés Payés	5,00	**182,741**	**913,71**	
Total Brut			3 890,50	

Cotisations	Base	Salariales Taux	Salariales Montant	Patronales Taux	Patronales Montant
Santé					
Sécurité Sociale (Mal, Mat, Inv, Décès)	3 890,50			**7,00**	272,34
Incapacité, Invalidité, Capital Décès (Prév. Décès)	3 666,00	1,00	-36,66	2,00	73,32
Complémentaire Santé (Prév. Frais de Santé)			-50,00		50,00
Accident du Travail - Maladie Prof.	3 890,50			2,50	97,26
Retraite					
Sécurité Sociale (Vieillesse Plafonnée)	3 666,00	6,90	-252,95	8,55	313,44
Sécurité Sociale (Vieillesse Déplafonnée)	3 890,50	0,40	-15,56	1,90	73,92
Complémentaire (AGIRC-ARRCO + CEG /T1)	3 666,00	4,01	-147,01	6,01	220,33
Complémentaire (AGIRC-ARRCO + CEG /T2)	224,50	9,72	-21,82	14,57	32,71
Contribution d'Equilibre Technique (CET T1+T2)	3 890,50	0,14	-5,45	0,21	8,17
Famille	3 890,50			3,45	134,22
Assurance Chômage					
Chômage (Chômage + AGS / TA+TB)	3 890,50			4,20	163,40
Autres Contributions dues par l'employeur	3 890,50				239,25
C.S.G. Non Imposable	**3 945,74**	6,80	-268,31		
Exos, écrêtements & allègements de cotisations					
Total des cotisations et contributions			-797,76		1 678,36
Net imposable du mois			3 142,74	Cumul An. :	9 947,77
RETENUES ET REMBOURSEMENTS DIVERS					
C.S.G. & C.R.D.S. Imposables	**3 945,74**	2,90	-114,43		
Reprise Avantage Nature Titres-Restaurant	17,00	6,50	-110,50		
Retenue Titres-Restaurant	**17,00**	3,50	-59,50	6,50	110,50
Indemnités de Transport			55,00		55,00
Saisie-Arrêt			-1 554,77		
Total des Retenues et Remboursements			-1 784,20		165,50
Net à payer avant prélèvement à la source			1 308,54	Cumul An. :	4 458,56
dont évolution de la rémunération liée à la suppression des cotisations salariales chômage et maladie			*55,47*		
Prélèvement à la source	3 142,74	9,90%	-311,13	Cumul An. :	-861,46

Nombre d'heures travaillées du mois :	151,67	Net A Payer **997,41 €**	Date de paiement 31 mars 2023
Cumul annuel des heures travaillées :	455,00		
Jour non travaillé le 7 Mars 2023 Congés Payés du 13 au 19 Mars 2023		Total versé par l'employeur **5 623,86 €**	Allègement de cotisations 0,00 €

Dans votre intérêt, conservez ce bulletin de salaire sans limitation de durée, il peut vous aider à faire valoir vos droits.
Pour plus d'explications sur les différents termes utilisés, voir la rubrique dédiée au bulletin de paie sur le portail du service-public.

- **Erreur n° 1 : Emploi**

L'article R.3243-1 le mentionne dans son 4ème paragraphe : l'emploi du salarié doit être précis. Le terme « agent administratif » est trop vague pour un comptable. Pourquoi ne pas indiquer tout simplement « Comptable » à côté de « Emploi : » ?

- **Erreur n° 2 : Les dates des Congés Payés**

L'article R.3243-1 énonce (dans le point n° 11) que les dates de congé doivent être indiquées sur le bulletin de paie. Dans un arrêt de la Cour de cassation (Cass. soc. 23 octobre 2013 n° 11-26.318 n° 1734 FS-D, B. c/ Sté Pan Européenne : RJS 1/14 n° 65), il est rappelé qu'« *il appartient à l'employeur de prendre les mesures propres à assurer au salarié la possibilité d'exercer effectivement son droit à congé, et, en cas de contestation, de justifier qu'il a accompli à cette fin les diligences qui lui incombent légalement* ». Il faut donc mettre les dates des congés payés sur le bulletin, par exemple en commentaires (certaines entreprises peuvent indiquer ces dates dans le libellé des rubriques d'absence et de paiement selon leur logiciel de paie).

- **Erreur n° 3 : Les mentions obligatoires en bas de bulletin (celle incitative à conserver le bulletin et celle pour les explications)**

L'article R.3243-5 demande que le bulletin de paie comporte en caractères apparents une mention incitant le salarié à le conserver sans limitation de durée et l'article R.3243-1 15° précise également qu'il faut faire figurer la mention relative au site www.service-public.fr pour les explications concernant le bulletin de paie.

- **Erreur n° 4 : Le mot « Grève »**

L'article R.3243-4 interdit toute mention du mot « grève » sur un bulletin de paie. L'absence grève est souvent remplacée par des termes plus flous tels que « Absence Non Autorisée Non Payée » ou plus simplement « Absence Non Payée ». C'est cette dernière solution que nous avons choisie sur le bulletin corrigé.

- **Erreur n° 5 : Le taux de l'absence « Grève »**

De plus, elle doit être calculée selon la **méthode des heures réelles** (Cass. soc. 11 février 1982, n° 80-40.359), et non pas avec la méthode des heures moyennes.

- **Erreur n° 6 : Il manque l'avantage en nature des Titres-Restaurant**

Si la valeur faciale du T.R. est de 10 € et que l'employeur participe bien à la hauteur de la limite autorisée en euros (6,50 €) pour cette année 2023, il dépasse néanmoins le pourcentage autorisé de 60 %. Et dans ce cas-là, c'est la totalité de la contribution employeur qui doit être réintégrée en avantage en nature (Cass. soc., 23 octobre 1997). L'avantage en nature est donc d'un montant de 17 jours (23 jours ouvrés de mars – 1 jour de grève – 5 jours de congés payés) × 6,50 € = **110,50 €**. Montant qu'il faudra reprendre en bas de bulletin.

- **Erreur n° 7 : Le taux de l'absence et du paiement des Congés Payés**

Puisque le salarié a pris une semaine de congés payés et qu'on lui décompte 5 jours, cela signifie que l'entreprise décompte les congés payés en jours ouvrés. Or son absence est décomptée en trentième ! Il faut prendre un taux journalier ouvré moyen, soit 21,67. L'absence devient donc : 5 × (3.960 / 21,67 =) **182,741** = **913,71 €**. Comme l'entreprise paie le dixième éventuel en fin de période, le paiement des congés payés est du même montant.

- **Erreur n° 8 : Le taux de la Santé S.S. (Maladie)**

Le brut cumulé (3.960 € de janvier + 3.960 € de février + 3.890,50 € de mars = 11.810,50 €) étant inférieur à 2,5 Smic cumulé (11,27 × 151,667 × 3 × 2,5 = 12.819,60 €) le taux est de **7 %** et non pas de 13 %.

- **Erreur n° 9 : La base des CSG et CRDS**

Elle n'est calculée que sur le brut à 98,25 % + le montant de la cotisation patronale de la complémentaire santé, alors qu'on doit rajouter 100 % de la cotisation patronale de prévoyance décès (Incapacité, Invalidité, Capital Décès). Le bon montant devient donc : (3.890,50 × 98,25 %) + 50 + 73,32 = **3.945,74 €**.

- **Erreur n° 10 : Le net imposable du mois**

Le net imposable du mois se détermine en partant du Total Brut (3.890,50 €) auquel on enlève le Total des cotisations et contributions (797,76 €) et auquel on ajoute le montant de la cotisation patronale de la Complémentaire Santé (50 €). Le bon montant est donc : 3.890,50 € – 797,76 € + 50 € = **3.142,74 €**.

- **Erreur n° 11 : Le nombre de Titres-Restaurant**

Si le mois de mars 2023 comporte bien 23 jours de travail théoriques, il y a néanmoins une journée de grève et une semaine (5 jours ouvrés) de congés payés. **Le bon nombre de titres-restaurants est** donc 23 – 1 – 5 = **17**.

- **Erreur n° 12 : Le montant de la Saisie-Arrêt**

Le calcul de la saisie-arrêt est assez complexe. C'est un barème fiscal qui tient compte à la fois de la situation familiale du salarié (nombre de personnes à charge) et de son brut (dont on déduit les cotisations et les CSG et CRDS). On divise le résultat obtenu en tranches (déterminées par le barème) et on applique un pourcentage de retenue sur chacune de ces tranches. Dans notre cas, la somme soumise à saisie-arrêt est le net imposable du mois duquel on déduit les CSG & CRDS imposables (3.142,74 – 114,43 = 3.028,31 €). Puisque notre salarié est sans personne à charge, on prend le premier tableau et la dernière ligne : 3.028,31 € – 2.007,50 € + 533,96 €. Résultat : **1.554,77 €**.

- **Erreur n° 13 : Le taux du prélèvement à la source**

Le net imposable du mois (3.142,74 €) étant compris entre 2.912 € et 3.317 €, **le taux neutre à prendre est 9,9 %**.

- **Erreur n° 14 : Le Total versé par l'employeur**

Il faut prendre le Total Brut (3.890,50 €) – l'avantage en nature des T.R. (110,50 €) + le Total des Charges (1.678,36 €) + la participation patronale des T.R. (110,50 €) + l'indemnité de Transport remboursée (55 €), soit : **5.623,86 €**.

- **Erreur n° 15 : Le cumul Net imposable du mois depuis le 1er janvier 2023**

Enfin, les plus sagaces (et les plus patients) d'entre vous auront refait le calcul de ces 2 cumuls.
Si le salarié a bien un brut de janvier de [3.600 + 360 + (22 × 6,50 en avantage en nature T.R.) 143,00] 4.103,00 € et de février de [3.600 + 360 + (20 × 6,50 en avantage en nature T.R.) 130,00] 4.090,00 € et si on ajoute celui de mars nous devrions avoir un cumul brut depuis le 1er janvier de (4.103,00 + 4.090,00 + 3.890,50) : 12.083,50 €.
Selon les mêmes taux de cotisations, ce brut cumulé de 12.083,50 € donne un net imposable cumulé de : **9.947,77 €**.

34/38, rue Camille-Pelletan - 92309 Levallois-Perret cedex
Imprimerie Evoluprint
Imprimé en France - 2e trimestre 2023

Service éditorial : Benjamin Dias Pereira, Deborah Lopez
Conception graphique : Loïc Pennanéac'h

Dépôt légal à parution
ISBN 978-2-7590-5260-8